Prerow
Zingst
Darß
Bergen
Fischland
Barth
Stralsund
3
Kühlungs-
born
Warne-
münde
4
Ribnitz-
Damgarten
ROSTOCK
Greifswald
Bad
Doberan
2
Klützer
Winkel
Wismar
1
1
SCHWERIN

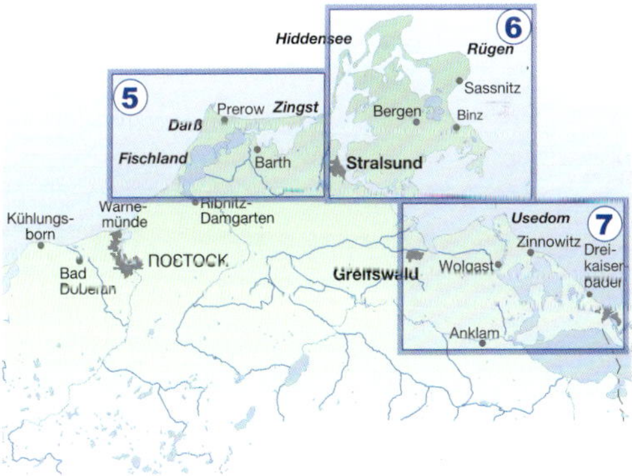
Hiddensee
6
Rügen
Sassnitz
5
Prerow
Zingst
Darß
Bergen
Binz
Fischland
Barth
Stralsund
Kühlungs-
born
Warne-
münde
Ribnitz-
Damgarten
Usedom
7
Zinnowitz
Drei-
kaiser-
bäder
Bad
Doberan
ROSTOCK
Greifswald
Wolgast
Anklam

UNTERWEGS MIT SVEN TALARON UND SABINE BECHT

Warum es uns immer wieder an die Ostseeküste Mecklenburg-Vorpommerns zieht? Wegen der Ostsee natürlich! Wegen des einsamen, wilden Darßer Weststrandes. Wegen der Nikolaikirche in Stralsund, der vielleicht schönsten Kirche zwischen Trondheim und Rom. Wegen des Kranichzugs auf dem Zingst und wegen des

Farbenspiels, wenn im Nationalpark Jasmund die Sonnenstrahlen in den Buchenwald über den weißen Kreidefelsen schwärmen. Wegen des freundlichen, „kleinen" Tourismus, der bewahrt, statt zu trampeln. Wegen eines Strandtags im Strandkorb, wegen der Fischsuppe im Smutje und wegen Hiddensee und, und, und ...

Neben all den prominenten und weniger bekannten Attraktionen sind es auch zahlreiche einzigartige Cafés, die wir mal für mal ansteuern, wenn wir die Küste bereisen. Cafés, in denen man den ganzen Sommer verbringen möchte. Kleine Oasen inmitten ohnehin traumhafter Landschaften, mit viel Engagement betrieben, die Einrichtungen stilvoll, fantasievoll, kunstvoll, der Kaffee handgebrüht, die Kuchen aus Omas Rezeptefundus, die Gärten malerische Refugien.

Das Café Glücklich in Wismar ist ein solcher zauberhafter Ort. Oder auch das Café Frieda auf der Insel Poel. Selten verpassen wir, auf ein Päuschen in der Buhne 12 vorbeizuschauen, wenn wir auf dem Fischland sind (oder im Café Tonart in Born auf dem Darß). Ähnliches gilt für das Café Kelm in Stralsund. Wer sich in den Rummel am Kap Arkona wirft und sich dann keine Rast im Helene-Weigel-Haus gönnt, ist selber schuld. Und auf Usedom gerät die Wahl zwischen den Cafés in Krummin (und Umgebung) und dem Café Fangel im Süden sehr, sehr schwierig. So viel Kaffeepause hat man kaum, nicht einmal im Urlaub.

Text und Recherche: Sven Talaron, Sabine Becht **Lektorat:** Peter Ritter, Sabine Senftleben **Redaktion und Layout:** Dirk Thomsen **Karten:** Judit Ladik, Hana Gundel, Carlos Borell, Joachim Bode **Fotos:** s. S. 321 **Covergestaltung:** Karl Serwotka **Covermotive:** oben: Rettungsturm am Strand von Binz, Rügen (Sven Talaron) unten: bei Ahrenshoop, Fischland (Sabine Becht)

4. aktualisierte Auflage 2012

OSTSEEKÜSTE
MECKLENBURG-VORPOMMERN

SVEN TALARON | SABINE BECHT

Kartenverzeichnis

Zeichenerklärung für die Karten und Pläne

Autobahn
Bundestraße
Hauptstraße
Landstraße
Piste
Fußweg
Fähre
Eisenbahn
Landesgrenze
Nationalparkgrenze
Erhebung
Aussichtspunkt
Leuchtturm
Badestrand
Campingplatz
Hafen
Parkplatz
Bushaltestelle
Flughafen
Seebrücke
Schloss/Burg
Kirche
Sehenswürdigkeit
Museum
Hügelgrab
Information
Fahrradverleih
Tankstelle

Alles im Kasten

Wohin an der Ostseeküste?

① Auf dem Weg zur Küste: Schwerin → S. 56

Die inoffiziellen Landesfarben Blau und Grün prägen auch Schwerin, die charmante Hauptstadt Mecklenburg-Vorpommerns. Umgeben von sieben Seen, Wald und einem eleganten Schlosspark bietet die ehemalige Residenzstadt einen starken Auftakt (oder Abschluss) für eine Reise an die Ostsee: ein prächtiges Schloss in Insellage, klassizistische Bauten am Seeufer, ein imposanter gotischer Dom und malerische kleine Altstadtgassen.

② Wismar und Klützer Winkel → S. 72

Lange Zeit unter der Herrschaft der Drei Kronen hat sich in Wismar so manches erhalten, das an die schwedische Zeit erinnert, allen voran die fotogenen Schwedenköpfe. Zwischen dem traditionsreichen Hafen der Hansestadt und dem weitläufigen Markt erstreckt sich darüber hinaus ein beeindruckendes historisches Stadtbild, das seinesgleichen sucht. Ruhig wird es im Hinterland, einer ländlichen Idylle namens Klützer Winkel.

③ Zwischen Wismar und Rostock → S. 96

Stilles Land erstreckt sich zwischen Wismar und Rostock; Wiesen und Weiden – hier eine Windmühle, dort ein Leuchtturm – vor der weiten Kulisse der Ostsee. Nahe bei Wismar liegt die Insel Poel, beliebt bei Badeurlaubern und Surfern. Touristisches Zentrum ist Kühlungsborn, kulturelles Highlight Bad Doberan mit seinem prachtvollen Münster und der klassizistischen Stadtanlage. Hier begann der Bädertourismus in Deutschland, sichtbar in den repräsentativen Bauten des mondänen Heiligendamm, dem ältesten Seebad Deutschlands.

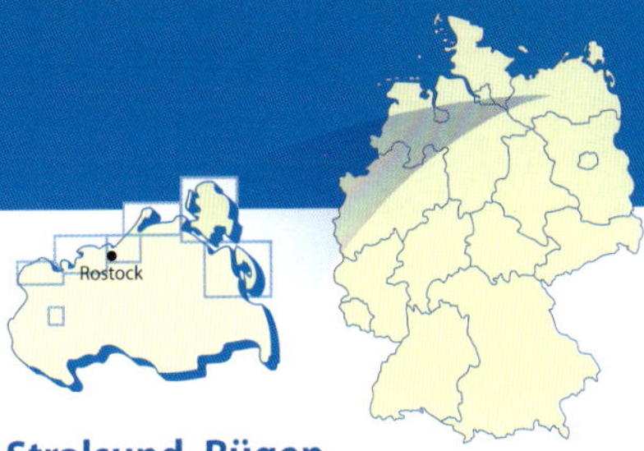

4 Rostock und Umgebung

→S. 126

Rostock – heimliche Landeshauptstadt und urbanes Zentrum; stolzer Hansehafen, alter Universitätsstandort und moderne Großstadt. Es lohnt sich unbedingt, für einen Besuch das ausgebreitete Badetuch für ein paar Stunden zu verlassen: wegen St. Marien mit der astronomischen Uhr z.B. oder wegen des Kulturhistorischen Museums im alten Kloster. Und wem nach soviel Kultur dann doch nach einem Sprung in die Ostsee ist: Zu Rostock gehört auch Warnemünde, das alte Fischerdorf mit seinem langen weiten Sandstrand.

5 Fischland-Darß-Zingst

→ S. 150

Traumhafte Landschaften auf der Halbinselkette Fischland-Darß-Zingst: Entlang der Außenküste erstrecken sich endlose Sandstrände – voller Trubel wie zwischen Prerow und Zingst; einsam und wild wie der Darßer Weststrand. Als Teil des Nationalparks Vorpommersche Boddenlandschaft stehen weite Landstriche und Wasserflächen unter strengem Schutz. An den Rändern des Nationalparks finden sich malerische kleine Dörfer wie Wiek, Wustrow und die ehemalige Künstlerkolonie Ahrenshoop.

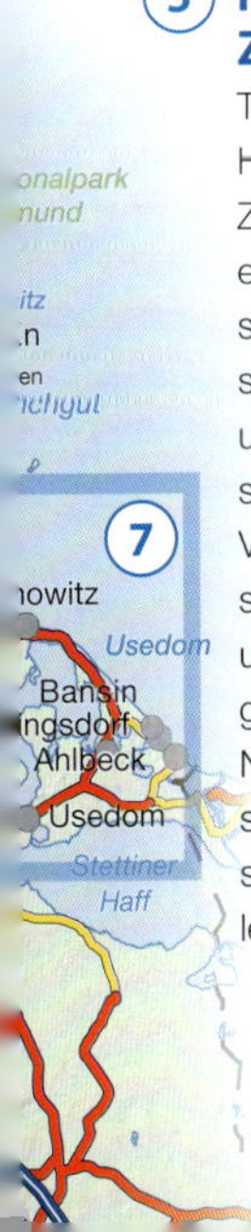

6 Stralsund, Rügen, Hiddensee

→ S. 192

Die Hansestadt am Strelasund, eine der schönsten an der Ostsee, ist reich an Tradition und Attraktion: die backsteingotischen Juwelen St. Nikolai und St. Marien, das Deutsche Meeresmuseum im alten Kloster und das neue Ozeaneum am Hafen. Abwechslungsreich ist auch Rügen vom vielgestaltigen Mönchgut bis zum Kap Arkona, vom stillen Ummanz bis zu Buchenwäldern und Kreideküste im Nationalpark Jasmund; nicht zu vergessen das traumhafte Hiddensee, die Perle der Ostsee.

7 Greifswald, Usedom

→ S. 272

Auf dem Weg nach Usedom lohnt sich ein Besuch in der alten Hansestadt Greifswald, mit einem herrlichen backsteingotischen Ensemble am Markt und dem Pommerschen Landesmuseum. Schließlich Deutschlands Sonneninsel Usedom: 40 Kilometer Sandstrand an der Außenküste und traumhafte Landidyllen rund um das Achterwasser, Bäderherrlichkeit bei den drei Kaiserbädern und abwechslungsreiche Museen wie das HTI in Peenemünde oder z. B. das Künstlerrefugium Lüttenort.

Wie man hier den Tag verbringt? Im Strandkorb mit Blick auf Meer, Horizont und Sandburgen. Oder mit einem Bummel auf den Flaniermeilen der Ostseebäder. Auf dem Fahrrad entlang der abgelegenen Boddenküste oder mit einer Wanderung durch Naturschutzgebiete und Nationalparks. Man kann auch staunend die prächtigen Kirchen der Hansestädte betrachten oder durch mittelalterliche Gassen spazieren oder faszinierende Museen besuchen oder ... Wie auch immer man seinen Tag verbringen möchte, eines jedenfalls ist niemals fern: das Wasser.

Der Strandkorb

Ein Strandkorb ist mehr als nur eine Sitzgelegenheit. Mit diesem Möbel steht Luxus im Sand: Bequemlichkeit mit Meerblick, ein Refugium an der frischen Luft, ein Stück Heimat im Urlaub. Der Strandkorb ist ein exklusives (und in kleinen Wendekreisen mobiles) Korbhaus mit panoramaweiter Veranda und bunt gestreiftem Sonnenschutz; Esszimmer, Vorratskammer, Wandschrank und Sofa inklusive. Das elegant geschwungene Flechtwerk bietet Schutz vor der Mittagssonne oder der frischen Meeresbrise. Es ist ein Ort des Gesprächs und der Lektüre, geerdeter Ausguck und luftiger Rückzugsraum, ideal zum Kaffeeklatsch oder für ein nachmittägliches Nickerchen. Der Strandkorb gibt ebenso Raum für ein großes Gefühl von Freiheit, wenn der Blick den Horizont entlangschweift (und die Uhrzeit keine Rolle spielt), wie für gepolsterte Behaglichkeit. Der Strandkorb ist ein „Sehnsuchtsmöbel", mithin ein Stück Lebensgefühl.

Ostseestrände und Strandpromenaden

Wer wollte auch nicht an den Strand, wenn die Sonne scheint und eine milde Brise vom Meer her weht? Weithin berühmt sind die Namen der beliebten Ostseebäder: Binz oder Sellin auf Rü-

gen, die drei Kaiserbäder auf Usedom, Heiligendamm und Warnemünde. Sonnenhungrige bevölkern die mehr oder minder geordneten Reihen der Strandkörbe, über denen zuweilen der ein oder andere Lenkdrachen schwebt. Andere liegen auf bunten Badetüchern zwischen kunstvollen Sandburgen. Beachvolleyballer hechten sich in den feinen Sand. Surfer stemmen sich gegen den Wind...

Abseits des bäderherrlichen Trubels dagegen liegen noch zahlreiche ruhigere, oft über weite Strecken naturbelassene Strände, die gesamte Außenküste Hiddensees zum Beispiel, oder die Tromper Wiek auf Rügen oder die herrliche Westküste des Darß. Hier können sich Kinder wie die wüstesten Piraten austoben oder Hunde ihre Stöckchen aus der Ostsee retten. Und es findet sich dennoch immer ein abgelegenes Plätzchen für den eigenen Sonnenschirm und einen geruhsamen Sonnentag. Um die Badekleiderordnung – textil, halbtextil, textilfrei oder Fell – schert sich hier auch niemand. Gemeinsam haben all diese Strände, dass sie kilometerlang sind, oft sehr breit, feinsandig und weitgehend steinfrei und fast überall flach in die Ostsee abfallen.

Tore zur Welt

Häfen sind Orte des Reisens, der Ankunft und des Aufbruchs. An der Ostseeküste Mecklenburg-Vorpommerns sind die Hafenstädte – Rostock, die „Leuchte des Nordens", Stralsund und Wismar, gemeinsam UNESCO-Weltkulturerbe, und Greifswald, die stille Universitätsstadt im Osten – aber auch urbane Zentren, kulturelle Knotenpunkte von spröder Eleganz, traditionsreich und lebendig. Und sie sind Metropolen, die in Charakter und Aussehen an eine glorreiche Vergangenheit erinnern: an die Zeit der Hanse.

Bauchige Koggen bringen tonnenweise Waren in die Städte. Wachs, Teer und Felle aus dem Osten, Hering und Erz

aus dem Norden, Wein und Tuche aus dem Westen füllen die Stapelplätze, werden umgeschlagen, machen ihre Händler reich. Mit dem Reichtum wächst die Macht der Kaufleute und Ratsherren. Sie lassen es sich nicht nehmen, ihrem bürgerlichen Selbstbewusstsein Ausdruck zu verleihen – und der ist backsteinrot. Die großen architektonischen Würfe dieser Zeit, großartige Monumente der Norddeutschen Backsteingotik, sind an der Ostseeküste aufgereiht wie Perlen an einer Kette – Silhouetten hanseatischer Macht: Von den imposanten Kirchen von St. Nikolai in Wismar über das Doberaner Münster und St. Marien in Rostock bis zu St. Nikolai und St. Marien in Stralsund. Daneben ließen sich die achtbaren Ratsherren auch stattliche Bürgerhäuser errichten und säkulare Repräsentativbauten wie das Stralsunder Rathaus mit seiner prächtigen Fassade. Bis heute haben sich die Ensembles gotischer Giebelhäuser entlang der mittelalterlichen Straßenzüge in Wismar, Stralsund und Greifswald gestaltreichen und eindrucksvoll erhalten.

Aber die Hafenstädte sind nicht nur die Tore zur Welt, sie sind auch der Einstieg in die faszinierende Küstenlandschaft der Ostsee.

Geschützte Paradiese

Wenn man morgens früh, ganz früh, lange bevor die Backstuben öffnen, an einen abgelegenen Strand geht oder irgendwohin sonst entlang der vielgestaltigen Ränder des Nationalparks, wird man mit unvergesslichen Eindrücken einer zauberhaften Landschaft überhäuft. Geformt wurde diese Landschaft von Wind und Wasser. Jahr um Jahr zupft der Ostseewind an Kiefern und Weißdorn und modelliert ihren bizarren Wuchs. Über Nacht zeichnet der Wind fotogene Strukturen zwischen das spärliche Dünengras in den Sand. Strandgut, von den Ostseewellen an Land gespült, bildet im Son-

nenaufgang berauschende Szenerien. Majestätische Seeadler kreisen über Landschaften, die sich nicht entscheiden mögen, ob sie zum Land gehören oder zum Wasser: meerumschlungene Salzwiesen, karge Windwatten, sumpfige Erlenbrüche, von dichten Schilffeldern gesäumte Boddenküste. Wind und Wetter nagen an der schroffen, kreideweißen Steilküste.

Weite Teile dieser mannigfaltigen, ökologischen Schatzkammern stehen unter Schutz: Wasserflächen, Wälder, Küstenlinien, Dünenheide und all die Lebensräume zwischen Wasser und Land. Zwei Nationalparks zieren die Küste Mecklenburg-Vorpommerns: der 80.000 Hektar große *Nationalpark Vorpommersche Boddenlandschaft* mit seiner eindrucksvollen Küstenlandschaft auf dem Darß und dem größten Kranich-Rastplatz Europas (am Großen Werder bei Zingst), wie auch der nur 3000 Hektar große *Nationalpark Jasmund* auf Rügen mit seinem herrlichen Buchenwald vor der schroffen Kreideküste. Rügens Südosten ist als Biosphärenreservat ausgezeichnet, die Insel Usedom als Naturpark, dazwischen finden sich zahlreiche kleinere Naturschutzgebiete.

Wer sich einmal aufgemacht hat, diese geschützten Paradiese zu erkunden, der sammelt Eindrücke, die man nie vergisst. Und wer am Achterwasser einen Sonnenuntergang erlebt hat oder am Kap Arkona oder auf Hiddensee, der weiß auch, dass er wiederkommt.

Sanddorn macht lustig

Die Zitrone des Nordens, *Hippophae rhamnoides*, kleine, leuchtend orange Früchte an dornigen, silberblättrigen Sträuchern, gedeiht prächtig auf den sandigen Böden. Und in der Tat: auch Sanddorn ist ordentlich sauer. Außerdem ist er eine wahre Vitamin-C-Bombe und vielseitig verwertbar. Es gibt ihn als Saft, Wein, Schnaps, Marmelade, Kompott, Tee ...

Auch eher säuerlich, zumindest wenn eingelegt, kommt eine weitere ostseetypische Spezialität daher: der Hering. Ihn findet man in allen nur denkbaren Variationen auf nahezu jeder Speisekarte zwischen Ahlbeck und Boltenhagen. Der sauer marinierte Klassiker, der *Bismarckhering*, kommt aus Stralsund und wird dort noch nach eben jenem Rezept eingelegt, das sich dereinst der Eiserne Kanzler hat schmecken lassen.

Kulinarisch hat Mecklenburg-Vorpommern natürlich mehr zu bieten als Sanddornmarmelade und Fischbrötchen. Im reichhaltigen Spektrum an Speisegaststätten finden sich die urige Hafentaverne, in der schon Störtebeker gebechert haben könnte, ebenso wie die Gourmettempel, die die Zwölfender der Haute Cuisine mehr und mehr an der Ostseeküste eröffnen. Dazwischen gibt es viele, viele kleine Restaurants und Cafés, die mit viel Fantasie und Liebe zum Detail an Ausstattung und Küchenarbeit ihre Gäste umsorgen und begeistern. Und alle öffnen den Weg zum gesunden Sanddorn: die Sanddornsahnetorte zum Kaffeepäuschen, das Menü krönende Sanddornsorbet auf Panna Cotta, ein digestiver Sanddorngeist...

Strahlend weiß: die Bäderarchitektur

Im Schatten der Veranda, eine Hand auf dem reich verzierten, gusseisernen Geländer. Der Blick treibt über das Meer. Ein Gläschen Port, eine gute Zigarre. Unten, auf der Strandpromenade, plappert und flaniert das mondäne Bäderleben entlang, Herren lüpfen zum Gruß den weißen Hut, Damen kichern in das Spitzentaschentuch...

So in etwa mag man sich den großbürgerlichen Sommerfrischler vorstellen, den es mit den Anfängen des Tourismus aus Berlin an die Ostsee zog. Die Kulisse für diese am Ende des 19. Jh. aufkommende Mode des Sommeraufenthalts am Meer sind die verspielten Fassaden der blütenweißen, ornament-

freudigen Bäderarchitektur: villengleiche Gästehäuser, geschmückt mit Balkonen, Veranden und Loggien, Ziergiebeln und Schmuckfriesen; Kurmuscheln am Strandabgang für das sonntäglich gepflegte Kurkonzert; Kurhäuser mit weiten, parkettierten Tanzsälen; schickliche, da geschlechtergetrennte Badeanstalten; vor allem aber: Seebrücken. Teils prächtig bebaut, strecken sie sich mutig in die Ostsee und verlängern die Strandpromenaden ins Meer hinein.

Das schönste Ende Deutschlands

Warum nun fahren wir an die Ostsee? Zum ersten Mal oder wieder mal oder wieder und wieder und Jahr für Jahr? Wegen der Strände? Den Stränden mit bunt betuchten Strandkörben, den Hundestränden, den einsamen, wildromantischen Stränden? Wegen der herrlichen, einzigartigen Landschaften, den Nationalparks, den abwechslungsreichen Lebensräumen? Wegen der Hansestädte, altehrwürdig und quicklebendig? Wegen der prächtigen Kirchen und mittelalterlichen Stadtbilder? Der Ostseebäder? Sicherlich, alles gute Gründe an die Ostsee zu fahren. Einen Grund aber haben wir noch nicht genannt und das sind die Menschen, die mit ihrer unaufdringlichen Gastlichkeit und ihrem manchmal herben Charme einen Aufenthalt angenehm gestalten: Die junge Familie, die mit viel Enthusiasmus einen kleinen Kanuverleih betreibt; der Kleinunternehmer, der kenntnisreich und witzig durch Naturschutzgebiete führt; die freundliche Dame, die eine idyllische, abgelegene Pension zu einem kleinen Paradies umgewandelt hat; die szenemüden Großstadtflüchtlinge, die oasengleiche Cafés betreiben. Auch wegen dieser vielen, vielen Menschen, die sich bemühen im Tourismus ein Auskommen zu finden ohne dem Grundkapital, den zauberhaften Landschaften, zu schaden, lohnt es sich, die Ostseeküste Mecklenburg-Vorpommerns zu bereisen.

Malerisches Wustrow auf dem Fischland

Hintergründe und Infos

Kreidefelsen im Nationalpark Jasmund auf Rügen

Geografie und Landschaft

Erdgeschichtlich betrachtet ist die Ostseeküste Mecklenburg-Vorpommerns geradezu jung, ihre Ausformung keineswegs abgeschlossen. Noch immer ist die Küste eine Landschaft in Bewegung.

Am Anfang war das Meer: Vor etwa 70 Millionen Jahren bedeckte ein riesiges Urmeer Teile Nordeuropas. Sedimente, die von den kalkhaltigen Schalen seiner Kleinstbewohner stammten, verfestigten sich im Laufe von Millionen Jahren zu einer dicken *Kreideschicht.* Mit der Eiszeit begannen gigantische Gletscher die Sedimentschichten aufzureißen und gewaltige Geröllmassen zu bewegen. Entlang der sich vor- und zurückschiebenden Gletscher entstanden *Endmoränen* – die für die Ostseeküste typischen Hügelformationen lassen sich z. B. von Hiddensees Dornbusch quer über Rügen bis Putbus verfolgen – und ihr Gegenteil, Gletscherzungenbecken, tief eingegrabene Rillen wie beispielsweise das Achterwasser bei Usedom. Weitere Hinterlassenschaften der Gletscherbewegungen sind Findlinge und Sölle. Die *Findlinge*, etwas pathetisch „Wanderer des Nordens" genannte Felsbrocken, wurden vom Eis aus Skandinavien herangetragen und blieben nach dem Rückzug der Gletscher liegen. Als die Eiszeit das Land wieder freigab, lösten sich auch gigantische Eisblöcke vom sich zurückziehenden Gletscher. Diese Toteis-Ablagerungen, oft mit Sediment bedeckt, schmolzen nur langsam ab und bildeten *Sölle* (Singular: das Soll), die man in Mecklenburg-Vorpommern vielerorts vorfindet: Wenn sich z. B. inmitten eines Feldes eine Mulde absenkt, deren Vegetation auf einen sumpfigen oder zumindest feuchten Untergrund schließen lässt oder in der sich gar ein kleiner, oft kreisrunder See befindet, ist davon auszugehen, dass es sich um ein Soll handelt.

Nachdem die Gletscher zum *Ende der letzten Eiszeit* (die *Weichseleiszeit* endete vor etwa 10.000 Jahren) schließlich abgeschmolzen waren, füllte das schmelzende Eis die Ostsee, wobei der Wasserstand bis zu 100 Meter über dem heutigen gelegen haben dürfte. Durch den Abbau der Gletscher in Skandinavien kam es auch zur Hebung der Landmassen im Ostseeraum, da nun weniger Gewicht auf ihnen lastete. Aus der nach-eiszeitlichen Ostsee begann sich allmählich die Küstenlinie auszubilden. Aus dem Wasser lugte da und dort ein Stück Land – die Kerne der heutigen Inseln Rügen und Usedom. Fischland-Darß-Zingst, heute Halbinsel, lag als Inselkette vor dem Festland.

Was die Gletscher aus tiefen Erdschichten gekratzt und hervorgehoben haben, wird seither von Wind, Wetter und Strömung umgeformt. Schwerer Sturm aus Nordost und eventuell folgende Sturmfluten beschleunigen die Entwicklung. Regenerosion, Frostbrüche und Sturmfluten nagen an den *Steilufern* und tragen Kalk, Lehm und Sand ab (zu den Frostsprengungen an der Kreideküste siehe auch S. 245). Das Material wird von der Strömung mitgenommen und andernorts angelandet. An den „Rändern" der Strömung, im Strömungsschatten, bereichert das Material die Sandstrände oder bildet Bänke und *Sandhaken,* die vom Ufer hervorspringen können (schönstes Beispiel: Alt- und Neubessin im Norden Hiddensees). Festigt sich ein Sandhaken, vor allem durch genügsame Vegetation, bilden sich aus den Ablagerungen so genannte *Nehrungen,* die Buchten vom Meer abschließen, Inseln verbinden und damit die typische vielgestaltige *Boddenküste* formen. Auf diese Art und Weise ist u. a. die Schaabe auf Rügen entstanden, eine geologisch sehr junge Landbrücke, welche die Halbinsel Wittow (ehemals gänzlich vom Meer umschlungen) mit der Halbinsel Jasmund verbindet und damit gleichzeitig den Großen Jasmunder Bodden von der Ostsee abtrennt.

Da *Bodden* und Meer meist nur durch kleine Wasserstraßen miteinander verbunden und die Gezeiten in der Ostsee nur schwach ausgeprägt sind, gelangt kaum Meerwasser in die Wasserzirkulation der Bodden. Dank der Regenwasserzufuhr in die ohnehin recht seichten Bodden sinkt der Salzgehalt stetig ab. Das wiederum hat zur Folge, dass eine Vegetation Fuß fassen kann, die einerseits an das Brackwasser angepasst ist und die sich andererseits durch die Nehrungen vor Strömung und schwerem Wetter geschützt entfalten kann. Die vor allem mit Schilf bewachsenen, vielgliedrigen Ränder der Bodden sind typisch für die Ostseeküste Mecklenburg-Vorpommerns.

Eine Landschaft in Bewegung: die Hiddenseer Haken Alt- und Neubessin

Heide auf Hiddensee

Kornblumen auf Wittow

Rapsblüte auf Ummanz

Beim obligatorischen Strandspaziergang lässt sich das eine oder andere geologische Fundstück entdecken. Der *Bernstein,* das „Gold der Ostsee“, stammt aus urzeitlichen subtropischen Wäldern, die sich vor ca. 50 Mio. Jahren hier ausbreiteten; genauer gesagt entstand er aus Baumharz, das aus den Stämmen quoll, sich verfestigte und im Sediment vor Jahrmillionen zu einem honiggelben bis dunkelbraunen Stein gepresst wurde. Bereits in der Bronzezeit wurde Bernstein zu Schmuck verarbeitet. Auch heute noch gibt es kaum einen Souvenirladen, in dessen Sortiment Bernsteinschmuck fehlt. Besonders gefragt und wertvoll sind Steine mit *Inklusen* (Einschlüssen): kleine Luftbläschen, subtropische Pflanzenstücke oder urzeitliche Insekten, die vom noch zähflüssigen Harz umschlossen und so über Millionen Jahre konserviert wurden. Wer sich ernsthaft auf die Suche nach Bernstein machen will, geht am besten nach schwerer See an den Strand.

Weitere beliebte Fundstücke an der Ostseeküste sind Feuersteine, Hühnergötter und Donnerkeile. *Feuersteine* sind fossile Kieselalgen, die sich heute vor allem in Bändern durch die Kreideabhänge ziehen. Traditionelle Glücksbringer sind die *Hühnergötter,* Feuersteine mit oft kreisrunden Löchern, die durch die allmähliche Auflösung von Einschlüssen entstanden sind. Früher wurden die Hühnergötter mit einer Schnur zusammengebunden und an Hühnerställe gehängt, um – so der Volksglaube – das Federvieh vor Krankheiten zu bewahren. *Donnerkeile* werden die Fossilien von Belemniten genannt, urzeitlichen Kopffüßern. Der Name der länglichen, kegelförmigen Fossilien geht auf *Thor,* den germanischen Donnergott, zurück. Wo die von ihm geschleuderten Blitze einschlugen, blieben die Donnerkeile zurück.

Auf Hiddensee: Rauhwollige Pommersche Landschafe

Flora und Fauna

Mecklenburg-Vorpommern ist weitgehend landwirtschaftlich geprägt. Durch Artenreichtum zeichnen sich vor allem die Boddenufer aus, wo teils seltene Vogelarten ein ideales Rückzugsgebiet finden.

Ausgedehnte Waldgebiete gibt es in der Rostocker Heide, auf dem Darß, im Nationalpark Jasmund und in der Granitz (beides Rügen). Außergewöhnlich ist die große Anzahl an Alleen, die sich an den Feldern entlang von Dorf zu Dorf oder von Hof zu Hof ziehen. Überwiegend im 19. Jh. gepflanzt, spannen sich Linden, Buchen, Kastanien, Pappeln, Ulmen usw. über die teils kopfsteingepflasterten Straßen und formen im Sommer ein schattenspendendes, grünes Dach. Da viele landwirtschaftliche Betriebe inzwischen auf ökologische Produktion umgestellt haben, sieht man in den Weizenfeldern heute vermehrt auch wilden Mohn und Kornblumen, die zur Blütezeit ein farbenprächtiges Bild abgeben.

Zu den Besonderheiten der Flora an der Küste zählen zwei gegensätzliche Naturräume: Da gibt es zum einen die genügsame Vegetation, die sich in karge, nährstoffarme Böden wie Kreidefelsabbrüche krallt (in denen auch zahlreiche Orchideen wachsen) oder sich auf sandigem Boden zu *Dünenheide* entwickelt oder aber sich als so genannter *Trocken-* oder *Magerrasen* über sanfte Hügel erstreckt. Kennzeichnend für Letzteren sind niedrig wachsende Gräser, Kräuter und Blumen wie wilder Thymian, Strohblumen oder Silbergras. Zum anderen findet man beispielsweise auf Rügen einen Naturraum, der weder Land noch Meer ist, die so genannten *Salzwiesen*. Diese entstehen im Marschland zwischen Land und Meer. Regelmäßig vom Meerwasser überflutet, entfaltet sich auf dem salzreichen, sumpfigen Boden und an Brackwassertümpeln eine ganz eigene Vegetation wie z. B. die Salzbinse. Außerdem dient das Feuchtgebiet als Rückzugsraum für zahlreiche Vogelarten.

Adler über der Ostsee

„Majestätisch" und „erhaben" sind wohl die meistgebrauchten Adjektive, wenn man über Adler spricht. Und wer schon mal einen Seeadler hat kreisen sehen, wird diese Beschreibung wohl bestätigen. Das Attribut „selten" wird glücklicherweise immer weniger gebraucht.

Es gab eine Zeit, da war der Adlerbestand in Deutschland kurz davor zu erlöschen. Als vermeintlicher Futterkonkurrent wurde der Adler seit jeher gejagt, ab den 1950er Jahren durch das Pestizid DDT indirekt vergiftet und so beinahe ausgerottet. Dank intensivem Artenschutz hat sich der Bestand der Seeadler und Fischadler allerdings wieder erholt. Gab es 1970 gerade noch 40 Fischadler-Brutpaare in Deutschland, sind es heute etwa 500. Ähnlich sieht es mit dem Seeadlerbestand aus. Vor 40 Jahren fast ausgerottet, brüten heute in Deutschland wieder fast 600 Paare – die meisten davon in Mecklenburg-Vorpommern.

Der *Seeadler* (*Haliaeetus albicilla*) ist der größte Greifvogel in unseren Breiten. Ca. 75–95 Zentimeter groß, hat er eine Spannweite von bis zu 2,5 Metern. Sein Gefieder ist braun, der kräftige Schnabel gelb, Altvögel haben einen weißen Schwanz. Das Flugbild wirkt bei ausgestreckten Schwingen „brettartig". Der Flug des *Fischadlers* (*Pandion haliaetus*) erscheint eleganter und ist vor allem schneller. Er misst etwa 55 Zentimeter bei einer Spannweite bis zu 1,70 Metern, charakteristisch sind die weiße Unterseite und der weiße Kopf mit dem dunklen Augenstreif. Da die Seeadlerpaare, die ein Leben lang beisammen bleiben, ihre Nester mehrere Jahre benutzen, entstehen mächtige Horste, vorzugsweise in hohen Buchen oder Kiefern im Wald oder am Waldrand. Den Fischadler sieht man häufig auf Strommasten brüten. Der Seeadler ist ein vielseitiger Jäger, er schlägt Fische, kleine Säugetiere und Wasservögel. Einen eher unausgewogenen Speiseplan hat der Fischadler: er frisst – und damit ist auch die Namensherkunft geklärt – ausschließlich Fisch. Dieses Beuteschema hat Auswirkungen auf sein Reiseverhalten. Da die Gewässer in Nordeuropa chronisch Gefahr laufen des Winters zuzufrieren, zieht es den Fischadler in sein Winterdomizil in Afrika. Der Seeadler nimmt indes auch mit winter-

Die Feuchtgebiete entlang der Boddenküsten bieten zahlreichen, teils sehr seltenen Vogelarten eine ideales Rückzugs- und Brutgebiet. Man trifft auf diverse Möwen- und Schwalbenarten, Rohrammern oder Haubentaucher. Besonders beeindruckend gestaltet sich der Zwischenstopp der Grauen Kraniche im Frühjahr oder Herbst, z. B. auf Zingst oder auf Ummanz. Auch Kormorankolonien gibt es, beispielsweise auf der Insel Heuwiese südlich von Ummanz (Rügen) oder im Naturschutzgebiet Peenemünde. Lange Zeit vom Aussterben bedroht, sind die gefräßigen Jäger in Mecklenburg-Vorpommern wieder derart präsent, dass sie zum Schutz von Fischbeständen in seltenen Fällen bejagt werden dürfen. Neben allen Greifvögeln, die landesweit erhaben segeln und jagen, wie Turmfalken, Mäusebussard oder Habicht, leben und brüten in Mecklenburg-Vorpommern auch die eleganten Milane (Rot- und Schwarzmilan), die seltenen Weihen (Korn- und Wiesenweihe) sowie die verbreitete Rohrweihe und vor allem auch die majestätischen Adler (s. o.).

Wahrscheinlich nicht zu Gesicht bekommen wird man dagegen den Fischotter, da er nicht nur selten und scheu, sondern auch überwiegend nachts aktiv ist, oder den Kräftigsten unter den Landräubern, den Dachs. Auf einen der umtriebigen Mäuse-

harten Enten oder halbgefrorenem Aas vorlieb, was vielleicht nicht wählerisch oder gar edel klingt, es dem Vogel aber ermöglicht, einen strengen pommerschen Winter zu überstehen.

Die besten Chancen einen Seeadler zu beobachten, hat man im Nationalpark Vorpommersche Boddenlandschaft und um das Achterwasser im Naturpark Usedom. Den spektakulären Sturzflug des Fischadlers sieht man am ehesten im Peenetal – die größte Bestandsdichte befindet sich im Müritz-Nationalpark.

Nicht zu Gesicht bekommen wird man wohl den *Schreiadler* (*Aquila pomarina*). Der auch *Pommernadler* genannte Greifvogel ist leider sehr selten und steht ganz oben auf der Roten Liste der vom Aussterben bedrohten Arten. Wer aber einen Adler sieht, der geschwind über Feld oder Wiese schreitet, der beobachtet wohl einen Schreiadler. Der Pommernadler nämlich jagt auch zu Fuß.

wiesel zu treffen, ist dagegen durchaus möglich. Der Großwildbestand umfasst vor allem Dam- und Rotwild, aber auch Wildschweine. Acht geben sollte man beim Wandern, z. B. über Hiddensees Heide, auf die giftige Kreuzotter. Zuletzt wurde vermehrt von Seehund- und sogar Kegelrobben-Sichtungen berichtet, es besteht die berechtigte Hoffnung, dass sich diese sensiblen Meeressäuger im Schutz der großflächigen Nationalparks und Biosphärenreservate wieder ansiedeln.

Über den Zug der Kraniche siehe S. 189

Unter der Wasseroberfläche tummeln sich in Bodden und offenem Meer zahlreiche Fischarten. Darunter finden sich Fische, die sowohl mit Süß- als auch mit Salzwasser zurechtkommen, wie beispielsweise der Langstrecken-wandernde Europäische Aal. Neben schmackhaften Plattfischen wie Steinbutt, Flunder und Scholle werden es Angler (und Feinschmecker) vor allem auf die Raubfische Hecht, Zander und Barsch sowie den Dorsch, den Blei und vor allen auch auf den Hering abgesehen haben.

Natur- und Umweltschutz

Ostsee: Noch in den 1970er Jahren galt die Ostsee als das schmutzigste Meer der Welt. Um sie vor dem Kollaps zu bewahren, taten sich 1974 die Anrainerstaaten über alle ideologischen Grenzen hinweg in der Helsinki-Kommission zusammen und vereinbarten den Schutz der Ostsee. Seither ist viel geschehen: Städte, Mülldeponien, Raffinerien, Fabriken und Metallhütten leiten ihre Abwässer nicht mehr ungeklärt ins Meer. Ein Anzeichen für die Erholung der angeschlagenen Ostsee (mit praktischem Nutzen) ist, dass das Wasser der meisten Küstenabschnitte zumindest Badequalität hat. Aber es ist längst nicht alles im Reinen, denn die Ostsee ist ein höchst sensibler Meeresraum. Vor allem die Überdüngung durch die Landwirtschaft macht der Ostsee zu schaffen. Großflächig ist auf dem Grund des kleinen Meeres kein Leben mehr möglich. Dass sich die Ostsee schwer mit der Regeneration tut, liegt in einer Kette aus ostseetypischen Eigenheiten begründet: geringer und schwankender Salzgehalt und mangelnde Sauerstoffzufuhr wegen des bescheidenen Wasseraustausches, bedingt durch Tiefenrelief und Binnenhaftigkeit der Ostsee. Der Reihe nach:

Das *mare balticum* entstand am Ende der letzten Eiszeit, der *Weichseleiszeit*, als gigantisches Schmelzwasserauffangbecken der einst kilometerdicken, nun sachte abtauenden Inlandsgletscher. In mehreren Schüben drang Meerwasser aus Atlantik und Nordsee in das junge Meer und versalzte es – in Maßen. Die Ostsee ist als europäisches Binnenmeer ein Brackwassermeer und nur über schmale Wasserstraßen (Öresund, Großer und Kleiner Belt, Fehmarnbelt und -sund) mit Kattegat und Skagerrak und damit mit Nordsee und Atlantik verbunden. Das hat, im Verbund mit dem der Ostsee eigenen Tiefenrelief, Auswirkungen auf den Wasseraustausch – sichtbar am lediglich zentimeterhohen, also kaum vorhandenen Tidenhub – und damit auf Salzgehalt und Wasserqualität.

Das Becken der Ostsee fällt zwar auf etwa 250 Meter (Gotlandtief) und stellenweise sogar bis zu 450 Meter ab, die Wasserstraßen aber, die die Nord- mit der Ostsee verbinden, sind nicht nur eng, sondern stellenweise auch verhältnismäßig flach (v. a. an der Darßer Schwelle), sodass kaum Wasseraustausch stattfinden kann. Das wird deutlich am durchschnittlichen Salzgehalt: Salz gelangt lediglich aus der Nordsee ins *mare balticum*, das nach Osten hin einsüßt. Entsprechend stehen 3,5 % in der Nordsee 0,3–1,8 % Salzgehalt in der Ostsee gegenüber. Das eigentliche Problem aber, das ebenfalls mit dem Salzgehalt zusammenhängt, ist der Mangel an Sauerstoffzufuhr aufgrund der unzureichenden Wasserbewegungen. Salzreichere Wasserschichten in tieferen Lagen werden kaum umgewälzt. Hier kommt die Überdüngung der Ostsee durch Stickstoff und Phosphat wieder ins Spiel, die ein verstärktes Algenwachstum zur Folge hat. Stirbt das Phytoplankton ab, sinkt es auf den Grund des Meeres und zehrt während des Zersetzungsvorgangs die Sauerstoffreserven des Tiefenwassers auf, bis eine sauerstoff-freie, also lebensfeindliche Umgebung geschaffen ist. Lediglich spezifische Wetterkonstellationen (starker Ostwind, der das Wasser aus der Ostsee bläst, gefolgt von einem Sturm aus West, der große Wassermassen zurückbefördert) bringen große Mengen frisches, sauerstoff- und salzreiches Meerwasser in die Ostsee.

Nationalparks und Biosphärenreservate – geschützte Landschaften: Ein umweltpolitisches Husarenstück bescherte Mecklenburg-Vorpommern den nachhaltigen Schutz seiner zauberhaften Landschaften. In den letzten Tagen der DDR gelang es

Michael Succow, Hannes Knapp, Lebrecht Jeschke und Matthias Freude, im Handstreich zahlreiche Landstriche unter verschärften Naturschutz zu stellen. Zunächst markierten sie mit grobem Strich auf der Landkarte, welche Gegenden sie schützen wollten, und machten sich dann mit einem Engagement an die Umsetzung, das andere ansteckte und Verbündete schuf. Darunter war auch Klaus Töpfer, der damalige Umweltminister der Bundesrepublik, der das Unternehmen, das er später „Tafelsilber der deutschen Einheit" nannte, unterstützte. Auf der letzten Ministerratssitzung der DDR wurde beschlossen, ein Dutzend Schutzgebiete zu schaffen. Succow und seine Mitstreiter hatten in wenigen Monaten erreicht, wozu im vereinigten Deutschland Jahre, wenn nicht Jahrzehnte nötig gewesen wären.

Der *Nationalpark Vorpommersche Boddenlandschaft* umfasst den Darß, weite Teile der Halbinsel Zingst, die Insel Hiddensee, Teile von Ummanz, die Küsten Westrügens und die dazwischen liegenden Gewässer. Auf Rügen entstanden der kleinste Nationalpark Deutschlands, der *Nationalpark Jasmund*, der die Kreidefelsen, die Stubnitz und den Küstenstreifen umfasst, und das *Biosphärenreservat Südost-Rügen*, das die Granitz bis hinüber nach Putbus und das Mönchgut unter Schutz stellt. Darüber hinaus gibt es zahlreiche kleinere Naturschutzgebiete entlang der Küste. Der 1999 ausgewiesene *Naturpark Insel Usedom* umfasst die gesamte Ostseeinsel samt der umliegenden Gewässer.

Die Nationalparks bestehen zum Teil aus *Kernzonen*, in deren natürliche Abläufe der Mensch nicht mehr aktiv eingreift. Über das restliche Gebiet erstrecken sich die *Pflegezonen*, in denen Pflanzenbestände aktiv bewahrt werden. Auch im Biosphärenreservat gibt es Kernzonen, doch fallen diese deutlich kleiner aus. Nachhaltige ökologische Landwirtschaft, Fischerei, Tourismus etc. stehen hier im Vordergrund. Ähnliches gilt für den Naturpark, in dem die alte Kulturlandschaft bewahrt und gleichzeitig touristisch genutzt werden soll.

Am 25. Juni 2011 wurden die „Alten Buchenwälder Deutschlands" in die Liste des UNESCO-Weltnaturerbes aufgenommen. Zwei der damit ausgewiesenen Schutzgebiete befinden sich in Mecklenburg-Vorpommern: der Buchenwald von Serrahn (Teilgebiet des Müritz-Nationalparks) und der herrliche Buchenwald des Nationalparks Jasmund.

Steinalt: die Großsteingräber bei Rerik

Geschichte

um 8000 v. Chr. Mit dem Ende der letzten *Eiszeit* ziehen sich die gewaltigen Inlandsgletscher langsam zurück. Durch den Anstieg des Meeresspiegels bilden sich die Küstenlinien der Ostsee heraus. Erste Nomaden kommen aus dem Süden an die Ostsee.

ab 4000 v. Chr. In der *Jungsteinzeit* werden aus Jägern und Sammlern sesshafte Bauern, die Ackerbau und Viehzucht betreiben. In bemerkenswerter Zahl sind Relikte steinzeitlicher Bestattungskultur erhalten geblieben, beispielsweise die Großsteingräber bei Lancken-Granitz.

ab 1600 v. Chr. Aus der *Bronzezeit* ist ein reger Handel im Ostseeraum nachweisbar. Die Toten werden nun in Hügelgräbern bestattet.

ab 600 v. Chr. *Germanische Völker* siedeln sich im Ostseeraum an. Die Handelsbeziehungen reichen schließlich bis ins Römische Reich, vor allem dank des Bernsteins.

um 400 n. Chr. Im Zuge der *Völkerwanderung* verlassen große Verbände der germanischen Stämme den Ostseeraum.

ab dem 6. Jh. In dem dünn besiedelten Gebiet lassen sich *slawische Stämme* nieder: im Westen die *Obotriten*, auf Rügen die *Ranen* oder *Rugier* und im Osten die *Liutizen*, alle auch *Wenden* genannt.

ab dem 9. Jh. Skandinavische Händler befahren den Ostseeraum. Entgegen ihrem Ruf waren die *Wikinger* keineswegs nur brandschatzende Räuber, sondern in erster Linie Händler, die auch Handelsniederlassungen gründeten.

ab dem 10. Jh.	Beginnende Christianisierung im Westen des wendischen Gebietes. Franken, Sachsen, Dänen und Polen rücken näher an die slawischen Stämme heran und erhöhen den Siedlungsdruck. Mit dem Lutizenaufstand im Jahr 983 wehren sich slawische Stammesverbände gegen die militärische und missionarische Einflussnahme und verzögern die christlich-deutsche Expansion um weitere 150 Jahre.
11. Jh.	Blütezeit der slawischen Siedlungen.
12. Jh.	*Christianisierung* Pommerns. Zwei Missionsreisen führen den Bischof *Otto von Bamberg* 1124 und 1128 nach Pommern. Auf Betreiben *Wartislaws I.*, des ersten nachweisbaren Pommernherrschers aus dem Haus der Greifen, treffen sich die slawischen Fürsten in Uznam (Usedom), um im Beisein Ottos zum Christentum überzutreten. Die Obotriten werden in der Folge des Wendenkreuzzugs (u. a. unter Heinrich dem Löwen) 1147 gewaltsam christianisiert und ab 1160 endgültig unterworfen. Zuletzt besiegt eine dänische Armee 1168 die Ranen und setzt das Christentum auch auf Rügen durch. Im Windschatten der Christianisierung beginnt der verstärkte *Zuzug deutscher Siedler* an die Ostsee.
13. Jh.	Die großen Häfen an der Ostsee erhalten das *Stadtrecht:* 1218 Rostock, spätestens 1229 Wismar, 1234 Stralsund und 1250 Greifswald. Die Hanse formiert sich. 1259 entstehen erste Handelsvereinbarung zwischen Lübeck, Wismar und Rostock. 1264/65 wird auf dem ersten Hansetag in Wismar ein Bündnis zwischen Lübeck, Wismar, Rostock, Stralsund und Greifswald geschlossen (zur Hanse → S. 28).
14./15. Jh.	Nach einer kriegerischen Auseinandersetzung mit dem Königreich Dänemark befindet sich die *Hanse* mit dem *Frieden von Stralsund* (1370) auf dem Höhepunkt ihrer Macht. Im folgenden Jahrhundert erlebt sie ihre Blütezeit. Die Städte erlangen eine relative Unabhängigkeit von ihren Territorialherren. Das wachsende hanseatische Selbstbewusstsein in den Städten spiegelt sich in einer regen Bautätigkeit wider, es entstehen die beeindruckenden Bauten der *Norddeutschen Backsteingotik.* 1419 wird in Rostock die erste Universität Nordeuropas gegründet, 1456 folgt die zweite in Greifswald.
16. Jh.	Die *Reformation* setzt sich durch, bedeutendster Reformator an der Ostsee ist *Johannes Bugenhagen.* Die Klöster werden säkularisiert, das seit 1532 geteilte Pommern tritt in den *Schmalkaldischen Bund* ein, ein Bündnis protestantischer Städte und Landesfürsten gegen den katholischen Kaiser, nimmt aber nicht aktiv an Kämpfen mit dessen Truppen teil. Auf politischer Ebene prägt sich das Feudalsystem immer weiter aus: Mit dem so genannten *Bauernlegen* werden aus freien Kleinbauern Leibeigene.
17. Jh.	Der *Dreißigjährige Krieg* erreicht 1626/27 die Ostseeküste. Zuerst kommen mit *Albrecht von Wallenstein* kaiserliche Truppen, dann landen schwedische Truppen (etwa 15.000 Soldaten) unter *Gustav II.*

Herrin des Mare Balticum: die Hanse

Charakterisiert man die Hanse als Städtebündnis, wird man dem Phänomen nicht gerecht. Sie als Händlergemeinschaft zu beschreiben greift ebenfalls zu kurz. Die Hanse war beides: ein wirtschaftliches *und* ein politisches Bündnis zwischen Städten *und* zwischen Kaufleuten. Alles begann mit einer Fahrgemeinschaft. Fernhandel treibende Kaufleute taten sich im 12. Jh. zusammen, um ihre ebenso kostenintensiven wie gefährlichen Handelsreisen im Verbund zu unternehmen. Mit der Zeit entstanden dadurch feste Kooperationen, von Außenstehenden *Hansen* („Schar", „Bund") genannt. Diese „Bünde" erwarben die teuren Privilegien, die ihnen überhaupt erst erlaubten, Handel zu treiben, und gründeten in den fernen Häfen Kontore. Mit wachsendem Reichtum der Kaufleute stieg auch ihr politischer Einfluss. Die Zahl Handel treibender Ratsherrn in jeder Stadt an der deutschsprachigen Ostseeküste war endlos, und so wurde aus der Zusammenarbeit von Händlern auch ein Städtebündnis.

Die technische Voraussetzung für den Aufschwung war die Kogge (eigentlich: *der Koggen*), ein neuer, bauchiger Schiffstyp mit enormem Fassungsvermögen. Der Handel basierte auf folgendem Grundprinzip: Rohstoffe wurden aus dem Ostseeraum in den Westen, Fertigprodukte in entgegengesetzter Richtung gehandelt. Die Nowgorod-Fahrer brachten Holz, Pelz, Teer, Asche und Hanf, die Schonen-Fahrer Hering und Erz etc. Im Gegenzug kamen Tuche, Wein und Metallwaren aus dem Westen (z. B. aus Flandern) in den Ostseeraum. Profit machten die Städte an der deutschen Ostseeküste aber nicht nur als Zwischenhändler beim West-Ost-Warenaustausch, sondern auch durch den Handel mit heimischen Produktionsgütern. Wismar beispielsweise exportierte lange Zeit Getreide, bis ausgerechnet Lübeck die Nachbarstadt vom Markt drängte. Daraufhin begannen die Bürger von Wismar, den Rohstoff zu veredeln, exportierten Bier und erzielten dadurch stattliche Gewinne.

Das Städtebündnis, die politische Dimension hanseatischer Macht, war Ergebnis eines 1259 abgeschlossenen Vertrags zwischen Lübeck, Rostock und Wismar, der die Handelswege zwischen den aufstrebenden Städten sichern sollte. Als das Bündnis 1264/65 um Stralsund und Greifswald erweitert wurde, tagte der Prototyp des später traditionell in Lübeck stattfindenden Hansetages in Wismar. 1310 kam es zu einem Konflikt der Städte mit dem dänischen König. Rostock und Wismar wurden geschlagen, während aus Lübeck, getreu der Maxime „Eigennutz vor Gemeinnutz", nichts als Beileidsbekundungen kamen. 1316 wurde Stralsund von den Dänen belagert, konnte die feindlichen Armee aber zurückdrängen. Die Interessengemeinschaft Hanse hatte zwar Schaden genommen, war aber letztendlich allein von Stralsund gerettet worden. Eine Generation später waren es wieder die Dänen, die den Aufschwung der Hansestädte bedrohten. Dieses Mal aber hielt das Bündnis. 1368 musste sich Kopenhagen der hanseatischen Flotte ergeben. Der geschlagene Dänenfürst musste alle Handelsprivilegien der Hanse bestätigen und enorme Zahlungen leisten. Der am 24. Mai 1370 geschlossene *Friede von Stralsund* markierte den politischen Höhepunkt der Hanse. Es folgte ein Jahrhundert, das als *Blütezeit der Hanse* bezeichnet wird.

Der Dreißigjährige Krieg markierte auch das Ende der Hanse, der Niedergang hingegen hatte bereits im 16. Jh. begonnen. Längst hatten sich die Handelszentren im Zuge der Entdeckung und Kolonialisierung Amerikas von Ostsee und Mittelmeer in den Westen an die Atlantikküste und in die Niederlande verlagert. Die Ostsee war zum Binnenhandelsweg einer neuen Großmacht geworden: Schweden.

Adolf 1630 bei Peenemünde auf Usedom. Pommern wird zum Durchzugs- und Aufmarschgebiet. Die Städte werden belagert, das Land verwüstet und geplündert, im Windschatten des Krieges wüten Pest und Hungersnot.

Im *Frieden von Osnabrück,* der „schwedischen Hälfte" des Westfälischen Friedens, wird der westliche Teil Pommerns samt Rügen und Usedom sowie Wismar den Schweden zugeschlagen. Bis 1815 bleibt der Kern dieses Gebiets unter der Herrschaft der Drei Kronen und wird in die kriegerischen Auseinandersetzungen der neuen Großmacht an der Ostsee hineingezogen, so im *Schwedisch-Polnischen* (1654–1660) und im *Schwedisch-Brandenburgischen Krieg* (1675–1679).

18. Jh. Im *Großen Nordischen Krieg* (1700–1721) erleidet der schwedische König *Karl XII.*, der „letzte Ritter Europas", 1709 eine schwere Niederlage. 1711 marschieren alliierte Truppen (Sachsen, Russen und Polen) in Vorpommern ein. Mit der legendären Rückkehr des Schwedenkönigs aus dem türkischen Exil 1714 – für den Ritt aus der Türkei bis nach Stralsund benötigt er keine 14 Tage – flammen die Kampfhandlungen wieder auf. Daraufhin besetzt Preußen 1715 Usedom. Mit dem Friedensvertrag von Stockholm (1720) wird Usedom Preußen zugesprochen, während die Gebiete im nördlichen Vorpommern, darunter die Insel Rügen, die Hansestadt Stralsund sowie Wismar, bei Schweden verbleiben.

1763 hebt *Friedrich II.* in Preußen die Leibeigenschaft auf, in Schwedisch-Pommern wird sie noch bis 1806 bestehen bleiben, in Teilen des Herzogtums Mecklenburg-Schwerin sogar bis in die Mitte des 19. Jh.

19. Jh. Nach der Niederlage Preußens bei der Doppelschlacht von Jena und Auerstedt (1806) im 4. Koalitionskrieg werden nicht nur die preußischen Gebiete, sondern auch Mecklenburg, das schwedische Wismar und Schwedisch-Pommern von napoleonischen Truppen besetzt.

Nach dem Zusammenbruch des napoleonischen Reiches wird auf dem *Wiener Kongress* die Karte Europas neu gezeichnet, für die Ostseeküste heißt das: Schwedisch-Pommern geht an Preußen, Wismar an Mecklenburg.

Langsam beginnt sich der Badetourismus durchzusetzen, anfangs noch als adlige *Kur,* später als bürgerliches Vergnügen: bereits Ende des 18. Jh. in Heiligendamm, ab 1824 auf Usedom, dann in den 1840ern in Putbus und bald darauf in Binz. Auch die Industrialisierung erreicht die Ostseeküste – sichtbar v. a. an den Dampfschiffflotten, die in den Werften der Hafenstädte gebaut werden, und an der Eisenbahn, die einerseits dem Schiffsbau, andererseits dem wachsenden Tourismus von Nutzen ist.

20. Jh. Der *Erste Weltkrieg* hemmt den Tourismus nur kurz. In den „goldenen Zwanzigern" blühen auch die Urlaubszentren an der Ostseeküste, Hiddensee wird zum beliebten Künstler-Domizil.

Unter den *Nationalsozialisten* soll auf Prora (Rügen) ein gigantisches Urlaubszentrum entstehen, während in Peenemünde (Usedom) die berühmt-berüchtigten V1- und V2-Raketen produziert werden – unter Beteiligung zahlloser Zwangsarbeiter, die unter menschenunwür-

Land unter 1872

Am 12./13. November 1872 erlebte die deutsche Ostseeküste ein unvergleichliches Sturmhochwasser. Keine Schlechtwetter-Chronik wusste bis dato von einer ähnlichen Katastrophe an der Küste zu berichten. Der Wasserstand lag zeitweilig bis zu knapp drei Meter über NN, während gleichzeitig ein Orkan die Küste entlang zog. Bereits bei 1,50 Meter über NN spricht man von einem Sturmhochwasser, kürzer und geläufiger: von einer Sturmflut. Sie entsteht in der Ostsee aufgrund einer seltenen Wetterkonstellation: Bei anhaltend starken (Nord-)West-Winden werden Wassermassen in den östlichen Teil der Ostsee gedrückt, gleichzeitig fließt Wasser durch den Skagerrak aus der Nordsee nach. Wenn dann der Wind umschlägt, aus Nordost bläst und sich zu Orkanstärke aufbaut, drängen die Wassermassen mit hoher Geschwindigkeit zurück an die westliche Ostseeküste, ohne dass das Wasser durch die Meerenge zwischen Ost- und Nordsee abfließen kann.

Was 1872 der Orkan nicht niederriss, erledigte schließlich das Wasser. Die Inseln Hiddensee und Usedom wurden praktisch entzweigerissen, der Darß vom Festland abgetrennt. Neuendorf und Vitte auf Hiddensee wurden komplett überflutet, die Lehmhäuser fielen in sich zusammen, die meisten Fischerboote wurden zerstört. Auf Usedom versank das an der engsten Stelle der Insel gelegene Fischerdorf Damerow in den Fluten. Auch auf Fischland-Darß-Zingst drängten die Wassermassen in die Fischerdörfer. Entlang der gesamten Ostseeküste ließen Menschen und Vieh ihr Leben in den Fluten, Deiche brachen, Fischerkaten stürzten ein wie Kartenhäuser, Boote und Schiffe wurden an den Strand geworfen und zerstört.

digen Bedingungen arbeiten müssen (s. a. S. 296f.). Auch in Wismar und Rostock siedelt sich Rüstungsindustrie an, was die Städte zu Zielen alliierter Bomberstaffeln macht. Weite Teile der alten Hansestädte werden zerstört.

Nach dem Zusammenbruch des Dritten Reiches besetzen sowjetische Truppen das Land. Aus Mecklenburg und dem bei der noch zu gründenden *DDR* verbliebenen Rest Pommerns entsteht das Land Mecklenburg-Vorpommern, das ab 1947 nur noch Mecklenburg heißt und schon 1952 wieder aufgelöst und in Bezirke gegliedert wird. Die gesamte Ostseeküste der DDR gehört nun zum Bezirk Rostock.

Als Reaktion auf die Westanbindung der Bundesrepublik richtet die DDR im Mai 1952 einen fünf Kilometer breiten Sperrkorridor entlang ihrer Westgrenze ein, knapp 2000 missliebige Personen werden zwangsumgesiedelt („Aktion Ungeziefer").

Auf ihrer II. Parteikonferenz im Sommer 1952 beschließt die SED, den Aufbau des Sozialismus zu forcieren. Für die Wirtschaft im Bezirk Rostock heißt das: Kollektivierung der Landwirtschaft und Bildung von Landwirtschaftlichen Produktionsgenossenschaften (LPGs, bis 1962 abgeschlossen), Ausbau der Schwerindustrie (v. a. der Werften in Wismar, Rostock und Stralsund) und eine verstärkte militärische Präsenz an der Ostseeküste (ab 1956). Weitere wichtige Faktoren für den Norden sind der Ausbau der Fischereiflotte (und ab 1960 des Hochseefischfangs) und der Überseehafen Rostock (1960). Auch der Tourismus beginnt sich, weitgehend staatlich organisiert, bereits in der 1950ern an der Küste zu entwickeln.

1953 werden im Zuge der so genannten *Aktion Rose* Hotel- und Pensionsbesitzer an der Ostseeküste enteignet und die Urlaubseinrichtungen verstaatlicht, vielen ehemaligen Eigentümern wird als vermeintlichen Wirtschaftsverbrechern der Prozess gemacht.

Die Grenze nach Westen (und vor allem das Schlupfloch Westberlin) wird 1961 dicht gemacht. Die Berliner Mauer wird errichtet, die innerdeutschen Grenzanlagen werden ausgebaut. 1961 bis 1989 sterben 174 Menschen bei dem Versuch, über die Ostsee in den Westen zu flüchten.

1974 geht das Kernkraftwerk Lubmin ans Netz (1990 stillgelegt).

Mitte Oktober 1989 beginnen auch im Norden der DDR die ersten Montagsdemonstration, am 19. Oktober treffen sich in Rostock 10.000 Menschen zu einer Großdemonstration. Zusammen mit dem Rückenwind aus Moskau führen die Demonstrationen den Fall der Mauer am 9. November 1989 herbei.

Am 18. März 1990 erfolgt im Zuge des Zusammenbruchs der DDR die erste freie Wahl. Mit der *Wiedervereinigung* wird das Bundesland Mecklenburg-Vorpommern gegründet, Regierungssitz ist nicht Rostock, sondern die ehemalige Residenzstadt Schwerin. Erster Ministerpräsident wird Alfred Golmolka (CDU), er wird 1992 von Bernd Seite (CDU) abgelöst.

Bei der Wahl 1998 ist die SPD, seit 1994 Juniorpartner einer Großen Koalition, die Gewinnerin und geht mit der PDS eine Koalition ein, der ersten rot-roten Regierung in der Bundesrepublik steht Harald Ringstorff (SPD) bis 2006 als Ministerpräsident vor.

21. Jh. Nach der Landtagswahl im September 2006 zieht die NPD in den Schweriner Landtag ein. Die SPD geht eine Koalition mit der CDU ein, 2008 tritt Ringstorff vom Amt des Ministerpräsidenten zurück, neuer Ministerpräsident wird Erwin Sellering (SPD).

Im Juni 2007 blickt die Welt nach Heiligendamm, wo unter turnusgemäßer EU-Ratspräsidentschaft Deutschland den G 8-Gipfel ausrichtet. Die Region befindet sich über Tage im Ausnahmezustand, das Tagungshotel in Heiligendamm wird hermetisch abgeriegelt, Proteste finden u. a. in Rostock statt.

Pläne eines dänischen Energieversorgers, in Lubmin ein Steinkohlekraftwerk zu errichten scheitern 2009 – zur großen Freude von Tourismus- und Umweltverbänden, die unter anderem befürchteten, dass sich das Kraftwerk negativ auf das Ökosystem des flachen Greifswalder Bodden auswirken würde.

Bei Lubmin trifft die Ostsee-Pipeline auf die deutsche Küste. Die 1224 Kilometer lange Gaspipeline liefert seit Ende 2011 Gas aus Russland nach Deutschland.

Bei den Landtagswahlen im September 2011 geht die SPD als Siegerin hervor. Erwin Sellering bleibt Ministerpräsident und geht erneut eine Koalition mit der CDU ein.

Malerisches Ensemble am Marktplatz von Greifswald

Architektur

Die im wahrsten Sinne des Wortes überragende Bauform entlang der Ostseeküste ist die der Norddeutschen Backsteingotik. Charakteristisch für die Ostseebäder ist die verspielte Bäderarchitektur. Zudem finden sich übers Land verstreut diverse Schlösser und Herrenhäuser aus unterschiedlichen Epochen.

Im Windschatten des rasanten Aufstiegs der Hanse entstanden in den Städten als Ausdruck eines gesteigerten kaufmännischen Selbstbewusstseins prächtige Gebäude, allen voran natürlich Kirchen, aber auch Kaufmannshäuser (zur Norddeutschen Backsteingotik, S. 34). Die gotischen Giebelhäuser prägen die *städtische Architektur* bis heute. Da diese im Laufe der Jahrhunderte umgestaltet und modernisiert wurden, bieten die Fassaden entlang der Straßen oft einen kleinen Überblick über die Architekturgeschichte. Das vollständigste Stadtbild bietet Wismar, hier stehen ursprünglich gotische, farbig barocke und klassizistisch strenge Stufengiebel nebeneinander. Wismar ist auch ein passendes Beispiel für nichtgotische städtische Architektur, vor allem dank des aufwändig gestalteten Fürstenhofs oder der Wasserkunst, beides Repräsentativbauten aus der Renaissance. Repräsentativ sind auch die beiden verbliebenen gotischen Rathäuser in Stralsund und Rostock. Während Ersteres mit seiner prächtigen Schaufassade ein Highlight der Backsteingotik darstellt, wurde Letzterem ein von Säulen getragener barocker Vorbau vorgesetzt, über den die gotischen Giebel noch hinausragen.

Eine Sonderstellung nimmt die Landeshauptstadt *Schwerin* ein. Ihr Erscheinungsbild wurde vor allem durch die Umgestaltung zu einer repräsentativen Residenzstadt in der ersten Hälfte des 19. Jh. geprägt. Verantwortlich dafür war der Architekt *Georg Adolph Demmler*, dessen Meisterstück, das von Wasser umgebene, prächtige Schweriner Schloss, bis heute Glanzpunkte setzt.

Abseits der Städte ist eine Vielzahl von *Schlössern* und *Herrenhäusern* erhalten – vom *Schloss Bothmer* im Klützer Winkel über das *Herrenhaus Bohlendorf* auf der Halbinsel Wittow (Rügen) bis zum *Gutshaus Stolpe* im Peenetal. So manche der ehemaligen Höfe des Landadels und der Großgrundbesitzer liegen noch in Ruinen, viele andere sind sorgsam wiederaufgebaut worden und beherbergen heute Hotels und Restaurants. Ebenfalls als Hotels dienen die sehenswerten Schlösser *Ralswiek* aus dem 19. Jh. und *Spyker*, beide auf Rügen. Letzteres ist eines der architektonischen Zeugnisse aus schwedischer Zeit und diente dem schwedischen Feldmarschall *Carl Gustav von Wrangel* in seiner Zeit als Generalgouverneur von Schwedisch-Pommern als Wohnsitz. Auf Usedom befindet sich das schöne Wasserschloss *Mellenthin*. Das Renaissanceschloss wurde zuletzt Stück für Stück restauriert und beherbergt heute ein Hotel und Restaurant. Kein Hotel, sondern Museum und Aussichtspunkt ist *Schloss Granitz* südlich von Binz (Rügen), dem *Karl Friedrich Schinkel* den Panoramaturm in die Mitte stellte.

Schwedisch: Schloss Spyker

Auch von einer einst regen *Klosterkultur* ist an der Ostseeküste einiges erhalten geblieben, allen voran das prächtige *Münster* auf dem Gelände des ehemaligen Zisterzienserklosters in *Bad Doberan*. Die berühmteste Klosterruine Deutschlands liegt in der Nähe von Greifswald: *Eldena*, nachhaltig in Szene gesetzt durch den Maler *Caspar David Friedrich*. Für den städtischen Bereich zu erwähnen sind das *Johanniskloster* und das *Katharinenkloster* in Stralsund sowie das *Kloster zum Heiligen Kreuz* in Rostock, die allesamt heute sehenswerte Museen beherbergen.

Das *Hallenhaus* ist eine bäuerliche Hausform, die von niederdeutschen Siedlern an die Ostseeküste gebracht wurde. Es zeichnet sich vor allem dadurch aus, dass Mensch und Tier, Gerätschaft, Ernte und Vorrat unter einem Dach versammelt waren. Ursprünglich gingen Stall und Wohnstube sogar ohne jede Trennwand ineinander über. Meist aus Lehmfachwerk errichtet, zuweilen mit Backstein ummantelt, fehlte es dem Hallenhaus oft an einem Schornstein. Der von einer offenen Feuerstelle aufsteigende Rauch zog unter das Rohrdach und von dort aus nur zögerlich ab. Diese Häuser nannte man deshalb *Rökerkate* oder auch *Rookhus*. Ein Reisender berichtet Ende des 18. Jh. über den Besuch in einer solchen Kate: „Die Küche war dergestalt voll Rauch, dass wir kein Auge darin öffnen konnten. Dass müsse so sein, sagte der Bauer, um Schinken, Fische und Netze zu räuchern." Ein paar schöne Exemplare finden sich im Mönchgut (Rügen), z. B. das zu den *Rookhus* in Göhren oder das *Pfarrwitwenhaus* in Groß Zicker.

Gebrannte Pracht: die Norddeutsche Backsteingotik

Die stilprägenden Elemente der Norddeutschen Backsteingotik erklären sich bereits aus dem Namen. Im Windschatten des rasanten Aufstiegs der Hanse im 13. und 14. Jh. erblühte vor allem in den deutschen Ostseehäfen die Bautätigkeit, denn das erstarkte, selbstbewusst gewordene Bürgertum wollte sich mit repräsentativen Gebäuden schmücken. In Ermangelung aber von natürlichem Baumaterial wie Sandstein musste notgedrungen auf „gebrannten Stein" zurückgegriffen werden. Genau genommen handelt es sich um Tonerde, die bei gut 1000 °C in handlicher Form gebrannt wurde und dabei auch ihre charakteristische rote Farbe erhielt.

Statt aber den Mangel an Naturstein hinter dicker Tünche zu verbergen (wie z. B. in Teilen des süddeutschen Raums), erzielte man dank der Gleichförmigkeit der gebrannten Steine und durch den Kontrast mit den hellen Fugen streng strukturierte Flächen und Fassaden. Gleichzeitig ließen sich die Gemäuer durch die einfache Formbarkeit des Backsteins mit Friesen, Blenden, Giebeln und anderen Schmuckelementen aufwändig verzieren. Doch trotz des Zierrats beeindrucken die Bauten vor allem durch erhabene, geradlinige Schlichtheit und karge Eleganz. Als prachtvollster Ausdruck bürgerlichen Selbstbewusstseins entstanden natürlich die großen Kirchen der Hansestädte – die Ratsherren Wismars beispielsweise fühlten sich im Laufe des 14. Jh. derart kraftvoll, dass sie meinten, der Stadthaushalt könne gleich drei Großbaustellen stemmen. Aber auch nichtsakrale Bauten spiegelten den Stolz der Bürger, ob in der prunkvollen Gestaltung eines Kaufmannshauses oder der des Rathauses. Schönste Beispiele sind das Rathaus in Stralsund mit seiner prächtigen Schaufassade, das direkt gegenüberliegende Wulflamhaus, der Alte Schwede in Wismar, das Kerkhoff-Haus in Rostock oder das Haus mit der Nummer 11 in Greifswald – die Liste ließe sich beliebig fortsetzen.

Im Kirchbau war das gotische Maß aller Dinge Lübeck, das seine Inspiration wiederum aus den französischen Kathedralen schöpfte. Die Baugeschichte der meisten älteren Gotteshäuser folgte dem gleichen Schema: War ein romanischer, meist basilikaler Vorgängerbau vorhanden, wurde dieser Mitte des 13. Jh. entweder ersetzt oder zu einer gotischen Hallenkirche umgebaut. Eine Hallenkirche zeichnet im Gegensatz zu einer Basilika aus, dass die Seitenschiffe auf die gleiche Höhe gebracht wurden wie das Mittelschiff, sodass der Innenraum zu einer nur von den Pfeilern strukturierten großen Halle wurde. Mit dem (erneuten) Umbau der Hallenkirche wurde in manchen Fällen, wie bei St. Nikolai in Stralsund, kurz nach der Fertigstellung begonnen. Die Erweiterung umfasste meist den Neu- oder Umbau des Chores, oft mit umlaufendem Kapellenkranz, vor allem aber die Aufstockung des Langhauses, wodurch erneut eine basilikale Bauform hergestellt wurde. Ziel war eine – im wahrsten Sinne des Wortes – erhebende Raumwirkung, der Kirchenbesucher sollte meinen, ins „himmlische Jerusalem" einzutreten. Die Raumwirkung entsteht dabei nicht allein durch die Höhe des Mittelschiffs, das dank der über die Seitenschiffe hinausragenden Obergadenfenster von Licht durchflutet wird, sondern vielmehr durch das Verhältnis von Höhe zu Breite. So hat die Lübecker Marienkirche zwar mit 38 Metern das höchste Mittelschiff, da dessen Breite aber über 14 Meter beträgt, ist das Verhältnis „nur" 1:2,6. Bei späteren Bauten wird die Proportion immer steiler und die Raumwirkung damit gewaltiger. Wismars Nikolaikirche schließlich erreicht ein Verhältnis von 1:3,5 – bei einer Breite von gerade einmal 10,5 Metern schließt das Gewölbe auf einer Höhe von 37 Metern das mächtige Langhaus ab.

Der Begriff *Bäderarchitektur* bezeichnet keine exakt definierbare Stilrichtung oder gar eine architektonische Gattung. Vielmehr besteht das verbindende Element der unter diesem Sammelbegriff gebündelten Gebäude darin, dass der Architekt alle Freiheit hatte, sich diverser Stile und Formelemente zu bedienen. Mit dem Aufkommen des Badetourismus im 19. Jh. entstanden dabei nicht nur noble Herbergen, die ein anspruchsvolles, v. a. großbürgerlich-städtisches Publikum zufrieden stellen mussten, sondern auch Kurhäuser, Veranstaltungspavillons, später Seebrücken und natürlich Badeanstalten. Was die Bauten der Bäderarchitektur verband, war also vor allem die touristische Nutzung und die ornamentfreudig gestalteten Fassaden. Hinzu kam noch eine besondere architektonische Mode der Zeit: die Vorliebe für Schatten spendende Veranden und Loggien, denn das Sonnenbaden galt es zu meiden, schick oder vielmehr standesgemäß war die noble Blässe. Besonders eindrucksvoll gestalten sich die drei Kaiserbäder auf Usedom und die beiden bedeutendsten Ostseebäder Rügens: Sellin mit seiner nach historischem Vorbild wiedererrichteten Seebrücke und Binz samt prächtiger Strandpromenade.

Einen Sonderfall bilden Putbus auf Rügen und Bad Doberan/Heiligendamm. Klassizistischen Gesamtkunstwerken gleich, wurden sie errichtet, um den ersten, vornehmlich adligen Badegästen das angemessene Ambiente zu bieten. Es entstanden quasi auf der grünen Wiese homogene Gebäudeensembles in schneeweißer Pracht.

Abschließend sei noch zwei architektonische Highlights aus jüngster Zeit genannt, beide aus Stralsund: Das *Ozeaneum*, die Fassade strahlend weiß und sanft gerundet wie von der Strömung geschliffene Kiesel, schmiegt sich architektonisch gelungen in die historische Häuserfront des Stralsunder Hafens. Hinaus nach Rügen reicht die *Zweite Strelasundquerung*. Der 2831 Meter lange Brückenzug – ein Teil davon 42 Meter über dem Wasser als Schrägseilbrücke mit markantem, 126 Meter hohem Pylon – ersetzt den alten Rügendamm zwischen Stralsund und der Insel Rügen.

Wiedererrichtet: Sellins Seebrücke, ein Highlight der Bäderarchitektur

Der „Molli" fährt mitten durch Bad Doberans Fußgängerzone

Praktische Infos von A bis Z

Anreise

Mit dem Auto: Die Ostseeautobahn A 20 von Lübeck bis zum Autobahnkreuz Uckermark, das große Straßenbauprojekt der letzten Jahre, ist mittlerweile durchgehend ausgebaut. Und auch die 2007 fertig gestellte *Zweite Strelasundquerung*, die imposante Brückenkonstruktion von Stralsund nach Rügen, vereinfacht die Anreise mit dem Auto für Rügenreisende enorm. Doch bevor man an die Ostseeküste kommt, hat man natürlich ein mehr oder minder großes Stück Deutschland zu durchqueren. Je nach Abfahrtsort gibt es drei gängige Routen an die Küste: Aus dem Westen über die A 1 nach Hamburg und Lübeck und von dort auf die Ostseeautobahn. Aus dem Süden (auch Österreich/Schweiz) über Nürnberg auf der A 9 nach Berlin und dann – via Potsdam – entweder Richtung Schwerin (A 24) oder Rostock (A 19). Reisende aus dem Osten streifen ebenfalls Berlin, allerdings auf der östlichen Seite, und stoßen bei Greifswald (Autobahnkreuz Uckermark) auf die A 20. Wer von Süden aus nach Usedom will, kann ebenfalls östlich um Berlin herum auf die A 20 gelangen.

> Achtung, Rügen- und Usedomreisende: Samstag ist Anreisetag (zumindest im Sommer) für die unzähligen Ferienhäuser und -wohnungen, die Folge sind lange Staus vor und auf den Zufahrtsbrücken. Wenn möglich, sollte man den Samstagnachmittag meiden. Gleiches gilt für die Abreise am Samstag Vormittag.

Mit der Bahn: In der Regel führen die innerdeutschen Zugstrecken je nach Abfahrtsort über Hamburg oder Berlin. Ein IC verkehrt ca. alle 90 Min. auf der Strecke Hamburg–Rostock–Stralsund (hier Umsteigen nach Binz/Rügen), Fahrtdauer ab Hamburg nach Stralsund ca. drei Stunden. Zudem gibt es auf der Strecke Hamburg–Rostock–Stralsund etwa alle zwei Stunden auch einen Regionalexpress (RE), Fahrtdauer knapp 3,5 Stunden, mit Umsteigen in Rostock, teilweise Weiterfahrt bis Bergen und Sassnitz auf Rügen.

Ab *Berlin* Hauptbahnhof geht es etwa stündlich mit dem IC oder dem RE via Anklam und Greifswald nach Stralsund (Fahrtdauer je ca. drei Std.) sowie alle zwei Stunden mit dem RE über Schwerin nach Wismar (ca. drei Stunden Fahrtzeit).

Von den Hansestädten *Rostock, Stralsund* und *Wismar* bestehen gute Zugverbindungen zu den Ostseebädern und auch zu kleineren Orten entlang der Küste (Infos bei den jeweiligen Orten).

Verbindungen/Preisbeispiele für Stralsund Schnellste Verbindung von **München** nach Stralsund mit dem ICE über Nürnberg (teilweise hier Umsteigen) und Berlin (umsteigen) und dann mit dem IC oder RE zum Ziel, Fahrtzeit ca. 9,5 Std., einfacher Normalpreis 129 €. Von **Frankfurt/M.** nach Stralsund in 7–7,5 Std. (Umsteigen in Berlin oder Hamburg), Preis 129 €, 3-mal tägl. durchgehender IC, 8 Std., 113 €. Ab **Hamburg** Hauptbahnhof etwa stündlich Verbindungen: mit dem IC in 2 Std. 45 Min. direkt nach Stralsund, mit dem RE (Umsteigen in Rostock) 3,5 Std., Normalpreis mit dem IC 50 €, mit dem RE 40,80 €. Ab **Berlin** Hauptbahnhof stündlich Verbindungen nach Stralsund, RE 38 €, IC 47 €.

Weiterfahrt nach Rügen Etwa stündlich ab Stralsund über Bergen nach Binz, 3-mal tägl. fährt auch ein IC, Fahrtdauer bis Binz jeweils knapp 1 Std., mit dem RE 10,70 € (teilweise Umsteigen in Lietzow auf Rügen), mit dem IC 13 €.

Weiterfahrt nach Usedom Die Usedomer Bäderbahn (UBB) fährt von Mitte Mai bis Anfang Okt. (im Winter eingeschränkt) zwischen 5.20 und 22 Uhr alle zwei Stunden von Stralsund über Greifswald, Züssow und Wolgast (ab Züssow und Wolgast stündlich Verbindungen) bis Ahlbeck im Südosten Usedoms und über die Grenze bis nach Swinemünde. Ab Stralsund bis Ahlbeck einfach 17 € (Fahrtzeit ca. 2 Std. 15 Min.), ab Greifswald 13 € (ca. 1 Std. 45 Min.). Fahrplanauskunft unter www.ubb-online.com.

Fahrradmitnahme Ist im ICE prinzipiell **nicht** möglich; im IC kostet die Fahrradmitnahme 9 € (mit BahnCard 6 €) pro einfache Fahrt, mit obligatorischer „Stellplatzreservierung" mind. einen Tag vor der Fahrt (am Schalter oder online); im RE kann das Fahrrad in extra ausgewiesenen Abteilen mitgenommen werden, zuvor ist ein Fahrradticket für 4,50 € (Tageskarte) zu lösen.

Alle Preisangaben Stand Ende 2011

Mit dem Flugzeug: Rostock wird ganzjährig ab Köln und Stuttgart (mit Anschluss an München, Zürich und Wien) von *Germanwings* (www.germanwings.com) angeflogen, ab München und Frankfurt/Main fliegt die *Lufthansa* (www.lufthansa.com). Der kleine Inselairport von Heringsdorf/Usedom wird während der Saison von Bremen, Frankfurt/Main, Köln/Bonn und Zürich angesteuert, es fliegt die *Ostfriesische Lufttransport GmbH* (www.olt.de).

Baden

Über vielen Strandabschnitten Mecklenburg-Vorpommerns weht die *Blaue Flagge*, ein alljährlich nach strenger Prüfung vergebenes EU-Gütesiegel, das u. a. ausgezeichnete Wasserqualität und die Einhaltung strenger Sicherheits- und Umweltstandards bescheinigt.

Aber auch an den abseitigeren Stränden, an denen selten einer der EU-Kontrolleure vorbeikommt, kann man getrost ins Wasser gehen. Rund um Rügen, Hiddensee, Fischland-Darß-Zingst oder Usedom ist die Wasserqualität nahezu unbelastet und badetauglich.

Mit Badekarren gegen die Melancholie

Die Idee entstand im 18. Jh. in England: Um die in Adelskreisen verbreitete Gemütsschwere zu lindern, tauchte man Melancholiker jeden Alters ins Meerwasser. Salzig musste es sein und vor allem kalt. Die Schocktherapie, hieß es, helfe auch gegen Hysterie, Rheumatismus, Rachitis, Fallsucht, Harnwegserkrankungen etc. – die Thalassotherapie, eine in der Antike gängige Behandlungsmethode, war gewissermaßen wiederentdeckt worden.

Gebadet wurde natürlich nicht im offenen Meer, sondern in einem blickdichten Badekarren, der ins Wasser gezogen wurde und aus dem der Patient ins Seewasser stieg. Auch als aus der ärztlich verordneten Therapie eine Mode geworden war, blieb der Badekarren in Gebrauch. Zudem wurde der Strand geteilt: in einen Herren- und einen Damenstrand sowie einen Abschnitt dazwischen, auf dem beide Geschlechter gesellig sein konnten, komplett bekleidet, versteht sich. Es wurde ohnehin kein Bad in der Sonne genommen, denn gebräunte Haut galt als ungesund.

Auch wenn die vielen weiten Buchten ideale, natürlich geschützte Bademöglichkeiten bieten, so sind doch zeitweilige oder dauerhafte Badeverbote dringend zu beachten. Eine *rot-gelbe Flagge* am Strand bedeutet, dass dieser überwacht ist, die *gelbe Flagge* bedeutet Badeverbot für ungeübte Schwimmer, Kinder und ältere Menschen, die *rote Flagge* steht für ein absolutes Badeverbot (aufgrund von Sturm, hohem Wellengang, Strömungen bzw. Rückströmungen, es besteht Lebensgefahr!). Sehr selten herrscht auch wegen Wasserverschmutzung Badeverbot, was ebenfalls mit einer roten Flagge gekennzeichnet ist.

Zuweilen ist noch zu hören oder zu lesen, dass die Ostseestrände noch immer so geteilt sind wie die Republik in den Köpfen ihrer Bürger: konservativ verhüllt (aber zahlungskräftig) auf der einen, schamlos entblößt (aber schon seit der Kindheit hier im Urlaub) auf der anderen Strandseite, dazwischen unversöhnliches Unverständnis ob der Prüderie respektive Hemmungslosigkeit. Ganz so dramatisch ist es natürlich längst nicht mehr. An den Stränden Mecklenburg-Vorpommerns geht es tolerant und vor allem entspannt zu. Zumal die meisten Strände in FKK- und Textil-Abschnitte unterteilt sind. Hinzu kommt eine dritte Strandausschreibung: für Hunde (und ihre Halter), die die unangenehme Angewohnheit haben, sich nach dem Bad zu schütteln, bevorzugt in der Nähe belegter Badetücher. Doch an den Grenzen dieser Abschnittszuteilungen in *Textil, Textilfrei* und *Fell* kann

Alles im Blick:
Fischlandstrand bei Wustrow

es, vor allem in unmittelbarer Umgebung der Ostseebäder, vorkommen, dass um jeden Zentimeter Sand erbittert gerungen wird. Im Zweifelsfall hält man sich am besten an die Strandzuweisungen bzw. orientiert sich an den jeweiligen Gepflogenheiten. Abseits der großen Strandpromenaden interessiert sich ohnehin kaum noch jemand dafür, was man trägt oder auch nicht.

Quallen in der Ostsee

Bekannt sind die *Ohrenqualle*, die *Nordamerikanische Rippenqualle* und die *Gelbe Haarqualle* – die ersten beiden harmlos, aber vielleicht ein wenig eklig, letztere leider recht schmerzhaft beim Hautkontakt, aber nicht lebensgefährlich. Falls es zur Berührung kommt: die Tentakel mit Salzwasser (kein Süßwasser!) abwaschen bzw. mit Rasierschaum abreiben, dann die gereizte Haut kühlen. Die auch als Feuerqualle bekannte Gelbe Haarqualle kommt relativ selten, eher aber in der westlichen Ostsee vor.

Ermäßigungen

Bei den meisten Museen, Bädern, Ausflugsdampfern etc. gelten die üblichen Ermäßigungen für Schüler, Jugendliche, Studierende und Rentner (manchmal zudem für Soldaten und Zivildienstleistende). In der Regel zahlen diese Personengruppen bei Vorlegen eines entsprechenden Ausweises die Hälfte des Eintrittspreises.

Darüber hinaus gibt es folgende Ermäßigungspakete: das *Schwerin Ticket* (S. 58) und die *RostockCard* (S. 131). Diese Tickets sind zwei oder mehr Tage für eine oder mehrere Personen gültig und ermöglichen teils ermäßigten, teils kostenlosen Zutritt zu Museen und anderen Sehenswürdigkeiten. Auch Nahverkehrsverbindungen und Ausflugs-(schiff)fahrten sind verbilligt, zuweilen umfasst das Spektrum auch ermäßigtes Abendessen in ausgewählten Restaurants oder günstige Wellnessangebote. Jedes Jahr werden die Angebote überarbeitet und erweitert.

Essen und Trinken

Die Regionalküche präsentiert sich überwiegend bodenständig, wenngleich nicht ohne Schnörkel und die eine oder andere Finesse, z. B. beim pommerschen Wickelbraten mit Backpflaumenfüllung oder beim in Salbei gebackenen Aal.

In vielen Landgasthöfen und Hafenrestaurants wird mit Großmutters Rezepturen hantiert (und geworben), dominiert werden die Speisekarten natürlich vom *Fisch:* Vom Aal bis zum Zander kommt alles auf den Tisch, was Meer und Bodden hergeben – ob gebraten, gegrillt, gebacken, frittiert, gedünstet, gekocht, geräuchert oder roh als Saurer Hering, und fast überall auch als Scholle „Finkenwerder Art" (mit Speck und Zwiebeln gebraten). Erwähnt sei auch das typische *Ostsee-Fastfood,* das Fischbrötchen, das man in diversen Variationen praktisch an jeder (hafennahen) Ecke bekommt – eigentlich immer in bester Qualität.

Bei den fischfreien Gerichten stehen neben Klassikern wie Schnitzel mit Kartoffelsalat, Jägerbraten oder Kartoffelsuppe mit Würstchen und Speck vor allem Kohlgerichte hoch im Kurs. Und in waldreichen Gebieten besteht oftmals die Möglichkeit, zwischen (relativ günstigen) Wildgerichten zu wählen. Die regionale Fleisch-Spezialität schlechthin ist übrigens der *Mecklenburger Rippenbraten*, ein mit Backobst, Äpfeln und Rosinen gefüllter Schweinebraten, der traditionell mit Kartoffelklößen und Rotkohl serviert wird – er fehlt auf keiner Speisekarte.

Zu den Restaurants, die sich in erster Linie auf die Zubereitung der bodenständigen Küche verstehen, hat sich mittlerweile auch eine erkleckliche Zahl an Spitzenrestaurants gesellt, in denen hochrangige Gourmet-Köche ihre Künste zelebrieren. So hat sich insbesondere in den Seebädern, aber auch abseits der Touristenströme eine kulinarische Landkarte entfaltet, die hochklassige Abwechslung verspricht – zu entsprechenden Preisen, versteht sich.

Mit Ausnahme diverser Sanddorn-Derivate (siehe Kasten) finden sich keine ostseetypischen Getränke. Getrunken wird vor allem *Bier*. Das norddeutsch herbe Pils der *Stralsunder Brauerei* wurde zu Recht vielfach prämiert. Das gilt auch für die *Störtebeker-Reihe* der Brauerei: Schwarzbier, Pils oder Bernstein-Weizen, zusammengefasst mit dem griffigen Slogan *Störtebeker – das Bier der Gerechten*. Gutes Bier kommt aber auch den kleineren Gasthof-Brauereien, die den letzten Jahren den Braubetrieb (wieder) aufgenommen haben (z. B. in Schwerin, Wismar, Kühlungsborn, Middelhagen/Rügen, Heringsdorf/Usedom; Näheres unter den jeweiligen Orten).

Auf Rügen veredeln zwei empfehlenswerte Brennereien heimische Früchte in Hochprozentiges: Die *Erste Rügener Edeldestillerie* (S. 258) im Westen der Insel und die Mönchguter Brennerei *Zur Strandburg* (S. 238). Neben den feinen Bränden (von Apfel bis Zwetschge) findet sich natürlich auch Sanddorngeist im Angebot.

Wellness von innen – Sanddorn

In dichten, dornigen Hecken wächst die „Zitrone des Nordens" auch auf sandigem Boden (wodurch sich auch der Name erklärt), wild oder in Plantagen. Den kleinen, orangefarbenen Früchten werden sagenhafte Wirkungen zugeschrieben: Nicht nur, dass sie weit mehr Vitamin C haben als Zitronen (hinzu kommen die Vitamine E, K und A), sie sollen außerdem den Cholesterinspiegel senken, Entzündungen hemmen usw. Kurz und gut: Wellness von innen, nur der Geschmack ist gewöhnungsbedürftig: mächtig sauer – mit einer sanft bitteren Note. Der vor 200 Jahren aus Schweden importierte Sanddorn lässt sich vielfältig verarbeiten: Saft und Marmelade sind gängig, Tee und Likör verbreitet. Destilliert gibt es den Sanddorn auch als Geist. Oder man genießt ihn als Heißgetränk zur Erkältungsvorsorge. Schließlich wird sogar ein (zugegebenermaßen geschmacklich eigenwilliger) Wein aus Sanddorn gekeltert.

Feste und Veranstaltungen

Das Spektrum reicht vom klassischen Kurkonzert über Segelregatten, Beachvolleyball- und Strandfußball-Turniere bis hin zu Hafenfesten, Mittelaltermärkten, Schwedenfesten sowie Musik- und Kabarettfestivals. Ein Grund zum Feiern findet sich immer: sei er skurril (Pferdefasching), gängig (Osterfeuer), bodenständig (Spargelfest), traditionsbewusst (Tonnenabschlagen), nostalgisch (Wallensteintage oder Schwedenfest) oder hochmodisch (*Baltic Fashion* auf Usedom). Die Ostseebäder, die eine Seebrücke besitzen, lassen es sich selbstverständlich nicht nehmen, ein Seebrückenfest zu feiern. Hinzu kommen meist noch Frühlings-, Sommer- und/oder Herbstfeste, gänzlich Unerschrockene treffen sich schon an Neujahr zum „Anbaden" – richtig, in der Ostsee. Das eigentliche Anbaden findet aber quasi als Saisoneröffnungsfest im Mai statt.

Ein Highlight des Bühnenjahrs: die Schlossfestpiele der Landeshauptstadt

Das Flaggschiff unter den meerverbundenen Festivitäten ist die *Hanse Sail* in Rostock, das größte maritime Fest der Ostseeküste (Anfang August). Sie führt die Veranstaltungsflotte an, die als *Zeesenbootregatten* (v. a. in den Gewässern um Fischland-Darß-Zinst) und *Seglerwochen* Jahr um Jahr auf Bodden und Ostsee die Segel setzt.

Zu den Highlights des Veranstaltungssommer zählen auch die Open-Air-Theaterspektal: allen voran die *Störtebeker-Festspiele* (Mitte Juni bis Anfang September) in Ralswiek auf Rügen mit dem Großen Jasmunder Bodden als Kulisse; die *Vineta-Festspiele* in Zinnowitz/Usedom (Ende Juni bis Ende August) oder aber das Theaterevent *„Die Peene brennt"* in Anklam (Anfang September).

Das musikalische Angebot ist so vielfältig wie die spielbaren Stilrichtungen. Allen voran sind die *Festspiele Mecklenburg-Vorpommern* ein Klassikereignis von internationalem Rang. Unter all den Jazz-Events bestechen die *Eldeaner Jazz Evenings* nicht nur durch hochklassigen Jazz, sondern auch durch die einzigartige Kulisse in der Klosterruine von Eldena bei Greifswald. Und wer im August in Bad Doberan weilt, sollte sich auf keinen Fall die *Zappanale* (das Festival zu Ehren des grandiosen Frank Zappa) auf der Galopprennbahn entgehen lassen.

An eben dieser Stelle findet auch – wie es sich für die älteste deutsche Galopprennbahn gehört – das *Ostsee-Meeting* statt, das traditionsreiche Pferderennen von Bad Doberan.

Veranstaltungskalender erhält man in der Tourismuszentrale bzw. bei der Kurverwaltung/Touristinformation des ausgewählten Urlaubsortes (siehe unten bzw. bei den jeweiligen Orten).

Die Highlights der Saison: Kleiner Veranstaltungskalender

Ende März/Anfang April – **Wismar**: *Wismarer Heringstage*, Hering in allen Variationen; www.heringstage-wismar.de.

Ende April, Anfang Juli, Ende Oktober **Heringsdorf/Usedom**: *Baltic Fashion*, mehrtägiges Modespektakel; ✆ 0800-2452325, www.usedom-baltic-fashion.de.

Erste Juliwoche – **Warnemünde**: *Warnemünder Woche*, internationales Segelevent mit Landprogramm; www.warnemuender-woche.com.

Juni bis Mitte September – *Festspiele Mecklenburg-Vorpommern*, über 100 Konzerte namhafter Künstler, Chöre und Orchester finden an ausgewählten, zumeist malerischen und teils abgelegenen Spielorten in Mecklenburg-Vorpommern statt; Programm, Spielstätten und Tickets unter www.festspiele-mv.de, Ticket-Hotline ✆ 0385-5918585.

Im Juni (oder Anfang Juli) – **Wismar**: *Wismarer Hafentage* samt abschließendem Feuerwork; www.wismarer-hafentage.de.

Anfang Juni – **Stralsund**: *Stralsunder Segelwoche* mit zahlreichen Rahmen-Veranstaltungen und anschließender Feier am Hafen; www.stralsunder-segelwoche.de.

Anfang Juni – **Stralsund**: *Hafenfest* mit viel Musik und großem Feuerwerk; www.hafenfeststralsund.de.

Mitte Juni bis Ende Juli – **Schwerin**: *Schlossfestspiele Schwerin*, große Open-Air-Oper auf der Freilichtbühne im Schlossgarten, ✆ 0385-5300123; www.theater-schwerin.de.

Mitte/Ende Juni bis Anfang September **Ralswiek/Rügen:** *Störtebeker Festspiele*, Piratenspektakel vor der Kulisse des Großen Jasmunder Bodden; ✆ 03838-31100, www.stoertebeker.de.

Ende Juli – **Stralsund**: *Wallensteintage*, farbenfroh und kostümträchtig, mit Musketieren, Handwerkern, Gauklern und einem „guten alten Feind": Wallenstein; www.wallensteintage.de.

Wochenenden im Juli und August **Fischland und Darß:** In den Dörfern auf dem Fischland und Darß findet das traditionelle *Tonnenabschlagen* statt und auf dem Bodden treffen sich die roten Segel zu *Zeesenbootregatten*.

Juli und August – **Zinnowitz/Usedom**: *Vineta-Festpiele*, Theaterspektakel rund um das sagenhafte versunkene Vineta; www.vineta-festspiele.de.

Anfang August – **Bad Doberan**: *Ostsee-Meeting*, vier Tagen Pferderennen auf der Bad Doberaner Galopprennbahn; www.doberaner-renntage.de.

August – **Bad Doberan:** *Zappanale*, großes Musikfestival zu Ehren von Frank Zappa, ebenfalls im August auf der Galopprennbahn bei Bad Doberan; www.zappanale.de.

Zweites Augustwochenende – **Rostock**: *Hanse Sail*, zu dem Großereignis an der Ostseeküste treffen sich Windjammer und Schoner, Traditionssegler und Museumsschiffe, mit großer Regatta und Feuerwerk; www.hansesail.com.

Drittes Augustwochenende – **Schwerin**: *Drachenbootfestival*, an die 100 Drachenboot-Teams rudern auf dem Pfaffenteich um die Wette; www.drachenbootfestival.de.

Mitte/Ende August – **Wismar**: *Schwedenfest*, buntes historisches Stadtfest zu Ehren von Wismars über 150-jähriger Schwedenzeit; www.schwedenfest-wismar.de.

Mitte September bis Mitte Oktober **Usedom:** *Usedomer Musikfestival*, Klassik auf der ganzen Insel; ✆ 038378-34647, www.usedomer-musikfestival.de.

Dezember – **Rostock:** *Weihnachtsmarkt*, der größte seiner Art in Norddeutschland; www.rostocker-weihnachtsmarkt.de.

Hunde

Die Ostsee ist ein ideales Urlaubsziel für Hundebesitzer. An den gut besuchten Stränden sind eigene Abschnitte für Hunde und ihre Halter ausgeschrieben, und an den abseitigen Ufern stört sich niemand an den Vierbeinern. In nahezu jedem gastronomischen Betrieb, von der einfachen Bierkneipe bis zum Gourmettempel, wird der Hund mit einer Schale Wasser versorgt. Die meisten Hotels, Pensionen, Appartements etc. erlauben Hunde in den Zimmern, in der Regel für einen Aufpreis zwischen 5 € und 10 € am Tag. Auf Campingplätzen gilt natürlich Leinenzwang, hier kostet der Hund 2–4 € pro Tag. An die Leine müssen Hunde in ausgewiesenen Naturschutzgebieten, und auch in manchem Seebad gilt flächendeckende Leinenpflicht. Auch Hunde müssen in den Ostseebädern *Kurtaxe* bezahlen: fast überall 1 €/Tag (Hochsaison).

Information und Internet

Die Hansestädte und die Ostseebäder sind in Sachen Touristeninformation gut organisiert. Neben den Info-Broschüren, Gastgeberverzeichnissen (teils gegen eine Gebühr von 1–2 €) und Veranstaltungskalendern werden häufig auch Land- und Wanderkarten, Bücher, Postkarten und Souvenirs zum Verkauf angeboten. Darüber hinaus unterhalten einige Büros eine Zimmervermittlung, einen Ticketvorverkauf und einen Fahrradverleih und organisieren Stadtführungen oder geführte Wanderungen.

Schwieriger ist die Lage in den ländlichen Gebieten: Manch kleines Büro liegt sehr versteckt, andere scheinen ihre Öffnungszeiten geheim halten zu wollen.

Hier die wichtigsten Tourismuszentralen (von West nach Ost), samt Internetadressen:

www.auf-nach-mv.de: offizielle Seite des Tourismusverbandes Mecklenburg-Vorpommern, Platz der Freundschaft 1, 18059 Rostock, ✆ 0381-4030550, 📠 0381-4030555.

Tourist-Information der Hansestadt Wismar, Am Markt 11, 23966 Wismar, ✆ 03841-19433, 📠 03841-2513091, www.wismar.de.

Touristik-Service Kühlungsborn GmbH, Ostseeallee 19, 18225 Kühlungsborn, ✆ 038293-8490, 📠 038293-84930, www.kuehlungsborn.de.

Tourist-Information Bad Doberan, Severinstr. 6, 18209 Bad Doberan, ✆ 038203-62154, 📠 038203-77050, www.bad-doberan.de.

Tourist-Information der Hansestadt Rostock, Neuer Markt 3, 18055 Rostock, ✆ 0381-3812222, 📠 0381-3812602, www.rostock.de (gemeinsame Homepage mit Warnemünde).

Tourismusverband Fischland-Darß-Zingst, Barther Str. 16, 18314 Löbnitz, ✆ 038324-6400, 📠 038324-64034, www.fischland-darss-zingst.de.

Tourismuszentrale der Hansestadt Stralsund, Alter Markt 9, 18439 Stralsund, ✆ 03831-24690, 📠 03831-246922, www.stralsundtourismus.de.

Tourismuszentrale Rügen, Bahnhofstr. 15, 18528 Bergen auf Rügen, ✆ 03838-807780, 📠 03838-254440, www.ruegen.de.

Touristen-Information Bergen, Am Markt 23, 18528 Bergen auf Rügen, ✆ 03838-811276, 📠 03838-811127, www.bergen-auf-ruegen.de.

Kurverwaltung Binz, Heinrich-Heine-Str. 7, 18609 Binz, ✆ 038393-148148, 📠 038393-148145, www.ostseebad-binz.de.

Kurverwaltung Sellin, Warmbadstr. 4, 18586 Sellin, ✆ 038303-1611, 📠 038303-16200, www.ostseebad-sellin.de.

Kurverwaltung Göhren, Poststr. 9, 18586 Göhren, ✆ 038308-66790, 📠 038308-667932, www.goehren-ruegen.de.

Tourist-Service Sassnitz, Bahnhofstr. 19 a, 18546 Sassnitz, ✆ 038392-6490, ✆ 038392-64920, www.insassnitz.de.

Stadtinformation Greifswald, Rathaus, 17489 Greifswald, ✆ 03834-521380, 📠 03834-521382, www.greifswald.de.

Usedom Tourismus GmbH, Waldstr. 1, 17429 Bansin, ✆ 038378-47710, 📠 038378-477118, www.usedom.de.

Tourist-Information der drei Kaiserbäder, Waldstr. 1, 17429 Bansin, ✆ 038378-24420, 📠 038378-24455, www.drei-kaiserbaeder.de.

Karten

Man hat mittlerweile die Wahl zwischen einer ganzen Reihe hochwertiger Wander- und Fahrradkarten. Empfehlenswert, da exakt und aktuell, sind die Karten des Klemmer Verlags.

Für die Ostseeküste Mecklenburg-Vorpommerns liegen aus dem **Klemmer Verlag** (Waren an der Müritz, www.klemmer-verlag.de) folgende Rad- und Wanderkarten vor: *Ostseeküste von Wismar bis Warnemünde* (1:50.000, 5,90 €), *Fischland–Darß–Zingst* (1:50.000, 5,90 €), *Rügen und Hiddensee* (1:50.000, 6,90 €) und *Usedom* (1:50.000, 6,90 €). Ebenfalls im Maßstab 1:50.000, aber im kleinen handlichen Format gibt es aus der Pocket-Reihe des Verlags die Blätter *Rügen: Südost-Rügen, Mönchgut* und *Rügen: Jasmund, Bergen, Binz* (jeweils 3,90 €). 2012 sollen drei Pocket-Karten zu Usedom erscheinen.

Handlich sind auch die Rad- und Wanderkarten aus dem Verlag **grünes herz** (Ilmenau und Wustrow, www.gruenes-herz.de). Es liegen vor (jeweils 1:30.000, 3,75 €): *Boltenhagen/Klützer Winkel*; *Wismar/Insel Poel*; *Rerik/Kühlungsborn*; *Kühlungsborn/Bad Doberan*; *Bad Doberan/Warnemünde*; *Graal Müritz/Rostocker Heide*; *Fischland/Darß/Zingst*; sechs Kartenblätter für Rügen und Hiddensee *(Altefähr/Zudar; Bergen/Putbus; Mönchgut/Granitz; Halbinsel Jasmund; Wittow/Kap Arkona* sowie *Hiddensee/Ummanz)* und drei Karten für Usedom *(Heringsdorf/Ahlbeck/Bansin; Lieper Winkel und Usedom; Zinnowitz/Ückeritz/Peenemünde)*.

Für die Insel Hiddensee empfiehlt sich außerdem die Karte *Hiddensee* aus dem **Nordland Kartenverlag** (Schwerin) im Maßstab 1:30.000 (5,50 €), dessen Sortiment, meist im Maßstab 1:30.000 oder 1:35.000, teils mit Stadtplänen, ebenfalls die Ostseeküste abdeckt.

Kartenstudium vor der nächsten Etappe

Klima

In kaum einer anderen Gegend in Deutschland scheint die Sonne öfter als auf Rügen, Hiddensee und Usedom, im Schnitt über 1800 Stunden im Jahr. Dabei fällt gleichmäßig über das Jahr verteilt relativ wenig Regen. Sehr hoch ist die Luftfeuchtigkeit, die zusammen mit dem hohen Salzgehalt der Luft und den stetigen Winden (meist aus West) ein gemäßigtes Reizklima schafft. Im Sommer beträgt die mittlere Höchsttemperatur um 20 °C, Temperaturen über 30 °C stellen aber keine Seltenheit dar. Die Ostsee ist im Sommer im Schnitt 18 °C warm, an geschützten, flachen Buchten auch bis 20 °C und in den Bodden bis 22 °C. Zum meernahen Klima gehört natürlich auch der plötzliche Wetterwechsel, der am Morgen verhangene Himmel kann mittags strahlend blau sein (leider auch umgekehrt). Verantwortlich dafür sind die oft launischen Ostseewinde. Abschließend noch eine griffige Bauernregel, die vor allem Badeurlauber interessieren wird: Schaltjahr ist Kaltjahr – selbstverständlich ohne Gewähr ...

Kurtaxe

Die Erhebung der Kurtaxe ist Sache der Städte und Gemeinden. Deswegen fällt der Betrag, der sich nach der Zahl der Aufenthaltstage richtet, von Ort zu Ort unterschiedlich aus (i. d. R. 1,50–3 € pro Tag in der Hochsaison, in der Nebensaison die Hälfte; Kinder, Jugendliche und Senioren ermäßigt). Oftmals schließt die Kurkarte einige Angebote mit ein: ermäßigter Eintritt zu Museen oder freie Fahrt mit dem kleinen Stadtbähnchen. Normalerweise erhält zunächst der Vermieter den Betrag, der ihn dann an die Gemeinde weitergibt.

Insgesamt wird der Umgang mit der Kurkarte in einem vernünftigen Maß gehandhabt. Es kann aber vorkommen, dass am Zugang zum Strand ein Automat steht, an dem man sich ein Ticket ziehen muss ...

Literaturtipps

Allgemeines **Lexikon Mecklenburg-Vorpommern**, Rostock 2007 (Hinstorff). *Das* Nachschlagewerk zu Mecklenburg Vorpommern, 1483 Stichworte kenntnisreich und prägnant über 768 Seiten verteilt, wird dem Anspruch ein umfassendes Lexikon zu sein gerecht.

Pfotenhauer, Angela (Text); *Lixenfeld, Elmar* (Fotos): **Backsteingotik**. Bonn 2005 (Monumente Edition). Informative, vorzüglich bebilderte und großformatige Publikation der Deutschen Stiftung Denkmalschutz.

Kiesow, Gottfried: **Wege zur Backsteingotik. Eine Einführung**. Bonn 2003 (Monumente Publikationen). Ein Muss für jeden, der sich in die Materie einarbeiten will, hochinformativ und gut lesbar.

Schmied, Hartmut: **Mecklenburg-Vorpommern**. Freiburg 2001 (Eulen). Aus der Reihe *Die schwarzen Führer*, Mysteriöses, Historisches, Sagenhaftes. Zuletzt auch erschienen unter: *Schmied, Hartmut*: **Geister, Götter, Teufelssteine**. Rostock 2005 (Hinstorff).

Schwerin *Ende, Horst u. a.*: **Schwerin. Stadt zwischen Seen und Wäldern**. Bremen 2010 (Edition Temmen). Stadtführer.

Krempien, Margot: **Der Schweriner Schloßbaumeister G.A. Demmler. 1804–1886**. Schwerin 1991 (Demmler). Eine Biografie über den Architekten Schwerins, dessen soziales Engagement ihn den Job kostete.

Wismar *Borchert, Jürgen*: **Was ich von Wismar weiß: Notizen und Bilder**. Rostock 2000 (Hinstorff). Historische Notizen über die ehrwürdige Hansestadt.

Pfotenhauer, Angela (Text); *Lixenfeld, Elmar* (Fotos): **Wismar und Stralsund**. Bonn 2002 (Monumente Edition). Die informative und hervorragend bebilderte Publikation der Deutschen Stiftung Denkmalschutz erschien anlässlich der Anerkennung der beiden Hansestädte als UNESCO-Welterbe 2002.

Rostock und Warnemünde *Schümann, Matthias* (Text); *Mnich, Reiner* (Fotos): **Kunstwege. Spaziergänge durch Rostock und Warnemünde**. Rostock 2006 (Hinstorff). Schön aufgemachter kleiner Band über die Kunstwerke an den Straßen und Plätzen Rostocks und Warnemündes.

Fischland, Darß, Zingst *Sietz, Henning*: **Fischland-Darß-Zingst**. Bremen 2007 (Temmen).

Stralsund *Pfotenhauer, Angela* (Text); *Lixenfeld, Elmar* (Fotos): **Wismar und Stralsund**. Bonn 2004 (Monumente Edition). Siehe oben unter Wismar.

Matuschat, Jörg: **Stralsunder Geschichte von A bis Z**. Stralsund 2004 (Eigenverlag). Vom Alten Markt bis zur Zuckerfabrik, kaum ein Gebäude, eine historische Begebenheit oder bedeutende Persönlichkeit bleibt ausgespart, der Schwerpunkt liegt auf den baulichen Monumenten, gut bebildert und mit zahlreichen Skizzen versehen.

Volksdorf, Dietmar u. a.: **Das Scharfrichterhaus von Stralsund. Mit einem Exkurs zur Geschichte des Scharfrichters in Stralsund**. Stralsund 2004 (Schriftenreihe Stralsunder Denkmale, Heft 1). Ein spannendes Stück Architektur- und Sozialgeschichte, informativ und gut geschrieben.

Rügen und Hiddensee *Jung, Georg*: **Kleines Lexikon Rügen**. Hamburg 2001 (Zeiseverlag). Handlich und informativ.

Laube, Heinrich: **Eine Fahrt nach Pommern und der Insel Rügen**. Nebst 20 Abbildungen. Nach einer Ausgabe von 1837 neu herausgegeben, erläutert und mit einem

Nachwort versehen von Michael Huesmann. Bremen 2008 (Temmen).

Rellstab, Johann Carl Friedrich: **Ausflucht nach der Insel Rügen durch Meklenburg [sic!] und Pommern. Nebst achtzehn Kupfern und fünf Zeilen Musik**. Nach einer Ausgabe Berlin 1797 neu herausgegeben, erläutert und mit einem Nachwort versehen von Wolfgang Griep. Bremen 2008 (Temmen).

Blase, Karin: **Hiddensee A–Z**. Schwerin 2008 (Demmler).

Greifswald *Tremmel, Robert* (Text); *Drühl, Christin* (Fotos): **Universitäts- und Hansestadt Greifswald**. Rostock 2010 (Hinstorff). Schön bebilderter, in drei Rundgänge gegliederter Stadtführer.

Usedom *Richter, Egon*: **Ahlbeck, Heringsdorf, Bansin. Die Usedomer Kaiserbäder**. Schwerin 2005 (Demmler). Schön aufgemacht und hübsch bebildert, auch mit historischen Aufnahmen.

Schleinert, Dirk: **Die Geschichte der Insel Usedom**. Rostock 2005 (Hinstorff): Gelungene und erschöpfende Darstellung.

Roscher, Achim: **Otto Niemeyer-Holstein. Lebensbild mit Landschaft und Figuren**. Berlin 2001 (Aufbau). Biografie des Malers. Im gleichen Verlag und vom gleichen Autor: **Lüttenort: Geschichten aus dem Leben Otto Niemeyer-Holsteins**, Berlin 2006.

Bauer, Hans-Ulrich: **Badegäste mit Anzug und Weste**, Usedom 2006 (Igel Insel Geschichte). Zwei Bände zur Entwicklung der Seebäder auf Usedom.

Belletristik *Andersch, Alfred*: **Sansibar oder der letzte Grund (1957)**, Zürich 2006 (Diogenes), siehe a. S. 105.

Johnson, Uwe: **Jahrestage (1983)**. Frankfurt/Main 2008 (Suhrkamp), siehe a. S. 89.

Kempowski, Walter: **Tadellöser & Wolff (1971)**. München 1996 (btb), siehe a. S. 138.

Die Werke von *Fritz Reuter* erscheinen vornehmlich bei Hinstorff, Rostock.

Richter, Hans Werner: **Geschichten aus Bansin (1970)**, Berlin 2008 (Wagenbach), siehe a. S. 312.

Krimis Die Ostseeküste ist Schauplatz für mehrere Krimis: Von Rostock aus operiert das Ermittlerteam von *Henrike Heiland* in **Späte Rache**, **Zum Töten nah** und **Blutsünde** (alle Bastei-Lübbe). Von *Birgit C. Wolgarten* liegen zwei Rügenkrimis vor (**Und es wurde Nacht** und **Der Tod der Königskinder**, beide beim Prolibris Verlag). Eine Sammlung von Kurzkrimis hat mit **Endstation Ostsee** *H.P. Karr* herausgegeben, erschienen bei KBV Krimi.

Literarische Orte an der Ostsee

Entlang der Ostseeküste findet sich eine Handvoll höchst interessanter Literaturhäuser. Allen voran ehrt das *Uwe Johnson Literaturhaus* in Klütz (S. 89) den großen Schriftsteller, dessen „Jerichow" aus dem Roman *Jahrestage* gemeinhin mit Klütz identifiziert wird. Das „Rerik" hingegen, das Generationen von Deutschschülern aus Alfred Anderschs *Sansibar oder der letzte Grund* kennen (S. 105), ist eher eine Mischung aus dem realen Rerik und Wismar. Ein hübsches kleines Literaturhaus gibt es in Bad Doberan: Im ehemaligen Wohnhaus des Schöpfers der *Heiden von Kummerow* ist das *Ehm-Welk-Haus* untergebracht (S. 123). Rostock ehrt seinen großen Chronisten, den 2007 verstorbenen Schriftsteller Walter Kempowski, mit dem *Kempowski-Archiv* beim Kloster zum Heiligen Kreuz (S. 138). Unbedingt einen Besuch wert ist auch das *Gerhart-Hauptmann-Haus*, das ehemalige Sommerdomizil des Nobelpreisträgers in Kloster auf der Insel Hiddensee (S. 264). Ein literarisches Zentrum von überregionalem Rang ist das *Koeppenhaus*, das „Literaturzentrum Vorpommern" (S. 279), es befindet sich im Geburtshaus Wolfgang Koeppens, eines der ganz großen Autoren im Nachkriegsdeutschland. Für die Nachkriegsliteratur hat auch Hans Werner Richter viel geleistet, ein kleines Literaturhaus findet sich schließlich auch in seinem Geburtsort Bansin (S. 312), dem er auch ein kleines literarisches Denkmal gesetzt hatte.

Reisezeit

Die Ostseeküste Mecklenburg-Vorpommerns ist zu jeder Jahreszeit eine Reise wert. Auf den Inseln wird es im Frühling etwas langsamer warm als auf dem Festland, und mit der ersten Blüte schwankt das Wetter zwischen Frühjahrsstürmen und milden Tagen. Hauptsaison ist natürlich die Badezeit und damit der Sommer. Im Herbst fallen mit den Temperaturen auch die Zimmerpreise, die ideale Reisezeit für stürmische Strandspaziergänge. Besonders schön präsentieren sich die Alleen und Buchenwälder, wenn sich das Laub verfärbt. Auch der Kranichzug alljährlich im September und Oktober lockt immer mehr Besucher an. Im Winter wird es ruhig, viele Hotels haben zumindest von Anfang November bis in der Woche vor Weihnachten geschlossen, die wenigen Urlauber suchen die Wellnessangebote auf – oder ihre Ruhe. Aber Achtung: Zwischen Weihnachten und der ersten Januarwoche kehrt die Hauptsaison (inklusive Andrang und Preissteigerung) zurück.

Sport

Angeln: Wo die Fischerei eine lange Tradition hat und es Räucherfisch an jeder Ecke gibt, ist auch der Hobbyangler gut aufgehoben. Ob auf einem kleinen Boot im Bodden oder mit dem Kutter zum Hochseeangeln, zahlreiche organisierte Fahrten und Bootsverleihe stehen an der Ostseeküste zur Verfügung. Natürlich ist ein Fischereischein Voraussetzung, um sich auf die Jagd nach dem Abendessen zu machen. Einen auf 28 (aufeinanderfolgende) Tage befristeten *Touristen-Fischereischein* kann man in fast allen (küstennahen) Touristinformationsbüros, Kurverwaltungen oder in Anglershops zum Preis von 20 € erwerben, Fischereischeine anderer Bundesländer werden anerkannt. Zusätzlich muss für das jeweilige Gewässer auch noch eine *Angelkarte* erworben werden (weitere Infos unter www.angeln-in-mv.de).

Golf: Eine Handvoll Golfplätze verteilen sich entlang der Küste, darunter der *Golfclub Hohen Wieschendorf* bei Wismar (S. 95), der *Ostsee Golf Club Wittenbeck* bei Bad Doberan (S. 116), der *Golfclub Zum Fischland* bei Ribnitz-Damgarten (S. 149), das *Golf-Centrum Schloss Karnitz* auf Rügen (S. 211) und der *Golfpark Balmer See* auf Usedom (S. 315). *Winstongolf*, der Golfclub der Landeshauptstadt Schwerin, liegt einige Kilometer östlich des Schweriner Sees (S. 59).

Kajak: Mit dem Kajak über die Ostsee, das ist wie Wandern auf dem Meer. Ein Veranstalter ist *Seekajakreisen*, dessen Angebot von Schnupper- und Einführungskursen über zahlreiche Tagestouren bis zu mehrtägigen Rügenumrundungen reicht. Die etwa 8-stündige Tagestour *Insel Hiddensee* kostet pro Person 99 € (unter 18-Jährige die Hälfte). Infos unter www.seekajakreisen.de.

Auch Peene, Peenestrom und Achterwasser sind herrliche Wasserwanderreviere, diverse Kanuverleiher und Anbieter von geführten Touren finden sich auf Usedom, bei Wolgast und in Anklam.

Radfahren: Viele gut ausgebaute Radwegenetze erstrecken sich abseits der Straßen. Sehr beliebt und entsprechend frequentiert sind die Radstrecken auf Rügen, Usedom und Fischland-Darß-Zingst.

Reiten: Die zahlreichen Reiterhöfe liegen vor allem abseits der Tourismuszentren. Vom gepflegten Gutshaus-Trakehner-Gestüt bis zum kleinen Appaloosa-Stall gibt es ein umfang- und abwechslungsreiches Angebot: Unterrichtsstunden, auch Dressur und Springen, Gelände- und andere geführte Ritte etc. Manche Reiterhöfe verfügen auch über Hallen, viele bieten Pensionsboxen für das eigene Pferd. Infos bei den Touristinformationen.

Schwimmen: Wem die Ostsee zu kalt ist, kann es im Bodden versuchen, der stets ein, zwei Grad wärmer ist als das offene Meer. Viele der größeren Hotels verfügen über ein (kleines) Schwimmbecken. Hallenbäder (wenngleich der Begriff meist eine Untertreibung ist) und Thermen gibt es u. a. in Wismar (S. 75), Stralsund (S. 196) und Sellin auf Rügen (S. 230). Siehe auch „Baden“, S. 38.

Beachvolleyball-Event in Binz

Segeln/Kiten/Surfen: Die zergliederte Ostseeküste mit ihren vielen geschützten Bodden ist ein attraktives Segelrevier. Entsprechend umfangreich ist das Angebot: Kurse für Anfänger und Fortgeschrittene (inkl. Scheinerwerb), Bootsverleih und Yachtcharter, organisierte Segeltörns, oft nagelneue Sportboothäfen mit gut ausgestatteten Serviceeinrichtungen. Als beste Surfspots gelten die Südspitze der Halbinsel Mönchgut auf Rügen und die Westküste des Fischlands. Für Anfänger bieten sich die ruhigeren, flachen Bodden an, außerdem das Salzhaff bei Rerik. Wem das alles zu lasch ist, der kann es mit Kitesurfen versuchen (sowohl Unterricht als auch Materialverleih werden angeboten). Ein beliebtes Kite-Revier ist die Westküste der Insel Ummanz bei Rügen. Zahlreiche kombinierte Surf- und Segelschulen bieten Kurse für Anfänger und Fortgeschrittene sowie Materialverleih.

Segelinfos auch unter www.mv-maritim.de und www.segeln-in-vorpommern.de.

Wandern: Vor allem die Insellandschaften lassen sich nicht schöner erleben als bei einer Wandertour, manche der Naturschönheiten sind sogar ausschließlich zu Fuß zu erreichen. Ob am Bodden entlang oder über Hochuferwege – die Pfade und Wege sind meist gut in Schuss und oft ausgeschildert. Geführte Wanderungen werden von den Touristinformationen der größeren Ostseebäder und den Nationalparkzentren angeboten.

Warnung

Nach starken Regenfällen oder bei Tauwetter sind die Strände unter Steilufern unbedingt zu meiden! Erdrutsche und Küstenabbrüche können lebensgefährlich sein.

Auch Fossiliensammler seien eindringlich gewarnt: Ein Kreideabbruch mag zahlreiche Fundstücke freilegen, dass aber auf den ersten ein zweiter Abbruch erfolgt, ist nicht ungewöhnlich.

Warnhinweise und Absperrungen vor Ort sind dringend ernst zu nehmen!

Kurze Beschreibungen der vier schönsten Wanderungen an der Küste Mecklenburg-Vorpommerns finden Sie im Reiseteil:

- Auf dem Darß: Von Prerow zum Darßer Ort, S. 177.
- Jasmund auf Rügen: Auf dem Hochuferweg am Rand des Nationalparks, S. 247.
- Auf Hiddensee: Von Kloster zum Enddorn und über den Dornbusch, S. 269.
- Auf Usedom: Von Binz nach Bansin, S. 315.

Übernachten

Das Angebot ist groß und deckt das gesamte Spektrum ab, schließlich spielt der Tourismus an der Ostseeküste die zentrale Rolle: zu Nobelhotels umgebaute Herrenhäuser, die gleichzeitig Wellnesstempel sind, Erlebnis- und Kunsthotels, in denen jedes Zimmer Schauplatz einer eigenen Vernissage sein könnte, einfachere Hafen- und Landhotels, zahllose Pensionen (auch in schicken Bädervillen), schlichte Gasthäuser mit Fremdenzimmern, Appartement-Anlagen und -Häuser (auch auf Reiterhöfen, sogar schwimmende Ferienhäuser kann man buchen), privat vermietete Zimmer, Jugendherbergen und schließlich jede Menge Camping- und Caravanstellplätze.

Wer auf der Suche nach einer *Ferienwohnung* oder einem *Ferienhaus* ist, bestellt sich am besten den entsprechenden Gastgeberkatalog oder informiert sich direkt im Internet. Das Spektrum der Anbieter und Vermittler ist allerdings recht unübersichtlich. *Tipp*: Die Websites der lokalen Touristinformationen (die Adressen sind bei den Ortsbeschreibungen verzeichnet) verschaffen meist einen umfassenden Überblick über die Objekte vor Ort und bieten oft auch einen Buchungsservice an.

Auch *Campingplätze* sollte man rechtzeitig buchen, zumal wenn diese direkt am Strand liegen. Einige Plätze bieten auch so genannte Familienbadezimmer an: für ca. 8–10 € pro Tag kann man für die Dauer des Aufenthaltes ein Bad für den alleinigen Gebrauch mieten.

Wer sich kurzfristig entschließt, in einer *Jugendherberge* abzusteigen, kann auch noch spontan vor Ort Mitglied des Deutschen Jugendherbergswerkes werden: Für Junioren (bis einschl. 26 Jahre!) kostet die einjährige Mitgliedschaft 12,50 €, für Senioren (über 27 Jahre!) 21 €. Infos unter www.djh.de.

Saisonzeiten: Die *Hochsaison* orientiert sich natürlich an den deutschen Schulferien (Sommer), beginnt also etwa mit Pfingsten und dauert bis Ende August. Außerdem zählen auch die Tage „zwischen den Jahren" bis in die erste Januarwoche hinein und die Zeit rund um Ostern dazu. Die *Nebensaison* beginnt in der Regel im April (bzw. mit Ostern) und erstreckt sich außerdem über die Monate September und Oktober. *Nachsaison* ist der Winter (mit oben genannter Ausnahme); allerdings haben einige Häuser dann geschlossen, oft werden die *Betriebsferien* in die Zeit zwischen Anfang November und etwa 20. Dezember gelegt.

Die in diesem Reisehandbuch aufgeführten *Preise* entsprechen immer der Hochsaison und gelten, wenn nicht anders angegeben, für eine Übernachtung von zwei Personen im Doppelzimmer.

Die Preise, vor allem in Pensionen und kleineren Hotels, werden günstiger, wenn man länger als zwei Nächte bleibt. Der fällige Aufschlag für die „einnächtige" Belegung ist im Reiseteil gegebenenfalls auf den jeweiligen Preis bereits draufgerechnet. In den Ferienhäusern und -wohnungen fällt nach Abreise noch die Endreinigung an, die im Normalfall bei etwa 30–40 € liegt. In vielen Hotels und Gaststätten mit Zimmerangebot gibt es auch Halbpension.

In vielen Fällen variieren die Preise zwischen Vor-, Neben- und Hauptsaison stark, teils muss man im Winter gerade einmal die Hälfte zahlen im Vergleich zu den besucherintensiven Monaten Juli oder August (starke Schwankungen, d. h. mehr als 20–30 %, werden im Text vermerkt). In anderen Fällen hingegen gelten Ganzjahrespreise.

Internetrecherche: Eine gute Adresse zum Einstieg ist die offizielle Homepage des Tourismusverbandes Mecklenburg-Vorpommern: www.auf-nach-mv.de. Eine Alternative sind die Internetauftritte der regionalen Zentralen: www.fischland-darss-zingst.de, www.ruegen.de und www.usedom.de.

Versuchen kann man es, neben den Generalisten wie z. B. www.fewo-direkt.de oder www.tourist-online.de, auch bei den folgenden *Spezialanbietern*: www.wild-east.com, www.ostsee-netz.de, www.frosch-ferienhaeuser.de, www.ostsee-reisen.de, www.ruegener-reiselotse.de, www.ruegen-abc.de, www.hiddenseeservice.de, www.hiddensee-touristik.de, www.inselusedom.de, www.usedom-travel.net

Vor Ort unterwegs

Mit dem Auto: Den Spritpreisen zum Trotz ist das eigene Gefährt weiterhin das bequemste und beliebteste Fortbewegungsmittel. Das Straßennetz ist dicht und überwiegend bestens ausgebaut (nur selten geht es noch über holpriges Kopfsteinpflaster oder Platte) und bietet einige besonders schöne Strecken – z. B. der Abschnitt der *Deutschen Alleenstraße* zwischen Stralsund und Sellin bzw. Kap Arkona auf Rügen. Allerdings ist das *Parken* in fast allen touristischen Orten schwierig bzw. gebührenpflichtig, nicht selten liegen die Parkplätze ein gutes Stück außerhalb des Zentrums, in dem dann oft ein flächendeckendes Parkverbot gilt.

Auf Rügen mit Licht!

Keine verkehrstechnische Gängelei, sondern durchaus vernünftig. Oft genug ist man auf einer malerischen Allee unterwegs, wo die Lichtverhältnisse durch den zuweilen plötzlichen Hell-Dunkel-Wechsel problematisch werden können. Es gibt Stellen, bei denen man als Autofahrer das Gefühl hat, gegen eine schwarze Wand zu fahren, wenn man gegen die tief stehende Sonne in eine Allee oder in ein Waldstück hineinfährt. Auch Radfahrer sollten bedenken, dass sie bei diesen Lichtverhältnissen nicht so gut gesehen werden, wie sie es gerne hätten. Darum gilt auf Rügen: Sobald man eine geschlossene Ortschaft verlässt, das Licht anschalten!

Allee zur Rapsblüte

Fähren und Brücken: Mit Ausnahme Hiddensees sind alle bewohnten Inseln an der mecklenburg-vorpommerschen Ostseeküste über Brücken zu erreichen. Manche dieser Brücken haben feste Öffnungszeiten für die Schifffahrt und sind dann für Autofahrer, Radler und Fußgänger gesperrt. Alles überragende Brückenkonstruktion ist die *Zweite Strelasundquerung*, die die Öffnungszeiten der alten Ziegelgrabenbrücke zwischen Stralsund und Rügen hinfällig macht.

Nichtsdestotrotz gibt es auf Rügen zwei Auto- und Personenfähren, die verkehrstechnisch von Nutzen sind: die Glewitzer Fähre als Seiteneinstieg auf die Insel (S. 211) und die Wittower Fähre, die Abkürzung zum Kap Arkona (S. 254). Nur um nach Hiddensee zu gelangen, kommt man um die Fähre nicht herum, der wichtigste Hafen ist Schaprode auf Rügen (Näheres s. S. 259). Hier gibt es auch ausreichend Parkplätze (gebührenpflichtig), die Insel Hiddensee ist autofrei.

Auch Usedom ist über zwei Brücken mit dem Festland verbunden, die immer wieder auch für den Schiffsverkehr geöffnet und somit für den Straßenverkehr gesperrt werden. Die detaillierten Brückenöffnungszeiten der Wolgaster Brücke finden Sie auf S. 281, die der Zecheriner Brücke auf S. 284.

Mit Bus und Bahn: Sowohl das Bus- als auch das Schienennetz entlang der Küste sind gut ausgebaut, vor allem zwischen den größeren Orten und Städten. Am Wochenende muss man insbesondere auf dem platten Land jedoch mit stark eingeschränktem Busverkehr rechnen, besonders wenn die Fahrt in kleinere Orte führen soll. Detaillierte Busfahrpläne für die Umgebung gibt es oft bei den Touristinformationen, die wichtigsten Verbindungen sind im Reiseteil bei den jeweiligen Orten zu finden.

Freunde **historischer Eisenbahnen** sollten sich die Fahrt auf Schmalspurgleisen nicht entgehen lassen! Entweder mit dem *Molli* (zwischen Kühlungsborn, Heiligendamm und Bad Doberan, S. 115) oder mit dem *Rasenden Roland* von Putbus nach Göhren auf Rügen (S. 217).

Auf der Küstenstrecke von Wismar über Neubukow, Bad Doberan, Rostock, Ribnitz-Damgarten bis Stralsund (ab hier häufige Verbindungen auf die Insel Rügen) bestehen recht häufige regionale Bahnverbindungen. Die Usedomer Bäderbahn verbindet Stralsund alle zwei Stunden mit Greifswald und Wolgast, auf der Insel Usedom verkehren die modernen Regionalzüge der UBB im Sommer sogar im Halbstundentakt.

Mit dem Fahrrad: Schön flach ist es an der mecklenburg-vorpommerschen Ostseeküste, und viele Radwege sind sehr gut ausgebaut – ein ideales Terrain für Fahrradfahrer, auch wenn sie nicht zur sportlichen Höchstleistung neigen. Eine besonders schöne Ecke für Fahrradfahrer ist die Halbinsel Fischland-Darß-Zingst, aber auch die Inseln Rügen und Usedom sind für Radler ideal. Fast überall ist es möglich, auf wenig frequentierten Nebenstrecken zu fahren, die großen Hauptverbindungsstraßen sollte man dagegen meiden (und auch die Außenbezirke von Rostock sind nicht gerade idyllisch). Am besten fährt es sich so nah wie möglich an der Küste entlang, auch hier verlaufen zahlreiche Radwege. Fahrräder können auf den *Fähren* problemlos mitgenommen werden (gegen geringe Gebühr, teilweise sogar umsonst), ebenso in den Regionalzügen. Die Touristinformationen vor Ort geben brauchbare Rad- und Wanderkarten für ihre nähere Umgebung heraus (wer sich vorher mit Material eindecken will, siehe Stichwort *Karten* auf S. 45).
Für Tourenradler: Der mecklenburg-vorpommersche Teil des *Ostseeküsten-Radwegs* verläuft von Lübeck/Travemünde an der Ostsee entlang bis Ahlbeck auf Usedom (knapp 400 km).

Mit dem Schiff: Zeesenbootfahrten auf dem Bodden oder mit dem Ausflugsdampfer entlang der Ostsee von Seebrücke zu Seebrücke, das Angebot an Ausflugsfahrten ist groß. Doch verkehren die Fahrgastschiffe auch als Fähren, z. B. nach Hiddensee oder über den Saaler/Barther Bodden. Hunde und Fahrräder können überall mitgenommen werden. Boddenfähren dürfen nur bis Windstärke 6 fahren.

Wellness und Kuren

Das Wohlfühlangebot an der Küste ist ebenso mannigfaltig wie traditionsreich und kosmopolitisch. Man steht den internationalen Gesundheitstrends in nichts nach: ob chinesische Akupunktur, orientalische Dampfbäder, fernöstliche Massagetechniken und Meditationsübungen oder die gute alte Kneippkur; dazu gibt es diverse Packungen – Fango, Algen, Kreide. Unerschöpflicher Wellnessrohstoff ist (neben der etwas altmodischen, aber kostenlosen „gesunden Seeluft") die *Rügener Heilkreide*. Dem urzeitlichen Sediment werden fast sagenhafte Kräfte zugesprochen: Das weiße Pulver lindert Schmerzen, entschlackt, wärmt, fördert die Durchblutung, reinigt und pflegt die Haut.

Viele der großen Hotels bieten ein sehr umfangreiches Wellnessprogramm an. Pool und Saunalandschaft werden ergänzt durch verschiedenste exotische Anwendungen, Kosmetikbehandlungen, Badezusätze und Massagen. Die Angebote stehen in aller Regel auch Nichthotelgästen zur Verfügung.

Demgegenüber steht die ärztlich verordnete, von der Krankenkasse bezahlte *Kur*, die mehrwöchig in einer der vielen Ostseekliniken entlang der Küste stattfindet, darunter viele Einrichtungen für Atemwegserkrankungen, was ja nahe liegt, aber auch Mutter-Kind-Kliniken.

Jüngster Trend in Sachen Wohlbefinden ist *Medical Wellness:* Die Vermischung von Wellness und Kur wird in einigen gehobenen und darauf spezialisierten Hotels angeboten, auch hier steht alles unter ärztlicher Aufsicht, zu den diversen Kuranwendungen gibt es auch Fernöstliches. Günstig ist das Ganze jedoch nicht, wenn überhaupt, werden Teile nur von den privaten Krankenversicherungen übernommen.

Am Darßer Weststrand

Ostseeküste Mecklenburg-Vorpommern

Schwerin

ca. 95.200 Einwohner

Die idyllische Lage zwischen sieben von Wald und Parklandschaften gesäumten Seen, ein eindrucksvoller Dom, eine sehenswerte Altstadt und nicht zuletzt das prächtige Schloss mit dem stattlichen Schlosspark: allesamt gute Gründe für einen Zwischenstopp in der Landeshauptstadt Mecklenburg-Vorpommerns.

Das städtische Leben Schwerins wird deutlich von seinem Status als kleinste Landeshauptstadt Deutschlands geprägt. Großstädtische Hektik kommt hier kaum auf, selbst im Regierungsviertel geht es recht beschaulich zu. Nichtsdestotrotz präsentiert sich Schwerin geradezu weltgewandt, nicht allein durch seine repräsentativen Gebäude aus herzoglicher Zeit, sondern auch wegen der allgegenwärtigen Betriebsamkeit der aktuellen Landespolitik. Der ganze Stolz der Stadt ist das prachtvolle, von Wasser umgebene Schloss, u. a. auch Sitz des Landtags. Südlich davon erstreckt sich der weitläufige, von Kanälen durchzogene Schlosspark, die Hauptausstellungsfläche der *Bundesgartenschau 2009*. Zwischen Schloss, Marienplatz und Pfaffenteich, der „Binnenalster" Schwerins, verläuft das Gassengewirr der beschaulichen Altstadt, in dessen Mitte sich der sehenswerte Markt befindet. Dort erinnert ein Denkmal an *Heinrich den Löwen*, der im Jahr 1160 die slawische Burg *Zuarin* auf der heutigen Schlossinsel einnahm und so gemeinhin als Stadtgründer gilt. Bald darauf schuf er das Bistum Schwerin, der zugehörige Dom wurde 1171 geweiht. Dessen Nachfolgebau, ein bemerkenswertes Beispiel norddeutscher Backsteinarchitektur, prägt die Silhouette der Stadt.

Stadtgeschichte: Nach den Anfängen als slawische Festung und der eigentlichen Stadtgründung durch *Heinrich den Löwen* erlebte Schwerin seine erste Blüte Anfang des 16. Jh. als Residenzstadt des Herzogtums Mecklenburg. *Johann Albrecht I.* (1525–1576) scharte ganz im Stile eines Renaissancefürsten Vertreter von Kunst, Kultur und Wissenschaft um sich, ließ das Schloss zu einem repräsentativen Renaissancebau umgestalten und führte Schwerin dem lutherischen Glauben zu. Der

Dreißigjährige Krieg, die Pest und ein verheerender Brand im Jahr 1651 zerstörten die Stadt fast vollständig. Einen weiteren Rückschlag erlebte Schwerin 1756, als die Residenz nach Ludwigslust verlegt wurde. Erst 1837 kehrte die Macht an den Schweriner See zurück. Im Gepäck hatte Großherzog *Paul Friedrich* (1800–1842) ambitionierte städtebauliche Pläne und einen Mann, der sie realisieren sollte: *Georg Adolph Demmler,* Schüler des berühmten Architekten *Karl Friedrich Schinkel* und seit 1835 Hofbaumeister des Herzogtums. Unter seiner Ägide entstand eine Vielzahl repräsentativer öffentlicher Gebäude, die noch immer das Stadtbild prägen, darunter der Marstall und das Kollegienhaus, heute Sitz der Staatskanzlei. Sein Meisterwerk war der Umbau des alten Schlosses, den er ab 1843 in Angriff nahm.

Mehr als nur Architekt Schwerins: Georg Adolph Demmler

Der 1804 in Berlin geborene spätere Hofbaumeister Mecklenburgs machte nicht nur als Architekt von sich reden. Seit seinen Studientagen war er Freimaurer. Er engagierte sich schon früh in den liberal-demokratischen Zirkeln Schwerins und forderte eine Verfassung für das Fürstentum, die aber bis 1919 auf sich warten ließ. Ungewöhnlich für einen Liberalen des 19. Jh. war Demmlers Engagement für die Arbeiterschaft, etwa seine Initiative für die Einrichtung einer Kranken- und Unfallversicherung für die Arbeiter des Schlosses oder sein Einsatz für eine Erhöhung der Bezüge von Handwerksgesellen.

Seine politischen Überzeugungen bescherten Demmler im Jahr 1850 jedoch das vorzeitige Karriereende. Der Hof verbat sich seine Einflussnahme und erklärte, Demmler habe „sich fortan von politischem Treiben fern zu halten und sich zu freuen [...], daß der Betrieb der Politik zu seinem Berufe nicht gehöre." Den Knebel ließ sich Demmler nicht anlegen, er trat von seinem Amt zurück. Nach ein paar Jahren im Ausland kehrte er nach Schwerin und in die Politik zurück. Er wandte sich der Sozialdemokratie zu und wurde 1877 in den Reichstag gewählt. Erst kurz vor seinem Tod 1886 zog er sich aus der Politik zurück.

Schwerins Zeit als Residenzhauptstadt endete 1918, als der letzte Großherzog, *Friedrich Franz IV.*, im Gefolge der Novemberrevolution abdanken musste. Unter den Nationalsozialisten war Schwerin Hauptstadt des Landes Mecklenburg, nach dem Krieg wurde es im Zuge der DDR-Verwaltungsreform von 1952 zur Bezirksstadt. Nach der Wiedervereinigung einigte man sich auf Schwerin als Hauptstadt des neuen Bundeslandes Mecklenburg-Vorpommern.

Basis-Infos

Information **Touristinformation**, am Markt mitten im Zentrum; vielfältige Informationen und Zimmervermittlung, Stadtführungen (s. u.), Kartenvorverkauf, Souvenirs etc. Mo–Fr 9–18 Uhr, Sa/So 10–16 Uhr geöffnet. Am Markt 14, 19055 Schwerin ✆ 0385-5925212, ✆ 0385-555094, www.schwerin.com.

Parken Diverse Parkhäuser im Zentrum, u. a. beim Schlossparkcenter am Marienplatz oder am Schloss, je 1 €/Std.

Verbindungen Mit der **Bahn** etwa stündl. nach Wismar und Rostock (RE), fast stündl. zum Hamburger Hauptbahnhof (RE und IC), ca. alle 90 Min. nach Berlin Hauptbahnhof (RE), teilweise mit Umsteigen in Ludwigslust, ab dort IC.

Verkehrsknotenpunkt für **Busse und Straßenbahnen** sind der Marienplatz und der Bahnhofsplatz; Buslinie 14 fährt zur Jugendherberge. Näheres unter www.nahverkehr-schwerin.de.

Taxis stehen u. a. am Hauptbahnhof, am Marienplatz, am Alten Garten und am Markt.

Die **Pfaffenteichfähre** pendelt zwischen Bahnhof, E-Werk, Schelfmarkt und Arsenal, Ende April bis Anfang Okt. tägl. außer Mo 10–18 Uhr (mit einer Pause von 14–14.30 Uhr), Abfahrten nach Bedarf, einfache Fahrt 1 €, Kinder 3–14 J. 0,50 €.

Schwerin-Ticket

Zahlreiche Vergünstigungen in Museen und bei Stadtführungen sowie freie Fahrt mit den Stadtbussen und Straßenbahnen. Preis: 5 €/Tag (zwei Tage 7 €), Kinder unter 14 Jahre 3 € (4 €). Erhältlich bei der Touristinformation und beim Ticketschalter des Schweriner Nahverkehrs am Marienplatz.

Aktivitäten

Stadtführungen **Schwerin kompakt**, tägl. 11 Uhr, Treffpunkt vor der Touristinformation, Dauer ca. 1,5 Std. (mit Schloss, Alter Garten, Theater, Markt, Dom), 5,50 €/Pers.

Nachtwächterführung: von Mai bis Sept. jeden Fr/Sa 20.30 Uhr (Okt. bis April nur Fr 18 Uhr), Dauer ca. 1,5 Std., 6 €/Pers.

Sonderführung Schloss: April bis Nov. Sa und So, Dez. nur So, Start jeweils 13.30 Uhr, Dauer ca. 1,5 Std., 8 €/Pers., Kinder 6 € (obligatorische Anmeldung bei der Touristinformation).

Seit neuestem bietet die Stadt auch **Geocaching** an: Freunde der modernen gps-gesteuerten Schatzsuche finden in Schwerin mehrere Touren unterschiedlicher Länge, GPS-Geräte und weitere Ausrüstung hält die Touristinformation bereit (Touren 5 €/Pers., Leihgebühr 10–16 €), Näheres unter www.schwerin.info/geocaching.

Stadtrundfahrten **Petermännchen**, kommentierte Rundfahrten mit dem Touristenbähnchen, Abfahrt am Markt, Dauer ca. 1 Std. Von April bis Okt. 4-mal tägl., im Sommer 5-mal, Erw. 8 €, Kind bis 16 J. 4 €. ✆ 0385-65800, www.petermaennchen-stadtrundfahrten.de.

Doppeldecker-Bus, April bis Okt. ab Anlegestelle der Weißen Flotte ab 10 Uhr alle 45 Min. (letzte Fahrt 17.30 Uhr), Dauer ca. 1 Std., 9 €/Person, erm. 5 €. ✆ 0385-5577737, www.schwerinerstadtrundfahrt.de.

Die **Buslinie 100** fährt rund um den Schweriner Innensee, Mai bis Anfang Okt. 5-mal tägl. ab Hauptbahnhof und Alter Garten (Schloss), Gesamtdauer 1 Std. 15 Min., Stopp u. a. in Zippendorf und Mueß, die Fahrt kann beliebig unterbrochen werden. Auch Fahrradtransport. Einfache Fahrt 6,90 €, Kinder 6–14 J. 5,60 €. ✆ 0385-4853732, www.sgs-busundreisen.de.

Blick über den Pfaffenteich auf Schwerins Dom

Schwerin → Karte S. 63

Bootsausflüge Mit der **Weißen Flotte** von Mai bis Sept. mehrmals tägl. über Schweriner Innen- und Außensee, Heidensee und Ziegelsee, im April und Okt. nur auf dem Schweriner Innensee, im Winter kein Betrieb. Broschüren mit den Routen bei der Touristinformation oder beim Anleger der Weißen Flotte gegenüber dem Schloss (neben dem Restaurant Wallenstein). Werderstr. 140, ✆ 0385-557770, 📠 0385-5577711, www.weisseflotteschwerin.de.

Hausbootverleih **Kuhnle Tours** hat eine Charterbase in Schwerin (neben der Anlegestelle der Weißen Flotte), Werderstraße 140, ✆ 039823-2660, www.kuhnle-tours.de.

Klettern **Schweriner Kletterwald**, neben dem Zoo (südlich vom Zentrum, beschildert, Straßenbahn Linie 1 und 2 ab Marienplatz), sechs Parcours unterschiedlicher Schwierigkeit, mit Bistro. Geöffnet April bis Okt. 10–19 Uhr (bzw. bis Sonnenuntergang), Erwachsene 19 €, Kinder 13 €, Familienkarte 50 €. An der Crivitzer Chaussee 15, ✆ 0176-32197326, www.schweriner-kletterwald.de.

Golf **WINSTONgolf**, ein 9-Loch-Platz (Greenfee 15 €), ein 18-Loch-Meisterschaftsplatz (Greenfee 75 €) und ein 18-Loch-Linkscourse (Greenfee 120 €); in Vorbeck an der Ostseite des Schweriner Sees. Auch Golfschule (Einsteigerkurs 59 €), Verleih, Restaurant. Kranichweg 1, 19065 Gneven, OT Vorbeck, ✆ 03860-5020, www.winstongolf.de.

Zoo **Schweriner Zoo**, südlich vom Zentrum (ausgeschildert), Leser schrieben uns begeistert. Straßenbahn Linie 1 und 2 ab Marienplatz. Ganzjährig geöffnet, im Winter tägl. 10–15/16 Uhr, im Sommer 9–17/18 Uhr, Erw. 8,50 €, Kinder (3–16 J.) 4 €, Familienkarte 21 €, Hund 2,50 €. Crivitzer Chaussee 1, ✆ 0385-395510, www.zoo-schwerin.de.

Einkaufen

Die Shoppingmeilen der Stadt sind die Fußgängerbereiche in der Puschkinstraße zwischen Markt und Schlossstraße sowie die Friedrichstraße, die Schmiedestraße und die Mecklenburger Straße und umliegende Straßen.

Eine bemerkenswert gut sortierte Buchhandlung bezüglich Regionalia, aber auch im Bereich Belletristik ist die freundliche **Buchhandlung Benno Schoknecht** in der Schlossstr. 20, ✆ 0385-565804. Mo–Fr 9–18.30 Uhr, Sa 9.30–13 Uhr geöffnet.

Antiquarische Bücher nicht nur zur Stadt bietet das Schweriner Antiquariat, 2. Enge Straße 3, ✆ 0385-562912, www.schweriner-antiquariat.de. Di–Fr 10–17 Uhr, Sa bis 13 Uhr, So/Mo geschlossen.

Kleiner **Wochenmarkt** Mi und Fr 9–17 Uhr am Schlachtermarkt.

Schwerins größtes Einkaufszentrum ist die **Schlosspassage** am Marienplatz, bis 20 Uhr geöffnet.

Veranstaltungen

Theater **Mecklenburgisches Staatstheater**, repräsentativer Prachtbau (1883–1886) gegenüber dem Schloss (Alter Garten). Tickets an der Theaterkasse Mo–Fr 10–18 Uhr, Sa 10–13 Uhr, außerdem unter ✆ 0385-5300123, ✆ 0385-5300129, www.theater-schwerin.de.

Zum Staatstheater gehören das **E-Werk** am Spieltordamm 1 (Pfaffenteich) und die **Fritz-Reuter-Bühne** (Alter Garten 2), wo hauptsächlich plattdeutsche Lustspiele und Schwänke gegeben werden, ✆ 0385-5300194, ✆ 0385-5300284, www.fritzreuterbuehne.de.

Der Speicher, Kleinkunstbühne in der Schelfstadt. Konzerte, Lesungen, Kabarett, Filmabende usw. Röntgenstr. 22, ✆ 0385-512105, www.schwerin.de/speicher.

Veranstaltungen **Schlossfestspiele Schwerin**, große Open-Air-Oper alljährlich von etwa Mitte Juni bis Ende Juli auf der Freilichtbühne im Schlossgarten (s. u.). Aufführungen immer Do–So um 21 Uhr, Tickets 39–69 €, Hotline ✆ 0385-5300123, im Internet unter www.theater-schwerin.de.

Freilichtbühne Schwerin, im Sommer zahlreiche Konzerte (Klassik und Pop/Rock), Open-Air-Kino u. a.; Programme bei der Touristinformation oder unter www.freilichtbuehne-schwerin.de. Die Freilichtbühne liegt im Schlossgarten, zwischen Finanzamt und Schleifmühle.

Schweriner Gartensommer, von Mitte Mai bis Anfang Sept. mit zahlreichen Veranstaltungen im Schlossgarten (darunter seit 2011 als Abschluss die spektakuläre Schlossgartennacht), Programm bei der Touristinformation, www.schwerinergartensommer.de.

Fünf-Seen-Lauf, immer am ersten Samstag im Juli, der größte Volkslauf in Mecklenburg-Vorpommern. Sportliche haben die Wahl zwischen 10, 15 oder 30 km; www.fuenf-seen-lauf.de.

Drachenbootfestival, alljährlich am dritten Augustwochenende, an die 100 Drachenboot-Teams treten hier zum Rennen auf dem Pfaffenteich an; www.drachenbootfestival.de.

Übernachten

(Karte S. 63)

Niederländischer Hof 4, von außen eher unscheinbar, doch hinter der Fassade des historischen Gebäudes am Pfaffenteich verbergen sich überaus edles Ambiente und einladende Atmosphäre, für uns die Nr. 1 in der Innenstadt. 32 geschmackvoll eingerichtete Zimmer, Feinschmeckerrestaurant (s. u.) und Bar im Haus. EZ 108–124 €, DZ 139–170 €, Dreibett-Zimmer 172–213 €, Studio/Appartement 161–192 €, jeweils inkl. Frühstück, Halbpension 16–24 €, Hund 11 €. Alexandrinenstr. 12–13, 19055 Schwerin, ✆ 0385-591100, ✆ 0385-59110999, www.niederlaendischer-hof.de.

Pension am Theater 19, zentrale Lage neben dem Staatstheater, schönes Ambiente, 19 gepflegte Zimmer (davon ein EZ) mit moderner, komfortabler Einrichtung. Freundlicher Service. Hauseigener Parkplatz (5 €/Tag, rechtzeitig reservieren!). EZ 52–66 €, DZ 69–85 €, Studio für 2 Pers. 90 €, jeweils inkl. Frühstück, keine Haustiere. Im Angebot auch eine Zweizimmer-Ferienwohnung (350 €/Woche). Theaterstr. 1–2, 19055 Schwerin, ✆ 0385-593680, ✆ 0385-5936811, www.schwerin-pension.de.

Weinhaus Wöhler 8, zu dem bekannten Lokal (s. u.) am Rand der Schelfstadt gehören auch sieben DZ in historischem Gemäuer. Restaurant sowie Weinbar und -kontor im Haus. EZ 65–70 €, DZ je nach Größe und Ausstattung 85–130€, jeweils inkl. Frühstück. Puschkinstr. 26, 19055 Schwerin, ✆ 0385-555830, ✆ 0385-5558315, www.weinhaus-woehler.de.

Alt Schweriner Schankstuben 13, zentrale Lage am Schlachtermarkt. 16 solide und freundlich eingerichtete Zimmer. Mit Restaurant (s. u.). EZ 59 €, DZ 84–94 €, Suite 104 €, Vierbettzimmer (für Familien) 140 €,

Die idyllische Seite der Landeshauptstadt: der Schweriner See

jeweils inkl. Frühstück. Halbpension 15 € pro Pers., Hund 5 €. Am Schlachtermarkt 9–13, 19055 Schwerin, ✆ 0385-5925313, 📠 0385-5574109, www.schankstuben.de.

Zur guten Quelle 17, etwas einfacheres Ambiente in einem historischen Fachwerkhaus in der Altstadt (nahe Markt). Gutbürgerliches Restaurant, im Sommer mit Hofbetrieb. Freundlicher Service. EZ 54 €, DZ 81–84 €, Familienzimmer 110 €, jeweils einschließlich Frühstück. Schusterstr. 12, 19055 Schwerin, ✆ 0385-565985, 📠 0385 5007602, www.gasthof-schwerin.de.

››› Lesertipp: **Heintzes Töchter 3**, sympathisches, auch von Lesern empfohlenes Hostel in Schwerin, Gemeinschaftsküche, Hinterhofgarten, Etagenbäder, Internet, ganzjährig geöffnet, zentrumsnah am Rand der Schelfstadt gelegen, auch Fahrradverleih (10 €/Tag). Ab 15 €/Pers. (9-Bett-Zimmer) bis 24 €/Pers. (2-Bett-Zimmer), Frühstück extra (4,50 €/Pers.). Werderstr. 49, 19055 Schwerin, ✆ 0385-4792968, 📠 0385-479296, www.hostel-schwerin.de. «‹‹

Jugendherberge Schwerin 22, orangefarbener, schon etwas älterer 91-Betten-Bau mitten im Wald, zwischen Schweriner See und Faulem See gelegen. Kleines Klettergärtchen nebenan. Beim Betreten des Gebäudes werden Erinnerungen an das Landschulheim wach. Im Sommer sollte man etwa eine Woche vorher reservieren. Anfahrt: Der Schlossgartenallee in südöstliche Richtung folgen (Beschilderung NDR, dann auch JH); mit dem Bus Nr. 14 ab Marienplatz bis Endhaltestelle, dann noch ein paar hundert Meter zu Fuß. Die Übernachtung im Mehrbettzimmer kostet mit Frühstück 19–22 €, Halbpension 4 €, Vollpension 6 € pro Person. Waldschulweg 3, 19061 Schwerin, ✆ 0385-3260006, 📠 0835-3260303, www.djh-mv.de.

Außerhalb **Hotel Speicher am Ziegelsee 1**, edles, gemütliches Ambiente in einem sorgfältig restaurierten Getreidespeicher, knapp 2 km außerhalb der Innenstadt. Geschmackvolle Einrichtung mit Korbmöbeln und Terrakotta, eine einladende Bar, das Gourmet-Restaurant „*aurum*" und eine Terrasse direkt am See. Sauna, Massage, Fitnessraum, Badesteg. Anfahrt: von der Innenstadt der Werderstraße stadtauswärts folgen (Richtung Wismar/B 104), dann links ab (ausgeschildert). Für das Gebotene nicht zu teuer: EZ 85–90 €, DZ 105–135 €, Studio 130–145 €, jeweils inkl. Frühstück. Hunde (in manchen Zimmern erlaubt) 12 €. Speicherstr. 11, 19055 Schwerin, ✆ 0385-50030, 📠 0385-5003111, www.speicher-hotel.com.

Seehotel Frankenhorst 2, Best-Western-Hotel (vier Sterne) an einem Seegrundstück knapp 5 km außerhalb von Schwerin. Sehr

Schwerin → Karte S. 63

ruhige Lage, die Zimmer verteilen sich auf vier Gebäude, der hintere Flachdachbau erinnert durch die Parkplätze davor ein wenig an ein Motel. Im Inneren jedoch sehr elegant, einladend und modern eingerichtet. Schöne Bäder, Pantry-Küche, Flachbildschirm und kleine Veranda davor. Im Haupthaus Bar, Restaurant und Wintergarten, zum Hotel gehört ein riesiger Garten samt Badestelle und Bootsanleger (auch Weiße Flotte nach Schwerin), außerdem Sauna und Whirlpool. Anfahrt: Die B 104 in nördliche Richtung (Güstrow), dann links ab, beschildert. EZ 99–119 €, DZ 104–134 €, Frühstück (großes Buffet) 12 € pro Person. Frankenhorst 5, 19055 Schwerin, ✆ 0385-592220, 📠 0385-59222145, www.seehotel.bestwestern.de.

Camping **Ferienpark Seehof**, schön ruhig am See gelegener, einladender Campingplatz bei der gleichnamigen Ortschaft nördlich von Schwerin, bestens ausgeschildert. Mit Gaststätte, Fahrradverleih, eigenem Seestrand und Bootsanleger, die angeschlossene Segelschule gibt nach Voranmeldung Kurse (www.bootsfahrschule-schwerin.de), auch Bootsverleih. Netter Service, ganzjährig geöffnet. Erw. 5 €, Kinder (2–14 J.) 3,50 €, Auto 2 €, Zelt 4–6 €, Stellplatz Wohnmobil (inkl. 2 Pers. und Strom) 19–28 €, Hund 1 €, Motorboot-Liegeplatz 4,50 €, Familienbad 6 €, Finnhütte (2 Pers.) 30–40 €, Mobilheim (4 Pers.) 85 €, Mietzelt 4 Pers. 40 €. Am Zeltplatz 1, 19069 Seehof, ✆ 0385-512540, 📠 0385-5814170, www.ferienpark-seehof.de.

Essen & Trinken

Restaurants **Weinhaus Uhle 16**, gediegen-elegantes Restaurant im historischen Saal (Menüs zu 31,50 und 38,50 €); etwas legerer die angeschlossene Weinwirtschaft mit großer Bar, dazwischen die Raucherlounge. Freundlicher und zuvorkommender Service, in der Weinwirtschaft Mo–Fr Business-Lunch zu 10 €. Abends regelmäßig Livemusik, Weindegustationen etc. Auch von Lesern empfohlen. Tägl. mittags und abends geöffnet, das Restaurant nur abends. Schusterstr. 13–15, ✆ 0385/4773030, www.weinrestaurant-uhle.de.

Niederländischer Hof 4, das sehr stilvolle, vielfach prämierte Restaurant im gleichnamigen Hotel bietet ein 3-Gänge-Menü für 32,90 € (sechs Gänge 50,90 €). Günstiger Mittagstisch. Gepflegtes Ambiente. Tägl. mittags und abends geöffnet. Alexandrinenstr. 12–13, ✆ 0385-591100.

Weinhaus Wöhler 8, verwinkelter Fachwerkbau aus dem Jahr 1819, neben den einladenden Historischen Stuben (Restaurant) gibt es auch eine Weinbar und im Sommer Gartenbetrieb, außerdem noch eine Weinhandlung. Hervorragende Küche mit zuvorkommendem Service, feiner Fisch, aber auch deftige mecklenburgische Gerichte (z. B. der Rollbraten). Leicht gehobenes Preisniveau. Mittags und abends geöffnet. Puschkinstr. 26, ✆ 0385-555830, www.weinhaus-woehler.de.

Fischrestaurant Lukas 14, beliebtes Fischlokal im Bistrostil. Regionale Fischgerichte ebenso wie Garnelen und Steaks, leicht gehobene Preise. Zentrale Lage unweit des Marktes. Mittags und abends geöffnet. Großer Moor 5, ✆ 0385-565935, www.restaurant-lukas.de.

Weinhaus Krömer 15, das historische Gebäude – ehemals die „Großherzogliche Dampfwäscherei" – gegenüber dem Marstall beherbergt heute ein Weinhaus mit beachtlicher Auswahl, samt Bistro, Restaurant und Biergarten. Günstige Mittagsgerichte, abends etwas kostenintensiver. Großer Moor 56, ✆ 0385-562956, www.kroemer-schwerin.de.

Zum Stadtkrug 9, gemütliches Brauhaus mit Kupferkessel und natürlich eigenem Bier, dazu mittags und abends deftige Küche, auch Burger, Steaks etc., nicht teuer. Im Sommer kleiner Biergarten. Tägl. ab 11.30 Uhr geöffnet. Wismarsche Str. 126, ✆ 0385-5936693, www.altstadtbrauhaus.de.

Alt Schweriner Schankstuben 13, schöne Lage am Schlachtermarkt, im Sommer mit Terrasse auf dem Platz. Zwei rustikale Gasträume, im Sommer mit Terrasse, gutbürgerliche regionale Küche, nicht teuer. Mittags und abends geöffnet. Am Schlachtermarkt 9–13, ✆ 0385-5925313, www.schankstuben.de.

Restaurant-Café Friedrich's am Pfaffenteich 6, schönes Kaffeehaus-Ambiente im neoklassizistischen „Kücken-Haus", auch draußen nett zum Sitzen; mittleres Preisniveau. Geöffnet tägl. 11–24 Uhr. Friedrichstr. 2, ✆ 0385-555473, www.restaurant-friedrichs.com.

Schwerin
200 m
Ziegelinnensee
Spieltordamm
Knaudtstr.
Schweinemarkt
Landreiterstraße
Mühlenstr.
Hospitalstraße
Pfaffenteich
Fähre
Hauptbahnhof
Grunthalplatz
Reutzstr.
Wismarsche Straße
Karl-Marx-Straße
R.-Luxemburg-Str.
Pestalozzistraße
Dr. Külz-Str.
Zum Bahnhof
Franz-Mehring-Straße
Lübecker Str.
Severinstraße
St. Paul
Arsenal
Arsenalstr.
Steinstr.
Friedensstraße
Johannesstr.
Wurm-Passage
Martinstr.
Wittenburger Straße
1. Enge Straße
2. Enge Straße
3. Enge Straße
Marienplatz
Helenenstr.
Mecklenburgstraße
Bischofstr.
Friedrichstr.
Dom
Schmiedestr.
Markt
Buschstr.
Schusterstr.
Puschkinstr.
Schlachterstr.
Grüne Straße
Burgstraße
Großer Moor
Salzstr.
Schlossstraße
Klosterstr.
Kl. Moor
Theaterstr.
Theater
Tappenhagen
Staatliches Museum
Alter Garten
Staatskanzlei
Siegessäule
Fährableger
Marstall
Werderstraße
Werderstr.
Beutel
Apothekerstraße
Röntgenstr.
August-Bebel-Straße
Gaußstr.
Schelfmarkt
Schelfstr.
Bergstraße
Taubenstr.
Lehmstr.
Kirchenstr.
Amtsstr.
Schelfkirche
Schleswig-Holstein-Haus
Jahnstr.
F.-Schultz-Str.
Körnerstr.
Pfaffenstr.
Schliemannstr.
Münzstr.
Goethestraße
Geschw.-Scholl-Str.
H.-Mann-Str.
Graf-Schack-Allee
Mecklenburgstraße
Burgsee
Schloss
Schweriner See
Schlossgarten
Kreuzkanal
Grünhausgarten
Lennéstr.
Franzosenweg
Pavillon
Freilichtbühne
Schleifmühle
Schlossgartenallee
Platz der Jugend
Johannes-Stelling-Str.
Jägerweg
Übernachten
1 Speicher am Ziegelsee
2 Seehotel Frankenhorst
3 Heintzes Töchter
4 Niederländischer Hof
8 Weinhaus Wöhler
13 Alt Schweriner Schankstuben
17 Zur guten Quelle
19 Pension am Theater
22 Jugendherberge Schwerin
Essen & Trinken
1 Speicher am Ziegelsee
4 Niederländischer Hof
6 Friedrich's am Pfaffenteich
8 Weinhaus Wöhler
9 Zum Stadtkrug
13 Alt Schweriner Schankstuben
14 Lukas
15 Weinhaus Krömer
16 Weinhaus Uhle
20 Wallenstein
Cafés
11 Café Röntgen
18 Café Prag
21 Café Orangerie
Nachtleben
5 Freischütz
7 Bolero
10 Spielbank
12 Phillies

Restaurant/Café Wallenstein 20, in Bestlage am Anleger der Weißen Flotte (Ticketverkauf nebenan), schöne Holzterrasse direkt am Wasser, durchgehend warme Küche. Abends auch Cocktailbar. Tägl. 10–23 Uhr (in der Nebensaison 11–22 Uhr). Werderstr. 140, ✆ 0385-5577755, www.restaurant-wallenstein.de.

Cafés **Café Orangerie 21**, schöne Terrasse im gepflegten Burggarten, Kaffee und Kuchen (teuer), Eis, zudem ein wenig kalte Küche. April bis Okt. tägl. 11–20 Uhr, So ab 10 Uhr (Brunch). Im Sommer Konzerte. Lennéstr. 1, ✆ 0385-5252915.

Café Prag 18, einst die Hofkonditorei des nahe gelegenen Schlosses. Terrasse davor. Ganztägig bis 19 Uhr geöffnet, So bis 18 Uhr. Schlossstr. 17, ✆ 0385-565909.

Café Röntgen 11, am Markt in der Altstadt, man sitzt erhöht in einem hellen Säulengang ein paar Stufen oberhalb des Platzes. Gute Torten und Kuchen, ganztägig bis 18 Uhr geöffnet. Am Markt 1, ✆ 0385-5213740.

Kneipen **Freischütz 5**, nette Kneipe am Ziegenmarkt (unterhalb der Schelfkirche) mit eher jüngerem Publikum, günstige Tagesgerichte, günstig auch die Getränke. Im Sommer einige Tische draußen an der Straße. Mo–Fr ab 9 Uhr geöffnet (Frühstück und wechselnder Mittagstisch), Sa/So ab 17.30 Uhr, Küche bis 1 Uhr. Ziegenmarkt 11, ✆ 0385-568655.

Nachtleben Einige Cafés/Bars und Kneipen am Südufer des Pfaffenteichs, z. B. das **Friedrich's 6** oder – fast nebenan – das **Bolero 7** in der Mecklenburger Str. 2. Cocktails in allen Varianten gibt es in der Bar **Phillies 12** in der Wittenburger Str. 51 (hinter dem Schlosspark-Center hinauf und noch hinter der Bahnbrücke auf der rechten Seite).

Die **Spielbank Schwerin 10** befindet sich in der Wurmpassage beim Marienplatz: Automaten, einarmige Banditen usw. Tägl. 10–2 Uhr, klassisches Spiel 19–2 Uhr, Fr/Sa jeweils bis 3 Uhr. Klöresgang 3, ✆ 0385-593300.

Sehenswertes

Schloss: Das auf einer winzigen Insel im Schweriner See gelegene Bauwerk mit seinen unzähligen Türmchen und Aufbauten erinnert an die prächtigen Schlösser an der Loire – und in der Tat ließ sich *Georg Adolph Demmler* (s. o.), der wichtigste Baumeister des Schweriner Schlosses, vom Château Chambord inspirieren. Als er 1843 mit den Arbeiten beginnen konnte, hatte das Schloss, in dem heute der Land-

Exklusive Sitzgelegenheit: im Thronsaal des Schweriner Schlosses

Das prächtige Schloss samt Schlosspark

tag Mecklenburg-Vorpommerns residiert, allerdings schon eine lange Geschichte hinter sich: Ursprung war eine slawische Befestigung, die Anfang des 11. Jh. als Burg *Zuarin* und Stützpunkt des Obotritenfürsten *Niklot* in Dokumenten erwähnt wird; 1160 fiel die Anlage an *Heinrich den Löwen* (1129–1195), der bzw. dessen Nachfolger sie zur ersten Residenz der Grafschaft Schwerin ausbauten; im 16. Jh. schließlich wurde die Burg von Herzog *Johann Albrecht I.* (1525–1576) in weiten Teilen zum Renaissanceschloss umgestaltet, hinzu kam eine Schlosskirche, seinerzeit der erste protestantische Kirchenneubau Mecklenburgs. Dann aber ging es abwärts: 1756 verließen die Fürsten Schwerin und bezogen eine neue Residenz im etwa 40 Kilometer südlich gelegenen Ludwigslust. Als sie 1837 wieder zurückkehrten, war das Schloss heruntergekommen und kaum noch bewohnbar. Sechs Jahre später schlug dann die Stunde von Hofbaurat Demmler. Nachdem Pläne für einen kompletten Neubau verworfen worden waren, machte er sich zusammen mit seinem Kollegen *Hermann Willebrand* (1816–1899) an die Arbeit und baute bis 1851 weite Teile der alten Anlage zum prachtvollen Neorenaissanceschloss um bzw. aus. Weitere Umbauten – die Neugestaltung der Fassade zur Stadtseite hin und die Errichtung der Goldkuppel – waren das Werk *Friedrich August Stülers* (1800–1865), unter dessen Leitung auch das Reiterstandbild des Obotritenfürsten Niklot aufgestellt wurde. Die feierliche Eröffnung des neuen Schlosses fand 1857 statt.

Der *Rundgang* führt zunächst hinauf in die Wohngemächer der herzoglichen Familie in der Beletage (zweiter Stock), dann in die Festetage (dritter Stock) mit den Repräsentationsräumen. Dort kommt man u. a. in den Thronsaal, den historisch wertvollsten Raum des Schlosses mit kunstvollem Intarsien-Parkett, einem vergoldeten Thronsessel mit Baldachin und Säulen aus Carrara-Marmor, dem original erhaltenen Kronleuchter und aufwändigem Deckengemälde nebst Stuckarbeiten. Die anschließende Ahnengalerie zeigt alle mecklenburgischen Fürsten von 1348 bis 1800.

Ein guter Geist – das Petermännchen

Ein kleines, altes Männchen mit grauem Bart und Federhut, einer Laterne in der Hand und einem Schwert, dazu einen Schlüsselbund – so sieht man auf Bildern den Schweriner Schlossgeist, der hier seit vielen Jahrhunderten wohnt und das Böse aus der Stadt vertreibt.

Der Sage nach ist das Petermännchen der einzige verbliebene Diener eines heidnischen Gottes der Tempelburg, die einst an der Stelle des heutigen Schlosses stand. Seine Dienerkollegen zogen sich – nachdem der Heidengott vor den nahenden Christen geflohen war – nach Petersberg bei Pinnow (östlich von Schwerin) zurück, daher auch der Name des Kobolds. Das Petermännchen jedoch blieb und bewachte fortan die Burg, verjagte Eindringlinge und belohnte die Guten. Seinen Schlossherren war es dabei stets treu ergeben.

Bekanntestes Opfer des umtriebigen Kobolds war Wallenstein, kaiserlicher Generalissimus während des Dreißigjährigen Krieges. Der hatte Gefallen am Schweriner Schloss gefunden und beabsichtigte, sich hier niederzulassen. Doch schon in der ersten Nacht im neuen Zuhause setzte ihm das Petermännchen ordentlich zu, machte mächtig Lärm, zog ihm die Decke weg und zwickte und boxte den Feldherren die ganze Nacht hindurch, sodass dieser am nächsten Tag entnervt in einen anderen Flügel des Schlosses umzog. Doch auch dort erging es ihm nicht besser, im Gegenteil, der Schlossgeist ließ Wallenstein nächtens sogar noch ein Ahnenbild auf den Kopf fallen – der Feldherr reiste am nächsten Morgen ab und kam nie wieder.

Wer die Besichtigung des Schlosses vervollständigen will, findet im ersten Stock in den ehemaligen Kinderzimmern der herzoglichen Familie eine umfangreiche *Porzellansammlung* (hierzu wieder zum Eingangsbereich, dort beschildert) sowie eine *Gemäldeausstellung* mit Werken aus dem 18.–20. Jh.

Der *Burggarten* um das Schloss wurde von *Joseph Lenné* (1789–1866) im englischen Stil konzipiert, wobei auch die Dachterrassen der Orangerie (heute Café) mit einbezogen wurden.

Das **Schloss** ist im Sommer (15. April bis 14. Okt.) tägl. 10–18 Uhr geöffnet, im Winter Di–So 10–17 Uhr, Mo geschlossen. Eintritt 6 €, erm. 4 €, Kinder unter 6 J. frei. Führungen durch die Beletage und Festetage tägl. 11 und 13.30 Uhr, im Sommer auch 12 und 15 Uhr, in den Wintermonaten nur Di–So 11.30 Uhr; Dauer 1 Std., 3 €/Pers. Audioguide 2 €. Lennéstr. 1, 19053 Schwerin. ✆ 0385-5252920, www.schloss-schwerin.de.

Schlossgarten: Die vom Schloss aus über eine alte Drehbrücke zu erreichende Anlage wurde 1670 als barocker Lustgarten gestaltet. Knapp ein Jahrhundert später entstanden gemäß der Mode der Zeit der Kreuzkanal, gesäumt von 14 Skulpturen (u. a. antike Götter, Allegorien der Jahreszeiten), und zwei Laubengänge. Auffälligstes Monument ist allerdings das Reiterdenkmal von Großherzog *Friedrich Franz II.* (1823–1883) aus dem Jahr 1893. Für die Bundesgartenschau 2009 wurde der Schlossgarten aufwändig auf Vordermann gebracht und erscheint seither in neuem altem Glanze.

Schleifmühle: Das alte Fachwerkhaus mit großem Mühlrad am Faulen See wurde 1705 ursprünglich als Pulvermühle gebaut. Ab 1757 nutzte man den Antrieb des Wasserrades für eine Steinschleiferei, die u. a. auch die Bauherren des Schweriner Schlosses belieferte. Der Rundgang durch das Mühlengebäude (zwei kleine Ausstellungsräume mit historischen Dokumenten, geschliffenen Steinen und Halbedelsteinen) endet mit einem wirklich ohrenbetäubendem Erlebnis: der „Müller" wirft die Mühlenanlage an und lässt in einer etwa zehnminütigen Vorführung die durch Wasserkraft betriebene Steinsäge ihr Werk verrichten. Sehenswert!

April bis Nov. tägl. 10–17 Uhr, im Winter nur nach Voranmeldung. Eintritt 3 €, erm. 2 €, Familienkarte 7 €, Kinder unter 6 J. frei. Schleifmühlweg 1, ✆ 0385-562751, www.schleifmuehle-schwerin.de.

Im Innenhof des Schlosses

Staatliches Museum am Alten Garten: Der riesige Platz an der Stadtseite des Schlosses war – der Name sagt es – ursprünglich eine Gartenanlage, die aber mit dem Bau des eigentlichen Schlossgartens 1670 ihre Bedeutung verlor und später als Exerzierplatz genutzt wurde. Heute bildet der Alte Garten mit seinem gelungenen Ensemble klassizistischer Bauten das Herz des Schweriner Regierungsviertels. Die bedeutendste Sehenswürdigkeit am Platz und eine der größten Attraktionen des ganzen Landes ist das Staatliche Museum an der Nordostseite mit seiner beachtlichen Kunstsammlung oft hochrangiger Werke aus vier Jahrhunderten. Während das Erdgeschoss dem 20. Jh. und wechselnden Ausstellungen vorbehalten ist, bietet das Obergeschoss eine beeindruckende *Galerie Alter Meister* mit Werken der deutschen Spätgotik und Renaissance sowie einer umfangreichen Sammlung holländischer und flämischer Malerei des 17. Jh., darunter Arbeiten von *Rembrandt, Rubens* und *Frans Hals.* Auch der französische Maler *Jean-Baptiste Oudry* (1686–1755) ist mit zahlreichen Tier- bzw. Jagdszenen vertreten. Ebenfalls im Obergeschoss ist die *Galerie Neuer Meister* untergebracht. Sie zeigt Werke aus dem 19. und 20. Jh., u. a. von *Caspar David Friedrich, Alexander von Jawlenski, Pablo Picasso, Lovis Corinth* und *Max Liebermann.* In einem Nebenraum sind 15 Bronzen von *Ernst Barlach* (Stiftung Bölkow) zu sehen.

15. April bis 14. Okt. Di/Mi und Fr–So 10–18 Uhr, Do 12–20 Uhr, im Winter nur bis 17 Uhr, und Do 13–20 Uhr; Mo geschlossen. Eintritt 5 €, erm. 3,50 €, mit Sonderausstellung 8 € bzw. 6 €. Audioguide 2 €. Führungen Sa 14 Uhr und So 11 Uhr, Dauer ca. 1 Std., 3 €, erm. 2 €. Museumsshop und Café im EG. Alter Garten 3, ✆ 0385-59580, www.museum-schwerin.de.

Erwähnenswert sind auch die anderen Gebäude/Bauwerke am *Alten Garten*: das vergleichsweise schmächtig wirkende *Alte Palais*, ein Fachwerkbau aus dem 18. Jh.; das *Mecklenburgische Staatstheater* gleich daneben, ein prachtvolles, säulen- und giebelgeschmücktes Gebäude, das zwischen 1883 und 1886 errichtet wurde, nachdem ein Vorgängerbau kurz zuvor abgebrannt war; die 32 Meter hohe *Siegessäule* (1874) am Ufer des Burgsees, die an den Deutsch-Französischen Krieg von 1870/71 erinnert; das dreiflügelige *Kollegienhaus* (1825–1834) oberhalb der Siegessäule (am Beginn der Schlossstraße mit ihren repräsentativen Bauten), in dem heute die Staatskanzlei untergebracht ist; und schließlich die *Neue Regierung* (1892) – der Erweiterungsbau des Kollegienhauses ist mit diesem durch einen über Arkaden verlaufenden Übergang verbunden, vom Volksmund spöttisch „Höhere Beamtenlaufbahn" genannt.

Marstall: Das sorgfältig restaurierte, von zwei Kastanienbäumen flankierte, gelbe Gebäude – einst die herzogliche Reithalle – stammt wie so vieles in der Stadt von Hofbaumeister Demmler.

Das **Technische Landesmuseum**, das hier bis 2011 untergebracht war, zieht derzeit um nach Wismar.

Altstädtischer Markt mit Neuem Gebäude und Altem Rathaus: Das Herz der Stadt, ein lebendiger Platz, zwar ohne Markt, aber mit einigen architektonischen Sehenswürdigkeiten. Auffälligstes Gebäude am Markt (Nordseite) ist zweifelsohne das ursprünglich 1783–1785 als Markthalle gebaute *Neue Gebäude* (auch „Säulengebäude"), in dem heute das Café Röntgen untergebracht ist. Zweiter optischer Blickfang des Platzes ist das *Alte Rathaus* mit der 1835 aufgesetzten Fassade im (neogotischen) Tudorstil, hinter der sich vier alte Giebelhäuser verbergen. Auf der mittleren Zinne des Rathauses thront die recht kleine, aber strahlend goldene Reiterstatue von Stadtgründer *Heinrich dem Löwen* (1129–1195), dem auch das zweite Denkmal am Platz, eine Löwenplastik vor dem Neuen Gebäude, gewidmet ist. Letztere wurde anlässlich des 800. Todestages des Stadtgründers im Jahr 1995 aufgestellt.

Blick vom Markt auf den Dom und ...

Schlachtermarkt: Ein Durchgang am Rathaus führt vom Altstädtischen Markt zum Schlachtermarkt, heute der eigentliche Marktplatz. Mit seinen alten Fachwerkhäusern, den hohen Bäumen und dem modernen Brunnen *Von Herrn Pastor sien Kauh* (1978) zählt er zu den schönsten Plätzen der Stadt. Bis 1938 befand sich hier (Hausnummer 3) die Schweriner Synagoge, die nach langen Restaurierungsarbeiten bald wieder öffentlich zugänglich sein soll.

Dom: Die imposante dreischiffige Basilika mit mächtigem, ebenfalls dreischiffigem Querhaus entstand ab 1270 anstelle eines romanischen Vorgängerbaus. Da sich die Arbeiten bis ins 15. Jh. hineinzogen, weist das Gewölbe bereits spätgotische Einflüsse auf. So ist das ältere Langhaus mit einem Kreuzrippengewölbe versehen, das Querhaus dagegen aufwändiger mit einem Netz-,

Schwerin → Karte S. 63

... vom Turm des Doms auf den Pfaffenteich, Schwerins Binnenalster

die Vierung mit einem Sterngewölbe. Der Raumeindruck der Basilika ist majestätisch und licht. Anders als beispielsweise in der zeitgleich entstandenen Zisterzienserkirche von Bad Doberan dominiert hier nicht das warme Rot des Backsteins, sondern ein strahlendes Weiß, das von grauen Diensten, roten und grünen Gewölberippen etc. durchbrochen wird. Der 1327 fertig gestellte Chorumgang wird von einem Kapellenkranz abgeschlossen. Von der gotischen Innenausstattung ist, nachdem die ehemalige Bischofs- und Klosterkirche zu einer evangelischen Pfarrkirche geworden war, nicht mehr viel erhalten. Das neben einem ursprünglich aus der Marienkirche in Wismar stammende Triumphkreuz (um 1420) bedeutendste Kunstwerk ist der Flügelaltar, dessen Mitteltafel aus Sandstein gefertigt ist (ebenfalls um 1420). Dargestellt sind Kreuzigung, Höllenfahrt und Auferstehung Christi. Das alteste Stück ist ein achteckiges Bronzetaufbecken von 1325. Die übrige, vor allem neogotisch geprägte Ausstattung stammt aus der Mitte des 19. Jh., als die Kirche umfassend restauriert wurde. Neogotisch ist auch der 117,5 Meter hohe, von einem spitzen, kupfergedeckten Helm abgeschlossene Kirchturm, der anstelle des niedrigeren gotischen Turms Ende des 19. Jh. errichtet wurde. Wer sich die 220 Stufen hinaufquält, wird mit einem grandiosen Blick über die Stadt und die umliegenden Seen belohnt.

Geöffnet Mai bis Okt. Mo–Sa 10–17 Uhr, So 12–17 Uhr, im Winterhalbjahr Mo–Sa 11–14 Uhr, So 12–14 Uhr. Eintritt frei, es wird um eine Spende von 1 € zum Erhalt des Bauwerks gebeten. Turmbesteigung bis 30 Min. vor Schließung (2 €, Kinder 1 €). Domführungen: Di 11 Uhr, Do 16 Uhr, Sa 14 Uhr; 2 €.

Schelfstadt mit Schelfkirche und Schleswig-Holstein-Haus: Eine der schönsten und beschaulichsten Ecken in Schwerin. Die *Schelfe* (= „Land zwischen den Wassern“) erstreckt sich grob zwischen Pfaffenteich, Ziegelinnensee, Werderstraße und Friedrich- bzw. Burgstraße. Bereits seit 1284 befand sich das Gebiet im Besitz der Bischöfe, damals ein einfaches, kleines Fischerdorf mit Pfarrkirche. Im Jahr 1705

Am Pfaffenteich

ernannte Herzog *Friedrich Wilhelm* (1675–1713) die Schelfe zu einer selbstständigen Stadt, der „Schelfstadt“ (oder auch „Neustadt“), und ließ diese gleich darauf auch städtebaulich umgestalten: Es entstanden geradwinklige Straßenzüge mit ein- bis zweigeschossigen Fachwerkbauten, im Zentrum der Schelfmarkt mit der *Schelfkirche* (St. Nikolai). Die barocke Backsteinkirche, die den gotischen Vorgängerbau von 1238 ersetzte, entstand in den Jahren 1708–13. Besondere Bedeutung hat die Schelfkirche heute als einziger echter barocker Kirchenbau und als erste große nachreformatorische Kirche ganz Mecklenburgs. Im Kircheninneren sehenswert ist ein Altarbild von Hofmaler *Gaston Lenthe* (1805–1860). Die Fürstengruft unter dem Altar kann besichtigt werden (Licht kostet 1 €, Vorsicht, steile Treppe). Die Kirche ist ganztägig geöffnet.

Zweiter Anziehungspunkt in der Schelfstadt ist das ebenfalls barocke *Schleswig-Holstein-Haus* (1737), in dem sich seit 1995 ein wichtiges kulturelles Zentrum befindet: Wechselnde Ausstellungen, Lesungen, Chor- und Gospelkonzerte, Kammermusik und vieles mehr füllen den Veranstaltungskalender, eine ständige Ausstellung ist darüber hinaus der klassischen Moderne gewidmet.

Tägl. 10–18 Uhr und zu Veranstaltungen. Eintritt 3 €, erm. 2 €. Puschkinstr. 12, ✆ 0385-555527.

Um den Pfaffenteich – Wohnhaus Demmlers, Kückenhaus, Arsenal: In einer natürlichen Senke wurde der ursprünglich zum Besitz der Kirche zählende Pfaffenteich („Papendiek“) schon im 12. Jh. als See aufgestaut, damals die nördliche Grenze der Stadt. Dem Stadtarchitekten Demmler ist es zu verdanken, dass sich der See heute so harmonisch in das Stadtbild einfügt: Im Zuge der innerstädtischen Ausdehnung um 1840 ließ er die Ufer befestigen und einen repräsentativen Rundweg inklusive Lindenallee um den See herum anlegen. Repräsentativ sind auch die noblen Bürgerhäuser um den See: am Südufer zunächst das *Wohnhaus Demmlers* (Arsenalstraße, Ecke Mecklenburger Straße), an der Ecke zur Friedrichstraße das *Kückenhaus* von 1868 (heute Café Friedrich), in dem einst der der Komponist und Hofkapellmeisters *Friedrich Kücken* (1810–1882) lebte. Blickfang am Südufer des Sees ist allerdings das *Arsenal* schräg gegenüber: Der ockerfarbene Bau im Stil der englischen Tudorgotik entstand nach Plänen Demmlers zwischen 1840 und 1844 und beherbergte neben Kaserne, Zeughaus, Stallungen und Werkstätten auch Militärgericht und Gefängnis der Stadt. Nach umfangreicher Restaurierung befindet sich hier heute das Innenministerium Mecklenburg-Vorpommerns.

Die kleine *Pfaffenteichfähre* (s. S. 58) pendelt im Sommer regelmäßig zwischen Ost- und Westufer des Sees und erlaubt schöne Ausblicke auf das Südufer mitsamt der Wasserkaskaden. Auf dem Pfaffenteich finden alljährlich im August die bekannten Drachenbootrennen statt.

Schwerin/Umgebung

Freilichtmuseum Mueß: Ein schöner Ausflug zu den Traditionen bäuerlichen Lebens in Mecklenburg. Der etwa einstündige Rundgang führt durch rund 20 Gebäude aus dem 18. bis ins frühe 20. Jh., die zwischen 1970 und 1989 restauriert und für die Besucher mit viel Liebe zum Detail hergerichtet wurden, darunter Bauernhäuser und Scheunen, Dorfschmiede, Büdnerei (Hallenhaus norddeutscher Kleinbauern), Spritzenhaus und eine Dorfschule. Zudem gibt es einen Kräutergarten, einen überdachten Backofen und diverse landwirtschaftliche Geräte. Ein günstiges Café (mit Terrasse) befindet sich auf dem Gelände, ein Museumsshop am Eingang.

Öffnungszeiten April bis Sept. Di–So 10–18 Uhr (Einlass bis 17.30 Uhr), Okt. Di–So 10–17 Uhr, im Winter nur So 10–17 Uhr, Eintritt 3,50 €, Kinder/Jugendliche unter 18 J. 2,50 €, Familienkarte 7 €. Alte Crivitzer Landstr. 13, 19063 Schwerin. ✆ 0385-208410.

Anfahrt Von Schwerin zunächst in südlicher Richtung nach Zippendorf und dann in den Nachbarort Mueß. Dort ist das Freilichtmuseum bestens ausgeschildert. Mit Buslinie 1 oder 2 ab Marienplatz (Richtung Hegelstraße) bis Stauffenbergstraße, dort umsteigen in die Linie 6 (Richtung Pinnow/Petersberg); das Museum hat eine eigene Haltestelle.

Fischereihof Mueß Neben dem Museum und direkt am Schweriner See gelegen; hier gibt es frischen und geräucherten Fisch. Ganzjährig geöffnet, Mo 8–11 Uhr, Di–Fr 8–18 Uhr, Sa 8–12 Uhr, So geschlossen. Zum Alten Bauernhof 7 a, ✆ 0385-201670, www.fischereihof-muess.de.

Im Freilichtmuseum Mueß

Wismar und Klützer Winkel

Wismar

ca. 44.500 Einwohner

Wismars Altstadt, von der UNESCO zum Weltkulturerbe erklärt, erinnert in jeder Straßenflucht an die Blütezeit der Hanse: Nirgendwo sonst in Deutschland hat sich in dieser Geschlossenheit und auf einer so großen Fläche das Erscheinungsbild einer Hansestadt erhalten.

Angefangen vom Grundriss der Altstadt über zahlreiche Bürgerhäuser, das gotische Viertel und den Alten Hafen bis zu den beiden großen Kirchen St. Georgen und St. Nikolai sowie dem Turm von St. Marien, allesamt bedeutende Bauwerke der Norddeutschen Backsteingotik – überall ist der altehrwürdige Geist einer stolzen Hansestadt gegenwärtig. Aber auch aus den folgenden Jahrhunderten sind sehenswerte Bauwerke erhalten: Im 16. Jh. entstanden in Anlehnung an die niederländische Renaissance z. B. die Wasserkunst auf dem Markt, der Fürstenhof und das Schabbellhaus; im 19. Jh. wurde das klassizistische Rathaus errichtet. Im Lauf der Jahrhunderte wurde im Stil der Zeit auch Bausubstanz verändert, wer es sich leisten konnte, „modernisierte" sein gotisches Stadthaus. So präsentieren sich die Fassaden wie ein abwechslungsreicher Querschnitt durch die Architekturgeschichte: im ursprünglichen Backsteinrot mit gotischen Stufengiebeln, verputzt, farbig und die Giebel mit barockem Schwung gesetzt, dominiert von klassizistischer Strenge oder auch verspielt in Jugendstil-Manier verziert.

Zentrum der Altstadt ist der riesige Marktplatz. Hier und in den umliegenden Straßen und Sträßchen spielt sich ein großer Teil des innerstädtischen Lebens ab. Mit knapp 5000 Studenten ist die Universitätsstadt Wismar eine relativ junge Stadt. Mit Abstand größter Arbeitgeber Wismars war bislang die Werft mit ihrer riesigen blau-grünen Dockhalle vor den Toren der Stadt. Hier werden riesige Containerschiffe, Tanker und Fähren gebaut, es liefen aber auch schon luxuriöse Kreuzfahrtschiffe wie die *Aida Vita* oder die *Columbus* vom Stapel.

Stadtgeschichte

Die Stadt Wismar wurde 1229 erstmals urkundlich erwähnt. Die topografischen Voraussetzungen für eine Stadtgründung waren denkbar günstig. Die Bucht von Wismar, geschützt durch die vorgelagerte Insel Poel, ermöglichte den Ausbau eines versandungsfreien Hafens. Landseits schützten weite Sümpfe die junge Siedlung, und mitten hindurch führte die Handelsstraße von Lübeck nach Rostock und weiter in den Osten. Innerhalb kürzester Zeit entstand eine geradezu vorbildliche mittelalterliche Stadt: wehrhaft durch einen umschließenden Mauerring (ab 1276), handelsoffen aufgrund des günstigen Hafens und ehrgeizig, um mittels prachtvoller Bauten dem eigenen Selbstbewusstsein Ausdruck zu verleihen.

Die Basis für die rasante Entwicklung war der Handel. Ein bereits 1259 abgeschlossener Vertrag zwischen Lübeck, Rostock und Wismar sicherte die Handelswege zwischen den aufstrebenden Städten und bildete den Kern eines bald mächtigen Städtebundes, der Hanse (S. 28). Als 1264/65 das Bündnis u. a. um Stralsund und Greifswald erweitert wurde, tagte der Prototyp des später traditionell in Lübeck stattfindenden Hansetages in Wismar.

Der Exportschlager der Stadt war das Bier. Nachdem Wismar von seinen Nachbarstädten aus dem Getreidemarkt gedrängt worden war, folgte man der lukrativen Strategie, den Rohstoff veredelt zu exportieren. 183 Brauereien sind für das Jahr 1464 in Wismar dokumentiert. Verschifft wurde das Wismarer Bier v. a. in die Niederlande und nach Flandern, aber auch nach Skandinavien, England und bis nach Portugal.

1350 war kein gutes Jahr für Wismar. Noch immer wütete die erste schwere Pestepidemie, als ein Stadtbrand zahlreiche Gebäude zerstörte. Doch die Hanse und damit auch Wismar standen in ihrer Blüte, sodass auf den niedergebrannten Ruinen nicht nur neue solide Backsteinbauten entstanden, es wurde sogar mit dem monumentalen Neubau von St. Nikolai (ab 1380) begonnen.

Mit dem Niedergang des mächtigen Städtebundes im 16. Jh. verlor auch Wismar an kaufmännischer Kraft. Einen (vorläufigen) Tiefpunkt erlebte die Stadt im Dreißigjährigen Krieg. Wismar, das um 1530 die Reformation eingeführt hatte, musste 1627 *Albrecht von Wallenstein* mit seinen kaiserlichen Truppen aufnehmen und versorgen, Abgaben zahlen und die Befestigungsanlagen ausbauen. 1632 belagerten die Schweden die Stadt, nahmen sie ein – und blieben. Bis 1803 (bzw. 1903, s. u.) war Wismar schwedisch. Unter der Herrschaft der Drei Kronen wurden der Stadt zahlreiche Privilegien gewährt und ein nicht unerhebliches Maß an kommunaler Selbstverwaltung. Außerdem eröffnete sich Wismar – als Teil der neuen Großmacht – an der Ostsee ein lukrativer Binnenmarkt, sodass der Handel wieder belebt wurde. Andererseits wurde die Stadt natürlich in die Händel des schwedischen Reiches hineingezogen. Und so litt Wismar wie kaum eine andere schwedische Stadt unter dem Großen Nordischen Krieg 1700–1721. 1716 wurde Wismar von den alliierten Truppen beschossen, belagert und schließlich eingenommen. Die Stadt blieb zwar bei Schweden, musste jedoch ihre Festungsanlagen schleifen. Wismar glich um 1718 einem Trümmerfeld, und die gefallene Großmacht Schweden hatte weder die Möglichkeiten noch das Interesse, die unbefestigte Stadt nachhaltig zu stärken. Aber es sollte bis 1803 dauern, bis die schwedische Krone Wismar aufgeben wollte und für hundert Jahre an das Großherzogtum Mecklenburg verpfänden sollte. Nachdem der Vertrag schließlich 1903 auslief, verzichtete Schweden auf die Rückgabe und Wismar war endgültig Teil Mecklenburgs und damit des Deutschen Reiches.

Prestigebau der Renaissance: die Wasserkunst auf dem Marktplatz

Im Zweiten Weltkrieg setzten die alliierten Luftangriffe auch Wismar arg zu. Ziel der Bomber waren natürlich vor allem kriegsrelevante Anlagen, in Wismar also besonders die Fabrik- und Flugzeughallen der Norddeutschen Dornier-Werke sowie der Hafen. Zwischen Juni 1940 und April 1945 flogen die Alliierten zwölf Luftangriffe auf Wismar. Der schwerste Angriff erfolgte am 24. September 1942, als über 60 Tonnen Bomben auf Wismar abgeworfen wurden. Der letzte Angriff (in der Nacht zum 15. April 1945) traf drei von Wismars bedeutenden Bauwerken mit voller Wucht: das Archidiakonat war stark beschädigt, St. Georgen und St. Marien lagen in Ruinen. Insgesamt kamen über 300 Menschen bei den Angriffen ums Leben, und fast ein Viertel der vorhandenen Wohnungen wurde zerstört.

Nichtsdestotrotz hat sich in Wismar ein enormes Maß an historischer Bausubstanz erhalten. Dass dies auch im neuen Jahrtausend so ist, ist vor allem den engagierten Bewohnern der Stadt zu danken, die sich oft auch gegen Widerstände der Behörden für die Bewahrung von Wismars Kulturgut einsetzten; auch wenn es in Einzelfällen nicht gelang – berühmtestes Beispiel ist die Sprengung der Marienkirche 1960. Wismars Altstadt gehört heute zu den besterhaltenen historischen Stadtkernen in Deutschland, sodass der Tourismus eine nicht unerhebliche wirtschaftliche Rolle spielt. 2002 wurde die Altstadt Wismars gemeinsam mit der Stralsunds in die Liste des UNESCO-Welterbes aufgenommen.

Basis-Infos

Information Die **Touristinformation** bietet neben Informationen zur Stadt u. a. auch Zimmervermittlung und Kartenvorverkauf für Veranstaltungen. Tägl. 9–18 Uhr (Nov. bis März Mo–Sa 9–18 Uhr, So nur 10–16 Uhr). Am Markt 11, 23966 Wismar, ✆ 03841-19433 Zimmervermittlung: ✆ 03841-2513027, 📠 03841-2513091, www.wismar.de.

Stadtrundgänge werden ebenfalls von der Touristinformation angeboten: von Ostern bis Okt. tägl. um 10.30 Uhr, Dauer ca. 2 Std., 4 € pro Pers., Schüler und Studenten 3 €, Kinder bis 12 J. kostenlos; außerdem im Frühling, Herbst und Winter immer freitags um 18 Uhr **Nachtwächterführungen** (Dauer ca. 2 Std., 6 €, erm. 5 €), sowie jeden Samstag um 15 Uhr die **Störtebeker-Führung** (6 €, erm. 5 €); genaue Termine in der Touristinformation.

Stadtrundfahrten mit dem Panoramabus von April bis Sept. halbstündlich zwischen 10–17 Uhr (im Winter stündl. 11–15 Uhr), 9 € pro Pers., Kinder bis 12 J. 4,50 €, bis 6 J. frei. Abfahrt an der Touristinformation, hier gibt es auch die Tickets.

Taxi Zentrale ✆ 03841-283090.

Verbindungen **Bus** 240 verbindet Wismar 12-mal tägl. mit Boltenhagen (via Klütz), Sa/So 7-mal. Die Linie 430 fährt 12-mal auf die Insel Poel, Sa/So 5-mal. Zudem gibt es **Stadtbusse**, die nicht nur rund um die Altstadt und in die Vororte fahren, sondern auch alle halbe Stunde in das Seebad Wendorf. Busfahrpläne erhält man bei der Touristinformation. Der Busbahnhof befindet sich am nördlichen Rand der Altstadt zwischen Bahnhof und Altem Hafen.

Der Regionalexpress der **Bahn** fährt fast stündlich nach Schwerin und Ludwigslust, alle zwei Stunden nach Berlin Hbf., außerdem stündl. über Bad Doberan nach Rostock. Bahnhof am nördlichen Ende der Altstadt.

Mit dem **Schiff** bietet die Fahrgastschifffahrt der *Reederei Adler* April bis Okt. nicht nur Hafenrundfahrten (mehrmals tägl., Erw. 9,50 €, Kinder 4–14 J. 5,50 €), sondern fährt auch 3-mal tägl. zur Insel Poel (hin/zurück 16 €, erm. 7,50 €, Rad 4 €). Die Anlegestelle in Wismar befindet sich am Alten Hafen. ✆ 01805-123344, www.adler-schiffe.de.

Wismar → Karte S. 77

Aktivitäten und Veranstaltungen

Baden Das **Wonnemar**, ein riesiges Erlebnisbad am Stadtrand von Wismar, für Kinder ein besonderer Spaß. Diverse Wasserrutschen, Wellenbecken mit Grotte, Außenbecken, Sauna, Dampfbad, Wellnesslandschaft. Mai bis Sept. tägl. 10–21 Uhr, Okt. bis April tägl. 10–22 Uhr. Anfahrt beschildert, mit dem Stadtbus zur Haltestelle „Sporthalle". Bürgermeister-Haupt-Str. 38, ✆ 03841-32760, www.wonnemar.de.

Fahrradverleih **wismar rad**, im Bahnhof (Bahnsteig 2 C), Mo–Fr 9–13 und 16.30–18 Uhr, Sa 9.30–12.30 Uhr. Fahrrad 7 €/Tag, auch Kinderräder, zudem Pannenservice. Bahnhofstr. 1, ✆ 03841-224670 (Service ✆ 0170-5871395), www.fahrradverleih-wismar-rad.de.

Segeln Die **Segelschule Cipra** bietet Törns, Kurse, Scheine, auch Shop. Klußer Damm 1, ✆ 03841-212596, 📠 287626, www.segelschule-cipra.de.

Veranstaltungen Zu den **Wismarer Heringstagen** (www.heringstage-wismar.de) Ende März/Anfang April gibt es in allen Restaurants der Stadt üppig Fisch. Die Nr. 1 unter den Stadtfesten ist zweifelsohne das **Schwedenfest** (www.schwedenfest-wismar.de), das alljährlich am dritten oder vierten Wochenende im August stattfindet und zahlreiche Besucher auch aus dem Land der drei Kronen in die Stadt lockt. Im Juni (oder Anfang Juli) werden die **Wismarer Hafentage** samt abschließendem

Feuerwerk veranstaltet (www.wismarer-hafentage.de). Darüber hinaus bietet der große Marktplatz im Advent Raum für den **Weihnachtsmarkt**.

Zoo **Tierpark Wismar**, westlich des Zentrums im Stadtteil Friedenshof, beschildert. Dam- und Rothirsche, Wisente und Mufflons, Wölfe und Luchse, um nur einige zu nennen. Im Sommer tägl. 9–18 Uhr geöffnet, im Winter nur Sa/So 10–17 Uhr, Eintritt 3,50 €, Kinder 2 €. Am Tierpark 5, ✆ 03841-32730, www.tierpark-wismar.de.

Übernachten

**** **Steigenberger Hotel Stadt Hamburg** **9**, erstes Haus am Platz, erfüllt gänzlich die Anforderungen an ein Vier-Sterne-Haus. Hervorragende Lage am Markt, 102 komfortable Zimmer, die besonders von Geschäftsreisenden belegt werden, der Service ist freundlich und zuvorkommend. Mit Sauna und Restaurant *Weinwirtschaft* (s. u.). Tiefgarage 10 € pro Tag. EZ ab 68 €, DZ ab 89 € inkl. Frühstück (Frühbucherrabatt), Hunde 10 €. Am Markt 24, 23966 Wismar, ✆ 03841-2390, ℻ 03841-239239, www.steigenberger.com/Wismar.

»» **Unser Tipp: To'n Zägenkrog** **2**, die fünf frisch renovierten Appartements des „Ziegenkrugs" sind teils recht unkonventionell geschnitten, aber rundum individuell und geschmackvoll eingerichtet. Der Service ist zuvorkommend und freundlich. Gemütliches Fischrestaurant im Erdgeschoss (s. u.). Das Gasthaus befindet sich unweit des Hafens am Ziegenmarkt. Auch die Crew der SOKO Wismar war schon an Drehtagen hier zu Gast. Es empfiehlt sich eine frühzeitige Reservierung. Alle Appartements mit Küche und Wohnbereich, je nach Größe 90–120 € pro Tag, Frühstück 7 € pro Pers. Ziegenmarkt 10, 23966 Wismar, ✆ 03841-282716, www.ziegenkrug-wismar.de. ««

Hotel Reuterhaus **12**, ebenfalls am Marktplatz und damit zentral gelegen. Gelbes Giebelhaus mit traditionsreichem Restaurant (s. u.). Der Name kommt nicht von ungefähr: Fritz Reuter hat hier schon genächtigt. Da nur zehn Zimmer zur Verfügung stehen, empfiehlt sich eine zeitige Reservierung. DZ ab 80 € inkl. Frühstück. Am Markt 19, 23966 Wismar, ✆ 03841-22230, ℻ 03841-222324, www.reuterhaus-wismar.de.

Pension Chez Fasan **5**, fürs kleinere Budget! Ruhige Lage unterhalb der Fußgängerzone (Richtung Schabbellhaus/St. Nikolai). 25 Zimmer mit solider Ausstattung und Teppich, die Einzelzimmer z. T. mit Bad auf dem Flur. EZ 21–24 €, DZ 45 €, Familienzimmer 66 €, Frühstück 5 € pro Pers. Parkplätze vorhanden. Bademutterstr. 20 a, 23966 Wismar, ✆ 03841-213425, ℻ 03841-202285, www.pension-chez-fasan.de.

Jugendherberge **Jugendherberge Wismar** **8**, etwas außerhalb im Stadtteil Friedenshof (westlich vom Zentrum, beschildert). Übernachtung mit Frühstück im Mehrbettzimmer 20,90 €/Pers., im Zweibett-Zimmer 24,90 €, „Senioren" über 27 J. zahlen 25,50 € bzw. 30,40 € (jeweils pro Pers.). Bettwäsche inbegriffen, Jugendherbergsausweis obligatorisch. Juri-Gagarin-Ring 30 a, 23966 Wismar, ✆ 03841-32680, ℻ 03841-326868, www.djh-mv.de.

Camping **Ferienpark Zierow**, s. Klützer Winkel/An der Wohlenberger Wiek (S. 95).

Einen Wohnmobilpark gibt es am Westhafen, Schiffbauerdamm 12, 23966 Wismar, ✆ 0172-3884003, ℻ 03841-762002, www.wohnmobilpark-wismar.de.

Übernachten/Umgebung **Schloss Gamehl**, auf halber Strecke zwischen Wismar und Neubukow (etwa 13 km auf der B 105, dann rechts ab, beschildert). Die eleganten Zimmer in dem jüngst renovierten, neugotischen Schloss versprechen einen stilvollen Aufenthalt. Auch eine Bibliothek steht den Gästen zur Verfügung. Mit gehobenem Restaurant (abends, am Wochenende auch Mittagstisch), nachmittags Cafébetrieb. EZ 79–139 €, DZ 99–159 €, Suite 139–179 €, jeweils inkl. Frühstück, Hund 15 €. 23970 Gamehl bei Wismar, ✆ 038426-22000, ℻ 038426-22693, www.schloss-gamehl.de.

»» **Unser Tipp: Seehotel**, herrliche Anlage 2 km südlich von Neukloster (westlich von Wismar, Richtung Bützow) im Ortsteil Nakendorf am Ufer des Neuklostersees. Ungemein stilvoll eingerichtete Zimmer, die sich auf die Gebäude des Anwesens verteilen. Schick auch das Restaurant im Haupthaus mit Wintergarten und Terrasse zum See (tägl. mittags und abends geöffnet, abends unbedingt reservieren). In der Badescheune befinden sich Pool und Sauna, am See ein Badestrand samt Steg, Strandkorb

und Liegewiese, in der Kunstscheune ist Raum für Veranstaltungen. EZ 110 €, DZ ab 160 €, Suite ab 200 €, jeweils inkl. Frühstück und Nutzung des Spa-Bereichs. Seestr. 1, 23992 Neukloster, ✆ 038422-4570, 030422-45717, www.seehotel-neuklostersee.de. «

Essen & Trinken

Essen gehen kann man recht gut in Wismar, auch für ein regionales Bier oder einen Schoppen Wein findet sich leicht das passende Ambiente und nicht zuletzt begeistern die Cafés in der Stadt durch behagliche Originalität und herzliche Gastlichkeit. Hier ein paar Tipps:

Restaurants **Zum Weinberg** **6**, in der Fußgängerzone. Sehr gute Küche – u. a. mecklenburgische Fleischspezialitäten – in tollem, urgemütlichem Ambiente unter einer hohen, bemalten Holzdecke (das Gebäude stammt im Kern aus dem 14. Jh. und wurde im Laufe der Jahrhunderte immer wieder dem jeweiligen Architekturstil angepasst). Angemessenes Preisniveau, herzlicher Service. Tägl. mittags und abends geöffnet. Hinter dem Rathaus 3, ✆ 03841-283550, www.weinberg-wismar.de.

Das Gasthaus namens „Alter Schwede"

Alter Schwede 10, eine Institution! Das spätgotische Backsteinhaus (14. Jh.) mit seiner berühmten und entsprechend häufig abgelichteten Fassade am Marktplatz ist nicht zu übersehen (siehe auch „Sehenswertes"). Ein Gasthaus gibt es hier schon seit 1878. Heute bietet der Alte Schwede deftige, typisch mecklenburgische Küche in stilvoll-rustikalem Ambiente bei leicht gehobenem Preisniveau (Hauptgerichte zwischen 10 und 20 €), sehr freundlicher und zuvorkommender Service. Tägl. ab. 11.30 Uhr geöffnet. Am Markt 22, ✆ 03841-283552, www.alter-schwede-wismar.de.

Weinwirtschaft 9, im Steigenberger-Hotel Stadt Hamburg am Marktplatz. Angenehmes Ambiente, schick, aber nicht steif. Hauptsächlich mecklenburgische Küche, zum Aperitif gibt es auch kleinere Gerichte, z. B. die Antipasti- oder Tapasplatte, nicht teuer. Auch Weinhandlung. Tägl. durchgehend geöffnet. Am Markt 24, ✆ 03841-239250.

Restaurant im Reuterhaus 12, das dritte Restaurant am Marktplatz, ebenfalls in historischem Ambiente. Man sitzt teils auf Bänken aus dunklem Holz mit handgeschnitzten, hohen Lehnen, auf denen schon Fritz Reuter sich auf sein Abendessen gefreut haben soll. Einige Tische draußen am Marktplatz. Traditionelle mecklenburgische Küche, darunter der typische Rippenbraten, auch viele Fischgerichte und saisonale Angebote. Hauptgerichte um 10–15 €. Tägl. mittags und abends geöffnet. Am Markt 19, ✆ 03841-22230, www.reuterhaus-wismar.de.

Fischrestaurant Poeler Dampfer im Gasthaus To'n Zägenkrog 2, im Erdgeschoss des Ziegenkrugs (zu den Appartements s. o.) befinden sich drei Gasträume: der gemütliche „Krug" und die „Kajüte" mit nur einem runden Tisch in maritimem Ambiente, zudem der elegante „rote Salon". Im Sommer stehen auch draußen an der „Grube" ein paar Tische. Serviert werden aufwändig zubereitete Fischspezialitäten, aber auch diverse Deftigkeiten wie Matjes und Labskaus. Sehr freundlich, nicht teuer, mittags und abends geöffnet. Ziegenmarkt 10, ✆ 03841-282716, www.ziegenkrug-wismar.de.

Brauhaus am Lohberg 1, bereits im 15. Jh. wurde in dem backsteinernen Fachwerkhaus Bier gebraut. Nach jahrhundertelanger Nutzung, v. a. als Speicher, wird in dem ehrwürdigen Gebäude heute die große Braugeschichte der Hansestadt Wismar weitergeführt. In der urigen Kneipe sitzt man neben den großen Kupferkesseln oder auch draußen auf der Terrasse am idyllischen Lohberg nahe dem Hafen. Gebraut und ausgeschenkt werden vorzügliche Biere mit so klingenden Namen wie *Roter Eric* oder Wismars traditionelle *Mumme*. Geöffnet ist im Sommer ab 11 Uhr, im Winter ab 17 Uhr, Sa abends Live-Musik. Auf Anfrage ist eine Brauereibesichtigung möglich. Kleine Hohe Str. 15, ✆ 03841-250238, www.brauhaus-wismar.de.

››› Lesertipp: **Altwismarsche Schankstube 11**, im Schatten des Marienturms: „frischer Fisch und andere bodenständige Gericht zu sehr fairen Preisen". Negenchören 10, ✆ 03841-328917. ‹‹‹

Cafés Die hier genannten Cafés sind allesamt empfehlenswert. Jedes ist auf seine Art einzigartig und charmant. Wer den richtigen Ort für eine Sightseeingpause sucht, hat nur ein Problem: die Entscheidungsfindung.

Café Alte Löwenapotheke 4, in der geschichtsträchtigen Wismarer Apotheke aus dem Jahr 1645 untergebracht. Seit Sommer 2007 befindet sich hier das schick designte Café, in dem regelmäßig auch Lesungen und Musikabende stattfinden. Auch Kaffee-, Tee- und Geschenkverkauf. Tägl. 9–18 Uhr geöffnet, im Sommer Fr/Sa bis 21 Uhr, im Winter unter der Woche erst ab 11 Uhr, außerdem zu Abendveranstaltungen, nebenan eröffnete jüngst ein Weinhandel (s. u.). Bademutterstr. 2, ✆ 03841-252538.

››› Lesertipp: Können Leserbriefe glücklich machen? Rundheraus: ja! Uns erreichten Leserbriefe, die uns ein Café empfahlen, das glücklich mache. Jaajaa, dachten wir, und wurden eines Besseren belehrt: Das kleine, gemütliche **Café Glücklich 3** macht glücklich! Man braucht kein Karma zu bemühen, um sich sofort in der entspannten Atmosphäre wohlzufühlen. Der Kaffee ist gut (und fair gehandelt: zum Glück gehört schließlich auch ein entspanntes Gewissen...), der Service unumwunden herzlich und der hausgebackene Kuchen köstlich. Von der Mittagsquiche (wir hatten eine vorzügliche Myrrhe-Karotten-Quiche) über die Stullen bis zum Kaffeekeks, hier ist alles gelungen. Herzlichen Glückwunsch! Täglich ab 9 Uhr geöffnet, So–Mi bis 18 Uhr, Do–Sa bis 20 Uhr. Webergasse 20, ✆ 03841-7969377. ‹‹‹

Fürstenhof Café 13, schräg gegenüber vom Fürstenhof, mit einem wunderschönen Garten, den man erreicht, wenn man durch den wenig ansprechenden Hinterhof gegangen ist und schon fast keinen Garten mehr erwartet: herrlich! Leider nur fünf Tische, die bei schönem Wetter schnell besetzt sind. Köstliche, selbst gebackene Kuchen, freundlicher Service. Tägl. 10–18 Uhr. Bliedenstr. 32, ✆ 03841-388190.

Wismar → Karte S. 77

Einkaufen

(→ Karte S. 77)

Karstadt 7, sieht aus wie jeder andere (Provinz-)Karstadt, ist aber das Stammhaus (s. S. 82), Rudolf-Karstadt-Platz 1.

Weinkost 4, neue Weinhandlung neben dem Café in der Alte-Löwen-Apotheken (Bademutterstraße 2), es finden auch Weindegustationen statt. Infos unter ✆ 03841-252538, www.weinkost-wismar.de.

Hanse Sektkellerei 14, Hanse-Sekt aus der nördlichsten Sektkellerei Deutschlands im Alten Gewölbe. Verkauf, Führungen mit Sektverkostung (7–8,50 €/Pers., nach Anmeldung unter ✆ 03841-484812), Mo–Sa 10–16 Uhr. Turnerweg 4 b, www.hanse-sektkellerei.de.

Räucherfisch und fangfrischen Fisch gibt es am Alten Hafen.

Frisch, frittiert und geräuchert: Fischverkauf vom Kutter

Wasserkunst und Alter Schwede: auf dem Marktplatz von Wismar

Sehenswertes

Folgende Route bietet sich für einen Stadtrundgang an: Ausgehend vom *Marktplatz* samt Wasserkunst, Rathaus und Altem Schweden nach Westen und vorbei am Archidiakonat zum Turm von *St. Marien;* weiter am *Fürstenhof* vorbei zur Kirche *St. Georgen;* dann die Große Hohe Straße hinunter zur *Heilig-Geist-Kirche* und über eine Straße namens Neustadt und den Ziegenmarkt zum *Alten Hafen;* via Frische Grube schließlich zu *St. Nikolai* und am *Schabbellhaus* vorbei zurück zum Marktplatz.

Marktplatz

Der mit einer Ausdehnung von 10.000 Quadratmeter größte Marktplatz Norddeutschlands gehört zweifelsohne zu den schönsten Plätzen Europas. Obwohl er zum Teil auch Parkplatz ist, versprüht er dennoch viel städtischen Charme. Prächtige, von Giebeln gekrönte Fassaden flankieren das pulsierende Herz der Stadt. Im südöstlichen Eck des Platzes befindet sich das Wahrzeichen Wismars: die **Wasserkunst**. Der Name des Bauwerkes lässt bereits erahnen, dass es sich nicht nur um ein architektonisches, sondern auch um ein technisches Denkmal handelt. Das Brunnenhaus entstand zwischen 1580 und 1602. In Anlehnung an die Architektur der niederländischen Renaissance wölbt sich über zwölf verzierten Säulen ein Kupferdach, das von einem kleinen Türmchen gekrönt wird. Die Wasserkunst wurde mittels Holzrohren von einer vier Kilometer entfernten Quelle gespeist und verteilte das Wasser in die Bürgerhäuser und öffentlichen Schöpfstellen der Stadt. Nicht von ungefähr betrieb der Auftraggeber der Wasserkunst, der Rat *Hinrich Schabbell* (1531–1600), ein wasserintensives Gewerbe: Er war einer der Braumeister der Stadt. Der beauftragte Baumeister *Philipp Brandin* stammte aus den Niederlanden und hatte bereits Schabbells prächtiges Wohn- und Brauhaus, das Schabbellhaus, errichtet (s. u.).

Um die inoffizielle Auszeichnung als Wahrzeichen der Stadt bewirbt sich auch ein unweit der Wasserkunst gelegenes Gebäude: der *Alte Schwede*. Ende des 14. Jh. erbaut, gehört es zu den ältesten Bürgerhäusern der Stadt. Die prächtigen gotischen Stufengiebel sind heute noch backsteinerner Ausdruck hanseatischen Stolzes. Den Namen erhielt das ehemalige Kaufmannshaus, als es Ende des 19. Jh. als Gastwirtschaft genutzt wurde. Auch heute befindet sich in dem historischen Gemäuer ein empfehlenswertes Restaurant mit Namen *Alter Schwede*. Seine direkten Nachbarn – links ein mit Jugendstil-Ornamenten verziertes Gebäude, rechts das rekonstruierte **Reuterhaus**, in dem der Dichter *Fritz Reuter* residierte und dessen Verleger *Dethloff Carl Hinstorff* seine Karriere begann – geben auf engstem Raum ein Beispiel für die Vielgestaltigkeit der Bürgerhäuser rund um den Marktplatz.

Die Nordflanke des Platzes säumt ein großes klassizistisches Gebäude, das Wismarer **Rathaus**. Es wurde 1819 fertiggestellt, nachdem das alte Rathaus an gleicher Stelle teilweise eingestürzt war. Erhalten blieb der Keller mit dem gelb-rot verzierten gotischen Kreuzrippengewölbe, in dem sich heute die Dauerausstellung *Wismar – Bilder einer Stadt* befindet. Zu sehen sind Darstellungen zur Stadtentwicklung seit frühester Zeit, darunter auch ein altes Stadtmodell, archäologische Funde und besonders auch Dokumente, alte Schiffsmodelle und andere Exponate aus der Blütezeit der Hanse, moderner sind die beiden Videovorführungen zur Stadtentwicklung. Besonders sehenswert sind Reste der Wandmalereien, die illustrieren, dass der Ratskeller einst auch als Weinkeller diente: hier wird mächtig gezecht.

Die Ausstellung *Wismar – Bilder einer Stadt* im historischen Ratskeller ist tägl. 10–18 Uhr geöffnet (im Winter So nur bis 16 Uhr). Eingang rechts neben dem Rathaus die Treppe hinunter. Am Markt 1.

Hinter dem Rathaus erstrecken sich die Einkaufsmeilen der Stadt: Die Krämerstraße, die vom Marktplatz Richtung Hafen führt, und die Ost-West-Achse, die im Mittelalter auf der bedeutenden Handelsroute von Lübeck nach Rostock lag. Dementsprechend heißt Letztere auch nach Westen hin „Lübsche Straße“, hinter dem Rat-

Nach dem Einlaufen in den Hafen wird erst einmal gefeiert – mittelalterliche Wandmalerei im Ratskeller, später mit den Arbeitern im Weinberg übermalt

Wismar → Karte S. 77

haus schlicht und treffend „Hinterm Rathaus“, dann ein kurzes Stück „Altwismarstraße“, bevor sie am Rande der Altstadt zur „Rostocker Straße“ wird. Dieses Zentrum der Altstadt ist weitgehend Fußgängerzone, in der zahlreiche Geschäfte in historischen Häusern zum Shoppen und Flanieren einladen. Ecke Lübsche Straße und Krämerstraße kann man sogar in einem Monument deutscher Wirtschaftsgeschichte einkaufen gehen: Hier befindet sich das Stammhaus der Karstadt-Kaufhäuser.

Vom Geschäft in der Krämerstraße zum Handelsimperium: Rudolph Karstadt

Am 14. Mai 1881 eröffnete der 25-jährige Kaufmann Rudolph Karstadt aus dem nahe gelegenen Grevesmühlen in der Krämerstraße 4 mit nur einem Angestellten das „Tuch-, Manufactur- u. Confections-Geschäft“. Sein Kapital war ein Wagen voller Waren und eine Geschäftsidee. Letztere war denkbar einfach, aber weitgehend unbekannt: Die Waren sollten billig, aber zu festen Preisen verkauft und bar bezahlt werden; der Einkauf sollte also ohne das branchenübliche Gefeilsche und Anschreiben vonstatten gehen. Gegen alle mecklenburgische Skepsis setzte sich Karstadts Idee durch. Bereits drei Jahre später eröffnete er eine Filiale in Lübeck und kaufte in Wismar das Gebäude an der Ecke Krämer Straße/Lübsche Straße. Hier ließ er 1907/1908 das moderne Gebäude errichten, in dem man auch heute noch einkaufen kann. Zu diesem Zeitpunkt betrieb er bereits 24 Kaufhäuser, zum 50. Firmenjubiläum sollten es 89 sein. Rudolph Karstadt starb am 15. Dezember 1944 in Schwerin – sein Lebenswerk existiert noch heute. Nach der Phase des Wiederaufbaus in der Nachkriegszeit und der Erschließung neuer Märkte in den 1970er Jahren (z. B. Einstieg in den Versandhandel durch die Übernahme des Neckermann-Konzerns) entwickelte sich die Karstadt AG in den 1990er Jahren durch die Übernahme von Hertie und schließlich durch die Verschmelzung mit der Schickedanzgruppe zur KarstadtQuelle AG zu einem der größten europäischen Handelskonzerne. Nachdem diese aber in wirtschaftliche Schieflage geraten war und sogar Insolvenzantrag stellen musste, übernahm 2010 der Investor Nicolas Berggruen den Konzern mit dem Ziel, das traditionsreiche Kaufhaus zu sanieren und zu erhalten.

Gotisches Viertel

Westlich des Marktplatzes liegt das gotische Viertel, dessen historische Gebäude durch die alliierten Luftangriffe in den letzten Tagen des Zweiten Weltkriegs zwar starken Schaden nahmen, teilweise aber erhalten werden konnten, so z. B. das **Archidiakonat** am Kirchhof. Das ehemalige Wohnhaus des Archidiakons, erbaut um 1450 im Stil der Norddeutschen Backsteingotik, war bereits im 19. Jh. saniert und neugotisch umgestaltet worden und wurde nach seiner Zerstörung unter großem Aufwand Anfang der 1960er Jahre wieder aufgebaut.

Die Kirche **St. Marien** wurde jedoch, gegen alle Widerstände der Bevölkerung, im August 1960 gesprengt. Nur der mächtige, 80 Meter hohe Turm blieb erhalten, er wurde in den 1990er Jahren mit nicht geringem Aufwand restauriert. In den noch erhaltenen Vorhallen des Turms erinnern Ausstellungen und ein 3-D-Film an die ehrwürdige Kirche und veranschaulichen ihre Entstehung. Von den interessanten Turmführungen (samt grandioser Aussicht) zeigten sich auch Leser beeindruckt.

Hinter dem Turm vermitteln die Sockelreste einen Eindruck von den Ausmaßen des Gotteshauses.

St.-Marien-Turm, April bis Okt. tägl. 10–18 Uhr (Juli/Aug. bis 20 Uhr), in den Wintermonaten 11–16 Uhr. *Turmführungen* finden um 11, 13, 15 und 17 Uhr statt (Juli/Aug. auch 19 Uhr, im Winter um 12 und 14 Uhr). Der Eintritt ist kostenlos, man kann sich aber durch den Erwerb eines Backsteines an der Erhaltung des Monuments beteiligen. Ein Souvenirshop ist angeschlossen, Infos unter ✆ 03841-222021.

Der Turm der Marienkirche

Auch die Kirche **St. Georgen** wurde in den letzten Tagen des Zweiten Weltkriegs erheblich beschädigt. Doch statt in die Luft gesprengt zu werden, verfiel sie. Wo Gottesdienste stattfinden sollten, wuchs eine wilde Wiese. Die Versuche Wismarer Bürger, St. Georgen zu retten, scheiterten an Material- und Geldmangel. Nach 1990 wurde die verwahrloste Ruine unter enormem Aufwand Stück für Stück saniert und konnte 2010 wiedereröffnet werden.

St. Georgen erinnert in ihrer Wuchtigkeit an die Marienkirche in Rostock, wirkt aber aufgrund des Fehlens eines hoch aufragenden Turms gleichsam gedrungen. Die komplizierte Baugeschichte des Gotteshauses begann in der Mitte des 13. Jh. Gerade eine Generation später wurde bereits der erste Um- bzw. Ausbau in Angriff genommen, mit derart ambitionierten Plänen, dass sich die Arbeiten gut 200 Jahre hinziehen sollten und dennoch nicht fertig wurden. Letztlich entstanden ist eine bis zu 42 Meter hohe, ebenso breite und 76 Meter lange Kirche mit gewaltigen Querschiffen und einem ungewöhnlichen Chor. Denn anstelle des üblichen halbrunden Chorumgangs wurde der alte, flache Chor beibehalten (hier befindet sich auch der Eingang). Der geplante Turm wurde nie gebaut. An dessen Stelle soll in Zukunft eine über einen Aufzug erreichbare Aussichtsplattform errichtet werden (Fertigstellung 2012 geplant). Auch die Orgel fehlt noch, dieses ambitionierte Projekt aber könnte an der Finanzierung scheitern.

Was von der Inneneinrichtung (Triumphkreuz, Tafelaltar) erhalten ist, befindet sich in der Nikolaikirche – und wird dort auch bleiben, denn St. Georgen wird als Konzertkirche dienen (die zu diesem Zweck installierte Fußbodenheizung könnte Temperaturschwankungen auslösen, die den gotischen Kunstwerken schaden). Doch gerade das Fehlen jeglicher Innenausstattung verstärkt den imposanten Raumeindruck der Georgenkirche.

St. Georgen, April bis Okt. tägl. 10–18 Uhr (Juli/Aug. bis 20 Uhr), im Winter 11–16 Uhr. Infos über die in St. Georgen veranstalteten Konzerte (u. a. gastiert das NDR-Sinfonieorchester) erhält man in der Touristinformation oder unter www.wismar.de.

Zwischen der Marienkirche und der Georgenkirche wurde Mitte des 16. Jh. der **Fürstenhof** neu errichtet. Anlässlich seiner Hochzeit ließ Herzog *Johann Albrecht I. von Mecklenburg* (1525–1576) an das bestehende ältere Gebäude im spätgotischen Stil (Altes Haus) diesen Stadt-Palazzo (Neues Haus) anbauen und brachte damit ein Stück italienische Renaissance an die Ostsee. Das dreistöckige Gebäude ist durch detailfreudige Friese aus Kalkstein und Terrakotta gegliedert. An der Straßenseite dominieren Szenen aus dem Trojanischen Krieg, zum Hof hin ist das Gleichnis vom verlorenen Sohn dargestellt. Aufwändig gestaltet zeigen sich auch die Portale der Hofdurchfahrt. Heute befindet sich das Amtsgericht im Fürstenhof.

Richtung Hafen kann man an der Lübschen Straße ein Stück mittelalterlicher Sozialgeschichte besichtigen. Mitte des 13. Jh. wurde in Wismar ein Armen- und Krankenhaus, das Heiligen-Geist-Hospital, eingerichtet. Dazu entstand später eine schlichte gotische Saalkirche, die **Heiligen-Geist-Kirche**, an die kurze Zeit später das „Lange Haus“ angeschlossen wurde. Dieses auch „Siechenhaus“ genannte Gebäude war zur Kirche hin offen, sodass die Bettlägerigen den Gottesdienst verfolgen konnten. Ein bemerkenswertes Ausstattungsdetail erhielt die Kirche, nachdem 1699 die gotische Gewölbedecke infolge der Explosion nahe gelegener Pulvertürme eingestürzt war. Anstatt das Kreuzrippengewölbe wieder aufzubauen, wurde eine einfache Holzdecke eingezogen, farbenprächtig mit Ornamenten und Bibelszenen aus dem Ersten Buch Moses verziert. Sehenswert ist auch das gotische Glasfenster, das zwölf Szenen aus den Evangelien und verschiedene Heilige zeigt. Ein bemerkenswertes Fresko befindet sich im Altarraum rechter Hand: das Buchstabenfeld *Deo Gracias* (Gott sei's gedankt) aus dem frühen 14. Jh. Ausgehend vom zentralen (und einzigen!) D lassen sich die Worte *Deo Gracias* – rauf und runter, rechts und links herum und beliebig abknickend – zahllose Male lesen. Es heißt, es seien genau 504 Möglichkeiten. Wir gestehen, dass wir nicht die Geduld hatten, das zu überprüfen...

Die Heiligen-Geist-Kirche mit der bemalten Holzdecke

Die **Heiligen-Geist-Kirche** ist tägl. 10–18 Uhr geöffnet (im Winter bis 17 Uhr), Gottesdienst So 10 Uhr, danach Besichtigung. Eintritt 1 € (wird als Spende erbeten).

Alter Hafen

Der Alte Hafen war ehemals Dreh- und Angelpunkt hanseatischer Betriebsamkeit. Heute flanieren Wismarer und Besucher an Schiffen vorbei, die Räucher- und Frischfisch anbieten, oder an den Speichern entlang, die – teils noch sanierungsbedürftig – zwischen Altem und Neuem Hafen (heute Überseehafen) stehen. Architektonisch orientieren sich die v. a. im 19. Jh. entstandenen Speicher am *Wassertor,* der Nahtstelle zwischen Hafen und Altstadt. Es ist das letzte verbliebene von einst fünf Stadttoren. Außer dem Wassertor ist kaum noch etwas von der ehemaligen Stadtbefestigung erhalten, ihrem Verlauf folgt heute die Ringstraße um die Altstadt. In gewisser Weise aber ist auch das **Baumhaus** am Alten Hafen ein Teil der Stadtbefestigung. In dem barocken Gebäude aus dem 18. Jh. diente der „Baumschließer“. Seine Aufgabe war es, die Hafeneinfahrt mittels eines Langholzes (später einer Kette, nichtsdestotrotz „Baum“ genannt) des Nachts und bei Gefahr zu verschließen. Vor dem Baumhaus stehen fotogen zwei Schwedenköpfe, die einstmals die Fahrrinne des Hafens markierten. Das Baumhaus wurde später verschiedentlich genutzt, u. a. als Hafenmeisterei, heute sind darin wechselnde Ausstellungen zu besichtigen.

Die Ausstellungen im **Baumhaus** wechseln etwa alle drei Wochen, geöffnet Mai bis Okt. tägl. außer Mo Di–So 10–20 Uhr, Nov. bis April 10–17 Uhr, Eintritt zumeist frei. Am Alten Hafen, ✆ 03841-252548.

Wismar → Karte S. 77

Die Poeler Kogge

1997 spülte ein Sturm Wrackteile an den Strand von Timmendorf auf der Insel Poel. Bei der daraufhin einsetzenden Suche fanden Unterwasserarchäologen das gut erhaltene Wrack einer Kogge aus der Mitte des 14. Jh. Es war ein sensationeller Fund, handelte es sich doch um das größte gefundene Frachtschiff des Spätmittelalters. Bei einer Länge von 31,5 Metern und einer Breite von bauchigen 8,5 Metern hatte die Poeler Kogge ein Fassungsvermögen von 200 Tonnen (zum Vergleich: die berühmte Bremer Kogge fasste 84 Tonnen). Gleichzeitig hatte sie einen relativ geringen Tiefgang, was sie gerade für das Befahren von Bodden und Haff geeignet machte.

Im Jahr 2000 begann ein faszinierendes Projekt auf dem Feld der experimentellen Archäologie: Im Hafen von Wismar entstand ein originalgetreuer Nachbau der Poeler Kogge unter Zuhilfenahme spätmittelalterlicher Techniken des Bootsbaus. Wismar ist auch der Heimathafen der *Wissemara* getauften Kogge, die, wenn sie hier vor Anker liegt, auch besichtigt werden kann. Es werden auch regelmäßig Segeltörns angeboten, sie dauern in der Regel zwischen drei und fünf Stunden und kosten 20–30 €/Pers. Das bei Poel gefundene Original wurde nach der Bergung nach Schwerin gebracht, wo weitere Untersuchungen angestellt und die Konservierung gewährleistet werden sollen.

Infos zur Kogge oder den Segeltörns im Büro des Fördervereins im Baumhaus (der Eingang befindet sich an der Rückseite), unter ✆ 03841-304310 oder unter www.poeler-kogge.de.

Sehr idyllisch zeigt sich der Alte Hafen am *Lohberg.* Hier stehen ein paar Tische und Stühle der Restaurants und Cafés auf dem Kopfsteinpflaster und vor den farbenprächtigen Fassaden der mittelalterlichen Gebäude. In der Nähe mündet die *Grube* in den Hafen. Im 13. Jh. angelegt, ist sie einer der ältesten Kanäle in Deutschland und verbindet den Mühlensee (und zeitweise via Wallensteingraben

Das schiefe Gewölbe über der Grube

sogar den Schweriner See) mit der Ostsee. Die Grube diente nicht nur zur Süßwasserversorgung, sondern auch als Transportweg, auf dem Lastkähne vom Hafen in die Altstadt getreidelt wurden. Unbedingt empfehlenswert ist ein Spaziergang vom entzückend schiefen Fachwerkgebäude, das sich beim Hafen über die Grube spannt und „Gewölbe" genannt wird, den alten Kanal entlang bis zur Kirche St. Nikolai, der Schweinsbrücke und dem Schabbellhaus. Auf halbem Weg kreuzt die Scheuerstraße, die Richtung Markt zur Bohrstraße wird. Hier hat sich ein einzigartiges Ensemble von Giebeln erhalten, deren Gestaltung von der Gotik über den Barock bis zum Klassizismus reicht.

St. Nikolai

Die Kirche St. Nikolai ist die dritte große Stadtkirche Wismars und ein bedeutendes Beispiel Norddeutscher Backsteingotik. Wenngleich die älteste Pfarrkirche Wismars, begann der Bau der heutigen Kirche relativ spät. Ab etwa 1380 wurde die Vorgängerkirche aus- und umgebaut. Obwohl zu dieser Zeit bereits neue architektonische Einflüsse spürbar waren, orientierten sich die Baumeister von St. Nikolai am Vorbild hochgotischer französischer Kathedralen. Entstanden ist eine prächtige dreischiffige Basilika mit schlankem Chorumgang und Kapellenkranz. Das Mittelschiff erhebt sich bei einer Breite von gerade einmal 10,5 Metern eindrucksvoll über 37 Meter in die Höhe. Der dadurch geschaffene überwältigende Raumeindruck wird von keiner Kirche an der Ostseeküste übertroffen. Ein Kleinod ist der Giebel des Südanbaus (1438/39). Der aus glasierten Backsteinen geformte Schmuckgiebel ist mit figürlichen Terrakottafriesen bestückt, die Fabeltiere, Fratzen, Heilige und Marien darstellen, darüber thront eine schmucke Blendrose. Der Kirchturm erhob sich ursprünglich dank eines enormen spitzen Turmhelmes auf eine Höhe von 120 Metern. Er wurde von einem schweren Sturm 1703 heruntergerissen und zertrümmerte das Mittelschiff. Diese Katastrophe hatte zur Folge, dass St. Nikolai heute über eine bemerkenswerte barocke Innenausstattung verfügt. Hinzu kommen wertvolle Stücke, die aus den Kirchen St. Marien und St. Georgen gerettet werden konnten. Barock sind u. a. die

Kanzel mit ihrer verspielten Haube (1708) und die Taufe schräg dahinter (1719). In der südlichen Vorhalle sind der prächtige Schnitzaltar (um 1430) und das Hochkreuz aus der Kirche St. Georgen untergebracht. Auf dem bronzenen Taufbecken aus St. Marien, um 1335 gegossen, sind Szenen aus dem Leben Jesu zu sehen. Beeindruckend sind auch die erhaltenen Wandmalereien: allen voran der riesige, bis ans Gewölbe hinaufreichende St. Christopherus, Schutzheiliger der Reisenden (um 1450). Empfehlenswert ist der Aufstieg in das Gewölbe im Verlauf einer kenntnisreichen Führung.

St. Nikolai, Mai bis Sept. 8–20 Uhr, Okt. und April 10–18 Uhr, Nov. bis März 11–16 Uhr, Gottesdienst So 10 Uhr (erst danach wieder Besichtigung). Im Sommerhalbjahr werden täglich Gewölbeführungen angeboten, im Winter eingeschränkt.

St. Nikolai ist eine besucherfreundliche Kirche, Fotografieren ist ausdrücklich erlaubt (dass man kein Blitzlicht in der Nähe von Wand- oder Altarmalereien verwendet, versteht sich von selbst), auch artige Hunde dürfen an der Besichtigung teilnehmen. Die ehrenamtlichen Mitarbeiter, die die Öffnungszeiten ermöglichen, sind sehr engagiert.

Auch wenn Restaurierungsarbeiten zuletzt die Besichtigung von St. Nikolai etwas beeinträchtigten, ist ein Besuch der prachtvollen Kirche unbedingt empfehlenswert.

Alter Schwede!
Am Baumhaus

Schabbellhaus mit Stadtgeschichtlichem Museum

Schräg gegenüber der Kirche St. Nikolai und auf der anderen Seite der Grube liegt das Schabbellhaus, das heute das Stadtmuseum beherbergt. *Hinrich Schabbell* (1531–1600) war angesehener Bierbrauer, Kaufmann, Ratsherr und Bürgermeister der Stadt. Er engagierte zum Bau seines Wohn- und Brauhauses den holländischen Baumeister *Philipp Brandin* (ca. 1530–1594). Von 1569 bis 1571 ließ dieser das Gebäude im Stil der niederländischen Renaissance entstehen und setzte dabei auf eine Kombination aus Backstein und Sandstein, wie es in seiner Heimat üblich war. Besondere Aufmerksamkeit verdient der Nordgiebel (zur Grube hin) mit seinen sandsteinernen Gliederungselementen aus Säulen, Figuren, Voluten und Fensterrahmen, der Rest der Fassade besteht aus rotem Backstein. Im Schabbellhaus ist eigentlich das *Stadtgeschichtliche Museum* untergebracht. Wegen umfangreicher Sanierung aber muss man seinen Besuch allerdings bis ins Jahr 2014 verschieben. Dafür wird dann aber eine deutlich größere Ausstellungsfläche den umfangreichen Sammlungen zur Verfügung stehen.

Wegen Sanierung bis mindestens 2014 geschlossen.

Ländliche Idylle im Klützer Winkel

Klützer Winkel

Im Westen von Wismar, zwischen Wismarbucht und Trave, erstreckt sich ein lieblicher Landstrich. Seit jeher wurde rund um das kleine Städtchen Klütz Landwirtschaft betrieben, und auch heute noch befindet sich hier die Kornkammer Mecklenburgs.

Im Klützer Winkel scheint vielerorts die Zeit stillzustehen. Winzige Weiler, teilweise nur durch Schotterpisten oder holpriges Kopfsteinpflaster miteinander verbunden, verstecken sich zwischen sanften Hügeln. Am Straßenrand scharren Hühner, auf den Koppeln weiden Kühe neben Pferden und Eseln, Schweine liegen träge in offenen Stalltüren, und im Dorfteich schwimmen die Enten in Paaren umher.

Stilles Zentrum der Landschaftsidylle ist das kleine Städtchen Klütz. Das touristische Zentrum hingegen ist das Ostseebad Boltenhagen mit langem Sandstrand, Seebrücke und Kurzentrum.

Klütz

ca. 3100 Einwohner

Ein verträumtes, kleines Städtchen mit einem weithin bekannten, prächtigen Schloss, geadelt durch sein literarisches Erbe. Sieht man einmal vom regen Verkehr an der Durchgangsstraße ab, scheint sich kaum etwas geändert zu haben, seit Uwe Johnson in seinem berühmten Roman *Jahrestage* das kleine (fiktive) Jerichow beschrieb, das gemeinhin mit Klütz identifiziert wird (s. u.): kopfsteingepflasterte Straßen, ein beschaulicher Markt, eine schmucke kleine, steinalte Kirche mit weithin sichtbarem Turm, am Ortsrand eine alte Mühle sowie das überraschend stattliche barocke Schloss Bothmer mit ausladendem Park und schließlich und vor allem – keine Hektik.

Uwe Johnsons „Jahrestage"

„... einwärts der Ostsee zwischen Lübeck und Wismar gelegen, ein Nest aus niedrigen Ziegelbauten entlang einer Straße aus Kopfsteinen, ausgespannt zwischen einem zweistöckigen Rathaus mit falschen Klassikrillen und einer Kirche aus der romanischen Zeit, deren Turm mit einer Bischofsmütze verglichen wird; lang und spitz läuft er zu, und wie die Mütze eines Bischofs hat er Schildgiebel an allen vier Stirnen"

Uwe Johnson, *Jahrestage*, Bd. 1, Frankfurt/M. 1993, S. 30f.

Jerichow, das fiktive mecklenburgische Städtchen aus Uwe Johnsons Roman *Jahrestage*, wird längst mit dem realen Klütz in Beziehung gesetzt, auch wenn Johnson in Interviews dieser Zuweisung immer widersprochen hat. Den edlen Spender des literarischen Ruhmes hat man in Klütz gleich mehrfach bedacht: Seit 2002 gibt es den *Förderverein Uwe Johnson in Klütz*, der u. a. den *Klützer LiteraturSommer* (Juni bis Sept., meist Lesungen) organisiert. Um eine weitere Attraktion reicher ist der Ort seit 2006: In einem umgebauten Getreidespeicher von 1890 wurde das *Literaturhaus Uwe Johnson* eröffnet, das neben einer Dauerausstellung zu Johnson auch die Stadtbibliothek (im EG) beherbergt. Dessen Lebensweg ist über mehrere Stockwerke verteilt zu sehen und mit zahlreichen interessanten Dokumenten unterlegt, dazwischen kann man sich auch mal in bequeme Sessel sinken lassen und in den Werken Johnsons schmökern. Im Literaturhaus finden häufig auch Lesungen und andere kulturelle Veranstaltungen statt. Es werden auch die Werke des Autors verkauft, außerdem gibt es eine kleine Automaten-Cafeteria. Sehr freundliche und hilfsbereite Leitung.

April bis Okt. Di–So 10–17 Uhr, Mo geschlossen; Nov. bis März Do–So 10–16 Uhr, Mo–Mi geschlossen. Eintritt 3,50 €, erm. 2 €. Im Thurow 14, 23948 Klütz, ✆ 038825-22387, www.literaturhaus-uwe-johnson.de.

Ein Literaturhaus für Jerichow

Information Stadtinformation Klütz im Uwe-Johnson-Literaturhaus am Markt. Zimmervermittlung und Information. April bis Okt. Di–So 10–17 Uhr, Nov. bis März Do–So 10–16 Uhr. Im Thurow 14, 23948 Klütz, ✆ 038825-22295, www.kluetzer-winkel.de.

Verbindungen Von 6–19 Uhr etwa stündlich Busse nach Boltenhagen und 12-mal tägl. (Sa/So 7-mal) nach Wismar.

Übernachten/Essen Landhaus Sophienhof, nettes Café (auch Mittagstisch) in einem Fachwerkhaus zwei Häuser hinter der

Kirche (Eckhaus). Im Sommer mit Terrasse an der leider viel befahrenen Durchgangsstraße, abends wird es ruhiger. Freundliche, helle Einrichtung, modern und mit Geschmack. Im Obergeschoss werden fünf sorgsam renovierte Zimmer vermietet – schönes und gemütliches Ambiente. EZ 65 €, DZ 89 €, Frühstück extra. Die dazugehörige Villa Ruhnke liegt wenige Gehminuten entfernt am Ortsrand, Ferienwohnung für max. 4 Pers. 90 € pro Nacht (plus 35 € Endreinigung), mit Garten, allergikergeeignet, keine Haustiere. Wismarsche Str. 34, 23948 Klütz, ✆ 038825-267080, ✆ 038825-24128, www.landhaus-sophienhof.de.

Hotel/Restaurant Baumhaus, ganz aus Holz besteht dieses finnische Blockhaus. Ca. 4 km außerhalb von Klütz (auf halbem Weg nach Kalkhorst), am Ortseingang von Klein Pravtshagen rechts ab, beschildert. Mit nettem Garten und Kinderspielplatz. Nur vier Zimmer, im Obergeschoss mit Dachschräge. Auch Restaurant und Café, Terrasse, tägl. durchgehend geöffnet, nicht teuer. EZ 42 €, DZ 68–76 €, Dreier 88–96 €, Frühstück inkl., Halbpension 16 € pro Pers. Klützer Str. 7, 23948 Klein Pravtshagen, ✆ 038827-8837, www.hotel-baumhaus.de.

Glücklicherweise gibt es noch ein weiteres Portal zur Klützer Kirche

Klützer Mühle, etwas oberhalb von Klütz am nördlichen Ortsrand, beschildert. Die Holländermühle aus dem Jahr 1904 beherbergt seit ihrer Sanierung 1985 ein schönes Restaurant, die Gasträume verteilen sich auf mehrere Stockwerke, innen viel Holz, rustikales Ambiente. Mecklenburger Küche, teilweise deftig und traditionell, etwas gehobenes Preisniveau. März bis Okt. tägl. ab 11 Uhr, warme Küche bis 22 Uhr. Im Winter geschlossen (außer um Weihnachten/Silvester). An der Mühle, 23948 Klütz, ✆ 038825-22102, www.kluetzer-muehle.de.

Gutshaus Stellshagen, herrlich auf einer Anhöhe liegt dieses einladende Anwesen. Von Klütz in südliche Richtung nach Damshagen (ca. 3 km), dort rechts ab nach Stellshagen (ca. 1,5 km). Vor dem Gutshaus Liegewiese und ein kleiner Teich. Bio- und Gesundheitshotel (zertifiziertes Bio-Hotel), neben Kosmetik und Entschlackung stehen ganzheitliche, hauptsächlich fernöstliche Anwendungen auf dem Programm, auch Meditation und Yoga; Fahrradverleih; Saunahaus mit Badeteich. Nichtraucherhotel und handyfreie Zone, im Restaurant ausschließlich vegetarische Gerichte, auch gluten- und laktosefrei, z. T. aus eigenem Anbau. Einladendes Café mit Wintergarten, im Sommer große Terrasse. EZ je nach Größe und Ausstattung 68–115 €, DZ 84–174 €, Drei-/Vier-Bett-Suite 150–225 € inkl. Frühstück. Ferienwohnung ohne Frühstück 80–125 € (2 Pers. plus 35–45 € Endreinigung), Hunde sind in einigen Zimmern erlaubt (10 €/Tag). Halbpension 14–16 €/Pers. Lindenstr. 1, 23948 Stellshagen, ✆ 038825-440, ✆ 038825-44333, www.gutshaus-stellshagen.de. ■

Café **Café Zum Zoll**, neben bzw. unterhalb des Literaturhauses an der Hauptstraße. Einige Tische auch draußen. Rudolf-Breitscheid-Str. 1, ✆ 038825-385334.

Sehenswertes

Schloss Bothmer: Die größte und bedeutendste barocke Schlossanlage Mecklenburg-Vorpommerns liegt am südlichen Ortsrand von Klütz. Zwischen 1726 und 1732 wurde sie als Residenz des Reichsgrafen von Bothmer erbaut. Der ursprünglich französische Park mit rund 15 Hektar Fläche und seiner berühmten Lindenallee namens *Festonallee* (ehemals die Hauptzufahrt zum Schloss) wurde Mitte des 19. Jh. nach dem Vorbild englischer Landschaftsparks umgestaltet. Im Inneren der symmetrischen Schlossanlage sind noch einige Überreste der barocken Originalausstattung erhalten, darunter Stuckdecken, Wandverkleidungen etc. Von 1948 bis 1994 war im Schloss ein Altersheim untergebracht, danach fand man zwar zunächst einen privaten Investor, der aber sichtlich nicht investierte, sodass 2008 das Land Mecklenburg-Vorpommern Schloss Bothmer wieder in Besitz nahm. Für die nächsten Jahre wurde eine umfangreiche Sanierung angekündigt. Was genau hier entstehen soll, ist noch unklar, vermutlich aber ein Museum bzw. Ausstellungsfläche. Der *Schlosspark* kann schon heute besichtigt werden.

Die Festonallee bei Schloss Bothmer

Schlosspark. April bis Sept. tägl. 10–20 Uhr, im März und Okt. bis 18 Uhr, im Winter nur bis 16 Uhr, Eintritt frei. Durch den Park werden **Führungen** veranstaltet, April bis Okt. Mo–Fr 14 und 15.30 Uhr, Dauer 45 Min., 3,50 € pro Pers., Infos und Anmeldung im Literaturhaus Uwe Johnson, ✆ 038825-22387, www.literaturhaus-uwe-johnson.de (s. o.)

Kirche St. Marien: Die ältesten Teile der zwischen Spätromanik und Frühgotik errichteten dreischiffigen backsteinernen Hallenkirche stammen aus der Mitte des 13. Jh. Das Langhaus wurde später hinzugefügt. Im 14. Jh. wurde sie um den weithin sichtbaren, wuchtigen Turm von 56 Metern Höhe erweitert, der aufgrund seiner achteckigen, helmartigen Spitze auch „Bischofsmütze" genannt wird. Im Inneren der überaus schönen und sehenswerten Kirche finden sich Zeugnisse aus fast allen Jahrhunderten: Der romanische Taufstein stammt aus dem 13. Jh., das gotische Chorgestühl (an der Südwand) aus dem 14. Jh., die Kanzel wurde 1587 gefertigt, die fein geschnitzte Taufe 1653, der Barockaltar kam 1730 hinzu, die Orgel schließlich 1871.

In den Sommermonaten tägl. 10–16 Uhr, im Winter geschlossen. Gottesdienst Sonntag 9.30 Uhr. Infos auch unter www.st-marien-kluetz.de.

Die Großsteingräber im Everstorfer Forst

Umgebung von Klütz

Verschlafene Einsamkeit am westlichsten Ende Mecklenburgs, Orte wie Elmenhorst, Kalkhorst, Harkensee und Dassow bergen kaum Aufregendes. Abgelegen und demnach kaum überlaufen sind auch die *Ostseestrände des Klützer Winkels:* ein kleiner Kies-Stein-Abschnitt vor der Steilküste bei Steinbeck und die deutlich attraktiveren, in westlicher Richtung gelegenen Strände von Brook, Groß Schwansee und Barendorf. Ein *Küstenwanderweg* verbindet Steinbeck und Priwall am westlichsten Zipfel Mecklenburgs. Von Priwall ist es nur ein Katzensprung über die Trave hinüber nach Travemünde, die kleine Auto- und Personenfähre verkehrt alle zehn Minuten (pro Person 0,90 €, Fahrrad 0,60 €, Motorrad 1,30 €, Auto 3 €).

Acht Kilometer südlich von Klütz befindet sich das Freiluftmuseum *Steinzeitdorf Kussow,* nett vor allem für Kinder: mit Ziegen- und Wildschweingehege, Bratwurst am Spieß wird hier über dem offenen Feuer gegrillt. Ansonsten erlaubt das Freilichtmuseum auch für Erwachsene einen interessanten Einblick in die Lebensumstände der Jungsteinzeitmenschen. Steinzeitliche Zeugnisse finden sich im *Everstorfer Forst* östlich von Grevesmühlen. Die Südgruppe der *Großsteingräber* von beachtlichem Ausmaß liegen nahe der B 105 Richtung Wismar, die Nordgruppe an einer kleinen, nach Nordosten führenden Landstraße (beide beschildert).

Steinzeitdorf Kussow: April bis Okt. tägl. 10–17 Uhr, Nov. bis März nur Mo–Do 9–15 Uhr. Eintritt 3 €, Kinder (2–14 J.) 2 €, Familienkarte (2 Erw. + 2 Kinder) 7 €. ✆ 03881-715055, www.steinzeitdorf-kussow.de.

Übernachten/Essen & Trinken **Schlossgut Groß Schwansee**, edel hergerichteter Gutshof aus der Mitte des 18. Jh., seit 2004 Luxushotel und Wellnessoase. Gehobenes Restaurant mit ebensolchen Preisen, nur wenige hundert Meter zum Ostseestrand. Sehr stilvoll eingerichtete Gästezimmer und Suiten, neuer Anbau. Von Kalkhorst aus beschildert. EZ 138–148 €, DZ 168–198 €, Frühstück inkl. Am Park 1, 23942 Groß Schwansee, ✆ 038827-88480, 📠 038827-884848, www.schwansee.de.

Ferienwohnungen Gut Brook, nur etwa 700 m von der Ostsee im gleichnamigen winzigen Ort, etwa 10 km nordwestlich von Klütz. Aufwändig restaurierte und hochwertig ausgestattete Ferienwohnungen für 2–8 Pers. in mehreren Gebäuden, mit Garten, Kinderspielplatz und Fahrradverleih, Hunde erlaubt. Tagespreis je nach Größe der Wohnung 80–160 €. Dorfstr. 1, 23948 Brook, ✆ 038827-80125, 📠 038827-80144, www.brook.de.

Boltenhagen

ca. 2500 Einwohner

Das drittälteste deutsche Ostseebad bietet zwar nicht ganz so viel Noblesse wie die anderen Seebäder, dafür aber einen fast vier Kilometer langen, feinen Sandstrand mit angrenzender Steilküste. Es fehlen die Nobelvillen an der Strandpromenade, doch haben auch die kleinen traditionellen Strandhäuser hier durchaus ihren Reiz. In dem lang gezogenen Ort herrscht Kuratmosphäre, wozu das Kurhaus und der Park mit Konzertmuschel und Trinkkurhalle sowie im hinteren Ortsteil die beiden Kurkliniken und die Ostseetherme ihr übriges tun. Ziemlich in der Mitte im Zentrum befindet sich die 290 Meter lange Seebrücke. Kürzlich erst fertiggestellt wurde die Marina „Weiße Wiek" knapp drei Kilometer östlich des Zentrums – mit 290 Liegeplätzen und einem großen, etwas seelenlos geratenen Hotel- und Appartement-Resort. Ein 18-Loch-Golfplatz befindet sich einige Kilometer östlich in Hohen Wieschendorf (S. 95). Beliebt ist Boltenhagen in den letzten Jahren vor allem auch bei einer nicht mehr ganz so jungen, Ruhe suchenden Klientel, das Geschäft mit den gehobenen Appartementanlagen boomt.

Boltenhagen ist eines der ältesten deutschen Seebäder. Bereits 1803 wurden hier die ersten Badekarren ins Wasser gezogen, 1845 öffnete das Hotel *Großherzog von Mecklenburg* seine Pforten für die Oberschicht, bereits 1850 herrschte reger Badebetrieb. Heute stehen den Kur- und Badegästen über 8000 Gästebetten zur Verfügung.

Basis-Infos

Information **Kurverwaltung/Touristinformation** im Kurhaus an der Hauptstraße. Im Sommer (April bis Okt.) Mo–Fr 9–18 Uhr, Sa 10–15 Uhr, So 10–16 Uhr, im Winter nur Mo–Fr 9–17 Uhr und So 11–15 Uhr. Ostseeallee 4, 23946 Boltenhagen, ✆ 038825-3600, 📠 038825-36030, www.boltenhagen.de.

Verbindungen **Busse**, 12-mal tägl. (Sa/So 7-mal) über Klütz nach Wismar, ebenso oft nach Tarnewitz (Weiße Wiek). Im Sommer 5-mal tägl. Shuttle Bus von und nach Redewisch. Haltestelle gegenüber der Kurverwaltung/Touristinformation.

Die **Bäderbahn Carolinchen** startet im Sommer zur Ortsrundfahrt, Steilküstenfahrt und zur Weißen Wiek, 7 € pro Pers., Kinder 3 €, Abfahrt beim Kurhaus. Nähere Infos: ✆ 038825-23201 oder ✆ 0171-4007670, www.carolinchen.net.

Aktivitäten

Baden Schöner Sandstrand von fast 4 km Länge, seit 15 Jahren mit der Blauen Flagge geadelt. Sehr seicht, im Sommer von der DLRG bewacht (Mitte Juni bis Mitte Sept.). Beachvolleyball, FKK bei Aufgang 11 + 12, Hundestrand bei Aufgang 22 und am Steilufer westlich vom Ort.

Fahrradverleih Mehrere Anbieter im Ort, z. B. **Fahrradverleih Krämer** (bei *Krämer's Wohnmobilhafen*), Fahrrad 5 €/Tag, auch Anhänger, Nachläufer, Kindersitze und Tandems. Geöffnet 1. April bis 31. Okt. Ostseeallee 58 b, ✆ 038825-23288 oder ✆ 0177-2928198.

Kurtaxe Mai bis Sept. 2,10 €/Tag, Okt. bis April 1,50 €/Tag, unter 16 J. frei.

Reiten Das Angebot im **Reiterhof Gabriel** reicht von Kremser- und Kutschfahrten über Ausritte (besonders schön im Winter: Strandritte), Einzel- und Gruppenunterricht bis hin zu Reiterferien für Kinder, Reiten für Behinderte, Pensionsweide. Ostseeallee 40 c, ✆ 038825-26430 oder ✆ 0173-9902301, www.boltenhagen-reiterhof.de.

Tauchen Tauchschule beim Regenbogen-Camp, s. u.

Therme Die **Ostsee-Therme Boltenhagen** mit ihrem auf gut 30° erwärmten Ostsee-

Meerwasser befindet sich bei den Kliniken am östlichen Ortsrand. Auch Sauna, Massagen, kosmetische Behandlung usw. Tägl. 10–21 Uhr, Eintritt 7 € (2 Std.), mit Sauna 8,50 €, Kinder 3 € (3,75 €). Ostseeallee 106, ✆ 038825-493, ℻ 038825-49444, www.ostseetherme-boltenhagen.de.

Übernachten/Essen & Trinken

Hotels **** **Seehotel Großherzog von Mecklenburg**, erstes Haus am Platz, zentral an der Seebrücke gelegen. Gediegen-elegantes Ambiente, mit Restaurant, Bar, Hallenbad, Sauna und Beauty-Studio, Medical Wellness, meist nicht mehr ganz junges Publikum. 150 komfortable Zimmer, diverse Arrangements und Sonderangebote, mit denen man meist deutlich günstiger unterkommt als mit dem Normaltarif. Hunde sind ausdrücklich willkommen. EZ 132 €, DZ 168 €, inkl. Frühstück. Ostseeallee 1, 23946 Boltenhagen, ✆ 038825-500, ℻ 038825-50500, www.seehotel-boltenhagen.de.

Villa Seebach, ansprechendes Haus an der Mittelpromenade, teilweise Fachwerk, schöne Veranda mit Korbsesseln, im Garten Kinderspielplatz und Sommertheater (v. a. für Kinder). Das einladende Restaurant ist mit Antiquitäten eingerichtet, an den Wänden zahlreiche historische Porträts. Ausgefallene Küche mit mediterraner Prägung, leicht gehobenes Preisniveau, mittags und abends geöffnet. Sieben nett eingerichtete Appartements (2 Pers. 79,50 €, bis 4 Pers., 109,50–119,50 €, 6 Pers. 149,50 €). Außerdem gibt es einige DZ mit Frühstück zu 109,50 € (als EZ 79,50 €) und fünf Ferienwohnungen (2–4 Pers., 79,50 €). Mittelpromenade 28, 23946 Boltenhagen, ✆ 038825-3150, ℻ 038825-31555, www.villa-seebach.de.

Außerhalb **Gutshaus Redewisch**, im gleichnamigen Ort ca. 3 km westlich von Boltenhagen. Gutshaus aus dem Jahr 1817, wurde 1999 renoviert und bald darauf als Hotel/Restaurant eröffnet. Sehr schönes Ambiente im Speisesaal mit Parkett und dunklen Holzmöbeln. Mittags und abends geöffnet, Küche bis 21 Uhr. Großzügige Zimmer, teilweise mit Parkett (und Teppich) ausgestattet, manche mit Balkon. EZ 65–75 €, DZ 100–150 €, 3-Bett-Suite 150–175 €, 4-Bett-Suite 170–185 €, jeweils inkl. Frühstück. Dorfstr. 46, 23946 Boltenhagen/OT Redewisch, ✆ 038825-3760, ℻ 038825-37637, www.gutshaus-redewisch.de.

Camping **Regenbogen Camp**, zwischen Ostseeallee und Strandpromenade. Profes-

Am Strand von Boltenhagen

sionell geführte Anlage, über 400 Stellplätze auf schattigem Gelände, auch Mietwohnwagen und 96 gut ausgestattete Ferienhäuser. Mit Restaurant, Supermarkt, Spielplatz, Sportplätzen etc., außerdem Sauna, Massagen, Fitness usw. Zum Camp gehört im Sommer auch eine Tauchschule (www.tauchschule-nord.de). Anfang Nov. bis Mitte Dez. geschlossen. Pro Pers. 8,20 €, Kind 3,30 €, Zelt 5,50–12,50 €, Wohnwagen/-mobil 13,50–17,50 €, Parkplatz 5 €. Ostseeallee 54, 23946 Boltenhagen, ✆ 038825-42222, 📠 038825-42225, www.regenbogen-camp.de.

Krämers Wohnmobilhafen, der Wohnmobilstellplatz befindet sich in der Ostseeallee, ganzjährig geöffnet, insgesamt 45 Stellplätze. 12 € pro Tag, Strom 2,50 €. Ostseeallee 58 b, 23946 Boltenhagen, ✆ 038825-23288, 📠 038825-29314, www.kraemerswohnmobilhafen.m-vp.de.

Essen & Trinken **Restaurant Deichläufer**, rotes Haus an der westlichen Strandpromenade, am Deich. Mit Terrasse, leckere mecklenburgische Küche (mit viel Fisch) zu mittleren Preisen. Mittags und abends geöffnet. Dünenweg 6, ✆ 038825-29945.

Blinkfür, beliebtes Fischrestaurant mit Terrasse, innen maritim eingerichtet. Dank des kleinen Leuchtturms vor dem Haus kaum zu verfehlen (an der Straße Richtung Osten). März bis Okt. tägl. mittags und abends, im Winter eingeschränkt. Ostseeallee 64, ✆ 038825-22114, www.blinkfuer.m-vp.de.

An der Wohlenberger Wiek

Die sichelförmige Bucht der Wohlenberger Wiek am Eingang der Wismarbucht liegt nur wenige Kilometer südöstlich von Boltenhagen. Die Bundesstraße nach Wismar (B 105) führt zum Teil direkt am flachen, daher kinderfreundlichen Strand entlang. Und noch etwas kommt dem Badegast entgegen: Aufgrund der geringen Tiefe erwärmt sich die Bucht deutlich schneller als die offene Ostsee. Der Zugang zum oft aber recht schmalen Strand ist gebührenpflichtig (1,50 €, Kinder 0,50 €). Etwa in der Mitte der Bucht befindet sich eine Surf- und Kiteschule, hier auch Anfänger- und Schnupperkurse (✆ 038428-63176, www.surf-knopf.de).

Golf/Hotel **Golfclub Hohen Wieschendorf**, direkt an der Landzunge zwischen Wohlenberger Wiek und Eggers Wiek, 18-Loch-Platz in schöner Lage. Tagesgreenfee 45–55 € (Gäste des angeschlossenen Hotels zahlen die Hälfte), auch Kurse. Zu erreichen von der Straße von der Wohlenberger Wiek Richtung Wismar bei Gramkow links ab nach Beckerwitz und weiter nach Hohen Wieschendorf. Mit Restaurant. EZ 85 €, DZ 120 €, Frühstück inkl. Am Golfplatz 1, 23968 Hohen Wieschendorf, ✆ 038428-660, 📠 03428-6666, www.howido.de.

Übernachten **Jugendherberge Wohlenberger Wiek**, die einzige und gut organisierte Jugendherberge auf weiter Flur befindet sich in Beckerwitz Ausbau. Von der Straße von der Wohlenberger Wiek Richtung Wismar geht es links ab auf eine schmale Straße, ca. 1 km von der Hauptstraße. Fußweg zum Strand (800 m). Mit Fahrradverleih, Tischtennis, Bolzplatz und Grillstelle, im Garten kann gezeltet werden. Nette Atmosphäre, gemütliche Aufenthaltsräume. Übernachtung mit Frühstück im 2- bis 8-Bett-Zimmer 19,50 €, im DZ 23,50 €, Senioren ab 27 J. 23,70 € (im Mehrbettzimmer), im DZ 28,60 €, Halbpension 4–5 €. Zur Wiek 4, 23968 Hohenkirchen/OT Beckerwitz, ✆ 038428-60362, 📠 038428-61986, www.beckerwitz.jugendherberge.de.

Ostseecamping Zierow, fast direkt am recht flachen Sandstrand der Eggers Wiek bei Zierow. Zierow liegt ca. 2 km nördlich der B 105 (Straße nach Wismar). Bei Gägelow geht es links ab, beschildert. Relativ wenig Schatten. Anlage mit Mini-Market, zwei Gaststätten und Streichelzoo, diverse Sportangebote, auch Kegeln und Boccia. Ganzjährig geöffnet. Pro Pers. 5,40 €, Kind 2,80 €, Zelt 6–9,50 €, Wohnwagen/-mobil 12–14,50 €, Auto 3,20 €, Hund 2,70 €. Strandstr. 19 c, 23968 Zierow, ✆ 038428-63820, 📠 038428-63833, www.ostsee-camping.de.

Verbindungen Am besten ist man in dieser abgelegenen Gegend mit dem eigenen Fahrzeug unterwegs. Der **Bus** auf der Strecke Wismar – Boltenhagen (12-mal tägl., Sa/So 7-mal) hält nur in Wohlenberg, nach Beckerwitz fährt 2-mal tägl. der Schulbus.

Zwischen Wismar und Rostock

Eine liebliche mecklenburgische Landschaft erstreckt sich zwischen den beiden Hansestädten: unzählige Pferde grasen auf grünen Koppeln, Großsteingräber überstehen von Bäumen beschattet alle Zeiten inmitten weiter Felder, Kühe weiden mit Blick auf das blaue Meer, beliebte Sandstrände säumen die lange Küstenlinie. Inmitten der ländliche Idylle verbergen sich einige sehenswerte Attraktionen und sogar Superlative: mit Heiligendamm das älteste Seebad Deutschlands, nahebei die älteste Galopprennbahn in Bad Doberan und ebenda auch der kulturhistorische Höhepunkt der Gegend, das Bad Doberaner Münster – eines der bedeutendsten Monumente Norddeutscher Backsteingotik. Touristisches Zentrum ist das schmucke Ostseebad Kühlungsborn. Und schließlich das Naturparadies Insel Poel vor den Toren Wismars.

Insel Poel

ca. 2700 Einwohner

Die stille Insel, der Wismarbucht schützend vorgelagert, war dank ihrer strategisch günstigen Lage in der Vergangenheit oft umkämpft. Heute erholt man sich hier am lang gestreckten Sandstrand.

Die 37 Quadratkilometer große Insel Poel ist weitgehend landwirtschaftlich geprägt, mit dem farbenprächtigen Effekt, dass zur Rapsblüte die halbe Insel in ein sattes Gelb getaucht ist. Baumbestand findet sich vornehmlich in Form eines schmalen Waldstreifens zum Schutz der Außenküste. Zum Festland hin sowie rund um die Bucht Fauler See im Südwesten wird die Küste von unter Naturschutz stehenden Salzwiesen (s. S. 21) gesäumt. Im Nordosten befindet sich rund um die kleine Insel Langenwerder ein bereits 1924 eingerichtetes Vogelschutzgebiet. Seit jeher leben die Bewohner der Insel von der Landwirtschaft und der Fischerei. Seit dem frühen 20. Jh. ist der Tourismus hinzugetreten und bildet heute die Haupteinnahmequelle der etwa 2700 Einwohner. Es findet sich zwar nur eine überschaubare Anzahl an Hotels und Pensionen auf Poel, umso erstaunlicher für eine so kleine Insel aber ist die Menge an Appartementhäusern und Ferienwohnungen. Seit 2005 kann sich die gesamte Insel mit dem Prädikat (staatlich anerkanntes) Ostseebad schmücken.

Der Hauptort Poels ist *Kirchdorf,* das zwar mitten auf der Insel liegt, dank der lang gestreckten Bucht namens Kirchsee aber über einen Hafen verfügt. Einstmals befand sich hier ein kleines, aber stattliches Schloss, von dem nur die Erdwälle ehemaliger Festungsanlagen übrig sind. Um den Hafen – hier diverse Fischrestaurants und Imbissbuden – findet man die beiden Sehenswürdigkeiten der Insel: das Inselmuseum und die kleine Inselkirche.

Die Attraktion Poels hingegen ist der lange Strand, der im Sommer auch zahlreiche Ausflügler aus der nahe gelegenen Hansestadt Wismar anlockt. Schon bei der Anreise auf die Insel, bei *Fährdorf,* bietet sich an einem Picknickplatz an der Straße der weite Blick auf die Stadt Wismar, auf die Kirchtürme St. Marien und St. Nikolai, aber auch auf die riesige Werft. Das touristische Zentrum ist **Timmendorf/Strand** (nicht zu verwechseln mit Lübecks berühmter Bademeile) mit seinem kleinen Hafen, dem schmucken Leuchtturm, einem Campingplatz und vor allem dem herrlichen Sandstrand. Gänzlich abgeschieden und still liegt *Gollwitz* am anderen Ende des Außenstrands im Nordosten der Insel. Dazwischen befindet sich unweit von Kirchdorf der ruhige Ortsteil *Am Schwarzen Busch* mit einer Mutter-Kind-Kurklinik am Ortsrand. Ein Mahnmal erinnert hier an eine der größten Katastrophen der Seefahrtsgeschichte. In den letzten Tagen des Zweiten Weltkriegs, als die alliierten Truppen auf dem Vormarsch waren, wurden die Häftlinge des KZ Neuengamme nach Lübeck getrieben und dort auf kaum fahrtaugliche Schiffe verladen, darunter die *Cap Arcona.* Einen Zielhafen hatte die KZ-Flotte nicht, was geschah, war von den Nationalsozialisten nicht nur billigend in Kauf genommen worden, sondern menschenverachtendes Kalkül. Eine britische Bomberstaffel griff am 3. Mai 1945 die Schiffe an, nicht wissend, dass sich überlebende KZ-Häftlinge an Bord befanden. Bei dem Angriff, infolge dessen die *Cap Arcona* versenkt wurde, starben über 7000 Menschen.

Basis-Infos und Aktivitäten

Information Bei der **Kurverwaltung Insel Poel** gibt es Infos rund um die Insel, Zimmervermittlung, naturkundliche Veranstaltungen und **geführte Wanderungen** (u. a. zu den Salzwiesen), außerdem Fahrradverleih und W-LAN. Freundliche und hilfsbereite Mitarbeiter. In der Hauptsaison Mo–Fr 9–17.30 Uhr, Sa 10–12 und 14–16 Uhr, So 10–12 Uhr, Mitte Sept. bis Mitte Mai Mo–Fr 9–12 und 14–17 Uhr, Sa/So geschl. Wismarsche Str. 2, OT Kirchdorf, 23999 Insel Poel, ✆ 038425-20347, ℻ 038425-4043, www.insel-poel.de.

Ostsee
Mecklenburger Bucht
-West
Meschendorf
Bastorfer Signalberg
Kühl
Bastorf
Mechelsdorf
Rerik
Garvsmühlen
Gaarzer Hof
Blengow
Gersdorf
Zweedorf
Wustrow
Salzhaff
Roggow
Biendorf
Großes Rerikriff
Kielung
Russow
Jörnsto
Rakow
Westenbrügge
Boiensdorfer Werder
Pepelow
Schliemann Gedenkstätte
Neubukow
Klein Strömkendorf
105
Gollwitz
Am Schwarzen Busch
Boiensdorf
Krempin
Kaltenhof
Panzow
Timmendorf/ Strand
Kirchdorf
Vorwerk
Stove
Niendorf
Alt Bukow
Ravensberg
Damekow
Blowatz
Timmendorf
Insel Poel
Garvensdorf
Fährdorf
Groß Strömkendorf
Wismarbucht
Neuburg
Walfisch
Krusenhagen
Steinhausen
Gagzow
Kartlow
Klützer Winkel
Zierow
Wismar
Hornstorf
Benz
105
Neukloster
Dorf Mecklenburg
192
Lübeck
A 20
106
Schwerin

WARNEMÜNDE
Hohe Düne
Fischland - Darß - Zingst
Diedrichshagen
Breitling
Kühlungsborn
-Ost
Elmenhorst
Lichtenhagen
Nienhagen
103
Unterwarnow
Nienhagen
Heiligendamm
Börgerende
Lütten Klein
Wittenbeck
Rethwisch
Lichtenhagen
A 19
Klein Bollhagen
Krummendorf
Hinter Bollhagen
Vorder Bollhagen
Admannshagen-Bargeshagen
Evershagen
ung
Nieder Steffenshagen
105
Dierkow
Stralsund, Rügen
Diedrichshagen
Münster
Lambrechtshagen
Reutershagen
Steffenshagen
Bad Doberan
Bartenshagen-Parkentin
Reddelich
Hütten
Hohenfelde
Hütter Wohld
Gartenstadt
Neuhof
103n
Kröpelin
ROSTOCK
Retschow
Clausdorf
Stäbelow
Ziesendorf
Satow
Warnow
Jürgenshagen
Schwaan
Züsow
A 20
Klein Bolitz
Bernitt
Lübberstorf
Neuendorf
Bützow
Steinhagen
Warnow
2,5 km
Zwischen Wismar und Rostock

Appartementvermittlung In der **Kurverwaltung** (s. o.) oder dem **PAS** (Poeler Appartement Service), dort v. a. Appartements rund um den OT Am Schwarzen Busch. Sonnenweg 5 f, 23999 Insel Poel/Schwarzer Busch, ✆ 038425-42155, 📠 038425-42157, www.pas-poel.de. Außerdem **Poeler Tourismus-Service**, Wismarsche Str. 7 A, OT Kirchdorf, ✆ 038425-405003, 📠 038425-405004, www.poel.de.

Baden Die feinsandigen, flach ins Meer abfallenden Strände der Insel Poel sind im Bereich Timmendorf und Am Schwarzen Busch überwacht (Strandzugang nur mit *Kurkarte*), die Hundestrände befinden sich etwas abseits der jeweiligen Hauptabschnitte. Strandkörbe kann man in Timmendorf/Strand, Schwarzer Busch und Gollwitz mieten, der Strandkorb kostet etwa 7 €/Tag.

Fahrradverleih Poel ist eine Fahrradinsel, überall findet man gut ausgebaute Fahrradwege. Verleih u. a. bei der **Kurverwaltung** (s. o.) und bei **Fahrradverleih Stolpmann**, ab 5 €/Tag, auch Kinderräder und Anhänger. Wismarsche Str. 16, OT Kirchdorf, ✆ 038425-20470.

Kurkarte 1.5.–30.9. 1,50 €, Kinder unter 6 J. 0,50 €.

Parken In den Zentren der Ortsteile Timmendorf/Strand und Am Schwarzen Busch kann man nicht parken, kostenpflichtige Parkplätze befinden sich an den Ortseingängen (meist 1 €/Std., Tageskarte 4 €). In Timmendorf/Strand auch **Wohnmobil-Stellplatz**: 4 €/Tag, 3 € über Nacht.

Reiten Der **Reiterhof Plath** im OT Timmendorf bietet Unterricht und Strandritte, auch Reithalle, Pension (EZ ab 38,50 €, DZ ab 46 €, Frühstück 6,50 €/Pers., Hunde 6 €), Pferdepension, Fahrradverleih (5 €/Tag) und Gaststätte. Strandstr. 31, 23999 Timmendorf/Poel, ✆ 038425-20760, 📠 038425-42293, www.reitanlage-plath.de.

Verbindungen Der **Bus** 430 verbindet Wismar mit Poel und dient gleichermaßen als Insel- und Schulbus. Tägl. etwa 10-mal, Sa/So 5-mal.

Die **Fahrgastschifffahrt** der Reederei Adler Schiffe steuert April bis Okt. 3-mal tägl. von Wismar aus den Hafen von Kirchdorf an, Fahrtdauer 1 Std. (hin/zurück 16 €, Kinder 7,50 €, Fahrrad 4 €). Die Anlegestelle in Wismar befindet sich am Alten Hafen. ✆ 01805-123344, www.adler-schiffe.de.

Die *MS Salzhaff* (Fahrgastschifffahrt Steußloff) wird im Sommer als kleine (Fahrrad-)Fähre zum Ostseebad Rerik eingesetzt, nur dienstags, dann aber drei Fahrten, einfach 12 € (Kinder 4–16 J. 8 €), hin und zurück 16 € (10 €), inkl. Fahrrad. Haffplatz 5, 18230 Rerik, ✆ 0328296-74761, 📠 0328296-74764, www.ms-ostseebad-rerik.de.

Mit der *MS Sturmvogel II* werden von Ostern bis Ende Sept. Di, Do und So ab Hafen Timmendorf einstündige Rundfahrten (7 €, Kinder 3,50 €) sowie Di und Do Ausflugsfahrten nach Boltenhagen und Travemünde angeboten (17–21 €, Kinder 8–10 €). Nähere Infos unter ✆ 038428-63692.

Übernachten/Essen & Trinken

Inselhotel Poel, neues, vergleichsweise großes Hotel (46 Zimmer, zwei Suiten) mit gehobenem Standard, in Gollwitz unweit des Strands. Tennisplätze, Hallenbad, Sauna, Wellness, Restaurant mit Terrasse (leicht gehobenes Preisniveau). EZ 95 €, DZ 135 €, Frühstück inkl. Gollwitz 6, 23999 Insel Poel, ✆ 038425-240, 📠 038425-24222, www.inselhotelpoel-gollwitz.de.

Poeler Forellenhof, große Auswahl und mancherlei gehobene Fischkreation im Restaurant (vorne, mit Terrasse) und uriges Ambiente in der Fischräucherei (hinten): Der direkt am Wasser gelegene Forellenhof im kleinen Weiler Niendorf (von Wismar kommend Richtung Kirchdorf auf der linken Seite) erfreut sich größter Beliebtheit. Außerdem werden hier Ferienwohnungen vermietet, Wohnmobil-Stellplatz im Hof, Fahrrad- und Motorbootverleih. Ferienwohnung bis zu 4 Pers. 71–86 €/Tag, Ferienhaus für max. 8 Pers. 145 €, Frühstück auf Wunsch 7,50 €/Pers., Halbpension 19,50 €, Wohnmobil und 2 Pers. 12 €/Nacht inkl. Wasser, Strom und Dusche. Niendorf 13, 23999 Insel Poel, ✆ 038425-4200, 📠 038425-42011, www.poeler-forellenhof.de.

Seeblick, Gaststätte und Pension beim Strand des Ortsteils Schwarzer Busch. Parkplätze am Haus. In der bodenständigen Gaststätte wird Bier aus dem Wismarer Brauhaus ausgeschenkt, mit Biergarten. EZ 25 €, DZ 40 € (plus einmalig 10 bzw. 20 € Endreinigung), auch Ferienwohnungen

Am Hafen von Timmendorf

(65 €), Frühstück nach Absprache. An der Promenade 1 a, 23999 Am Schwarzen Busch/Insel Poel, ✆ 038425-42549, 📠 038425-42647, www.traditionshaus-seeblick.de.

Pension Haus Margarethe, mit Restaurant/ Café *Stilbruch*, freundliche Unterkunft in einem orangen Haus. Einfache und günstige Zimmer. Drinnen Wohnzimmeratmosphäre, ein paar Plätze auch vor dem Haus, Restaurant nur zur Saison tägl. (in Nebensaison nur Fr–So), nachmittags auch Café mit selbst gebackenem Kuchen. Nov. und Febr. geschlossen. DZ ab 48 €, inkl. Frühstück. Gollwitz 15, 23999 Insel Poel, ✆ 038425-42246, pension-haus-magarethe@web.de.

Zur Poeler Kogge, Fischrestaurant in Timmendorf/Strand, innen wie auch außen auf der Terrasse mit nettem Blick auf den kleinen Hafen. Aus der Küche kommen vor allem Fischgerichte, beliebt aber auch für Kaffee und (hausgebackenen) Kuchen, mittleres Preisniveau. Tägl. 11.30–21.30 Uhr geöffnet, durchgehend warme Küche. Am Strand 13, ✆ 038425-20251.

››› **Unser Tipp: Café Frieda**, sehr schönes Garten- und Kunstcafé mit wechselnden Ausstellungen in der Galerie im Dachgeschoss (nur im Sommer geöffnet), dazu auch eine Leseecke, vor allem aber: grandioses Backwerk! Vertrauen Sie den Konditor-Kunstwerken, die Kuchen und Torten schmecken so gut, wie sie aussehen. Während der Saison tägl. 12–18 Uhr geöffnet, im Winter Fr–So 14–18 Uhr. Hunde sind nur draußen gestattet. Anfahrt: In Kirchdorf die Straße Richtung Schwarzer Busch, im Ortsteil Oertzenhof geht es links ab, gut ausgeschildert. Oertzenhof 4, ✆ 038425-429820, www.cafe-frieda.de. ‹‹‹

Camping **Campingplatz Leuchtturm**, großer, moderner Platz in Timmendorf/Strand in unmittelbarer Strandnähe, mit kleinem Laden bei der Rezeption und Minigolf. Der dazugehörige Parkplatz befindet sich am Ortseingang rechts. Geöffnet April bis Okt. Erw. 5 €, Kinder bis 14 J. 2 €, Zelt 5,50–6,50 €, Wohnmobil 8,50–9,50 €, Auto 3 €, Strom 2,50 €, Hund 2,50 €. Lotsenstieg 25, 23999 Timmendorf-Strand, ✆ 038425-20224, www.campingplatz-leuchtturm.com.

Sehenswertes

Poeler Kirche und Festungsschanzen: Die Inselkirche in Kirchdorf ist das älteste Bauwerk Poels. Vom romanischen Vorgängerbau, um 1220 begonnen, zeugt noch der massige Turm. Im 14. Jh. wurde die Kirche im gotischen Stil umgestaltet und erweitert. Bemerkenswert ist der fein geschnitzte Hauptaltar aus dem frühen 15. Jh., der die Marienkrönung darstellt. Um die Kirche sieht man die Reste der Festungsschanzen, die im 17. Jh. errichtet worden waren. Ab 1614 wurde das kleine Schloss erbaut und 1620 mitsamt Turm und wehrhafter Sternschanze fertiggestellt. Doch bereits elf Jahre später musste sich die kleine Festung dem Ansturm der Truppen Wallensteins geschlagen geben. Zwar wurde das Schloss wieder aufgebaut, verfiel aber gegen Ende des 17. Jh. und diente schließlich nur noch als Steinbruch.

Während der Saison ganztägig, Gottesdienst Sonntag 10 Uhr.

Inselmuseum Poel: In der ehemaligen Inselschule präsentiert das kleine Museum zahlreiche informative Schautafeln über Geografie und Naturschutzgebiete der Insel, die abwechslungsreiche Geschichte Poels und ihrer Festung sowie über die Tragödie der *Cap Arcona*. Dazu ist ein buntes Sammelsurium von Ausstellungsstücken rund um die Insel Poel zu sehen, von einigen wenigen archäologischen Funden bis hin zu Alltagsgegenständen und Fischereigerätschaften wie Fischwaage und Aaleisen. Im Inselmuseum finden im Sommer regelmäßig Lesungen, Filmvorführungen Vorträge und ähnliche Veranstaltungen statt. Vor dem Museum befindet sich der *Poeler Findlingsgarten,* in dem Findlinge der Insel und aus der näheren Umgebung zu sehen sind.

Mitte Mai bis Mitte Sept. Di–So 10–16 Uhr, Mitte Sept. bis Mitte Mai nur Di, Mi und Sa 10–12 Uhr. Eintritt 2,50 €, Schüler 1,25 €. Möwenweg 4, ✆ 038425-20732.

Stove

ca. 500 Einwohner

Östlich der Insel Poel, auf dem Weg weiter nach Norden Richtung Salzhaff und Rerik, gelangt man in sattgrüner Landschaft nach Stove. Am Eingang des kleinen Dorfs thront malerisch auf einem sanften Hügel eine 1889 erbaute *Windmühle.* Der „Holländer" mahlt noch immer Mehl wie vor hundert Jahren und kann besichtigt werden, nebenan befindet sich ein Wildschweingehege. Wenige Schritte sind es von der Mühle zu dem kleinen *Dorfmuseum.* In einer hübschen alten Scheune ist ein Sammelsurium an landwirtschaftlichem Gerät zusammengetragen.

Öffnungszeiten **Windmühle und Dorfmuseum**, April bis Okt. Di–So 10–16 Uhr (Sa erst ab 14 Uhr), letzter Einlass 15.30 Uhr, Juli/Aug. tägl. 10–18 Uhr. Eintritt: Mühle Erw. 2,50 €, Kinder 1,50 €; Museum 2 €, Kinder 1 €, Kombiticket für beides 3 €. Im Dorfmuseum zur Saison fast tägl. frisches Brot aus dem Lehmbackofen, außerdem Kaffee und selbst gebackener Blechkuchen; in der Mühle kann man sich mit Schmalzbroten, Kuchen und Kaffee stärken. Windmühlen- und Museumsverein, Mühlenstr. 34, ✆ 038427-64446 (Museum), ✆ 038427-2801 (Mühle), www.muehlenverein-stove.de.

Übernachten **Villa Seeheim**, in idyllischer Alleinlage direkt am Wasser. In der Villa werden fünf Appartements vermietet, mit schönem, großem Garten, Kinderspielplatz und Strand; das Salzhaff hier gilt als gutes Surfrevier. Anfahrt: In Stove von der Hauptstraße in die Straße „Zum Breitling" einbiegen, nach 500 m rechts ab (beschildert) und dann noch 1,5 km auf einem Feldweg. Für 2–6 Pers. 80–120 € für einen Tag, jeder weitere Tag 50–80 €. Zum Breitling 58, 23974 Stove, ✆ 038292-8613, ℻ 038292-86145, www.villa-seeheim.de.

Salzhaff und Boiensdorfer Werder

Das Salzhaff, die tief eingeschnittenen Bucht, die sich zwischen der Festlandsküste und der Halbinsel Wustrow erstreckt, hat ihren Namen vom überdurchschnittlich hohen Salzgehalt, den die Ostsee hier aufweist. Mit einer durchschnittlichen Wassertiefe von nur vier Metern gilt das Salzhaff als ideales Surfrevier für Anfänger. An seiner Küste erstrecken sich Dünen und Salzwiesen, seltene Vögel nisten hier. Auf

Am Salzhaff

dem Boiensdorfer Werder, der glühbirnenförmig in Salzhaff ragenden Halbinsel, findet sich dann ländliche Idylle auf dem platten Land, mit Pferdekoppeln und Kuhweiden, Getreidefeldern und Salzwiesen.

Camping **Campingplatz Möwe**, ganz am Ende der einzigen Straße auf dem Boiensdorfer Werder (und zudem beschildert), schöne Lage am Wasser, mit schmalem Naturstrand. Sehr abgelegen, schon etwas älterer, günstiger Camping, relativ wenig Schatten. Mit Imbiss und Einkaufsmöglichkeit. 1. April bis 30. Sept. geöffnet. Pro Pers. 3,50 €, Kinder 2 €, Stellplatz 6,50 €, Strom 2 €, Hund 2 €, Mietwohnwagen für 2–3 Pers. 27–32 €. Am Salzhaff, 23974 Boiensdorf-Werder, ✆ 038427-219, 📠 038427-40840.

Ostseecamping Am Salzhaff, beim Ort Pepelow, direkt am Wasser gelegen, mit schmalem Strand. Schöner Platz, weitgehend unparzelliert, für Zelte einige Schattenplätze (allerdings z. T. etwas schief). Mit Einkaufsmöglichkeit und Kite-Schule (www.kite-surf-schule.de) am Platz. Viele Kinder und Hunde, Gaststätte und Sanitäranlagen im Neubau. Ganzjährig geöffnet. Pro Pers. 5,90 €, Kinder 2,95 €, Stellplatz 9,90 €, Zelt und Fahrrad 4,50 €, Hund 2,95 €, Wohnmobilhafen vor der Schranke 12 €. Strandweg 1, 18233 Pepelow, ✆ 038294-78686, 📠 038294-78687, www.campingtour-mv.de.

Fahrradfähre Von Ende Juni bis Anfang Sept. fährt eine Fahrradfähre immer dienstags 3-mal ab der Landenge zum Boiensdorfer Werder nach Poel und Rerik, einfache Fahrt 12 €. ✆ 038296-74761, www. ms-ostseebad-rerik.de. Beim Anleger befinden sich ein gebührenpflichtiger Parkplatz und ein nettes, kleines Café mit Kiosk in einem blauen Holzhäuschen. Do Ruhetag, im Herbst nur am Wochenende geöffnet, im Winter geschlossen.

Wassersport Neben der Kiteschule am Camping „Am Salzhaff" (s. o.) gibt es an der Landenge außerdem die **Kiteschule Ostsee**; Schnupperkurse bis hin zum Intensivseminar. Geöffnet April bis Okt., nähere Infos unter ✆ 0381-3830083, www.kiteschule.com.

Neubukow

ca. 4000 Einwohner

Das kleine, verschlafene Städtchen würde man vielleicht achtlos passieren, hieße es nicht Neubukow, das nicht nur Freunden der klassischen Archäologie ein Begriff ist. Denn hier wurde *Heinrich Schliemann* (1822–1890), der Entdecker Trojas, geboren. Schon 1975 errichtete man in der Geburtsstadt des berühmten Altertumsforschers eine erste *Heinrich-Schliemann-Gedenkstätte,* die 1998 in das auch als *Rektorenhaus* bekannte Gebäude etwas unterhalb der Kirche umzog. In den doch recht beengten Räumlichkeiten des Museums ist der erste Saal wechselnden Ausstellungen vorbehalten. Der zweite Saal widmet sich dann voll und ganz *Heinrich Schliemann*, zu sehen sind originale Dokumente wie Briefwechsel und großformatige Fotografien u. a. vom Löwentor in Mykene und dem Schatzhaus des Atreus. In der Vitrine außerdem einige wenige Originalfunde aus Troja, die berühmte Goldmaske des Agamemnon ist als Kopie ausgestellt.

Heinrich-Schliemann-Gedenkstätte: 15. Mai bis 14. Sept. Di–Fr 10–18 Uhr, Sa/So 14–17 Uhr; 15. Sept. bis 14. Mai Di–Fr 10–16 Uhr, Sa 14–16 Uhr, So/Mo geschlossen. Eintritt 2 €, Schüler/Studenten 1 €, Kinder bis 6 J. frei, Familienkarte 5 €. Am Brink 1, 18233 Neubukow, ✆ 038294-16690.

Kaufmann und Selfmade-Archäologe: Heinrich Schliemann

Hier in Neubukow erblickte er am 6. Januar 1822 das Licht der Welt, der wohl berühmteste deutsche Altertumsforscher. Allerdings nicht in der heutigen Schliemann-Gedenkstätte, sondern im Pfarrhaus neben der Kirche, das noch zu Schliemanns Lebzeiten abgerissen und durch einen größeren Neubau ersetzt wurde. Heute erinnert hier eine Gedenktafel an das einstige Geburtshaus des Mecklenburger Pfarrerssohns, der aber kaum mehr als das erste Jahr seines Lebens in Neubukow verbrachte, bevor der Vater eine neue Stellung in Ankershagen antrat und mit der Familie dorthin zog.

Schliemanns Karriere begann zunächst etwas schleppend als Handelsgehilfe in Rostock und Amsterdam, dann gründete er für seinen holländischen Arbeitgeber eine Niederlassung in St. Petersburg und machte sich erfolgreich mit einem internationalen Handelshaus selbstständig. Besonders üppig rollte der Rubel für den geschickten Geschäftsmann während des Krimkriegs (1853–1856), bei dem Schliemann sein damals schon beträchtliches Vermögen vervielfachte. 1864 zählte der Millionär zusammen und löste sein Geschäft in St. Petersburg auf. Das Sprachgenie Schliemann ging auf Weltreise, entdeckte sein Faible für die klassische Altertumsforschung und wurde von der Universität Rostock auf diesem Gebiet sogar promoviert (wenn auch in Abwesenheit). Dabei gingen seine Theorien zur klassischen Antike von einem ganz simplen – und oft belächelten – Ansatz aus: Die Werke Homers hielt er nicht nur für Erzählung, sondern benutzte sie als detaillierte historische Quellen, die ihm wie ein Wegweiser bei der Suche nach Troja und Mykene zur Seite standen – und dank derer er tatsächlich fündig wurde. Seine berühmtesten Ausgrabungen sind Troja (u. a. der *Schatz des Priamos*) und die Königsgräber von Mykene. Schliemann starb am 26. Dezember 1890 in Neapel, sein Grab befindet sich auf dem Zentralfriedhof in Athen.

Zwischen Pfarrhaus und Schliemann-Gedenkstätte befindet sich die imposante *Petrus-und-Paulus-Kirche* aus dem 13. Jh. Der zugehörige Kirchturm misst 52 Meter Höhe und wurde erst im 15. Jh. angefügt. Sehenswert im Inneren der Backsteinkirche sind u. a. das Altarbild und der Taufstein aus dem 13. Jh. Die Kirche ist während der Sommermonate meist geöffnet, ansonsten erhält man den Schlüssel in der Heinrich-Schliemann-Gedenkstätte.

Neubukow liegt auf halber Strecke zwischen Wismar und Bad Doberan, die B 105 führt durch den Ort. Etwa stündlich **Züge** (RE) nach Wismar und Rostock.

Rerik und die Halbinsel Wustrow

ca. 2200 Einwohner

An der schmalen Landenge, die das Festland mit der Halbinsel Wustrow verbindet, liegt zwischen Ostsee und Salzhaff das kleine Ostseebad Rerik.

Die Halbinsel Wustrow, die das Salzhaff von der Ostsee trennt, ist ein kleines Naturparadies. Grund dafür ist auch die ehemalige Anwesenheit des Militärs. Ab 1932 übte hier die Luftwaffe, nach 1949 diente die Halbinsel einer sowjetischen Garnison als Stützpunkt. Nach dem Ende der militärischen Nutzung 1993 waren weite Teile von Wustrow unberührte Naturlandschaft. Die Halbinsel war 1998 an eine Kölner Investmentgruppe verkauft worden, die ein großes Urlaubsareal darauf planen soll – zum Unmut so mancher Anwohner, die einen erheblichen Zuwachs des Verkehrsaufkommens befürchten. Passiert ist bis heute nichts auf Wustrow, zwischen der Kommune und den Investoren herrschte zuletzt Funkstille und ein Zaun am Anfang der Halbinsel (bei den ersten Häusern) versperrt den Zugang zu selbiger.

„Sansibar oder der letzte Grund"

Der berühmte Roman von *Alfred Andersch*, erschienen 1957 und seither beliebte Schullektüre, spielt an einem einzigen Tag des Jahres 1937 in einer kleinen Hafenstadt an der Ostsee namens Rerik. Dort trifft eine Gruppe von Menschen zusammen, die aus dem nationalsozialistischen Deutschland zu fliehen versucht. Wer sich aber mit *Sansibar* unter dem Arm auf den Weg machen möchte, um die Handlungsorte des Romans abzulaufen, wird enttäuscht sein. Der Ort des Romans ist ein fiktives Rerik, das größere Ähnlichkeit mit Wismar aufweist. Es steht beispielhaft für die deutschen Kleinstädte zur Zeit des Nationalsozialismus und hat als solches Eingang in die Literaturgeschichte gefunden.

Auf der Meerseite Reriks befinden sich die Reste eines slawischen Burgwalls, auf dessen Erhebung heute ein Aussichtspavillon thront, unterhalb davon eine 170 Meter lange Seebrücke und kilometerlanger Strand. Am Haff liegt der Hafen, dessen Anleger sich Fischer, Segler und Urlauber teilen. Eigentlich hieß der Ort Alt-Gaarz (von *garz*, altslaw. für Burg). 1938 aber benannten die Nationalsozialisten ihn um, da sie im „slawischen" Alt-Gaarz das vermeintlich germanische Rerik entdeckt haben wollten. Nach dem Zweiten Weltkrieg begann die touristische Karriere des kleinen Städtchens. Heute stellen etwa 2200 Einwohner etwa doppelt so viele Gästebetten.

Basis-Infos und Aktivitäten

Information Die **Kurverwaltung** unterhalb der Kirche bietet Zimmervermittlung, außerdem werden Stadtführungen (2 €) und Führungen zu den Großsteingräbern (3 €), Kräuterführungen (2 €) und Strandwanderungen (5 €) sowie geführte (Rad-)Wanderungen in die Umgebung (5 €) angeboten. Internetpoint. Hilfsbereiter, netter Service. Geöffnet Mitte Mai bis Ende Sept. Mo–Fr 9–18 Uhr, Sa/So 11–16 Uhr; im Winterhalbjahr nur Mo–Fr 9–16 Uhr. Dünenstr. 7, 18230 Rerik, ✆ 038296-78429, 📠 038296-78513, www.rerik.de.

Baden Der Hauptstrand in Ortsnähe um die Seebrücke ist zur Hauptsaison überwacht, ein Hundestrand ist etwas nördlich ausgezeichnet (Strandabgang Teufelsschlucht) und noch etwas weiter hinter dem Ortsrand ein FKK-Strand.

Fahrradverleih **Zweiradcenter**, Fahrräder ab 5 €/Tag, auch Bollerwagen und Zubehör. Zur Hauptsaison tägl. 9–18 Uhr. Am Haff 2, ✆ 038296-74731.

Kurtaxe 15.5.–15.9. 2 €, Kinder unter 18 J. frei, in der Nebensaison 0,75 €/Erw.

Parken Plätze gibt es auf der Landenge Richtung Wustrow, 1 €/Std. Ein weiterer Parkplatz beim Strandzugang Teufelsschlucht etwas nördlich von Rerik. Wohnmobil-Stellplatz an der Landenge Richtung Halbinsel Wustrow, 1 €/Std.

Taxi In Rerik ✆ 038296-749919 bzw. ✆ 0162-2325415.

Veranstaltungen **Kleines Theaterfestival** auf dem Haffplatz am dritten Augustwochenende, Infos und Programme bei der Kurverwaltung.

Verbindungen Der **Bus** 121 fährt via Kühlungsborn nach Heiligendamm und Bad Doberan (Mo–Fr ca. 10-mal, Sa/So 6-mal).

Die *MS Ostseebad Rerik* der **Fahrgastschifffahrt Steußloff** veranstaltet Rundfahrten über das Salzhaff, im Sommer 2- bis 3-mal tägl., im April, Mai und Okt. 1-mal tägl. (14 Uhr), im Winter 3-mal die Woche (soweit das Haff eisfrei ist). Dauer ca. 2 Std., Erw. 12 €, Kinder 7 € (4–16 J.), Familienkarte 33 €. Die *MS Salzhaff* wird im Sommer als kleine (Fahrrad-)Fähre nach Gollwitz auf der Insel Poel eingesetzt, allerdings nur dienstags (dann aber morgens und nachmittags), einfache Fahrt 12 €, Kinder 8 €, hin und rück 16 € (10 €). Von Mai bis Okt. zudem Mo und Do am Nachmittag die „Wustrowführung", eine ca. 2 Std. dauernde Exkursion, die sich speziell der Geschichte und dem Naturschutz auf der gleichnamigen Halbinsel widmet, 11 € pro Pers., Kinder 7 €. Haffplatz 5, ✆ 038296-74761, 📠 038296-74764, www.ms-ostseebad-rerik.de.

Wassersport **Segelschule Rerik**, vom Schnupperkurs bis zum Einzelunterricht, auch Scheine. Haffplatz 7, ✆ 0162-2162466, www.segelschule-rerik.de.

Surfschule Rerik, an der Haffpromenade, Schnupper- und Anfängerkurse, Kindersurfen, Einzelunterricht etc. ✆ 0173-2432501, www.surfschule-rerik.de.

Tauchschule Ostseebasis Seeblick, auch für Einsteiger, Wracktauchen, Ausrüstungsverleih, außerdem Kanu-/Kajakverleih. Auf dem Gelände des Campingplatzes Seeblick (s. u.). Ende März bis Ende Okt. geöffnet. Meschendorfer Weg 1, ✆ 038296-70551, www.ostseebasis.de.

Übernachten/Essen & Trinken

Das Reriker Angebot an Übernachtungsmöglichkeiten und Restaurants ist für Durchreisende nicht ideal – es gibt vor allem Appartements und Ferienwohnungen.

Hotel & Restaurant Haffidyll, im östlichen Bereich der Haffpromenade gelegen, mit Blick auf den Hafen, Parkplätze hinter dem Haus, Restaurant mit Wintergarten. DZ mit Frühstück 70–82 €, mit Seeblick 98 €, Suite 120 €, auch Appartements für 2–4 Pers. (140 €). Haffstr. 13, 18230 Rerik, ✆ 038296-70456, 📠 038296-74081, www.haffidyll.de.

Campingpark Ostseebad Rerik, an der Straße Richtung Meschendorf auf der rechten Seite, ruhige Lage oberhalb der Ostsee (ca. 500 m entfernt). Mit Restaurant und Räucherei. Geöffnet Mitte März bis Dez. Pro Pers. 4,50 €, Kinder 2,50 €, Stellplatz Wohnwagen/-mobil 7–12 €, Zelt 5–9 €, Auto 2 €, Hund 3 €, Strom 2,50 €. Straße am Zeltplatz 8,

Die Landenge zur Halbinsel Wustrow

18230 Rerik, ✆ 038296-75720, 📠 038296-75722, www.campingpark-rerik.de.

Ostseecamp Seeblick, netter, etwas abgelegener Platz gut 3 km nördlich von Rerik oberhalb der Steilküste, wenige Schritte hinunter zum Strand, kaum Schatten. Auch Bungalows/Appartements. Mit Restaurant (mittags und abends geöffnet), Imbiss, Supermarkt, Kinderanimation, Fahrradverleih. Auf dem Gelände befindet sich eine Tauchschule (s. o.), die auch Kajaks verleiht. Ganzjährig geöffnet. Bushaltestelle ca. 300 m vom Platz. Erw. 7,30 €, Kinder 4,70 €, Stellplatz 13,10–16,90 €, Appartement 62–69 €, Bungalow 87–94 €, Hund 4,80 €. Meschendorfer Weg 3b,18230 Rerik, ✆ 038296-78480 oder 7110, 📠 038296-78378, www.ostseecamp.de.

Essen/Trinken **Fischgaststätte Steilküste**, unweit des Heimatmuseums den schmalen Parkweg hinein, noch knapp 100 m. Viel Fisch, etwas gehobenes Preisniveau (Fischgerichte um 15 €), mit Terrasse. Mo Ruhetag. Parkweg 10, ✆ 038296-78386. Weitere **Cafés** und **Restaurants** am Hafen.

Sehenswertes

Pfarrkirche St. Johannes: Das sehenswerte backsteinerne Gotteshaus, das auf einem Feldsteinfundament ruht, wurde um 1270 errichtet. In Innern der gotischen Kirche dominiert eine barocke Ausstattung. Vom mittelalterlichen Inventar sind lediglich Triumphkreuz, Taufbecken und der Schrein des ehemaligen Hauptaltars erhalten. Bemerkenswert ist v. a. die ornamentreiche und fast vollständig erhaltene barocke Bemalung des Innenraums (1668) sowie Barockaltar und schwebender Taufengel aus der Zeit um 1750. Kurios: An der ebenfalls barocken Kanzel befindet sich eine Sanduhr, mittels der sich die Predigtlänge überwachen ließ.

Im Sommer tägl. 10–16.30 Uhr, im Winter eingeschränkt. Kirchenführungen Mo und Do 10–12 Uhr sowie So 13–15 Uhr. Turmbesteigung 1 € (Spende).

Heimatmuseum: Das hübsch eingerichtete Museum befindet sich in der ehemaligen Schule Reriks. Gezeigt werden (in chronologischer Reihenfolge) Exponate zur Geschichte des kleinen Städtchens und der Gegend von der Steinzeit bis zur Gegenwart, v. a. aus der (natürlich maritim geprägten) Alltagskultur: Fischereigerätschaften, Knoten und natürlich Schiffsmodelle. Des Weiteren ist eine Fossiliensammlung

Zwischen Wismar und Rostock → Karte S. 96/99

zu sehen. Im ersten Stock ist ein Raum wechselnden Ausstellungen vorbehalten, im Garten gibt es einen rekonstruierten Badekarren aus der Zeit um 1850 zu sehen.

Mitte Mai bis Mitte Sept. Di–Sa 14–17 Uhr, Di/Mi und Fr auch 10–12 Uhr, So 15–17 Uhr; Mitte Sept. bis Mitte Mai Di 10–12 und 14–17 Uhr, Mi/Do 14–17 Uhr, Fr 10–12 Uhr, Sa/So 14–16 Uhr. Eintritt Erw. 2 €, erm. 1 €, Kinder (6–18 J.) 0,50 €. Dünenstr. 4.

Dolmen: Mehrere Großsteingräber bezeugen die frühe Anwesenheit von Menschen in der Umgebung Reriks. Zwei Dolmen befinden sich beispielsweise an der Ausfallstraße Richtung Kröpelin (rechte Seite, auf Höhe der Bushaltestelle), andere liegen nördlich von Rerik. Ausgrabungen brachten zahlreiche Funde zutage, von denen einige im Reriker Heimatmuseum zu sehen sind. Die Kurverwaltung organisiert geführte Wanderungen zu den steinzeitlichen Gräbern (s. S. 106).

Kühlungsborn

ca. 7100 Einwohner

Das größte Ostseebad in Mecklenburg erfreut sich nicht zuletzt dank seines fast sechs Kilometer langen Sandstrandes allergrößter Beliebtheit. Kühlungsborn besteht eigentlich aus zwei Orten, die durch eine lange Strandpromenade miteinander verbunden sind.

Die Ortsteile West (ehemals *Arendsee*) und Ost (ehemals *Brunshaupten*) wurden 1938 von den Nationalsozialisten zu dem einen Ort Kühlungsborn zusammengelegt. Beide verfügen heute über eine autofreie Promenade, Ost zusätzlich über eine Seebrücke und einen modernen Yachthafen, West dafür über die etwas schickere Strand-Piazza mit der einst prächtigen *Villa Baltic,* die aber leider schon sehr lange auf eine Renovierung wartet. In der DDR war Kühlungsborn einer der Hauptferienorte der Gewerkschaft FDGB, deren Feriendienst hier die Urlauberströme organisierte. Vorangegangen waren umfangreiche Enteignungen im Zuge der „Aktion Rose" (s. S. 31), die die Unterbringung der – in Spitzenzeiten – über 150.000 Sommergäste jährlich ermöglichten.

Alles in allem geht es in Kühlungsborn West vielleicht ein wenig beschaulicher zu als im moderner wirkenden, größeren Kühlungsborn Ost. Verbunden sind beide Orte durch die über drei Kilometer lange Ostseeallee – die längste Strandpromenade Deutschlands – mit zahlreichen repräsentativen Villen. Dahinter erstreckt sich der 133 Hektar große Stadtwald, der mit seinem dichten Wegenetz zum Spazierengehen einlädt. An Sehenswürdigkeiten hat Kühlungsborn nicht allzu viel zu bieten, eine Kirche aus dem 13. Jh., eine Holländer-Windmühle von 1870 (*Brunshöver Möhl,* heute Restaurant) und das *Molli-Museum,* das war's auch schon.

Doch Kühlungsborn West könnte irgendwann um eine Attraktion reicher werden: Die marode Meerwasserschwimmhalle, Schandfleck am zentralen Hafenplatz, sollte einer offenkundig dringend notwendigen Totalsanierung unterzogen werden und als Schwimmhalle mit Wellness- und Gastrobereich sowie Kongresszentrum wiederauferstehen. Allerdings hat das Projekt schon viele Gänseblümchen verbraucht: es wird saniert, wird es nicht, es wird saniert... – letzter Stand: es wird abgerissen, aber wer weiß. Die benachbarte, kaum minder sanierungsbedürftige, aber noch immer ehrwürdig thronende *Villa Baltic* jedenfalls soll ab 2012 zu einem Nobelhotel umgestaltet werden. Ein weiteres Großprojekt der nächsten Jahre für Kühlungsborn West sind die so genannten „Weststrand Residenzen" am westlichen Ortsrand zwischen Ostseeklinik und dem *Naturschutzgebiet Riedensee.* Hier sollen in den nächsten Jahren 27 Luxusvillen direkt am Strand entstehen.

Basis-Infos

Information **Touristikinformation** im *Haus des Gastes* (Villa Laetitia) neben dem Rathaus bei Strandzugang 11, auch Zimmervermittlung (✆ 038293-849049) und Internetpoint (1 €/15 Min.). 1.5.–30.9. Mo–Fr 9–18 Uhr, Sa/So 10–16 Uhr; Okt. bis April Mo–Fr 9–16 Uhr, Sa/So 10–13 Uhr. Touristik-Service-Kühlungsborn, Ostseeallee 19, 18225 Kühlungsborn, ✆ 038293-8490, ℻ 038293-84930, www.kuehlungsborn.de.

Appartementvermittlung Anbieter gibt es viele, wer sich längerfristig hier einmieten will, sollte v. a. für die Hochsaison rechtzeitig buchen. Einer der größeren Anbieter ist **Sodan & Partner** im Zentrum von Kühlungsborn Ost: Strandstr. 32, ✆ 038293-7890, ℻ 038293-78921, www.sodan-ostsee.de.

Kurtaxe 15. Mai bis 15. Sept. 2 € pro Pers., außerhalb der Saison 1 €, Schüler/Studenten halber Preis, unter 18 J. frei.

Verbindungen Mit dem **Bus** 121 gelangt man über Heiligendamm nach Bad Doberan und weiter nach Rostock, in Gegenrichtung über Bastorf nach Rerik (Mo–Fr ca. 10-mal tägl., Sa/So 6-mal).

Zur **Schmalspurbahn Molli** s. S. 115.

Mit dem Touristenbähnchen **Bäder-Express** von Ost nach West, Stationen u. a. Bahnhof Ost, Seebrücke, Rathaus, in West am Balticplatz, Kunsthalle, Camping, Bahnhof West.

Das **Ausflugsschiff MS Baltica** fährt während der Saison tägl. außer Do und So nach Warnemünde und retour, Fahrtdauer 90 Min. und 3 Std. vor Ort, 18 €/Pers., erm. 12 €, Familienkarte 49,50 €. Näheres im Reisebüro Henschel, Strandstr. 44 (Seebrücke), ✆ 038293-13957 oder www.msbaltica.de.

Ausrangiert, aber nicht ausgedient: Dampflok im Molli-Museum

Zwischen Wismar und Rostock → Karte S. 98/99

Aktivitäten

Baden Die Blaue Flagge erhält Kühlungsborn mittlerweile seit 14 Jahren in Folge. Der Strand ist schneeweiß und feinsandig, das Wasser sauber, die Hafenanlage äußerst gepflegt. Der Strand ist fast 6 km lang und teilweise bis zu 50 m breit. Am Strand Richtung Yachthafen (Kühlungsborn Ost) befinden sich Beachvolleyball-Felder, FKK-Abschnitte gibt es östlich des Yachthafens (Ost) sowie in West bei der Ostseeklinik, einen Hundestrand findet man bei Aufgang 14 und 15. Von 15. Mai bis 15. Sept. wird der Strand zwischen 9.30 und 18.30 Uhr von der DLRG bewacht.

Fahrradverleih **Ossis Fahrradverleih** in Kühlungsborn Ost am Sportplatz (von der Strandstraße in den Hermann-Löns-Weg Richtung Stadtwald). März bis Ende Okt. tägl. 9–12 und 17–18 Uhr, Tourenräder 6 €/Tag. Auch Helme, Kindersitze, Nachläufer, Anhänger, Bollerwagen, Hundekörbe, Tandems etc. ✆ 038293-16495.

OstseeBike, Fahrradverleih in Kühlungsborn Ost, an der Ostseeallee (neben dem Europa Hotel), 7-Gang-Tourenräder 8 €, MTB 12 €, auch Bollerwagen und Kinderräder, Pannenservice. Ostseeallee 8, ✆ 0170-5282072, www.ostseebike.de.

Dalli's Fahrradverleih, im Zentrum von Kühlungsborn West. Tourenrad ab 5 €/Tag, auch Tandems, Anhänger, Kindersitze, Bollerwagen, Helme usw. Im Sommer tägl. 9–18 Uhr geöffnet. Hermannstr. 19 b, ✆ 038293-42380.

Golf **Golfresort Wittenbeck**, s. „Umgebung von Kühlungsborn", S. 116.

Kino **Ostseekino** neben dem Campingpark in Kühlungsborn West, Waldstr. 1c; Strandkorbkino Fulgen 5 (beim Hafen, Kühlungsborn/Ost), ✆ 038293-13399, www.ostseekino-kuehlungsborn.de.

Klettern **Kletterwald Kühlungsborn**, im Stadtwald nahe der Touristinformation (ein Stück Richtung Kühlungsborn West). Sieben Parcours verschiedener Schwierigkeitsgrade (auch für Kinder), ausführliche Einweisung und natürlich geprüfte Ausrüstung, die gestellt wird. Biergarten nebenan. Pro Pers. 19 €, Jugendliche 13–17 J. 15 €, bis 12 J. 14 €, jeweils für 2 Std. Ende März bis Ende Okt. geöffnet, im Sommer tägl. 10–19 Uhr, ansonsten nur bis 18 Uhr, außerhalb der Hochsaison Mo/Di geschlossen. Ostseeallee 25/26, ✆ 038293-417623, www.kletterwald-kuehlungsborn.de.

Reiten **Reiterhof Böldt**, am östlichen Ortsrand von Kühlungsborn Ost, unweit des Hafens. Unterricht auf Ponys und Pferden (keine Ausritte), Reithalle und Platz, auch Pferdepension. Fulgen 1, ✆ 038293-15607, 📠 038293-15603, www.reiterhof-boeldt.de.

Tennis **Sandplatz-Tennisanlage** im Lindenpark in Kühlungsborn Ost, gehört zum örtlichen Tennisverein. Die Plätze werden auch an Auswärtige vermietet. Geöffnet Mai bis Sept. Dünenstr./Lindenpark, ✆ 038293-7781.

Wassersport **Wassersport Center** in Kühlungsborn West. Riesiges Angebot: Surf- und Segelkurse für Anfänger, Schnupperkurse, hier kann man auch den Sportbootführerschein (Binnen und See) machen, darüber hinaus Yachtcharter, Verleih von Angelbooten und Motorbooten bis 5 PS (führerscheinfrei), Hochsee-Angeltouren, Törns etc. Auch Pension und Bistro *Sailer's Inn* (s. u.). Ganzjährig geöffnet. Anglersteig 2, ✆ 038293-14026, 📠 038293-14027, www.wassersport-center.de.

Bootsverleih Kühlungsborn am Bootshafen in Kühlungsborn Ost. Angelboote und kleine Motorboote (ohne Führerschein), 20 €/Std. inkl. Sprit. Am Yachthafen, ✆ 0172-4210307, www.bootsverleih-ostsee.de.

Tauchbasis BALTIC in Kühlungsborn West. Mai bis Mitte Okt. tägl. 10–18 Uhr, Mitte Juni bis Mitte Sept. bis 20 Uhr, im Winter nach Voranmeldung. Schnuppertauchen und diverse Kurse. Anglersteig 1, ✆ 038293-490841, www.tauchbasisbaltic.de.

An der langen Strandpromenade von Kühlungsborn

Übernachten

(→ Karte S. 112/113)

Jede Menge Vier-Sterne-Häuser an der Ostseeallee, vor allem in Kühlungsborn Ost ist die Auswahl enorm. Für das kleinere Budget findet sich dagegen nicht allzu viel.

Kühlungsborn West **** Schweriner Hof **12**, ein schönes Hotel in Ideallage fast direkt am Strand (am Eck zum Baltic-Platz). Einladende, komfortabel ausgestattete Zimmer in hellem Gelb, im Erdgeschoss Salon und Bibliothek, Café, Bistro und das Restaurant *Skagen*. Freundlicher und hilfsbereiter Service. EZ 65–109 €, DZ 85–119 €, Dreibett-Appartement 109–169 €, Vierbett-Appartement 119–179 €, Frühstück 14 €. Ostseeallee 46, 18225 Kühlungsborn, ✆ 038293-790, 📠 038293-79410, www.schwerinerhof.de.

Sailer's Inn **10**, hauptsächlich Gäste des zugehörigen Wassersport-Centers (s. o.). Nette und gepflegte Zimmer, nur wenige Schritte zum Meer, Bistro im Erdgeschoss (tägl. ab 17.30 Uhr geöffnet), hier auch Snacks und Cocktails. DZ 79 €, Dreibett-Zimmer 98 €, Frühstück inkl., Halbpension 9 €/Pers., Hund 6 €, Parkplatz 2 €. Anglersteig 2, 18225 Kühlungsborn, ✆ 038293-14026, 📠 038293-14027, www.wassersport-center.de.

Campingpark Kühlungsborn **15**, großes, teilweise schattiges Gelände am westlichen Ortsrand von Kühlungsborn West am Strand (hier auch FKK- und Hundestrand) mit allen möglichen Freizeiteinrichtungen, Kinderanimation, großes Sportangebot, Bistro und Supermarkt, Sommerkino neben der Rezeption. April bis Okt. geöffnet. Große Stellplätze für Wohnwagen/-mobil inkl. 2 Pers. 32–42 €, Zeltstellplatz 24–32 €, zusätzliche Person 9 €, Hund 5 €. Waldstr. 1b, 18225 Kühlungsborn, ✆ 038293-7195, 📠 038293-7192, www.topcamping.de.

Kühlungsborn Ost Vier Jahreszeiten **5**, auch hier Hotel und Appartements der gehobenen Kategorie in zentraler Lage, mit mehreren edlen Restaurants und Wellnessbereich mit Pool, Sauna und Kosmetik/Massage. EZ 118 €, DZ 168–198 €, Frühstück inkl. Appartement für 2 Pers. 109–138 €, für 4 Pers. 145–158 €. Ostseeallee 10–12, 18225 Kühlungsborn, ✆ 038293-81000, 📠 038293-81081, www.4jahreszeiten-hotels.de.

Wilhelmine **8**, am Kreisel bei der Seebrücke, Terrasse davor (Café). Stilvoll eingerichtetes Restaurant (gehobenes Preisniveau), großes Wellnessangebot mit Hallenbad, Sauna, Kosmetik. Gediegen-elegantes Ambiente, auch in den Zimmern und Appartements. EZ 95 €, DZ ab 130 €, Frühstück inkl. Appartement für 2 Pers. 75–80 €, für 4 Pers. ab 100 €. Strandstr. 53, 18255 Kühlungsborn, ✆ 038293-8090, 📠 038293-80999, www.hotel-wilhelmine.m-vp.de.

**** Strandperle **1**, sympathisches Hotel in einer über hundert Jahre alten Jugendstilvilla an der Uferpromenade. Zentrale Lage, mit Restaurant (Terrasse). 22 gediegen-komfortable Zimmer. Sauna und Whirlpool im Haus, eine Segelyacht (mit Skipper) kann von den Gästen gemietet werden. EZ ab 70 €, DZ ab 120 € (Seeseite 140 €), inkl. Frühstück. Ostseeallee 4, 18225 Kühlungsborn, ✆ 038293-8790, 📠 038293-8791, www.hotel-strandperle.de.

**** Europa **3**, größerer, gut geführter Hotelkomplex an der Uferpromenade, mit zwei Restaurants und Cocktailbar (s. u.). 115 gepflegte Zimmer und Appartements, großer Saunabereich. EZ 110 €, DZ 130–170 €, Appartement 130–190 €, inkl. Frühstück. Ostseeallee 8, 18225 Kühlungsborn, ✆ 038293-880, 📠 038293-88444, www.europa-hotel.de.

**** Hotel am Strand **9**, ähnliches Niveau wie oben, dazu Ferienwohnungen in der Strandvilla Belvedere nebenan. Im Hotel Fitness und Sauna, 38 Zimmer (z. T. mit Balkon), gediegen. Fahrradverleih. Mit Restaurant (leicht gehobenes Preisniveau, mittags und abends geöffnet). EZ mit Frühstück 70–85 €, DZ 80–106 €. Ferienwohnungen ab 85 €/Tag (2 Pers.) bis 132 € (90-qm-Penthouse für 4 Pers.), Frühstück im Hotel 12 € extra. Ostseeallee 16, 18225 Kühlungsborn, ✆ 038293-800, 📠 038293-80118, www.hotel-am-strand.de.

Ostseestern **7**, vergleichsweise günstiges Hotel an der Ostseeallee. 21 Zimmer. Im Haus befindet sich das Restaurant *Famagusta*. EZ ab 55 €, DZ ab 77 €, Familienzimmer ab 99 €, inkl. Frühstücksbuffet, kostenlose Parkplätze. Ostseeallee 13, 18225 Kühlungsborn, ✆ 038293-41010, 📠 038293-410113, www.hotel-ostseestern.de.

Ostsee Brauhaus Hotel **16**, zentrale Lage, im Erdgeschoss das Brauhaus-Restaurant (s. u.), darüber zwölf Zimmer. DZ 88 €, Dreibett-Zimmer 112 €, inkl. Frühstück. Strandstr. 41, 18225 Kühlungsborn, ✆ 038293-4060, 📠 038293-40630, www.ostsee-brauhaus.de.

Zwischen Wismar und Rostock → Karte S. 93/99

Pension Jasmin 4, ebenfalls sehr zentral, etwas einfacher, aber durchaus komfortabel, 16 Zimmer und drei Appartements, Frühstücksraum und kostenloser Parkplatz, W-LAN, nur wenige Schritte zur Seebrücke, dennoch ruhig. EZ 68–74 €, DZ 82–92 €, Frühstück inkl., Appartement für 2–4 Pers. 73–99 €. Ostseeallee 1, 18225 Kühlungsborn, ✆ 038293-13903, 📠 038293-7682, www.pension-jasmin.de.

Jugendgästehaus Kühlungsborn 19, recht groß, wenn auch nicht mehr taufrisch, insgesamt 140 Betten (in 4- bis 6-Bettzimmern). Es gibt barrierefreie Zimmer/Bäder, Aufzug vorhanden. Übernachtung mit Frühstück 23 €, für Senioren (ab 27 J.) 25 €, Leihbettwäsche 5 €. Dünenstr. 4, 18225 Kühlungsborn, ✆ 038293-17270, 📠 038293-17279, www.jgh-kuehlungsborn.de.

Essen & Trinken

In quasi allen Hotels sind die zugehörigen Restaurants nicht nur auf Hausgäste eingestellt, sondern oft mit einladender Terrasse zur Promenadenseite hin ausgestattet, die auch Vorübergehende zur Einkehr einlädt – man hat die Qual der Wahl.

Restaurants in Kühlungsborn West

Fisch Hus 6, sehr beliebte Fischgaststätte fast direkt am Strand (nur über die Promenade), neben der alten DLRG-Station. Jeden Abend voll, man sollte dringend reservieren, zumal es innen im Pavillon nicht allzu viele Plätze gibt und das Wetter nicht immer nach Draußensitzen ist. Fisch aus eigenem Fang, bekannt auch für hervorragenden Räucherfisch. Günstig. Es gibt auch eine Verkaufstheke mit leckeren Fischbrötchen (um 3 €). Tägl. ab 9 Uhr (So ab 10 Uhr) durchgehend geöffnet, Küche bis ca. 21 Uhr. Ostseeallee 50, ✆ 038293-43855.

Rossini 14, beliebter Italiener inmitten der etwas sterilen *Kolonnaden* (Einkaufsmeile), ebenfalls jeden Abend bis auf den letzten Platz besetzt. Freundlicher Service, gute Pizza (ab 6 €) und Pasta, frische Salate. Mittags und abends geöffnet. Unter den Kolonnaden 2, ✆ 038293-43640.

Restaurants in Kühlungsborn Ost

Vielmeer 13, auch dieses Lokal am Yachthafen erfreut sich größter Beliebtheit. Restaurant, Cocktailbar und Café in einem, Holzterrasse davor und „Beach" nebenan, innen modernes Lounge-Ambiente. Beliebt zum Aperitif, ab 21 Uhr oft Livemusik. Mediterrane Küche zu gehobenen Preisen. Aufmerksamer Service, junges und nicht mehr ganz so junges Publikum. Tägl. ab 11 Uhr (So ab 10 Uhr) bis 1 Uhr, am Wochenende bis 2 Uhr, So bis 24 Uhr. Am Yachthafen, ✆ 038293-41741, www.vielmeer.com.

Fisch-Bistro Laden 42 11, unscheinbares, schlauchförmiges Lokal in der Strandstraße, ein paar Tische auch draußen. Freundlicher Service. Bei unserem letzten Besuch zauberten zwei Damen in der Küche eine köstliche Fischrahmsuppe (5,90 €) und sehr

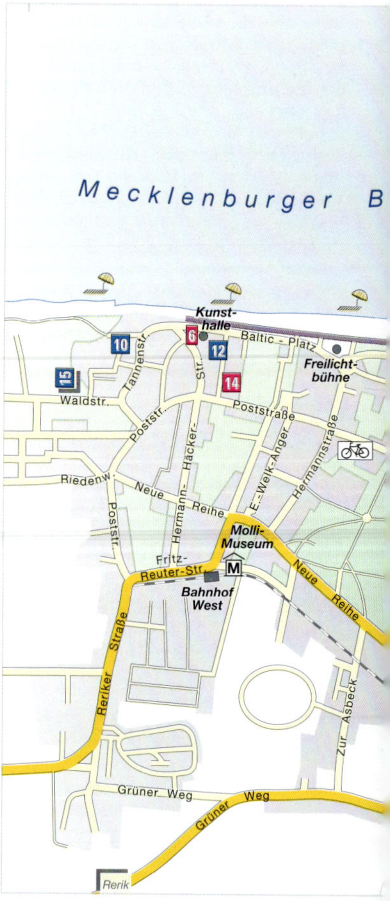

guten Dorsch in Senfsauce mit Salzkartoffeln und knackig frischer Salatbeilage (12,80 €). Wechselnde Tageskarte, mittags und abends geöffnet. Strandstr. 40, ✆ 038293-41977.

Gallo Nero 18, italienisches Ristorante in der Strandstraße. Köstliche Pasta, in Anbetracht der nördlichen Lage eine beachtlich gute Pizza aus dem Steinofen, diverse italienische Weine, freundlicher und zuvorkommender Service. Täglich mittags und abends geöffnet. Strandstr. 39, ✆ 038293-43366.

Brauhaus 16, Restaurant der Brauerei, zu den diversen Bieren – je nach Jahreszeit u. a. Helles, Weizen, Maibock, Winterbier – werden deftige Brotzeiten, Fisch und Schnitzel angeboten; das Bier wird in 1-Liter-Bügelflaschen auch außer Haus verkauft. Tägl. 11–24 Uhr, am Wochenende bis 1 Uhr. Strandstr. 41, ✆ 038293-4060.

Famagusta 7, etwas Abwechslung von der allgegenwärtigen Fischküche? Vielleicht griechische oder türkische Küche? Dann ist dieses zypriotische Restaurant das Richtige: hier gibt es griechische und türkische Gerichte zu akzeptablen Preisen, das gemütliche Restaurant gehört zum Hotel Ostseestern. Ostseeallee 13, ✆ 038293-410146.

Café **Classic Conditorei & Café Röntgen** 17, in Kühlungsborn Ost, Strandstr. 30a. Kuchen und Torten in der Vitrine, auch Mittagsgerichte, kleine Gerichte und Suppen. Mit Terrasse. Etwas teurer als andere Cafés.

Nachtleben Einige Cocktailbars in Ost und West, z. B. das **Shark's** **2** im Hotel Europa. Club, Bar und Lounge, Samstagabend mit DJ, an anderen Tagen teilweise mit Motto (z. B. Di Schlager & Oldie Night). Cocktails und Tapas, Sportsbar. Tägl. ab 20 Uhr geöffnet, in den Wintermonaten nur Di, Fr, Sa und an Feiertagen. Ostseeallee 7, ✆ 038293-88602, www.sharks-bar.tv.

Vielmeer **13**, v. a. am Wochenende abends häufig Livemusik, s. oben.

Sehenswertes

Molli-Museum: Im Bahnhof Kühlungsborn West ist das überschaubare Museum untergebracht. Die kleine Fundgrube für Eisenbahnnostalgiker bietet alles vom Fahrkartendrucker bis zur Schiene. Zu den Exponaten (allerdings außerhalb des Bahnhofgebäudes) gehört auch eine alte Dampflok. Angeschlossen ist ein nettes Museumscafé, Molli-Souvenirs erhält man nebenan am Fahrkartenschalter.

Im Sommer tägl. 10–17.30 Uhr, im Winter 11–16 Uhr. Eintritt frei. Fritz-Reuter-Str. 16, ✆ 038293-717121.

Kirche St. Johannis: Die ursprünglich spätromanische Kirche liegt etwas außerhalb an der Straße Richtung Kröpelin und geht auf das frühe 13. Jh. zurück, wurde aber um 1400 im gotischen Stil erweitert. Erst später kam der hölzerne Turm hinzu. Besonders sehenswert im Kircheninneren sind die hölzerne *Kühlungsborner Madonna* aus dem Jahr 1380 und die barocke Kanzel aus dem Jahr 1698. Die Kirchenfenster sind mit 42 barocken Glasmalereien geschmückt.

Tägl. 9–18 Uhr, im Winter bis 16 Uhr. Schlossstr. 19, ✆ 038293-17261.

Kunsthalle: Das Jugendstilgebäude aus der Zeit um 1900 liegt an der Strandpromenade von Kühlungsborn West, neben dem Hotel Schweriner Hof. Einst war hier eine Lesehalle untergebracht, heute hat der Kunstverein Kühlungsborn e. V. in der Kunsthalle seinen Sitz. Mehrmals im Jahr finden hier Ausstellungen statt, die meisten davon sind Künstlern der Ostseeregion vorbehalten. Außerdem regelmäßig Lesungen, Kabarett und Konzerte.

Di–So 12–18 Uhr, im Winter nur bis 17 Uhr, der Eintritt variiert je nach Ausstellung (zuletzt: 3 €, erm. 1 €). Ostseeallee 48, ✆/📠 038293-7540, www.kunsthalle-kuehlungsborn.de.

Umgebung von Kühlungsborn

Bastorf: Das kleine Dorf liegt etwa vier Kilometer südwestlich von Kühlungsborn und knapp drei Kilometer vom nächsten Strand entfernt. Dominiert wird das Ortszentrum vom weithin bekannten Gutshof Bastorf mit seinen reetgedeckten Fachwerkgebäuden. Etwas nördlich ragt der 1878 erbaute rote Klinker-Leuchtturm auf dem Bastorfer Signalberg in die Landschaft. Bei gutem Wetter kann der Leuchtturm auch bestiegen werden.

Leuchtturm: Im Sommer 11–17 Uhr, im Winter 11–16 Uhr geöffnet (bei schlechtem Wetter geschlossen), Erw. 2 €, Kinder 0,50 €, auch Fernglasverleih. Kostenlose Parkmöglichkeit unterhalb, von hier ca. 15 Min. zu Fuß zum Leuchtturm.

Baden **Kägsdorfer Strand**, ca. 3 km nordwestlich von Bastorf, in Kägsdorf der schmalen Asphaltstraße zum Strand folgen. Sand und große Steine, nicht sehr idyllisch, dafür aber auch nicht übermäßig besucht. Im Sommer mit Imbisswagen und Toiletten, beliebter Wohnmobil-Stellplatz, der Parkplatz ist von Mai bis Okt. tagsüber gebührenpflichtig: Auto 2 €/Tag, Kleinbus 5 €, Wohnmobil 15 €.

Einen deutlich schöneren, weitläufigen Naturstrand findet man auch bei den **Arendseer Dünen** (Fahrradweg von Kühlungsborn West über die Waldstraße in westliche Richtung), westlich davon liegt das *Naturschutzgebiet Riedensee*. Kostenloser Parkplatz etwas oberhalb an der Straße.

Übernachten/Essen & Trinken **Pension Schmelzer**, im Zentrum des ruhigen Gutsdorfes Kägsdorf, nicht zu übersehen. Davor

Schmalspur 1: Molli

(Schmalspur 2 → S. 217)

Eine schwerfällige Attraktion schnaubt im Stundentakt von Kühlungsborn die Küste entlang nach Heiligendamm und weiter nach Bad Doberan: die Dampfzüge der Mecklenburgischen Bäderbahn, genannt „der Molli". 1886 wurden die 900-Millimeter-Schmalspurgleise von Bad Doberan nach Heiligendamm verlegt. Die zunächst 6,6 Kilometer lange Strecke wurde 1910 auf 15,4 Kilometer verlängert, Zielbahnhof war damals wie heute das Seebad Arendsee, das nunmehr Kühlungsborn West heißt. Die bis heute die Last des Bahnbetriebs ziehenden Lokomotiven stammen aus dem Jahr 1932 und erreichen mit 450 PS eine Höchstgeschwindigkeit von 50 km/h. Bereits in den 1970er Jahren wurde die Schmalspurbahn zum technischen Denkmal erklärt und weitgehend touristisch genutzt, um Strecke, Lokomotive und Waggons erhalten zu können. Nach der Privatisierung in den 1990er Jahren ging der „touristische Ausbau" des Molli weiter. Im Bahnhof Kühlungsborn West entstand ein Museum, im Bahnhof Heiligendamm wurde das nostalgische Restaurant *Herzoglicher Wartesaal* eröffnet. Im Zug kann man z. B. an musikalischen Sonderfahrten teilnehmen, sich auf einen Kaffee in den Salonwagen begeben oder sogar zum Ehrenlokführer ausbilden lassen. Und auch in Bad Doberan bietet der Molli eine kleine Attraktion: Im Zentrum nämlich schnaubt die Schmalspurbahn im Schritttempo durch die Fußgängerzone.

Allerdings ist der Molli keineswegs nur ein nostalgisches Touristenbähnchen. Vielmehr ist er auch ein brauchbares Nahverkehrsmittel, kann man doch vergleichsweise günstig (zumal mit einer Wochenkarte) jede Menge Urlaubsziele der Gegend bequem erreichen.

Verbindungen Die Mecklenburgische Bäderbahn Molli verbindet Bad Doberan via Heiligendamm mit Kühlungsborn (Ost und West) etwa im Einstundentakt (im Winter, ca. alle 2 Std.), Fahrtzeit etwa 45 Min. Bei Veranstaltungen an der Bad Doberaner Rennbahn (Ostsee-Meeting, Zappanale) hält der Molli auch dort.

Preise Kurzstrecke 2,40 €, Einzelkarte Erw. 6,20 €, (hin/zurück 11,40 €), Kinder (6–14 J.) 4,70 € (8,50 €), halbe Strecke Erw. 4,20 € (7,40 €), Kinder 3,20 € (5,50 €), Familien 17 € (31 €), halbe Strecke 11,50 € (20 €), Fahrrad/Hund pauschal 2,70 €. Auch Wochenkarten erhältlich (22 € für die gesamte Strecke).

Information Mecklenburgische Bäderbahn Molli GmbH, Am Bahnhof, 18209 Bad Doberan, ✆ 038293-431331, www.molli-bahn.de.

ein netter, schattiger Kinderspielplatz, zur Meerseite hin ein großer Garten mit Strandkörben, Tischen und Bänken sowie einem Grill für die Gäste. Die Zimmer bzw. Appartements sind zweckmäßig eingerichtet – Fliesenböden, helles Holz, Küchenzeile, teilweise mit Blick aufs Meer und zwei davon auch mit Balkon. Sympathische Leitung, kinderfreundlich und für das Gebotene auch noch günstig. Hunde erlaubt, aber nicht in der Hochsaison. 1,2 km vom Kägsdorfer Strand. Appartement für 2 Pers. 54–

Zwischen Wismar und Rostock → Karte S. 98/99

59 €, für Familien (max. 4 Pers.) 70–75 €, Frühstück 6 € (Kinder 3 €). Zum Strande 6, 18230 Kägsdorf, ✆ 038293-14902, ℻ 038293-410252, www.pensionschmelzer.de.

Gutshof Bastorf, auf dem sorgsam restaurierten, besonders kinderfreundlichen Hof ist für jeden etwas geboten – vom Streichelzoo über Beauty-, Wellness- und Massagebereich, Heilpraxis, Sportprogramm, Sauna und Hofladen (tägl. 10–18 Uhr, Nov.–März nur bis 17 Uhr). Im Restaurant werden Bioprodukte aus der Region zu moderaten Preisen angeboten, darunter hervorragende Suppen und viel Vegetarisches, aber auch gute Fischgerichte (Hauptgerichte 10–12 €). Gemütliches Ambiente, im Sommer auch Terrasse, auf der sich der charmante rot-weiße Kater Klitschko räkelt. Mitten im Ort an der Durchgangsstraße gelegen und daher kaum zu übersehen. Ferienwohnung 2–8 Pers. 64–145 €, Ferienhaus 175 €. Kühlungsborner Str. 1, 18230 Bastorf, ✆ 038293-6450, ℻ 038293-64555, www.gutshof-bastorf.de. ■

Cafés **Café/Restaurant Valentins**, am Bastorfer Leuchtturm, sonnige Aussichtsterrasse, hier gibt es Frühstück, deftigen Mittagstisch, Kaffee, Kuchen und Eis – ideal auch als Zwischenstopp für Radler. Tägl. 10–20 Uhr geöffnet, Sa/So 9–20 Uhr, im Winter kürzer. Zum Leuchtturm 8, ✆ 038293-410270.

Imbiss und **Biergarten** in Kägsdorf.

Wittenbeck: Auf halber Strecke zwischen Kühlungsborn und Heiligendamm befindet sich der Golfplatz (18- und 9-Loch) Wittenbeck. Der Ort Wittenbeck expandierte in den letzten Jahren enorm, in dem einst so verschlafenen Dorf inmitten schöner Natur schießen die schicken Ferienhäuser wie Pilze aus dem Boden. Kein Wunder bei der Lage: Südlich an den Golfplatz grenzt das Waldgebiet Kühlung und zur Ostsee ist es nur ein Katzensprung.

Golf **Ostsee Golf Resort Wittenbeck**, südlich vom Ort, in Wittenbeck beschildert. Greenfee 9 Loch 30–35 €, 18 Loch 40–55 €, Leih-Ausrüstung 15 €. Anfängerkurs 200 €/2 Tage. Zum Belvedere, 18209 Wittenbeck, ✆ 038293-410090, ℻ 038293-4100911, www.golf-resort-wittenbeck.de.

Übernachten/Essen & Trinken **Landhotel Wittenbeck**, liegt etwas erhöht über der Durchgangsstraße in Wittenbeck. Ein angenehmes und komfortables Hotel, freundlicher Service, Restaurant mit Wintergarten und Terrasse, Hallenbad und Sauna, auch Massagen, Bäder etc., Kegelbahn. 45 helle Zimmer. Pferdekoppel und Eselsweide nebenan. EZ mit Frühstück 65 €, DZ 95 €, Familienzimmer 129 €, Halbpension 16 €. Straße zur Kühlung 21a, 18209 Wittenbeck, ✆ 038293-89230, ℻ 038293-892333, www.landhotel-wittenbeck.de.

Gut Klein Bollhagen, wunderschön restaurierter alter Gutshof im winzigen Nachbarort von Wittenbeck. Exklusive Ferienanlage mit Garten, darin zwei Appartements und sieben Häuser, alle mit Terrasse, so geschmackvoll und edel ausgestattet, dass sie bei jedem „Schöner-Wohnen-Wettbewerb" gewinnen würden. Wellnessbereich mit Dampfbad, Sauna, Massage und Whirlpool. Appartement für 2–3 Pers. 115 €, Haus für 2 Pers. 170 €, für 4–6 Pers. 195–205 € pro Tag. Fulgenweg 3, 18209 Klein-Bollhagen, ✆ 040-41352086, ℻ 040-41354333, www.landleben-am-meer.de.

Pitchen und Putten in Mecklenburg

Stimmige Kulisse für einen Mittelaltermarkt: das Kloster

Bad Doberan

ca. 11.300 Einwohner

Zu Recht gerühmt wird Bad Doberan wegen seines bedeutenden Münsters und dessen kostbarer Ausstattung. Die kleine Stadt am Rande der ehemaligen Klosteranlage gerät aufgrund der enormen Strahlkraft des Gotteshauses ein wenig in dessen Schatten, verfügt aber über einen ganz eigenen Charme.

Wer angesichts des berühmten gotischen Bauwerks auch ein mittelalterliches Städtchen erwartet, wird überrascht sein. Es gibt nahe dem Klostergelände zwar eine sehenswerte Altstadt, allerdings eine durch und durch klassizistische. Begründet liegt dieser eigenwillige Stilmix in einer nicht minder eigenwilligen Geschichte. Am Anfang stand das Kloster, neben dem sich ein kleines Dorf entwickelte. Nachdem mit der Einführung der Reformation in Mecklenburg 1552 das Kloster geschlossen wurde, wurde es still um Doberan. Betriebsamkeit kehrte lediglich anlässlich adeliger Todesfälle ein, da die Fürsten von Mecklenburg Doberans Münster zu ihrer Begräbnisstätte gewählt hatten. 1793 war es schlagartig aus mit der ländlichen Ruhe, als Herzog *Friedrich Franz I.* Doberan zu seiner Sommerresidenz erkor. Da sein Arzt geraten hatte, einer neuen Mode zu folgen, nach der das Bad im Meer der Gesundheit förderlich sei, ließ Friedrich Franz das erste deutsche Seebad Doberan-Heiligendamm gründen. In Doberan entstanden rund um eine ehemalige Kuhweide, die zu einem Park samt Pavillons umgestaltet wurde und fortan *Kamp* heißen sollte, prächtige klassizistische Bauwerke. Ab 1886 verband eine Schmalspurbahn das prachtvolle gesellschaftliche Zentrum Doberan mit dem Strand von Heiligendamm. Bis heute schnauben die Züge, genannt der „Molli", durch das Zentrum und die Fußgängerzone Doberans, das 1921 den Namenszusatz „Bad" erhielt.

Für wenige Tage im Sommer weht ein Hauch von Ascot über die stille Mecklenburger Landschaft. Der Boden bebt unter den Hufen kraftvoller Pferde, Wetten werden abgeschlossen, manchmal gewonnen, meist verloren, und selbstverständlich dürfen auch die ausgefallenen farbenfrohen Hüte nicht fehlen: Es findet auf der traditionsreichen *Galopprennbahn* das alljährliche *Ostsee-Meeting* statt. Bereits 1822 wurden auf dem Geläuf Pferderennen veranstaltet, wodurch sich Bad Doberan nicht nur mit dem ältesten Seebad zieren kann, sondern auch mit der ältesten Galopprennbahn Deutschlands. Nach langer Pause werden seit 1993 wieder Rennen veranstaltet.

Einer der großen Musiker unserer Zeit: Frank Zappa

Basis-Infos

Information Die **Touristinformation Bad Doberan** ist kompetent und freundlich, auch Zimmervermittlung, Kartenvorverkauf und **Stadtführungen** (s. u.). Geöffnet Mitte Mai bis Mitte Sept. Mo–Fr 9–18 Uhr, Sa 10–15 Uhr, So geschl.; Rest des Jahres Mo–Fr 10–16 Uhr (Do bis 18 Uhr), Sa/So geschl. Beim Kamp in der Severinstr. 6, 18209 Bad Doberan, ✆ 038203-62154, 📠 038203-77050, www.bad-doberan.de.

Verbindungen Bad Doberan liegt an der **Regionalbahn**strecke zwischen Wismar und Rostock mit stündlicher Verbindung in beide Richtungen.

Zur **Schmalspurbahn Molli** s. S. 115.

Der **Bus** 119 verbindet Bad Doberan mit Warnemünde (via Nienhagen), Mo–Fr etwa 12-mal, Sa/So 5-mal. Mit der Linie 121 gelangt man über Heiligendamm (Parkplatz) nach Kühlungsborn und weiter nach Rerik, Mo–Fr ca. 10-mal, Sa/So 6-mal.

Kurtaxe Mai bis Sept. 2 €, Okt. bis April 1 €, erm. 1 € bzw. 0,75 €, Kinder unter 16 J. frei.

Veranstaltungen

Stadtführungen Die Touristinformation veranstaltet Stadtführungen – auch in Kombination mit einer Münsterführung: Mai bis Okt. immer Di und Sa um 10.30 Uhr (Treffpunkt Touristinformation, 4 €, erm. 3 €); Juli bis Sept. immer Do um 11 Uhr kombinierte Münster- und Stadtführungen (Treffpunkt Münster, 4 €, erm. 3 €).

Veranstaltungen Das **Ostsee-Meeting** findet an vier Tagen im Sommer (meist Anfang August) auf der Bad Doberaner Galopprennbahn statt. Diese liegt neben der Allee, die von Bad Doberan nach Heiligendamm führt und verfügt während des traditionsreichen Ereignisses über eine Molli-Haltestelle. Den genauen Termin erfährt man bei der Touristinformation, hier auch Kartenvorverkauf. Eintritt 4–7 €, Tribüne 10–11 €. Infos unter www.doberaner-renntage.de.

Zappanale, das große Musikfestival (2012 zum 23. Mal!) zu Ehren von Frank Zappa findet ebenfalls im August auf der Galopprennbahn bei Bad Doberan statt. Auch während der Zappanale hält der Molli an der Rennbahn. Vorverkauf in der Touristinformation, Tagestickets 24–55 €, unter 17 J. frei, Infos unter www.zappanale.de.

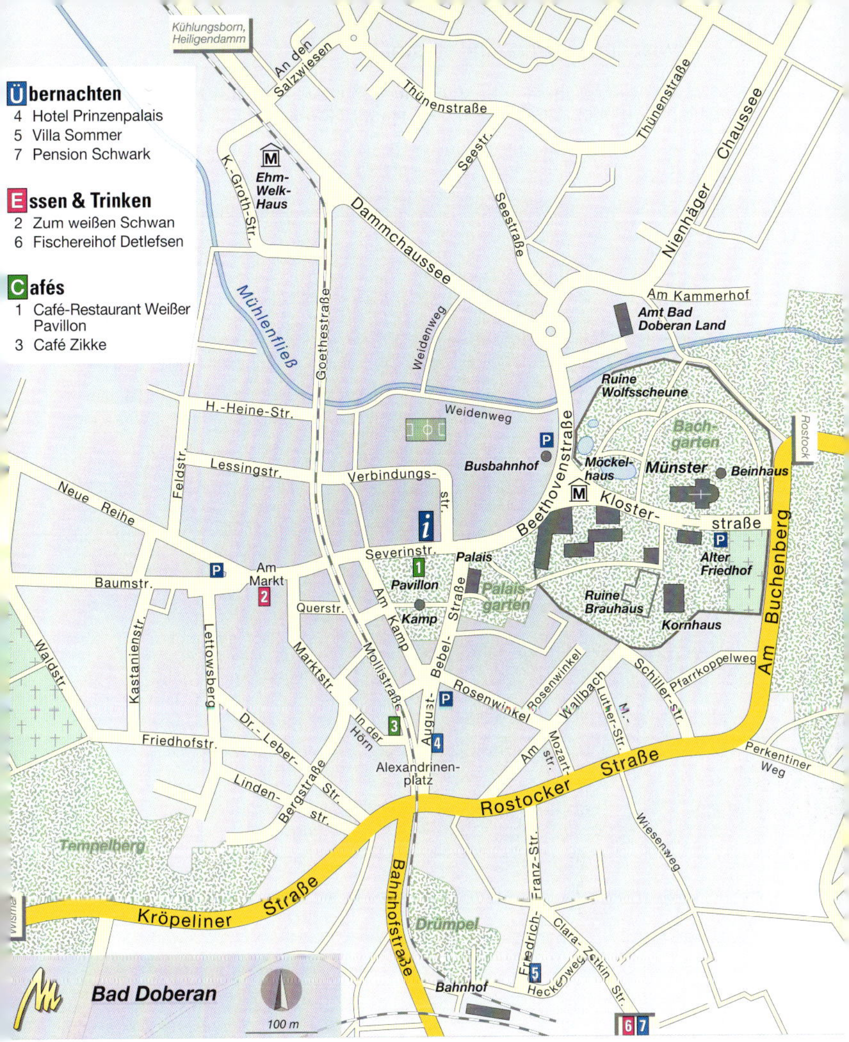

Übernachten/Essen & Trinken

**** **Hotel Prinzenpalais** **4**, zweifellos das erste Haus am Platz. Man residiert in einer repräsentativen Herberge am Alexandrinenplatz. Das 1831 von Severin errichtete Palais wurde jüngst wieder eröffnet und verfügt über 30 Zimmer und Suite sowie das gehobene Restaurant *Orangerie* (4-Gänge-Menü 64 €, 6-Gänge-Menü 89 €, natürlich auch à la carte). Sehr freundlicher Service. DZ ab 105 €, Juniorsuite ab 145 €, Frühstücksbuffet 15 €/Pers., Hund 10 €, Alexandrinenplatz 8, 18209 Bad Doberan, ✆ 038203-73160, 📠 038203-731666, www.prinzen-palais.de.

››› **Lesertipp: Hotel Villa Sommer** **5**, Leser haben den Aufenthalt in der renovierten Jugendstilvilla sehr genossen. Obgleich quasi gegenüber vom Molli-Bahnhof gelegen, sei das Hotel angenehm ruhig. Sehr gepflegt, individuell eingerichtete Zimmer. EZ ab 60 €, DZ ab 85 €, Frühstück inkl. Friedrich-Franz-Str. 23, 18209 Bad Doberan, ✆ 038203-73430, 📠 038203-734329, www.hotel-villa-sommer.de. «

Zum weißen Schwan 2, gehobenes und sympathisches Restaurant am Marktplatz, viel gelobt, stilvolles Ambiente, an den Wänden großformatige Marylin-Monroe-Porträts, auch draußen ein paar Tische, sehr freundlich, feine Küche zu leicht gehobenen Preisen, mittags günstiger. 12–14 Uhr (nur in den Sommermonaten) und 18–22 Uhr geöffnet, Mo Ruhetag. Am Markt 9, ✆ 038203-77820, www.zumweissenschwan.com.

Café Zikke 3, etwas zurückgesetzt vom eigentlichen Alexandrinenplatz liegt dieses nette Café im Alexandrinenhof, der idyllischen Hinterhofatmosphäre verströmt, im Sommer gibt es auch draußen ausreichend Plätze, sehr freundlich, hausgemachter Kuchen, wechselnde Tageskarte. Tägl. 10–18 Uhr geöffnet (im Winter erst ab 11 Uhr). Alexandrinenplatz 2, ✆ 038203-736010, www.cafe-zikke.de.

Traditionsreich: Schon die Klosterbrüder züchteten Fisch

Café-Restaurant Weißer Pavillon 1, in einem der beiden Pavillons auf dem Kamp (s. u.), mit überdachter Terrasse. Fleisch- und Fischgerichte in großer Auswahl, diverse Steaks, aber auch Schonkost und Vegetarisches. Mittleres Preisniveau, aufmerksamer und freundlicher Service. Tägl. 11–22 Uhr geöffnet, im Winter nur bis 18 Uhr, nachmittags Kaffee und Kuchen. Auf dem Kamp, ✆ 038203-62326.

Außerhalb Pension Schwark 7, sehr gepflegte, kleine Pension in Althof, einem ruhigen Dorf ca. 3 km südöstlich von Bad Doberan. Auch von Lesern empfohlen. Am besten erreicht man Althof über Hohenfelde (südlich von Bad Doberan), dort links ab, beschildert. Direkt am idyllischen Dorfteich gelegen, mit Garten und Terrasse. Netter Service, nur sechs Zimmer, die Frühstücksküche steht allen Gästen zur Verfügung (im Sommer Frühstück im Garten). Achtung: In Althof gibt es kein Restaurant! Günstig: EZ 35–40 €, DZ 45–60 €, Frühstück inkl. Am Dorfteich 4, 18209 Bad Doberan/Althof, ✆ 038203-91060, 📠 038203-910613, www.pension-schwark.m-vp.de.

Fischereihof Detlefsen 6, südöstlich von Bad Doberan liegen im Hütter Wohld die ehemaligen Fischteiche des Zisterzienserklosters, die auch heute noch zur Fischzucht genutzt werden. Von Bad Doberan auf der B 105 Richtung Rostock, dann rechts ab Richtung Bartenshagen/Parkentin, insgesamt ca. 8 km von Bad Doberan. Feines, mehrfach ausgezeichnetes Restaurant, auf der ausgesuchten Karte finden sich saisonale Speisen rund um den fangfrischen (Süßwasser-)Fisch. Stilvolles Ambiente. 12–21 Uhr warme Küche, Mo Ruhetag. Sehr beliebt, Reservierung ist ratsam. Angeschlossen ist auch ein kleiner Fischladen (9–18 Uhr, Mo geschl., Jan. bis März Mo und Di). Am Hütter Wohld 5, 18209 Hütten, ✆ 038203-12244, www.fischereihof.de. ■

Sehenswertes

Münster und ehemalige Klosteranlage: Das Münster zählt zu den bedeutendsten gotischen Bauwerken in Mecklenburg-Vorpommern. Der augenfälligste Unterschied zu den Kirchen der Hansestädte ist das Fehlen einer Turmanlage. Stattdessen steht über der Vierung ein Dachreiter mit hoch aufragender Spitzhaube. Dies und die elegante Außenfassade, die sich mit Ausnahme von Blendrosetten in den

Bad Doberans berühmtes Münster

Giebeln der Querschiffe und der Westfassade kaum Verzierung erlaubt, lassen die Kirche als Bauwerk der Zisterzienser erkennen, denen eigentlich jeder Zierrat zuwider war. Eigentlich – denn im Innern zeigt sich das Münster ungemein kunstvoll gestaltet. Aber bereits in ihren Ausmaßen ist es für eine Klosterkirche, zumal des Zisterzienserordens, ungewöhnlich groß ausgefallen. In seiner Anlage ist das Münster von Bad Doberan eine dreischiffige Basilika (von 79 Metern Länge) mit eleganten Querschiffen. Gleichmäßig legen sich fünf Kapellen zu einem Kranz um den Chorumgang. 1368 war das Münster vollendet und präsentierte sich dank der strengen Ausführung der architektonischen Vorgaben der Zeit geradezu modellhaft als eines der herausragenden Beispiele Norddeutscher Backsteingotik – abgesehen von der erwähnten Abwesenheit des Turms. Nicht zuletzt aber verdankt das Gotteshaus seine Bedeutung der außergewöhnlichen, weitgehend mittelalterlichen Ausstattung. Beeindruckend ist zunächst die Raumwirkung im lichtdurchfluteten Inneren der Kirche. Dank der aufwändigen Restaurierung zwischen 1964 und 1984 ist u. a. die ursprüngliche Farbgebung wieder sichtbar gemacht worden. Zu den herausragenden Stücken der Ausstattung gehören der kostbare Hochalter, der um 1310 entstanden war (um die unterste Reihe Mitte des 14. Jh. erweitert) und damit eines der ältesten Beispiele eines Flügelaltars darstellt, daneben der schlanke Sakramentsturm, der um 1350 aus Eichenholz kunstvoll geschnitzt wurde, und gegenüber der vor 1370 fertiggestellte Kreuzaltar mit dem monumentalen Triumphkreuz. Weiterhin bemerkenswert sind die nahezu vollständig erhaltenen mittelalterlichen Mönchsgestühle mit kunstvoll geschnitzten Seitenwänden.

Dass das Doberaner Münster in derart gutem Zustand erhalten ist, hat verschiedene Ursachen. Sicherlich bewahrte die abgeschiedene Lage die Kirche vor Schaden – beispielsweise vor Bilderstürmerei oder vor den Bombennächten des Zweiten Weltkriegs. Dass das Gotteshaus nicht vergessen von der Welt verfiel, ist dem Umstand zu danken, dass es als Grablege mecklenburgischer Fürsten diente. Als dann schließlich Doberan zur Sommerresidenz der mecklenburgischen Fürsten wurde und das ehemalige Klostergelände Ende des 18. Jh. zu einem englischen Landschaftsgarten umgestaltet worden war, wurde das Münster zu dem, was es bis heute geblieben ist: eine Attraktion.

Die Außenanlage ist noch immer ein anmutiger Landschaftspark, umgeben von der alten (1963 restaurierten), 1,5 Kilometer langen Klostermauer. Vor der Westfassade erstreckt sich ein idyllischer Teich. Am Südschiff findet sich ein Stück des ehemaligen Kreuzgangs. Auf der anderen Seite der Kirche erhebt sich das frühgotische Beinhaus. Etwas abseits liegt die malerische Ruine einer Scheune, die „Wolfsscheune". Und schließlich finden sich südlich des Münsters noch die Ruine des Wirtschaftsgebäudes, das Kornhaus, und dahinter der gepflegte Klostergarten sowie ein Spielplatz samt Picknickbänken.

Tägl. Mo–Sa 9–18 Uhr (Mai bis Sept.), bzw. 10–17 Uhr (März/April und Okt.) und 10–16 Uhr (Nov. bis Febr.), So jeweils erst ab 11 Uhr, Gottesdienst So 9.30 Uhr. Eintritt Erw. 2 € (inkl. Führung 3 €), erm. 1,50 € (2,50 €), Schüler 0,50 € (1 €), Familien 4 € (6,50 €). Tägl. werden Münsterführungen angeboten sowie Sonderführungen beispielsweise über die gotische Schnitzkunst, das Leben der Zisterzienser oder auch ins Gewölbe (4 €, erm. 3 €, Familien 10 €). Anmeldung für Führungen unter ✆ 038203-62716, www.muenster-doberan.de.

Am Kamp: Die klassizistischen Gebäude im Zentrum Bad Doberans gruppieren sich vor allem um den kleinen Park namens Kamp. Die prächtigsten Gebäude liegen an der Ostseite des Parks entlang der August-Bebel-Straße. Den Anfang macht die Sommerresidenz von Friedrich Franz I., das Großherzogliche Palais (errichtet ab 1806) zum ehemaligen Klostergelände hin, daneben das Salongebäude (1802) und das Logierhaus (1796). Im Park selbst befinden sich die beiden Pavillons, der Rote (1808/1809), ehemals als Ausschank errichtet, und der Weiße (1810), ursprünglich ein Musiksaal, in dem sich heute ein hübsches Café befindet. Schöpfer dieses klas-

Der Weiße Pavillon auf dem Kamp

sizistischen Ensembles (mit Ausnahme des Logierhauses) war der Baumeister *Carl Theodor Severin*, der ab 1802 in Bad Doberan wirkte und in dem von ihm entworfenen Haus am Alexandrinenplatz von 1823 bis zu seinem Tod 1836 lebte.

Stadt- und Bädermuseum Möckelhaus: In dem neugotischen Gebäude, das 1886–1888 erbaut und vor einigen Jahren komplett saniert wurde, ist das Bad Doberaner Museum untergebracht. Die ausgestellten Exponate verweisen natürlich vor allem auf die Badekultur, beispielsweise in Form diverser Strandmoden. Weitere Bereiche informieren über die Frühgeschichte der Gegend und natürlich über das Mittelalter und den Bau des Zisterzienserklosters mit seinem prächtigen Münster. Nicht zuletzt aber ist das Gebäude selbst samt hübschem Garten einen Besuch wert.

Mitte Mai bis Mitte Sept. Mo–Fr 10–12 und 13–17 Uhr, Sa/So 12–17 Uhr, im Winterhalbjahr nur bis 16 Uhr und So/Mo geschlossen. Eintritt 3 €, erm. 2 €, Familienkarte 6 €. Beethovenstr. 8, ✆ 038203-62026, www.stadtmuseum.moeckelhaus.de.

Ehm-Welk-Haus: An der Ausfallstraße Richtung Galopprennbahn und Heiligendamm liegt linker Hand der recht unspektakuläre Klinkerbau, in dem der Schriftsteller *Ehm Welk* (1884–1966) von 1950 bis zu seinem Tod lebte. Zu sehen sind u. a. das Arbeitszimmer mit umfangreicher Bibliothek, Schautafeln, die über Biografie und Werk informieren, und das Gartenhäuschen. Berühmt wurde Welk für seinen Roman „Die Heiden von Kummerow“ (1937).

Di–Fr 10–12 und 13–16.30 Uhr, Sa 13–16.30 Uhr, So/Mo geschlossen. Eintritt 2 €, erm. 1,30 €, Fotoerlaubnis 1 €. Dammchaussee 23, ✆ 038203-62325.

Bad Doberan/Umgebung

Südlich von Bad Doberan liegt etwas versteckt das **Glashäger Quelltal**, in dem das beliebte Mecklenburger Mineralwasser entspringt. Durch das idyllische Tal und zum Tempelchen über der Quelle lohnt ein gemütlicher Spaziergang. Große Mineralwasserabfüllanlagen sucht man jedoch vergeblich: Das Wasser wird aus dem Quellental nach Bad Doberan gepumpt und dort abgefüllt.

Essen und Trinken **Ausflugsgaststätte Quellental**, ein Stück oberhalb des Quellentempelchens, sehr freundlich, innen rustikal, außen schöner, großer Garten mit kleinem Spielplatz. Bodenständige, günstige Hausmannskost, auch Café und Kuchen. Anfahrt über Hohenfelde (beschildert). Geöffnet Di–Fr 12–21 Uhr, Sa 11–22 Uhr, So 11–21 Uhr, Mo Ruhetag. Am Wege 5, 18209 Hohenfelde, ✆ 038203-62879, www.quellental-mv.de.

Heiligendamm

ca. 300 Einwohner

Noblesse oblige: Deutschlands ältestes Seebad erstrahlt wieder in altem Glanz. Blendend weiß, würdevoll schick – und kaum bezahlbar.

Eine prachtvolle Allee führt von Bad Doberan zu seinem Ableger an der Ostsee, der als „Weiße Stadt am Meer“ in die deutsche Bädergeschichte einging. Und in der Tat – das neoklassizistische Gebäudeensemble sucht in Deutschland seinesgleichen.

Das älteste deutsche Seebad hat seine Existenz dem Kur- und Badearzt Prof. Dr. Samuel Gottlieb Vogel zu verdanken. Er verordnete dem damaligen mecklenburgischen Herzog *Friedrich Franz I.* ein heilendes Bad hier am „Heiligen Damm“ in der Ostsee. 1793 ließ der Herzog die ersten Badehäuser bauen, 1816 entstand unter dem Baumeister *Carl Theodor Severin* das klassizistische Kurhaus mit seinem 250 Quadratmeter großen Ballsaal, es folgten nach und nach weitere Prachtbauten, später dann unter der Leitung von *Georg Adolph Demmler*. Bis in die 1930er Jahre hinein gaben

Zwischen Wismar und Rostock → Karte S. 98/99

sich die Mächtigen und Prominenten in Heiligendamm ein Stelldichein, der russische Zar Nikolaus I. ebenso wie Feldmarschall von Blücher, Rainer Maria Rilke und Marcel Proust, aber auch Hitler und Mussolini. Nach dem Zweiten Weltkrieg wurde der Ort als staatliches Sanatorium genutzt, viele der Prachtbauten verfielen.

Im neuen alten Glanz: Heiligendamm

1996 kaufte die Kölner Fundus-Gruppe hier ein Areal von insgesamt rund 400 Hektar und begann mit der umfangreichen Sanierung. Im Frühjahr 2003 wurde das Fünf-Sterne-Haus als *Kempinski Grand Hotel Heiligendamm* feierlich eröffnet. Die Pläne der Fundus-Gruppe sind nicht unumstritten, gehörte doch zur „Sanierung“ der Abriss eines der Logierhäuser, der so genannten *Perlenkette,* im Januar 2007. Auch das Wegerecht wurde stark eingeschränkt, da sich die Hotelgäste über die Anwesenheit der zahlreichen Neugierigen beschwert haben sollen. Schließlich hat die Fundus-Gruppe hier nicht nur an die 250 Millionen Euro investiert, sondern auch 250 Arbeitsplätze geschaffen haben. Zwischen der Stadt Bad Doberan und dem Investor wurde zuletzt ein Kompromiss ausgehandelt, demzufolge das abgerissene Logierhaus wieder aufgebaut wird, die Sanierungen fortgesetzt und ein öffentlicher Rundweg geschaffen werden soll.

Die ganze Welt blickte im Juni 2007 auf Heiligendamm, als im Zuge des G 8-Gipfels die Staatschefs im Grand Hotel residierten. Ende 2008, Anfang 2009 geriet Heiligendamm wieder in die Schlagzeilen: Kempinski kündigte den Vertrag mit der Fundus-Gruppe, die Trennung der ehemaligen Partner geriet zu einem medialen Rosenkrieg.

Abseits der klassizistischen Hotelgebäude zeigt sich Heiligendamm ein wenig vernachlässigt. Es ist umgeben von viel Wald, der Strand zählt nur zu den durchschnittlicheren in der Gegend – etwas steinig und auch nicht allzu breit. Mit Wiederaufbau und Sanierung der erwähnten Logierhäuser wurde 2010 begonnen, geplant sind hier exklusive Eigentumswohnungen. Außerhalb des Hotelkomplexes gibt es ein Restaurant und zwei Cafés, am Ortsrand befindet sich eine Rehaklinik.

Information Eine Touristinformation gibt es nicht, allerdings kann man am Schalter des Molli-Bahnhofs Heiligendamm Auskünfte erfragen. Kühlungsborner Str. 4, ✆ 038203-4150, 📠 038203-41512.

Verbindungen Zur **Schmalspurbahn Molli** s. S. 115.

Der **Bus** 121 fährt nach Bad Doberan und Kühlungsborn und weiter nach Rerik (Mo–Fr ca. 10-mal, Sa/So 6-mal). Deutlich günstiger als der Molli.

Kurtaxe In der Hochsaison 2 €, erm. 1 €, ansonsten 1 €, erm. 0,75 €.

Parken Überall gebührenpflichtig (1 €/Std.), z. B. gegenüber dem Café im alten Golfhaus.

Wassersport **Kite- und Surfschule Heiligendamm**, am Strand östlich des Grand Hotels. ☏ 0162-3633658, www.kiteschule-heiligendamm.de.

Übernachten ***** **Grand Hotel**, das heutige Heiligendamm besteht in weiten Teilen aus diesem Luxushotel. Verschiedene Bars und Restaurants (darunter das Gourmet-Restaurant *Friedrich Franz*, in dessen Küche Sternekoch Ronny Siewert wirkt), Schwimmbad, Saunen, Dampfbad, Fitness, Luxus-Spa usw. EZ ab 200 €, DZ ab 240 €, Frühstück inkl. Prof.-Dr.-Vogel-Straße 6, 18209 Bad Doberan-Heiligendamm, ☏ 038203-7400, ℻ 038203-7407474, www.grandhotel-heiligendamm.de.

Essen & Trinken **Jagdhaus Heiligendamm**, vielfach gelobtes Restaurant in Heiligendamm (aber außerhalb des Grand Hotels). Dem Gault Millau war die junge Küche stattliche 14 Hauben wert. Auf der Karte findet sich, dem Ort verpflichtet, viel Wild. Gehobenes Preisniveau (Hauptgericht ab 15 €). Tägl. ab 12 Uhr geöffnet, Mi Ruhetag, Mitte Jan. bis Mitte Februar geschl. In der Nebensaison werden Kochkurse veranstaltet. Es stehen auch vier DZ zur Verfügung. Seedeichstr. 18b, 18209 Bad Doberan-Heiligendamm, ☏ 038203-735775, www.jagdhaus-heiligendamm.de.

Café/Restaurant Herzoglicher Wartesaal, im Bahnhof Heiligendamm, gemütliches historisches Ambiente, mittleres bis leicht gehobenes Preisniveau (Dorsch „klassisch" 12,50 €). Tägl. 11–22 Uhr geöffnet, im Winter abends kürzer. Kühlungsborner Str. 4, ☏ 038203-41515.

Café im alten Golfhaus, am östlichen Ortsrand nahe Strand, nette Terrasse, innen gemütlich, günstige Snacks und leckerer Kuchen. Tägl. 11–17.30 Uhr geöffnet. Seedeichstr. 15, ☏ 038203-77655.

An der Promenade außerdem ein Eiscafé.

Die Küste zwischen Heiligendamm und Warnemünde

Östlich von Heiligendamm verläuft ein Weg am Ufer Richtung Börgerende und Nienhagen. Hier kann man auf dem „Heiligen Damm" (rad-)wandern – oder parken (gebührenpflichtig, versteht sich) und an den langen Strand gehen. Nach drei Kilometern erreicht man *Börgerende*, ein unspektakuläres Straßendorf, das sich aber in den letzten Jahren herausgeputzt hat und mittlerweile ein großes Areal an Ferienhaus-Neubauten aufzubieten hat, und auch am „Villenresort Ostseestrand" wird weiter gebaut. Von Börgerende führt ein (Rad-)Wanderweg weiter nach *Nienhagen*. Das letzte Stück führt oberhalb der Steilküste durch den Nienhäger *Gespensterwald* (Naturschutzgebiet) mit seinen bizarr anmutenden Bäumen. Immer wieder führen Treppen hinunter zum schönen Sandstrand.

Einkaufen **Bio Hofladen** in Rethwisch, von Börgerende kommend auf der rechten Seite in einer Scheune. Gemüse, Brot, Gebäck, Kosmetik etc. Im Sommer tägl. 11–19 Uhr, sonst Mo–Fr 11–19 Uhr, Sa 11–16 Uhr, So geschl. Börgerender Str. 15.

Übernachten **Pension & Restaurant Fachwerk**, in einem schönen backsteinernen Fachwerkhaus aus dem Jahr 2007 ist diese freundliche Herberge samt Restaurant untergebracht. Innen sitzt man gemütlich unter schwerem Holzgebälk, außen befindet sich eine schöne Terrasse. Mit Liebe zum Detail eingerichtet. Leicht gehobenes Preisniveau, auch Café. Ab 15 Uhr geöffnet, Sa/So ab 12 Uhr, Di Ruhetag. Parkplatz hinter dem Haus. EZ 71–82 €, DZ 82–102 €, Frühstück 8 €/Pers., in der Nebensaison deutlich günstiger. Seestr. 38, 18211 Börgerende, ☏ 038203-82248, ℻ 038203-82249, www.pension-fachwerk.de.

Camping **Feriencamp Börgerende**, am östlichen Ortsrand gelegen (beschildert), nur über den Deich zum Strand. Hauptsächlich Wohnmobile, relativ wenig Schatten. Mit Kneippanlage, Sauna, Gaststätte und kleinem Laden. Ende März bis Ende Okt. geöffnet. Wohnmobil-Stellplatz inkl. 2 Pers. 25–35 €, Zeltstellplatz mit 2 Pers. 20–23 €, Kind 3 €, Hund 4 €, Strom 3 €. Deichstr. 16, 18211 Börgerende, ☏ 038203-81126, ℻ 038203-81284, www.ostseeferiencamp.de.

Rostock, Warnemünde und Rostocker Heide

Rostock

knapp 203.000 Einwohner (inkl. Warnemünde)

Die „Leuchte des Nordens" präsentiert sich als quirlige, kontrastreiche Ostseemetropole: die Innenstadt zeigt ebenso hanseatische Geschäftigkeit wie backsteingotische Würde, und die Universität, die älteste Nordeuropas, sorgt für das junge Antlitz Rostocks.

Die pulsierende Lebensader der alten Hansestadt ist heute die Fußgängerzone, die von Rathaus und Marienkirche zum Universitätsplatz mit dem *Brunnen der Lebensfreude* (auch „Pornobrunnen" genannt, s. u.) und dem ehemaligen Kloster bzw. dem Kröpeliner Tor führt. Im Zentrum der Altstadt erhebt sich nahe dem weitläufigen Markt und dem eigenwilligen Rathaus die Marienkirche, ein trotz langwieriger Renovierungsarbeiten unbedingt besichtigenswertes Beispiel der Norddeutschen Backsteingotik (s. u. *Sehenswertes*). Ein interessantes Gebäudeensemble befindet sich am *Universitätsplatz,* das sich u. a. aus dem barocken *Herzoglichen Palais,* der klassizistischen *Wache* und dem den Platz dominierenden *Hauptgebäude der Universität* zusammensetzt. Schräg hinter Letzterem erstreckt sich das ehemalige *Kloster Zum Heiligen Kreuz,* heute eine kleine, fast dörflich anmutende Idylle mitsamt sehenswertem Museum im Klostergebäude und einer hübschen Kirche (s. u. *Sehenswertes*). Schließlich gelangt man am westlichen Ende der Innenstadt an das *Kröpeliner Tor* (um 1270 begonnen und im 14. Jh. auf die heutige Höhe von 54 Metern erweitert). Von den ehemals 22 Stadttoren stehen außer dem Kröpeliner Tor noch das wuchtige *Steintor* mit dem spitzen Helm (16. Jh.), an dessen Innenseite auf Lateinisch der fromme Wunsch zu lesen ist, es mögen Eintracht und allgemeines Wohlergehen herrschen, nahebei das gedrungene *Kuhtor* (um 1260, damit eines der ältesten Stadttore Norddeutschlands) und schließlich zum Hafen hin das klassizistisch umgeformte *Mönchentor.* Die Stadttore sind Überreste der mittelalterlichen Befestigungsanlage. Erhalten sind auch Abschnitte der bis zu sieben Meter hohen Stadtmauern, die Rostock ab 1270 umgaben. Entlang des südwestlichen Abschnitts erstreckt sich ein von alten Bäumen bestandener Park, der zum Steintor hin in den Rosengarten übergeht.

Vor dem Kröpeliner Tor entfaltet sich ein kleiner studentischer Gegenentwurf zur touristischen Ostseeküstenromantik. Um den Doberaner Platz liegt die *Kröpeliner-Tor-Vorstadt,* von formulierungsmüden Jungakademikern kurz die KTV genannt: statt Hafenidylle ein Straßenbahnknotenpunkt, keine maritimen Souvenirläden, sondern Kopierbuden und Handyshops, statt nostalgischer Schifferkneipen und Fischrestaurants internationale Küche, schicke Bars und Lounges.

Rostock → Karte S. 133

Dagegen präsentiert sich der Stadtteil, der sich im Rücken des Rathauses erstreckt, die östliche Altstadt, ruhig und geradezu kleinstädtisch. Schmale Gassen ziehen sich leicht bergauf an hübschen, niedrigen Häusern entlang. Hier steht die Kirche St. Petri (s. u. *Sehenswertes*) am weitläufigen und oft leeren Alten Markt. Hinter dem Rathaus zeugen ein paar sehenswerte gotische Giebelhäuser von hanseatischem Bürgerstolz: so vor allem das *Kerkhoff-Haus* (Hinter dem Rathaus 5), das 1470 entstanden ist und heute Stadtarchiv und Standesamt beheimatet, oder auch das *Krahnstöver-Haus* (Große Wasserstraße 30) mit seinen zinnengekrönten Giebeln.

Vom Hafen hingegen sollte man nicht allzu viel erwarten. Sehenswerte Bauten finden sich nicht. Vor allem aber führt die B 105 direkt am Hafen entlang. Am westlichen Teil des Hafens befinden sich das Theater am Stadthafen und das Brauereigasthaus *Alter Fritz* und etwas weiter ein paar Bars sowie die Basen von Surf- und Tauchschulen.

Stadtgeschichte

Erste historisch gesicherte Erwähnung fand Rostock zynischerweise anlässlich seiner Zerstörung. Kein Geringerer als *Saxo Grammaticus,* der berühmte dänische Geschichtsschreiber, berichtet davon, dass die Dänen im Jahr 1161 eine slawische Burg namens *roztoc* niederbrannten. Bald aber begann der Wiederaufbau unter Mithilfe zugezogener niederdeutscher Neusiedler, und es wuchs um die St. Petrikirche eine Ortschaft, die 1218 das Lübische Stadtrecht erhielt. Der rasante Aufstieg der Stadt begann nach dem Zusammenschluss der Altstadt mit den nahe gelegenen Siedlungen: zunächst mit der Mittelstadt um St. Marien, dann der Neustadt um St. Jakobi, der dritten großen Stadtkirche, die aber im Zweiten Weltkrieg zerstört und nicht wieder aufgebaut wurde.

Blücher hinterm Pornobrunnen: Rostocks Skulpturen

Zwar gibt es kaum einen Ort in Europa, der nicht sein kleines Monument hätte, und sei es ein Gefallenendenkmal, in Rostock aber sind die Reliefs, Brunnenfiguren und Plastiken nicht nur in bemerkenswerter Häufigkeit anzutreffen (knapp 300 sollen es sein), es ranken sich auch teils kuriose Geschichten um die Kunstwerke. Die wohl berühmteste Plastik Rostocks ist die bronzene *Schlange*, die sich um eine Säule des Rathauses windet. Es heißt, dass sich hier bereits nach der Fertigstellung der Rathausvorhalle ein bronzenes Reptil schlängelte – möglicherweise aus dem gleichen Grund, aus dem die Lübecker Maus in der dortigen Marienkirche nagt: Wandernde Gesellen konnten, indem sie von den verborgenen Wahrzeichen wussten, beweisen, dass sie tatsächlich in dieser oder jener Stadt gewesen waren. Die heutige Bronzeschlange Rostocks stammt aus dem Jahr 1998.

Zu den älteren Statuen zählt das Denkmal des wohl berühmtesten Sohnes der Stadt: Gebhard Leberecht von *Blücher*, geboren 1742 in Rostock, preußischer Generalfeldmarschall und mit Wellington gefeierter Sieger über Napoleon bei Waterloo. Die Statue zeigt den „Marschall Vorwärts" nicht in Uniform, sondern in den Gewändern eines antiken Helden, wenngleich er in Händen Marschallstab und Degen hält. Kurios ist die Entstehungsgeschichte des Denkmals: In einer Zeitung wurde 1814 berichtet, dass die Stadt ihrem berühmten Sohn ein Denkmal setzen wolle, worauf sich Blücher höflich bedankte. Nicht weiter ungewöhnlich, hätte der Stadtrat von diesem Vorhaben gewusst. Nun aber musste Letzterer sich einer Zeitungsente beugen und das Geld für das Denkmal auftreiben, um das Gesicht zu wahren. 1819 wurde die von Johann Friedrich Schadow geschaffene Bronzestatue auf dem Universitätsplatz aufgestellt, die etwas holprige Inschrift stammt von keinem Geringeren als Goethe.

Ein gebürtiger Rostocker: Marschall Vorwärts

Geprägt wird der Universitätsplatz durch den ausdrucksstarke *Brunnen der Lebensfreude* von Reinhard Dietrich und Jo Jastram, die sich auch mit diversen anderen Skulpturen im Stadtbild Rostocks verewigt haben. Mehrere Gruppen aus überlebensgroßen Menschen und Tieren vergnügen sich im Wasserspiel: eine suhlende Wildsau, badende Pärchen, balgende Hunde, Vater und Sohn tanzen im lockeren Kreis um die zentralen Familie. Der Volksmund nennt den 1980 eingeweihten Brunnen der Lebensfreude aufgrund der Nacktheit, die Badenden nun mal zueigen ist, auch „Pornobrunnen" – etwas schnodderig respektlos vielleicht, keineswegs aber verächtlich. Denn die Rostocker lieben ihren Brunnen, hier wie an kaum einen anderen Platz schlägt das Herz der Stadt.

Der Brunnen der Lebensfreude

Noch so manch andere bemerkenswerte Skulptur stammt aus der Hand des gebürtigen Rostockers Jo Jastram (1928–2011). Seine Arbeiten sind meist facettenreich und skurril, ausdrucksstark und humorvoll. Eine Berühmtheit ist an der Straße namens Glatter Aal zu sehen: Hier hängt das 1996 gestaltete Porträtrelief des berühmten dänischen Astronomen *Tycho Brahe* mitsamt Planeten im Hintergrund, Arbeitsinstrumenten, dickem Bauch und – goldener Nase. Letztere meinte der Bildhauer aber keineswegs sprichwörtlich: Brahe hatte Mitte des 16. Jh. in Rostock studiert und nicht nur ein Duell, sondern dabei auch die Nase verloren, sodass er fortan eine goldene Prothese tragen musste. Weitere sehenswerte Skulpturen Jastrams sind die *Große Afrikanische Reise*, die über viele Jahre entstanden war und seit 2008 am Stadthafen steht, und in der Badstüberstraße *Kaspar Ohm up sin Vosswallach* (1988), nach der autobiografischen Erzählung „Kaspar Ohm un ick" des Rostocker Autors John Brinckman. Letztere ist ein schönes Beispiel für Jastrams Humor: Zur Skulptur gehören nicht nur der stolze Kaspar Ohm auf seinem bockigen Gaul, sondern auch die Pferdeäpfel auf dem Pflaster und die Spatzen darauf.

Zu unseren Lieblingsskulpturen zählt zudem die *Afrikanische Bergziege* von Gerhard Rommel (1979). Sie steht neben der Marienkirche und wirft einen skeptischen Blick über den Ziegenmarkt (zumal wenn sie kleinen Kindern als Reittier dienen muss ...).

Eine der formschönsten Statuen ist die Bronzeplastik *Die Trinkende* von Viktor H. Seifert (1922) im Rosengarten, so schön, dass sie mittlerweile zwei Mal gestohlen wurde. Dank der Spenden Rostocker Bürger befindet sich seit Herbst 2007 der nunmehr zweite Nachguss der Figur wieder an ihrem Platz.

Rostocks Skulpturenreichtum strahlt bis Warnemünde. Zwei seien abschließend genannt: Zentral bei Leuchtturm und Teepott steht ein klobiges Betonboot mit Besatzung auf einem Sockel: die *Lotsenehrung* von Reinhard Dietrich (1976). Sehr viel eleganter hebt ein Liebender seine bronzene Angebetete in die Höhe: Das *Liebespaar* (1979) von Wilfried Fitzenreiter auf der Strandpromenade von Warnemünde.

Wer sich vertiefend mit den Kunstwerken in Rostocks Innenstadt beschäftigen will, dem sei das 2006 im Hinstorff-Verlag erschienene Buch *Kunstwege. Spaziergänge durch Rostock und Warnemünde* von Matthias Schümann und Reiner Mnich empfohlen.

Der Markt im Rücken der Marienkirche

Rostocks Entwicklung ist untrennbar mit den Geschicken der Hanse verknüpft. Zum Schutz ihrer Handelsfahrer gingen 1260 Lübeck, Wismar und Rostock ein Bündnis ein, das Kern und Motor des bald machtvollen Handelsverbands war. Rostocks Kaufleute waren auf den Handel nach Skandinavien ausgerichtet, sie fuhren vor allem nach Schonen im damals dänischen Südschweden sowie nach Dänemark selbst und nach Norwegen. Die hanseatische Blüte fand einen nachhaltigen Ausdruck in der Gründung der Universität, die 1419 von Papst Martin V. gestattet wurde. Die *alma mater rostochienses* war die erste Universität in Nordeuropa und wurde *das* Bildungszentrum der Hanse im gesamten Ostseeraum.

Mit dem Niedergang der Hanse verblühte auch die Pracht Rostocks. Nahezu ruiniert im Dreißigjährigen Krieg, vernichtete ein schwerer Stadtbrand 1677 weite Teile der Stadt. Erst Mitte des 19. Jh. ging ein neuer wirtschaftlicher Schub durch die Stadt, ausgelöst durch die Industrialisierung. Auf einer ansässigen Werft wurden moderne Dampfschiffe gebaut und bald war Rostock der Heimathafen der größten Dampferflotte der Ostsee. Aber eben das wurde der Stadt auch zum Verhängnis. Zu den Schiffsbauern hatte sich ab 1925 die junge Flugzeugindustrie gesellt. Unter den Nationalsozialisten aber wurde auf den Werften nur noch für militärischen Nutzen produziert und Rostock ein wichtiger Standort der Rüstungsindustrie. Das wiederum machte die Stadt an der Warnow zu einem bevorzugten Ziel alliierter Bomber, die Rostock in Schutt und Asche legten – zu Kriegsende war fast die Hälfte der Stadt zerstört.

Der Wiederaufbau Rostocks ging vergleichsweise zügig voran, „profitierte" doch die Stadt insofern von der deutschen Teilung, dass sie nun der wichtigste Hafen der DDR war. Die großen Werften und der Hochseehafen waren die wirtschaftlichen Motoren Rostocks, das 1952 Hauptstadt des nördlichsten Bezirks der DDR wurde. 1990 verlor die Stadt zwar im neu geschaffenen Bundesland Mecklenburg-Vorpommern den Status der Landeshauptstadt an Schwerin, aber Rostock knüpfte an eine alte Tradition an und nennt sich seither wieder Hansestadt.

Heute ist es neben dem Tourismus wieder der seit 2003 durch einen Tunnel mit dem Westufer der Warnow verbundene Hafen, der Rostocks wirtschaftlichen Aufschwung ausmacht. Ausgebaut und modernisiert, verfügt Rostock nun über einen der bedeutendsten Warenumschlags-, Kreuzfahrt- und Fährhäfen Deutschlands.

Basis-Infos

(→ Karte S. 133)

Information Die **Touristinformation** am Neuen Markt bietet Eintrittskarten, Stadtführungen, Zimmervermittlung etc. Mai bis Okt. Mo–Fr 10–18 Uhr, Sa/So 10–15 Uhr; Nov. bis April Mo–Fr 10–17 Uhr, Sa 10–15 Uhr, So geschlossen. Neuer Markt 3, 18055 Rostock, ✆ 0381-3812222, 📠 0381-3812602, www.rostock.de.

Stadtführungen durch die Innenstadt Mai bis Okt. tägl. um 14 Uhr (So um 11 Uhr), Mai bis Sept. zudem Do um 18 Uhr, Nov. bis April nur Sa 14 Uhr. Dauer 1,5 Std., Erw. 4 €, Kinder bis 12 J. frei, Treffpunkt bei der Touristinformation.

Mit der **RostockCard** kostenlos oder ermäßigt: Stadtführung und -rundfahrten, Schifffahrtsmuseum, einige Theaterbesuche, bei Hafenrundfahrten usw., vor allem aber freie Fahrt im Nahverkehr. 24 Std. 8 €, 48 Std. 13 €/Pers.

Hafenrundfahrten U. a. mit der *MS Rostocker 7* der Reederei Rostocker Personenschifffahrt, 2-stündige Fahrt von Rostock nach Warnemünde und zurück. Liegeplatz am Stadthafen. Mai bis Okt. zwischen 10.30–15.30 Uhr etwa halbstündlich, im Winterhalbjahr eingeschränkt. Erw. 12 €, Kinder 4,50 €. ✆ 0381-699962, www.rostocker-flotte.de.

Parken Stundenweise und mit Parkschein parken kann man z. B. an der Langen Straße, darüber hinaus mehrere Parkhäuser und -plätze in Zentrumsnähe.

Taxi Hanse-Taxi, ✆ 0381-685858.

Verbindungen Die **Bahn** bietet im Sommer vom Bahnhof Rostock 1-mal tägl. eine ICE-Verbindungen nach Berlin, Leipzig, Nürnberg und München, ansonsten regelmäßig ICs nach Stralsund, Binz (Rügen), Schwerin und Hamburg. Im Regionalverkehr geht es nach Wismar (via Bad Doberan), nach Schwerin und über Ribnitz-Damgarten nach Stralsund und von dort aus weiter nach Rügen, Greifswald und Usedom.

Im Nahverkehr fährt die **S-Bahn** vom Hauptbahnhof häufig nach Warnemünde (S 1), eingeschränkt nach Güstrow (S 2) und etwa stündl. zum Seehafen (S 3). Der **Hauptbahnhof** befindet sich ein gutes Stück südlich der Altstadt.

Der **Bus** bietet tägl. Verbindungen nach Rerik über Bad Doberan und Kühlungsborn mit der Linie 121 und mit der Linie 118 nach Graal-Müritz. ZOB neben dem Hauptbahnhof.

Warnow-Tunnel: Ein 790 m langer, mautpflichtiger Tunnel führt seit 2003 bei Lütten-Klein unter der Warnow hindurch zum Überseehafen. Pkw/Motorrad im Sommer 3,20 €, im Winter 2,50 €; Gespann/Wohnmobil 4,20 € bzw. 3 €. Infos unter www.warnowquerung.de.

Zwei **Fähren** kreuzen die Warnow. Eine **Personenfähre** verbindet von Juni bis Sept. halbstündlich den Anleger Kabutzenhof (Straßenbahnhaltestelle in der Kröpeliner-Tor-Vorstadt, westlich des Stadthafens), bzw. Sa/So näher am Stadthafen mit dem Anleger Gehlsdorf auf der anderen Seite der Warnow. In Warnemünde setzt eine **Autofähre** der Weißen Flotte alle 20 Min. über den Seekanal zur Hohen Düne über. Pkw (inkl. Fahrer) 2,80 €, jede weitere Person 1,30 €, Kinder (6–14 J.) 0,90 €, Fahrrad 0,90 €. Infos unter ✆ 0381-519860, www.weisse-flotte.de.

In der Innenstadt fährt man **Straßenbahn**, zentrale Knotenpunkte sind das Steintor und der Doberaner Platz, direkt zum Hauptbahnhof fahren die Linien 3, 4, 5 und 6, zum Stadthafen die Linien 1 und 2. Einen handlichen Netzplan erhält man am Bahnhof und in der Touristinformation. Zudem verkehren auch **Busse** durch die Innenstadt und bis in die Vororte.

Der große Rostocker Überseehafen (auf der anderen Seite der Warnow) ist auch einer der wichtigsten Fährhäfen Deutsch-

Rostock → Karte S. 133

lands. Mit **Schiffen** der *TT-Line* gelangt man in die südschwedische Hafenstadt Trelleborg (www.tt-line.de), mit *Scandlines* ebenfalls nach Trelleborg sowie nach Gedser/Dänemark und Ventspils/Lettland (www.scandlines.de).

Der **Flughafen** *Rostock-Laage* befindet sich südlich von Rostock an der A 19 (Busshuttle mit der Linie 127 nach Rostock), werktags u. a. Linienflüge nach München, Charterflüge mit Germanwings etc. ✆ 01805-007737, www.rostock-airport.de.

Aktivitäten und Veranstaltungen

Einkaufen **buch-bar 8**, freundlicher, kleiner Buchladen in der Nähe der ehemaligen Nikolai-Kirche. Im Bereich Belletristik gut sortiert, kleine Abteilung literarischer Regionalia. Altschmiedestr. 32, ✆ 0381-2104676.

Fahrradverleih **Rad-Station Rostock** am Hauptbahnhof (davor stehend links), Tourenrad ab 7 €. Mo–Fr 10–18 Uhr, Sa 10–13 Uhr. ✆ 0381-2523990, www.radstation-rostock.de.

Fußball Der **FC Hansa Rostock** bereicherte jahrelang die Bundesliga, zurzeit kämpft sich der Verein im Zeichen der Kogge durch die Zweite Liga, aber wir zweifeln nicht, dass, wenn nicht in dieser, so in der nächsten Saison der Aufstieg gelingen kann. Karten für Heimspiele im neuen Stadion und Fanartikel gibt es im **Hansa-Fan-Shop**, Breite Str. 12–15, ✆ 0381-4999910.

Theater Das **Volkstheater Rostock** verfügt über mehrere Bühnen: Gespielt wird im Großen Haus (Theater, Oper, Ballett), Doberaner Str. 134/135, Abendkasse ✆ 0381-3814702; im Theater am Stadthafen (vornehmlich Theater), Am Warnowufer 65, ✆ 0381-2085220; in der Kleinen Komödie Warnemünde, Rostocker Str. 8, ✆ 0381-5191400. Konzerte finden u. a. im Barocksaal oder der Nikolaikirche statt. Vorverkauf im Großen Haus, ✆ 0381-3814700, werktags nachmittags, sowie unter www.volkstheater-rostock.de oder in der Touristinformation (hier auch Infos über Kleinkunst).

Veranstaltungen **Hanse Sail**, *das* Großereignis der Stadt. Jedes Jahr am zweiten Augustwochenende treffen sich Windjammer und Schoner, Traditionssegler und Museumsschiffe zum größten maritimen Fest an der deutschen Ostseeküste. Mit großer Regatta und Feuerwerk. Infos unter www.hansesail.com.

Rostocker Weihnachtsmarkt, der größte seiner Art in Norddeutschland und ein Besuchermagnet, auch Leser waren begeistert und bezeichneten den Weihnachtsmarkt als Attraktion. Ab Ende Nov. in der Altstadt, www.rostocker-weihnachtsmarkt.de.

Wassersport **Tauchsportschule Rostock**, Ausbildung und Scheine, Wracktauchen, Tauchfahrten, Ausrüstung (auch Verleih), Füllstation etc. Am Warnowufer 57, ✆/℻ 0381-690440, www.tauchschule-rostock.de.

Wassersport Rostock, Segelschule, auch Scheine, Surf- und Katamaranschule. Stadthafen 71, ✆ 0381-2009555, www.wassersport-rostock.de.

Zoo Der **Zoologische Garten Rostock** liegt südwestlich vom Stadtzentrum (großer Parkplatz am Barnstorfer Ring, zu erreichen auch mit der Straßenbahn Nr. 3 und Nr. 6 ab Zentrum). Auch Leser fanden den Zoo einen Ausflug wert. April bis Okt. tägl. 9–19 Uhr und Nov. bis März tägl. 9–17 Uhr, Kassenschluss 1–2 Std. vorher. Erw. 11,50 €, erm. 9 €, Kinder 3–16 J. 6 €, Familienkarte 21–31 €, Hunde 6 €. Rennbahnallee 21, ✆ 0381-20820, www.zoo-rostock.de.

Übernachten

Bei der Hotelbuchung sollte man berücksichtigen, dass am zweiten Wochenende im August zur Hanse Sail eine Art „Haupt-Hauptsaison" ist. Falls die Unterkünfte dann nicht ohnehin ausgebucht sind, sind sie in der Regel auch noch ein gutes Stück teurer als sonst.

**** **Steigenberger Hotel Sonne 13**, auch wenn von außen nicht ersichtlich: das erste Haus am Platz; dafür weithin sichtbar, dank der Sonnen auf dem Giebel. Der Eingang befindet sich an der Seite zum Rathaus. Den vier Sternen angemessen. W-LAN. Zum Haus gehören u. a. das gehobene Restaurant und die stilvolle *Weinwirtschaft* am Eck (s. u.). DZ ab 129 €, Suite ab 159 €, Frühstücksbuffet 17 €/Pers., Hund 9 €, Tief-

garage 9 €/Tag. Neuer Markt 2, 18055 Rostock, ✆ 0381-49730, 📠 0381-4973351, www.rostock.steigenberger.de.

*** **Die Kleine Sonne** **14**, Drei-Sterne-Ableger des Steigenberger Hotel Sonne, die kleine Sonne eben und eine gemütliche Alternative. Schräg gegenüber in der Steinstraße. Kreativ und stilvoll eingerichtet, sehr freundlich. Mit Sauna und Solarium. W-LAN 5 €, Parkplatz hinter dem Haus 9 €/Tag. DZ ab 92 €, Frühstück 12 €/Pers, Hunde 12 €. Steinstr. 7, 18055 Rostock, ✆ 0381-46120, 📠 0381-46121234, www.die-kleine-sonne.de.

Altes Hafenhaus **1**, sehr schöne Stadtvilla am Hafen mit gelber Fassade, unweit des klassizistischen Mönchentor. Stilvoll und teils mit Antiquitäten eingerichtet. Gemälde an den Wänden machen das Hotel auch zur Galerie. Sehr freundlich. EZ 89 €, DZ 99 €, inkl. Frühstücksbuffet, Hunde willkommen (10 €/Tag). Strandstr. 93, 18055 Rostock, ✆ 0381-4930110, 📠 0381-4930119, www.alteshafenhaus.de.

Am Hopfenmarkt **11**, vergleichsweise günstige Übernachtungsmöglichkeit in Rostock. Die Rezeption des aus drei Häusern bestehenden Garni-Hotels befindet sich im Durchgang zum Hopfenmarkt (geöffnet tägl. ab 7 Uhr). Recht neue, gediegene Zimmer, sehr zentral. Dazu gehören auch das urige Gasthaus *Hopfenkeller* (s. u.) und das Restaurant *Leon* im Hopfenmarkt. EZ ab 75 €, DZ ab 105 €, Appartement ab 119 €, Frühstück jeweils inkl. In den Nebenhäusern *Aalreuse* (Kistenmacherstr. 20) und *Kemlade* (im Hopfenmarkt) um einiges günstiger. Buchbinderstr. 10 (Rezeption in der Kröpeliner Str. 20a), Tiefgarage 8 €, Hund 6 €. 18055 Rostock, ✆ 0381-4583443, ✆ 0381-4031082, www.am-hopfenmarkt.de.

Jellyfish Hostel 16, überzeugendes Backpacker-Hostel wie aus guten, alten Traveller-Zeiten. 1- bis 8-Bettzimmer, Frühstück möglich, Internet und W-LAN, Gemeinschaftraum, Garten. Absolut zentral gelegen, nur einen Steinwurf vom Neuen Markt entfernt. Ab 17 €/Pers. im 8-Bettzimmer bis 31 €/Pers. im DZ mit Bad, bzw. 37 €/Pers. im EZ, Frühstück 4 €/Pers. Beginenberg 25, 18055 Rostock, ✆ 0381-4443858, www.jellyfish-hostel.de.

Essen & Trinken

(→ Karte S. 133)

Die meisten Restaurants und Lokale befinden sich in der Innenstadt, zudem haben sich im ehemaligen Arbeiterviertel Kröpeliner-Tor-Vorstadt (KTV) zwischen der Heiligen-Geist-Kirche und dem Doberaner Platz Restaurants mit internationaler Küche, Kneipen und Bars niedergelassen. Gastrokritiker, die auf der Suche nach kulinarischen Leuchttürmen sind, von denen sie in der einschlägigen Fachliteratur schwärmen können, müssen sich nach Warnemünde bequemen.

Restaurants **Ratskeller 6**, ältestes Gasthaus der Stadt, deftige, gutbürgerliche Küche im großen, stimmungsvollen Gewölbekeller unter dem Rathaus. Freundlicher Service, das Preisniveau ist für Standort und Gebotenes völlig in Ordnung. Tägl. ab 12 Uhr geöffnet. Neuer Markt 1, ✆ 0381-5108460, www.ratskeller-rostock.de.

Albert und Emile 5, ambitionierte Küche mit französischem Einschlag. Dabei gar nicht mal teuer. Kleine, wechselnde Karte, auch vegetarische Gerichte. Das stilvolle Restaurant liegt in der östlichen Altstadt. Di–Sa 18.30–23 Uhr. Altschmiedestr. 28, ✆ 0381-4934373, www.albert-emile.info.

Weinwirtschaft 10, Weinlokal und Restaurant am Eck des *Hotels Sonne*, aus der (Show-)Küche kommt regionale und mediterrane Küche, nicht teuer. Angemessen große Weinkarte (auch Weinverkauf), freundlich und gemütlich. Tägl. 11–24 Uhr. Neuer Markt 2, ✆ 0381-4973249.

Kaminstube 3, beliebtes Restaurant zwischen Marienkirche und Hafen, viel Fisch, interessante Tageskarte sowie Thai-Küche, leicht gehobenes Preisniveau. Di–Sa ab 18 Uhr. Burgwall 17, ✆ 0381-31337.

Hopfenkeller 7, urgemütliches Restaurant am Hopfenmarkt im steinalten Keller mit niedrigem Kreuzrippengewölbe. Große Auswahl an deftiger Hausmannskost bei mittlerem Preisniveau, auch saisonale Angebote. Kröpeliner Str. 18, ✆ 0381-2036247.

Brauhaus Zum alten Fritz 2, am Stadthafen beim Theater befindet sich der große Brauereigasthof. Urig eingerichtet, zum empfehlenswerten Bier aus dem Stralsunder Stammhaus gibt es Deftiges aus der Küche, beispielsweise Bierkutscherschnitzel oder Hanseaten-Labskaus. Wechselnde Wochenkarte, im Sommer mit Biergarten, sehr beliebt und oft bis auf den letzten Platz gefüllt. Tägl. 11–1 Uhr. Am Warnowufer 65, ✆ 0381-208780, www.alter-fritz.de.

In der **KTV 12** findet man um den Doberaner Platz internationale Küche. Ob indische Brasserie (**Jyoti**, Leonhardstr. 23, ✆ 0381-4590485), spanische Tapas-Bar (**Bodega**, Leonhardstr. 21 a, ✆ 0381-2037764) oder karibische Küche in der **La Casa de Cuba** (Barnstorfer Weg 10, ✆ 0381-4900204).

››› **Lesertipp: Wirtshaus im Wittespeicher 4**, Leser berichteten angetan von der deftigen Küche des freundlichen Wirtshauses. Neben dem obligatorischen Fisch auch Steak und Elsässer Flammkuchen. Schnickmannstr. 14, ✆ 0381-2436951. ‹‹‹

Weinstuben **Weineck im Hause Krahnstöver 9**, im sehenswerten gotischen Giebelhaus, auch Weinverkauf sowie Küche, an festen Terminen auch Degustation. Mo und Fr 10–23 Uhr, Di–Do und Sa 17–23 Uhr. Große Wasserstr. 30, ✆ 0381-4902004.

Cafés **Heumond 18**, sympathisches alternatives Café, innen sehr gemütlich und mit viel Liebe zum Detail eingerichtet, draußen hübscher Garten hinter der Stadtmauer. Frühstück (12–22 Uhr!), wechselnde Tagesgerichte (Küche bis 22 Uhr), Kuchen. Nicht teuer. Mo–Sa 12–1 Uhr, Hermannstr. 36, ✆ 0381-455970, www.heumond.de.

Café in der Likörfabrik 15, zu Recht beliebtes, junges Café unweit des Neuen Marktes (in einem Eckhaus am Kuhtorplatz), von morgens bis nachts geöffnet, günstige Mittagsgerichte. Grubenstr. 1, ✆ 0381-3777654.

Café Kloster 17, im hübschen Gebäudeensemble um das Kloster zum Heiligen Kreuz. Gemütliches Café, hier gibt es hausgemachte Waffeln, etwas Geduld sollte man aber mitbringen. Mo–Sa 11–19 Uhr, So 13–17 Uhr. Klosterhof 6, ✆ 0381-3757950.

Sehenswertes

Die Highlights der Stadt sind neben den gotischen Giebelhäusern, öffentlichen Kunstwerken etc. zweifelsohne die mächtige, an Höhe und Bedeutung alles überragende Marienkirche mit der bemerkenswerten astronomischen Uhr und das ehemalige Kloster zum Heiligen Kreuz mit Rostocks Kulturhistorischem Museum.

Rathaus

Am weitläufigen Neuen Markt weist das Rathaus einen eigentümlichen Stilmix auf: Es besteht aus zwei Gebäuden, die ähnlich dem Stralsunder Rathaus mit einer gotischer Fassade verbunden wurden. 1726 entschloss sich ein mutiger Stadtrat, der gotischen Fassade einen barocken (damals hochmodernen) Vorbau vorzusetzen. So erhebt sich heute über sieben Arkaden eine repräsentative, barocke Fassade, die wiederum von den spitzen Türmen der gotischen Schaufassade überragt wird.

Rostock → Karte S. 133

Marienkirche

Einen wuchtigen Eindruck vermittelt die Marienkirche, zwischen Neuem Markt und Langer Straße gelegen. Zunächst wurde Mitte des 13. Jh. eine Hallenkirche errichtet, die nach 1290 zu einer Basilika aus- und umgebaut wurde und sogar eine Doppelturmanlage erhalten sollte, die einzige neben St. Nikolai in Stralsund. Doch nach über hundert Jahren Arbeit brach der Bau in sich zusammen. Um das Gebäude stabiler zu halten, wurde an das vergleichsweise kurze Langschiff ein mächtiges Querschiff angefügt, sodass die Marienkirche nahezu genauso lang wie breit (und auch fast ebenso hoch) ist. Dies und der Umstand, dass die Doppelturmanlage nicht vollendet, sondern auf halbem Weg unterbrochen und zu einem massigen Westwerk zusammengefasst wurde, geben der Kirche ihr kompaktes, wuchtiges Erscheinungsbild. Im Innern werden die Haupt- und Seitenschiffe in über 31 Metern Höhe durch schöne Sterngewölbe abgeschlossen.

Zwar ist nicht viel von der mittelalterlichen Ausstattung erhalten, was aber noch zu sehen ist, zeigt sich umso bemerkenswerter. Ein kunst- und technikhistorisches Kleinod befindet sich hinter dem Hauptaltar: die *astronomische Uhr*. 1472 vom Nürnberger Uhrmacher

Als diese Uhr das erste Mal tickte, war Amerika noch nicht entdeckt

Hans Düringer angefertigt, ist sie zwar die jüngste von einer ganzen Reihe dieser aufwändigen Chronometer, die im hanseatischen Raum zu finden sind, aber sie ist die am besten erhaltene und – sie funktioniert immer noch! Dieser zweiteilige Zeitmesser ist mehr als nur eine Uhr, denn neben der Tageszeit (etwas ungewohnt im 24-Felder-Umlauf) und Datum (inkl. Jahr) sind auch noch Tierkreiszeichen, Mondphasen, Wochentage und Heiligenkalender abzulesen. Die Uhr zieren ausdrucksstarke Schnitzereien, so sind beispielsweise auf der oberen Uhrscheibe die Monate mittels Figuren gekennzeichnet, die Korn mähen (im Juli) und dreschen (August), Reben (September) und Äpfel (Oktober) ernten oder Holz hacken (November). Die heutige Attraktion des Kunstwerks ist vor allem der Apostelumgang am oberen Ende des Zeitmessers jeden Tag pünktlich um 12 Uhr (und um Mitternacht). Da diese Uhr aber nicht leicht zu lesen ist, empfiehlt sich eine kleine, informative Broschüre, eine Einführung im Rahmen einer Kirchenführung oder durch die kenntnisreichen ehrenamtlichen Mitarbeiter.

Aber es gibt noch zahlreiche andere Sehenswürdigkeiten in der Kirche. Links vom Altar steht eine bronzene *Tauffünte* (Taufbecken) aus dem Jahr 1290. Getragen von vier knienden Gestalten, wird auf der Fünte mit feinen Verzierungen das Leben Christi dargestellt, ein nicht minder aufwändig gestalteter Deckel schließt das Kunstwerk ab. Auf der anderen Seite des Hauptaltars hängt der *Rochusaltar,* ein großer Schnitzaltar des Schutzheiligen der Bartscherer und Wundheiler (um 1530). Er ist der letzte von einst etwa 40 Altären, die zur mittelalterlichen Innenausstattung zählten.

Marienkirche: Mai bis Sept. Mo–Sa 10–18 Uhr, So 11.15–17 Uhr; Okt bis April Mo–Sa 10–12.15 und 14–16 Uhr, So 11.15–12.15 Uhr. Besichtigung 1 €, erm. 0,50 €; Fotoerlaubnis 1 €. Am Ziegenmarkt 4, ✆ 0381-453325, www.marienkirche-rostock.de.

Kirchenführung: Mit Erklärung der astronomischen Uhr im Sommer tägl. außer So/feiertags 11 Uhr. Erw. 4 €, Kinder bis 12 J. frei. ✆ 0381-453325.

Petrikirche

Weithin sichtbar erhebt sich der Kirchturm auf eine Höhe von 117 Metern, wobei der schlanke, spitze Helm über die Hälfte der Höhe ausmacht. Die vergleichsweise kleine Petrikirche war im Zweiten Weltkrieg stark zerstört und unter widrigen Umständen in den folgenden Jahrzehnten mühsam wieder aufgebaut worden, nur der lange Helm konnte erst 1994 wieder auf den Turm gesetzt werden. Der Bau der Kirche wurde um 1300 auf dem ältesten Rostocker Siedlungsgebiet begonnen, aber

Bunte Giebel flankieren die Fußgängerzone

nach Verzögerungen, Bauplanänderungen und Erweiterungen erst im 15. Jh. fertiggestellt – inklusive Turm, der in den folgenden Jahrhunderten mit erschreckender, aber angesichts seiner Höhe nicht verwunderlicher Regelmäßigkeit vom Blitz getroffen und immer wieder mehr oder weniger stark beschädigt wurde.

Dass es sich bei der Petrikirche eigentlich um eine dreischiffige Basilika handelt, ist in ihrem Inneren kaum noch zu erkennen, da die beiden Seitenschiffe vom Mittelschiff seit dem Wiederaufbau abgetrennt sind. Das für den Gottesdienst genutzte Mittelschiff ist heute ein schmaler, karger Raum, der in 24 Metern Höhe von einer Holzdecke abgeschlossen wird. Im Nordschiff, dem „Raum der Stille", befinden sich die bedeutendsten Sehenswürdigkeiten der Kirche: zwei Altarflügel aus dem 15. Jh., der Rest des Hauptaltars hängt heute in der Marienkirche. Der Turm kann bis unter den Helm bestiegen werden, entweder über 196 Stufen unter den Helm auf 45 Metern Höhe – oder gelenkschonender mit dem Aufzug.

April bis Okt. tägl. 10–19 Uhr, Nov. bis März Mo–Fr 10–16 Uhr. Eintritt frei. Turmbesteigung bzw. Aufzug 2 €, erm. 1,50 €. Alter Markt, ✆ 0381-21101, www.petrikirche-rostock.de.

Kulturhistorisches Museum im Kloster zum Heiligen Kreuz

Das ehemalige Zisterzienserkloster zeigt sich heute als ein stimmungsvolles, geschlossenes Gebäudeensemble. Gegründet wurde es 1270 von der dänischen Königin Margarete. Rund um den Kreuzgang des sorgsam restaurierten Klosters ist das Kulturhistorische Museum untergebracht, das allein aufgrund der Räumlichkeiten einen Besuch wert ist. Auch wenn man es bei einem zweigeschossigen Kreuzgang nicht vermuten möchte, zeigen sich die Ausstellungsräume verwinkelt und überraschen immer wieder mit zahlreichen sehenswerten Details. Im unteren Teil (rechter Hand) beschäftigen sich Ausstellungsstücke und Schautafeln mit der (Bau-)Geschichte der Anlage und dem Klosterleben im Allgemeinen, der hintere Teil, gegenüber dem Eingang, ist wechselnden Ausstellungen vorbehalten. U. a. über eine Treppe links vom Eingang gelangt man in den ersten Stock, in dem mehrere Sektionen untergebracht sind, darunter: Skizzen und Gemälde Rostocker Stadtansich-

Rostock → Karte S. 133

ten, eine bemerkenswerte Sammlung niederländischer Malerei aus dem 16. bis 19 Jh., historisches Spielzeug, Kunsthandwerk, Porzellan, Trinkgefäße, Uhren, Silbertand und eine Münzsammlung.

Die Highlights des Museums aber sind die kleine Kirche, die man vom Eingang aus rechts durch die schwere Holztür erreicht, und das Refektorium, das linker Hand an den Kreuzgang anschließt. In der gotischen Klosterkirche aus dem 14. Jh. bestimmt das warme Rot des Backsteins den Raum, die Gewölbedecke zeigt sich sparsam bemalt und bei der Kanzel ist ein hübsches Gethsemane-Fresko erhalten. Im Refektorium schließlich findet man sich unter einem herrlichen Kreuzrippengewölbe wieder, das den Raum zu einem eleganten Zeugnis gotischer Architektur werden lässt.

Im Klosterhof hat sich neben Café, Goldschmiede und Galerie auch das *Kempowski Archiv* angesiedelt, in dem man sich über das Schaffen des bedeutenden, 2007 verstorbenen Rostocker Schriftstellers *Walter Kempowski* informieren kann.

Museum, Di–So 10–18 Uhr. Eintritt frei. Klosterhof 7, ✆ 0381-203590, www.kulturhistorisches-museum-rostock.de. **Kempowski Archiv**, Di–So 14–18 Uhr, Do 9.30–12 Uhr, Eintritt frei. Klosterhof 3, ✆ 0381-2037540, www.kempowski-archiv-rostock.de.

Sehenswertes außerhalb der Innenstadt

Dokumentations- und Gedenkstätte: Südlich der Innenstadt kann man in der ehemaligen Untersuchungshaftanstalt der Stasi in Rostock einen bedrückenden Eindruck des Zellentrakts erhalten. In den „Verwahrräumen" ist die Ausstellung untergebracht, die sich mit der Stasi, ihren Methoden und ihrer Wirkung, dem Haftalltag und beispielhaften Biografien ihrer Opfer befasst. Besonders eindrücklich sind die nicht einmal acht Quadratmeter großen Zellen, die im Originalzustand belassen wurden.

Di–Fr 10–18 Uhr, Sa 10–17 Uhr, Eintritt frei, Führungen Mi 15.30 Uhr und Sa 14 Uhr. Hermannstr. 34 b (Eingang auf der anderen Seite, via Augustenstraße und Grüner Weg), ✆ 0381-4985651.

Kunsthalle: Am Rand des Stadtteils Reutershagen und neben der B 105, die hier Hamburger Straße heißt, befindet sich oberhalb des Schwanenteichs die 1969 errichtete Kunsthalle, der einzige Museumsneubau in der Geschichte der DDR. In dem quadratischen Gebäude ist eine hübsche Sammlung moderner Kunst vornehmlich aus Ostdeutschland zu sehen, beginnend mit expressionistischen Werken vom Beginn des 20. Jh. Der Schwerpunkt liegt auf Gemälden und Skulpturen aus Norddeutschland, von Künstlern wie Otto Niemeyer-Holstein, der Rostockerin Kate Diehn-Bitt oder Jo Jastram, der auch im Straßenbild Rostocks seine Spuren hinterlassen hat (s. o.). In den weitläufigen Sälen der Kunsthalle finden außerdem wechselnde Ausstellungen zeitgenössischer Künstler aus dem Ostseeraum statt. Nett ist das angeschlossene Kunstcafé am Schwanenteich (mit Terrasse), in dem selbst gemachter Kuchen serviert wird, gleiche Öffnungszeiten wie die Kunsthalle.

Di–So 10–18 Uhr. Eintritt frei. Hamburger Str. 40, ✆ 0381-3817008, www.kunsthallerostock.de. Ab Hauptbahnhof mit der Straßenbahn Nr. 1, 4 und 5 Richtung Lütten Klein bzw. Lichtenhagen bis Haltestelle „Kunsthalle".

IGA-Park: Der Park zwischen B 105 (Stadtteil *Lütten Klein*) und dem linken Warnowufer entstand anlässlich der Internationalen Gartenbauausstellung (IGA) im Jahr 2003. Neben dem Parkgelände selbst lohnt v. a. das *Schiffbau- und Schifffahrtsmuseum* auf einem ausgedienten Hochseefrachter.

April bis Sept. tägl. 9–18 Uhr. Eintritt Park 1 €, Park und Museum 4 €, Kinder 2,50 €. Hunde verboten. Schmarl-Dorf 40, ✆ 0381-12831364, www.schifffahrtsmuseum-rostock.de.

Anfahrt: Mit dem Auto auf der B 105 Richtung Warnemünde, bei der Ausfahrt Warnow-Tunnel abbiegen, beschildert. S-Bahn ab Zentrum, Station Lütten Klein.

Warnemünde

ca. 8000 Einwohner

Bei Warnemünde denkt man zuallererst an den fantastischen Strand, feinsandig und breit, von dem aus man den großen Fährschiffen und Frachtern zusehen kann, die im Rostocker Hafen ein- oder auslaufen. Aber Rostocks berühmter Stadtteil am offenen Meer hat viele Gesichter.

Entlang des Alten Stroms erinnert das Ostseebad Warnemünde an seine Ursprünge als kleines Fischerdorf an der Mündung der Warnow, in das Mitte des 19. Jh. der Bädertourismus einzog. Kleine, kopfsteingepflasterte Gassen ziehen sich entlang sorgsam restaurierter Häuser und kleiner Gärtchen. In dem kleinen Ort, bereits im 12. Jh. erwähnt und seit 1323 im Besitz Rostocks, lebten die Menschen jahrhundertelang nur von der Fischerei oder hatten als Matrosen oder Lotsen ein Auskommen. Warnemünde bestand nur aus zwei Straßenzügen, der Vorder- und der Hinterreihe entlang des Alten Stroms, und erst mit dem Bädertourismus wurde der alte Ort modernisiert und begann langsam zu wachsen. Es könnte ein malerisches Idyll sein, wären da nicht die Menschenmassen, die von der S-Bahn in das ehemalige Fischerdorf ausströmen. Zum Bahnhof führt eine Fußgängerbrücke über den Alten Strom, an dessen Kai sich die Imbissbuden aneinanderreihen. Auf der anderen Seite des Alten Stroms liegen abwechselnd Ausflugs- und Fischbrötchenkutter, während in den restaurierten Häusern Boutiquen, Restaurants und Souvenirshops um Aufmerksamkeit buhlen.

Warnemündes Wahrzeichen: Teepott und Leuchtturm

Mit der Fischerdorf-Romantik ist es spätestens an der Strandpromenade vorbei. Hier stehen schicke Hotelneubauten neben angeschlagenen Gebäuden, die noch auf ihre Sanierung warten. Auf dem weiten Platz am Anfang der Strandpromenade befinden sich die beiden Wahrzeichen Warnemündes: der Leuchtturm und der Teepott, Letzterer ein markantes Gebäude, das in den 1960er Jahren errichtet wurde und Restaurants und Cafés beherbergt. Dahinter beginnt der berühmte weite Sandstrand. Die Promenade, die sich noch ein ganzes Stück Richtung Westen erstreckt, kann in den Sommermonaten derart gut besucht sein, dass man sich inmitten eines ins Stocken geratenen Großstadtmarathons glaubt. Unübersehbar erhebt sich das Hotel Neptun, 1970/71 im zeitgemäß eher nüchternen Stil erbaut und nunmehr zwar noch immer nicht formschön, aber im

Innern zu einer Fünf-Sterne-Unterkunft restauriert. Daneben befindet sich in etwas bescheideneren Ausmaßen das Kurhaus. Im Zentrum Warnemündes steht die sehenswerte neugotische Kirche. Die vom Kirchplatz Richtung Westen führende Mühlenstraße fungiert als kleine Einkaufsmeile.

Die Landzunge Hohe Düne auf der anderen Seite des stark befahrenen Neuen Stroms erreicht man über eine Autofähre. Die Hohe Düne trennt die bauchige Bucht mit dem schönen Namen Breitling, in der sich auch der Überseehafen Rostocks befindet, von der Ostsee. Von hier aus gelangt man zum abgeschiedenen Vorort Markgrafenheide am Rand der Rostocker Heide (s. u.).

Basis-Infos

Information Die **Touristinformation** nahe der Fußgängerbrücke über den Alten Strom bietet Zimmervermittlung, Information und Stadtführungen. Mai bis Okt. Mo–Fr 9–18 Uhr, Sa/So 10–15 Uhr, Nov. bis April Mo–Fr 10–17 Uhr, Sa 10–15 Uhr. Am Strom 59, 18119 Rostock-Warnemünde, ✆ 0381-548000, 📠 5480030, www.rostock.de.

Stadtführungen, „Warnemünn ankieken“: April bis Okt. Do 11 Uhr, Mai bis Okt. auch Di 18 Uhr, im Winter nur Di 16 Uhr, 4 €/Pers.

Verbindungen Siehe auch *Rostock/Verbindungen*. Wichtigstes Nahverkehrsmittel ist die **S-Bahn** (S 1), die häufig vom Hauptbahnhof Rostock nach Warnemünde fährt.

In Warnemünde setzt eine **Autofähre** der Weißen Flotte alle 20 Min. über den Seekanal zur Hohen Düne über. Pkw (inkl. Fahrer) 2,80 €, jede weitere Person 1,30 €, Kinder (6–14 J.) 0,90 €, Fahrrad 0,90 €. Infos unter ✆ 0381-519860, www.weisse-flotte.de.

Bus 119 fährt von Warnemünde/Werft etwa stünd. (Sa/So 5-mal tägl.) nach Bad Doberan.

Aktivitäten und Veranstaltungen

(→ Karte S. 142)

Baden Warnemündes Kapital ist der teils über 100 m breite, lang gestreckte, feinsandige Strand. Während der Hauptsaison flächendeckend überwacht, Strandversorgung ausreichend vorhanden, rollstuhlgerechter Zugang unweit des Leuchtturms (Höhe Heinrich-Heine-Straße), FKK- und Hundestrandabschnitte Richtung Dietrichshagen.

Einkaufen Möwe **4**, kleine, sympathische Buchhandlung unweit der Strandpromenade. Hervorragend sortiert und kenntnisreich geführt, Seestr. 5/Luisenstr., ✆ 0381-8578563.

Fahrradverleih Fahrräder ab 6 €/Tag, u. a. **am Bahnhof** (✆ 0381-7007060) oder bei der **Warnemünder Fahrradtouristik** (Seepromenade/Ecke Strandstraße, ✆ 0381-5191955).

Hafenrundfahrten/Ausflugsboote Zahlreiche große und kleine Hafenrundfahrten werden in Warnemünde angeboten, z. B. mit der *MS Rostocker 7* der Reederei Rostocker Personenschifffahrt. Fahrt von Warnemünde nach Rostock und zurück. Liegeplatz am Seekanal, nahe der S-Bahn-Haltestelle. Erw. 12 €, Kinder 4,50 €. ✆ 0381-699962, www.rostocker-flotte.de. Oder mit der *Flotte der roten Kutter*, Liegeplatz am Alten Strom. Erw. 7,50 €, Kinder 3 €. ✆ 0381-5192012, www.angel-seetouristik.de. Beide bieten auch Angel- und Charterfahrten.

Mit der *MS Baltica* u. a. 5-stündige Touren nach Kühlungsborn und retour (mit Landgang), Erw. 18 €, Kinder 6–13 J. 12 €, Liegeplatz am Alten Strom (etwa auf Höhe Leuchtturm), ✆ 0381-5106790, www.msbaltica.de.

Kurtaxe Mai bis Sept. 2,25 €, Schüler/Studenten 1,50 €, Okt. bis April 1,50 €, erm. 1 €.

Spielbank Im Kurhaus befindet sich die Spielbank Warnemündes, jede Menge einarmige Banditen und Automaten, aber auch Roulette oder Black Jack. Letzteres tägl. 19–2 Uhr, Fr/Sa bis 3 Uhr, Automaten schon ab 12 Uhr. ✆ 0381-5483331, www.spielbank-warnemuende.de.

Veranstaltungen **Warnemünder Woche**, traditionsreiches internationales Segler-event in der ersten Juliwoche mit abwechslungsreichem Rahmenprogramm für die Zuschauer an Land. Infos unter www.warnemuender-woche.com.

Hanse Sail, siehe Rostock/Veranstaltungen, S. 132.

Quirlig: am Alten Strom

Übernachten

(→ Karte S. 142)

Wie in Rostock werden freie Zimmer zur Hanse Sail rar und entsprechend steigen die Preise.

***** **Neptun** **6**, von außen nicht gerade eine Zierde, aber unübersehbar, innen nobel bis hin zum fünften Stern. Im Haus gibt es drei Restaurants (von der *Grillstube Broiler* über das *Hotelrestaurant* bis zum gehobenen *Fischrestaurant*), zwei Cafés, zwei Bars (darunter die *Sky Bar* im obersten Stockwerk mit entsprechendem Ausblick) und Diskothek. Außerdem das *Arcona Spa* mit großem Wellnessangebot, Saunalandschaft, Hallenbad und Fitnessbereich. EZ ab 135 €, DZ ab 220 € (das Panoramaeckzimmer ab 300 €) inkl. Frühstück. Seestr. 19, 18119 Warnemünde, ✆ 0381-7770 (Zimmerreservierung 0381-7777777), ℻ 0381-54023, www.hotel-neptun.de.

**** **Am Leuchtturm** **2**, der Name trügt nicht: formschönes, renoviertes Haus freistehend an der Strandpromenade mit Blick auf den Leuchtturm, schick und geschmackvoll eingerichtet, freundlicher Service. Im Haus das Restaurant *Olive* (s. u.). Hunde nicht gestattet. EZ 125 €, DZ 155–215 €, einschließlich Frühstücksbuffet, auch Appartements in einem nahe gelegenen Haus (ab 145 €). Am Leuchtturm 16, 18119 Warnemünde, ✆ 0381-54370, ℻ 0381-548510, www.hotel-am-leuchtturm.de.

**** **KurparkHotel** **8**, schöne historische Villa im Stil der Bäderarchitektur, ein Stück hinter dem Kurhaus und mit Blick auf den Park. Mit Hotelbar und Restaurant, Sauna und Fahrradverleih. W-LAN auf den Zimmern, Internetzugang in der Lobby. Nur 18 Zimmer, EZ ab 81 €, DZ 135 €, DZ mit Balkon 152 €, Juniorsuite 180 €, jeweils inkl. Frühstücksbuffet, Hund 10 €. Kurhausstr. 4, 18119 Warnemünde, ✆ 0381-4402990, ℻ 0381-440299999, www.kurparkhotel-warnemuende.de.

Fischerhus **12**, sympathischer Familienbetrieb, ruhige Lage im alten Warnemünde, mit Café. Auch Appartements. Jüngst eröffnete gegenüber der Ableger *Ostsee Art Hotel*. Zudem Spa-Angebote. EZ 90–105 €, DZ 105–125 € (im Art Hotel EZ 100–115, DZ 135–145 €), jeweils mit Frühstückbuffet, Hund 10 €. Alexandrinenstr. 124, 18119 Warnemünde, ✆ 0381-548310, ℻ 0381-5483110, www.hotel-fischerhus.de.

Antik-Pension Birnbom **11**, kleine Pension in einem alten Haus neben dem Heimatmuseum. Nur sechs teilweise mit Antiqui-

täten eingerichtete Zimmer (früh buchen), familiäre Atmosphäre. Kleine Sauna und Fahrradverleih (4,50 €/Tag), in einigen Zimmern auch W-LAN. EZ ab 60 €, DZ 80–90 €, Frühstück inkl., Hund 5 €. Alexandrinenstr. 30, 18119 Warnemünde, ✆ 0381-548160, ✆ 0381-5481623, www.birnbom.de.

Jugendherberge Warnemünde 10, großes Haus, relativ weit außerhalb vom Zentrum Richtung Dietrichshagen, strandnah, auch Fahrradverleih. Im Mehrbettzimmer 25,50 €/Pers., im DZ 29,50 €, inkl. Frühstück, Senioren (über 27 Jahre) 31,30 €, bzw. 36,20 €. Parkstr. 47, 18119 Warnemünde, ✆ 0381-548170, ✆ 0381-5481723, www.djh-mv.de.

Yachthafenresidenz Hohe Düne 7, erstreckt sich auf der anderen Seite des Neuen Stroms. Eine riesige, sehr noble und entsprechend teure Hotelanlage mit einem modernen Yachthafen (www.yachthafen-hohe-duene.de) und großem Spa-Bereich. Zur Residenz gehören sechs Restaurants, darunter auch *Der Butt* von Sternekoch Tilmann Hahn, des Weiteren vier Bars, Café, diverse Boutiquen, Wassersport- und riesiges Wellnessangebot etc. EZ ab 210 € (ab 165 € in der Residenz), DZ ab 270 € (bzw. ab 205 €). Am Yachthafen 1, 18119 Warnemünde, ✆ 0381-50400, ✆ 0381-50406099, www.hohe-duene.de.

Essen & Trinken

Restaurants Unangefochtene Nr. 1 ist natürlich **Der Butt** **7**, das Gourmetrestaurant von Sternekoch Tilmann Hahn, ehemals Küchenchef in Heiligendamm, in der Ferienresidenz *Hohe Düne* (s. o.). Menü in der Regel von 65 € (3-Gänge) bis 115 € (6-Gänge). Di–Sa ab 19 Uhr geöffnet, So/Mo Ruhetag. Am Yachthafen 1, ✆ 0381-50400, www.hohe-duene.de.

Chezann **9**, Gourmetrestaurant in der Nähe der Kirche, modern und mit Stil eingerichtet, sehr freundlich, für das Gebotene moderate Preise. Der Gault Millau schmückte das Restaurant mit respektablen 15 Hauben. Di–So ab 18 Uhr geöffnet. Mühlenstr. 28, ✆ 0381-5107177, www.chezann.de.

Olive **2**, Restaurant/Bistro im Hotel am Leuchtturm (Eingang Strandpromenade), auch Kaffee und Kuchen, ansonsten mediterrane und regionale Küche. Schick eingerichtet, in der Hauptsaison tägl. mittags und abends geöffnet, in der Nebensaison eingeschränkt. Am Leuchtturm 16, ✆ 0381-543738, www.restaurant-olive.de.

Zum Stromer **14**, traditionsreiches Restaurant und freundliche Kneipe, urgemütlich mit knisterndem Kaminfeuer im Innern und ein paar hübschen Plätzen draußen. Regionale Küche mit mediterranem Einschlag, an Fisch gibt es, was frisch gefangen wurde, zuweilen auch Wild, außerdem wöchentlich wechselnde Angebote, nicht teuer. Mo–Fr ab 17 Uhr, in der Nebensaison Di Ruhetag. Am Strom 32, ✆ 0381-8579787, www.stromer-restaurant.de.

Seekiste Zur Krim **13**, irgendwo zwischen Fischrestaurant und Hafentaverne, helle, maritime Einrichtung, draußen ein paar Plätze. Viel Fisch und deftige Hausmannskost. Geöffnet Mo–Fr ab 17 Uhr, Sa/So ab 12 Uhr. Am Strom 47, ✆ 0381-52114, www.seekiste-zur-krim.de.

Twee Linden **5**, gutes und günstiges Fischlokal (natürlich gibt es auch Fleischgerichte) am Alten Strom, absolut überzeugend fanden wir die Warnemünder Fischsuppe. Mittags und abends geöffnet. Am Strom 85, ✆ 0381-5106223, www.tweelinden.de.

››› Lesertipp: **Klön-Klause**, Restaurant und Café. Urige Atmosphäre, schöner Wintergarten mit grünen Polstern, freundliche Bedienung. Auch Pension. Am Strom 89, ✆ 0381-548190, www.kloen-klause.de. **‹‹‹**

Cafés/Bars **Café Röntgen** **3**, Ableger des beliebten Cafés in Schwerin, beim Leuchtturm. Seestr. 5, ✆ 0381-5193656.

Schuster's **1**, je nach Tageszeit Strandbar, Café und Cocktailbar, in jedem Fall aber szenig und neben dem Teepott. Tägl. ab 11 Uhr. ✆ 0381-7007835.

Sky Bar im obersten Stock des **Hotel Neptun** **6**, s. o.

Warnemünde → Karte S. 142

Sehenswertes

Heimatmuseum: In einem hübschen alten Fischerhaus aus dem 18. Jh. ist eine exponatreiche Ausstellung untergebracht. In den Räumen scheint die Zeit stillzustehen: Diele, Küche, Gute Stube und Schlafkammer sind eingerichtet wie vor hundert Jahren und vermitteln einen Eindruck vom Alltag im ehemaligen Fischerdorf Warnemünde. Im hinteren Teil sind Ausstellungsstücke zu sehen, die sich mit der Arbeitswelt der Warnemünder befassen: Sie verdienten zunächst ausschließlich als Fischer, Matrosen und Lotsen ihr Brot, Letzteren kam ab dem 19. Jh. auch die Aufgabe der Seenotrettung zu. Schließlich dokumentieren ein paar Exponate die Anfänge des Badetourismus in Warnemünde.

April bis Okt. Di–So 10–18 Uhr, Nov. bis März Mi–So 10–17 Uhr. Eintritt Erw. 3 €, erm. 2 €, Kinder 1 €, Familien 4 €, Fotoerlaubnis 1 €. Alexandrinenstr. 31, ✆ 0381-52667, www.heimatmuseum-warnemuende.de.

Leuchtturm und Teepott: Der über 32 Meter hohe Leuchtturm, der 1897/98 anstelle eines älteren Seezeichens errichtet wurde und heute wieder für die Öffentlichkeit zugänglich ist, bietet einen herrlichen Blick auf Warnemünde und die Hafeneinfahrt. Daneben befindet sich ein eigenwilliges Bauwerk mit einem kühn geschwungenen Dach: Der Teepott, gebaut 1968 und vor wenigen Jahren komplett saniert, beherbergt Restaurants und Cafés.

Leuchtturm, Mai bis Sept. tägl. 10–19 Uhr, Eintritt 2 €, Familien 4 €, ✆ 0381-5192626.

Kirche: Im Ortskern erhebt sich die 1871 geweihte, im neugotischen Stil errichtete Kirche von Warnemünde. An anderer Stelle gab es vermutlich drei Vorgängerbauten, aus denen die teils (echt-)gotische Inneneinrichtung stammt, so z. B. der sehenswerte Schnitzalter aus dem 15. Jh. oder die Kanzel aus dem späten 15. Jh.

Mai bis Sept. tägl. 10–18 Uhr, So erst ab 12 Uhr, außerhalb der Saison eingeschränkt (ein paar Stunden über Mittag).

Robbenforschungszentrum der Uni Rostock: Beim Yachthafen Hohe Düne befindet sich an der Ostmole auf einem ehemaligen Fahrgastschiff samt „Außenbecken" das Rostocker Forschungsinstitut *Marine Science Center* (MSC), in dem ein knappes Dutzend der Meeressäuger untergebracht ist. Erforscht wird der Orientierungssinn der Robben. Besucher sind ausdrücklich willkommen, jedoch nur nach vorheriger Anmeldung.

April bis Okt. Di–So 10–16 Uhr, Erw. 6 €, Kinder 4 €. Es werden nach Voranmeldung auch Führungen angeboten. Am Yachthafen 1 (Ostmole der Warnow), ✆ 0381-50408181, www.msc-mv.de.

Rostocker Heide

Ein weitläufiges Kleinod der Hansestadt Rostock erstreckt sich vom Breitling entlang der Ostseeküste bis fast zur Halbinselkette Fischland-Darß-Zingst: die Rostocker Heide.

Auch wenn der Name vielleicht irreführt: Die Rostocker Heide ist ein ausgedehntes Mischwaldgebiet, durchsetzt von Wiesen und geschützten Moorgebieten. Bereits 1252 gelangte die Stadt Rostock in Besitz der Heide, als Fürst Heinrich Borwin III. den Wald veräußerte. Während des Mittelalters hatten die Bürger der Stadt das Recht, Brennholz zu sammeln, Torf zu stechen, Bäume für Masten und Planken zu schlagen und sogar den Festtagsbraten zu jagen – bis der Wald Gefahr lief, irreparablen Schaden zu nehmen. Im 16. Jh. durfte zunächst nur noch trockenes Holz gesammelt und nicht mehr gejagt werden. Bald war jedwede Ausbeutung des Waldes nur noch mit schriftlicher Erlaubnis möglich. Über die Einhaltung der Restriktionen wachte mehr schlecht als recht ein Heidevogt. Bis aber nachhaltige Forstwirtschaft betrieben wurde, sollten noch über 200 Jahre vergehen. Nach dem Zweiten Weltkrieg verloren die Rostocker ihre Heide, sie wurde verstaatlicht und von der sowjetischen Armee als militärischer Übungsplatz genutzt. Erst nach der Wende erhielt die Hansestadt ihren Wald zurück und das Militärgebiet wurde renaturiert. Heute steht den Rostockern und ihren Besuchern ein hübsches Naherholungsgebiet von hohem ökologischem Wert zur Verfügung. Der Wald besteht zu je einer Hälfte aus Nadel- und Laubbäumen, allen voran Kiefern und Fichten, Birken und Erlen, aber auch Eichen und Eschen. Dazwischen erstrecken sich vor allem in Küstennähe ausgedehnte Moorgebiete wie das Naturschutzgebiet *Große Moorwiese Heiligensee* oder das *Große Moor* nordwestlich von Graal-Müritz (Infozentrum Wald und Moor s. S. 146).

Graal-Müritz

ca. 4200 Einwohner

Ein kompaktes, kleines Zentrum und ein wenig Bebauung entlang einer Handvoll Straßen, der Rest, dazwischen und drum herum, sind Wald – und ein beliebter, langer Sandstrand. Diese Kombination, der Mix aus Wald- und Seeluft, hat Graal-Mü-

ritz früh zu einem Kurort werden lassen, bereits 1884 wurde hier ein Kindersanatorium eröffnet. Die Kuratmosphäre hat sich bis heute erhalten, inklusive diverser Einrichtungen, und Graal-Müritz kann sich offiziell nicht nur Ostsee-, sondern sogar Ostseeheilbad nennen.

Am Rande des beschaulichen Zentrums erstreckt sich ein *Rhododendronpark*, der im Mai und Juni in voller Blüte steht. Etwas abseits führt eine Stichstraße an ein paar Hotels vorbei zu einem großen Platz am Fuß einer 350 m ins Meer reichenden *Seebrücke*. Hier ist im Sommer das Zentrum des Strandlebens. Der Dünenweg (Strandpromenade) verbindet die beiden Ortsteile Graal und Müritz.

Rostocker Heide → S. 152/153

Basis-Infos

Information Das **Haus des Gastes Graal-Müritz** an der Durchgangsstraße (Ecke Kurstraße) bietet Information, Zimmervermittlung, etc. Mai bis Sept. Mo–Fr 9–20 Uhr, Sa 9–18 Uhr, So 10–16 Uhr; im Winterhalbjahr Mo–Fr 9–17 Uhr, Sa 9–12 Uhr, So geschlossen. Rostocker Str. 3, 18181 Graal-Müritz, ✆ 038206-7030, 📠 038206-70320, www.graal-mueritz.de.

Kurtaxe Mai bis Sept. 2 €, Okt. bis April 1 €.

Baden Weißer, feinsandiger Strand, breit und kilometerlang, flach ins Meer abfallend, ausgezeichnet mit der Blauen Flagge, im Bereich um die Seebrücke überwacht. Etwas abseits FKK- und Hundestrand.

Fahrradverleih **Thon**, 3-Gang-Rad ab 6 €, MTB 15 €, auch Tandems, Tretmobile und E-Bikes, bei längerer Mietdauer günstiger. Es gibt zwei Verleihstationen: am Parkplatz des Rhododendronparks und in der Birkenallee 34; ✆ 038206-79805, www.fahrrad-thon.de.

Sport Unweit der Seebrücke liegt das **Aquadrom**, ein Multifunktions-Erholungszentrum. Wasserwelt, Sauna- und Fitnessbereich, Tennis, Badminton, Kegeln etc., außerdem Wellnessangebote. Allerdings nicht ganz günstig (z. B. Wasserwelt: Tageskarte 12,50 €, Kinder 8,70 €, Familie 2,50 €). Mit Bistro. Tägl. 9.30–21.30 Uhr. Buchenkampweg 9, ✆ 038206 87900, www.aquadrom.net.

Nordic Walking Park, jüngst wurden vier, unterschiedlich lange Routen (4–5 km) rund um den Kurort eröffnet, Infos und Übersichtskarten gibt es im Haus des Gastes.

Verbindungen Etwa stündl. mit der **Regionalbahn** nach Rostock.

Mit dem **Bus 202** etwa 9-mal tägl. nach Ribnitz-Damgarten (Sa/So 2-mal) sowie in anderer Richtung 4-mal (Sa/So 2-mal) nach Hohe Düne/Fähre (Übersetzen nach Warnemünde) und zurück.

Übernachten/Essen & Trinken

Übernachten **Witt**, empfehlenswerte Pension mit Café und Restaurant in einem reetgedeckten Haus, etwas abseits der Hauptstraße im östlichen Ortsteil Müritz gelegen. Beliebtes Restaurant mit sehr schönem Garten, auch Cafébetrieb, gute mecklenburgische Hausmannskost zu fairen Preisen, freundlich. Auch Leser schätzten diese Adresse. DZ 75–95 €, jeweils einschließlich Frühstück. Am Tannenhof 2, 18181 Graal-Müritz, ✆ 038206-77221, 📠 038206-77913, www.pension-cafe-witt.m-vp.de.

Das Bienenhaus
im Freilichtmuseum Klockenhagen

Seehotel Düne, einladendes Hotel mit bodenständigem Restaurant am Ende der Strandstraße (Sackgasse) im OT Müritz. Knallgelber Bau, nur über die Dünen geht es zum Strand. W-LAN. DZ 95–110 €, Appartement für 2 Pers. 120 €, Frühstück jeweils inkl. Strandstr. 64, 18181 Graal-Müritz, ✆ 038206-13990, 📠 038206-139919, www.seehotel-duene.de.

Strandhotel Deichgraf, gegenüber vom Seehotel Düne, leuchtend rotes Haus, recht schickes Hotel, Restaurant im maritimen Stil (mittleres bis leicht gehobenes Preisniveau). Edel eingerichtete Zimmer, Wellnessbereich mit Sauna, Massagen und Kosmetikbehandlungen, nicht ganz billig. EZ 105 €, DZ 185 €, Suite 220 € inkl. Frühstück. Strandstr. 61, 18181 Graal-Müritz, ✆ 038206-138413, 📠 038206-138414, www.strandhoteldeichgraf.com.

Ostseecamp Rostocker Heide, beliebter Campingplatz, nur durch die Düne vom Strand getrennt und doch „mitten" in der Rostocker Heide, etwa 1 km westlich von Graal-Müritz. Weicher Waldboden, viel Schatten. Mit kleinem Laden und Gasthaus, Sportmöglichkeiten etc. Geöffnet April bis Okt. Erw. 6 €, Kinder 6–15 J. 3 €, Zelt nach Größe 5–7 €, Auto 4 €, Wohnmobil 10 €, Hunde 4 €, Strom 3 €. Wiedortschneise 1, 18181 Graal-Müritz, ✆ 038206-77580, 📠 038206-79194, www.ostseecamp-ferienpark.de.

Essen & Trinken Viele Hotels haben auch ein eigenes Restaurant und bieten ihren Hausgästen Halbpension an, ansonsten ist die Auswahl nicht allzu groß. Leckere Fischbrötchen gibt es im **Bistro Kombüse** an der Seebrücke; einen hübschen Garten hat das **Caféstübchen Witt** der gleichnamigen Pension im OT Müritz (s. o.), hier werden hausgebackene Kuchen serviert. Auch Restaurant. Tägl. 12–22 Uhr geöffnet, Mo Ruhetag.

Informationszentrum Wald und Moor

Das sehenswerte Informationszentrum samt Naturpfad befindet sich nahe Klein-Müritz (Zufahrt auch über eine Forststraße, die nördlich von Klockenhagen links abzweigt). Hier kann man sich von der Entstehung und der Beschaffenheit der Moore, von ihrer historischen Nutzung und ihrer Renaturierung sowie von den Lebensräumen Wald und Moor ein Bild machen. Die freundlichen Mitarbeiter beantworten gerne alle anfallenden Fragen.

Mai bis Okt. Mi–So 10–17 Uhr, Erw. 2 €, Kinder 1 €, Ribnitzer Landweg 3, 18311 Ribnitz-Damgarten/OT Neuheide, ✆ 038206-14444.

Freilichtmuseum Klockenhagen

Im Zentrum von Klockenhagen befindet sich das 6 Hektar große Freigelände, auf dem 20 historische Gebäude aus den verschiedensten Dörfern Mecklenburgs zusammengetragen und wieder aufgebaut wurden: Dorfkirche, Scheunen, diverse Back- und Bauernhäuser, Katen, Schmiede und Windmühle sowie ein Klohäuschen sind stimmungsvoll zu einem musealen Ortsbild gruppiert. Auf dem Gelände werden außerdem Hühner, Gänse, Ziegen, Schafe und Pferde gehalten; wechselnde Sonderausstellungen finden im Querdielenhaus (Haus Nr. 13) statt.

April bis Okt. tägl. 9–17 Uhr geöffnet, letzter Einlass um 16.30 Uhr. Im Winter geschlossen. Eintritt 4,50 €, Kinder 4–16 J. 2 €, Schüler/Stud. 3 €, Hunde 2,50 €, Fotoerlaubnis 1,50 €. Gaststätte auf dem Gelände, der historische Dorfladen des Museums ist Mi–So 10–17 Uhr geöffnet. Mitten im Zentrum von Klockenhagen (5 km westlich von Ribnitz-Damgarten) gelegen, nicht zu übersehen, Gaststätte/Café gegenüber vom Eingang. Mecklenburger Str. 57, 18311 Ribnitz-Damgarten/OT Klockenhagen, ✆ 03821-2775, www.freilichtmuseum-klockenhagen.de.

Jagdschloss Gelbensande

Das Schloss am Ostrand der Rostocker Heide war – nicht zuletzt wegen des Heilklimas zwischen Meer und Wald – der bevorzugte Aufenthaltsort von *Friedrich Franz III.* (1851–1897), dem zeitlebens schwer asthmakranken Großherzog von Mecklenburg-Schwerin, und seiner russischen Gattin *Anastasia*. Erbaut wurde es in den Jahren 1885–1887 durch den Baumeister *Gotthilf Ludwig Möckel*, ein historisierender Backsteinbau mit Obergeschoss aus Fachwerk, dazu Erker und Türmchen, auf Wunsch Anastasias wurden auch russische Stilelemente integriert.

Ein Rundgang durch das Erdgeschoss – Souterrain und Obergeschoss sind nicht zu besichtigen – führt u. a. durch Salon, Kabinett, Studierzimmer und Jagdhalle, z. T. sind noch originale (bzw. originalgetreu restaurierte) Möbel zu sehen, auch die Böden und Wandverkleidungen sind teilweise noch im Original erhalten, Fotos an den Wänden erläutern die Geschichte des Schlosses. Einige Räume sind wechselnden Ausstellungen vorbehalten.

Rostocker Heide → S. 152/153

Tägl. 11–17 Uhr geöffnet. Eintritt 3 €, ermäßigt 2,50 €, Kinder 1 €, Familienticket 7 €; Audioguide 2 €, für den Rundgang wird auch ein ausführliches Begleitheft ausgehändigt. Im Schloss befindet sich auch ein Restaurant samt Café. **Anfahrt** Das Schloss liegt am Ortsrand von Gelbensande in Waldlage (Parkplatze etwas abseits), beschildert. Gelbensande befindet sich direkt an der B 105 zwischen Ribnitz-Damgarten und Rövershagen. Am Schloss 1, 18182 Gelbensande, ✆ 038201-475, www.Jagdschloss-Gelbensande.de.

Ribnitz-Damgarten

ca. 16.000 Einwohner

Die Bernsteinstadt: Hier dreht sich alles um den honigfarbenen Stein. Größte Attraktion ist das Bernsteinmuseum im alten Kloster.

Ribnitz und Damgarten wurden im frühen 13. Jh. gegründet und 1950 zu einer Stadt vereinigt. Ribnitz war dabei immer die bedeutendere der beiden Nachbarinnen, ausgestattet mit einem großen Hafen, einer gotischen Marienkirche und seit 1323 mit einem reichen Nonnenkloster. Zentrum des gleichförmigen Stadtplans ist ein weitläufiger Platz, an dem sich das Rathaus, die rot spiegelnde Touristinformation sowie die wuchtige Stadtkirche *St. Marien* aus dem 13. Jh. befinden (Mo–Fr 10–16 Uhr, Juni bis Sept. auch Sa 10–16 Uhr). Der hübsche Bernsteinfischerbrunnen stammt von Thomas Jastram, der unverkennbar in der Werkstatt seines berühmten Onkels Jo gelernt hat. In westlicher Richtung liegt das *Rostocker Tor,* das einzig erhaltene von fünf mittelalterlichen Stadttoren. Am Bodden findet man den traditionsreichen Hafen, etwas südlich des Marktes ist im ehemaligen Nonnenkloster das Bernsteinmuseum untergebracht.

Drei Farben Rot in Ribnitz: wie Honig der Bernstein ...

Das *Deutsche Bernsteinmuseum* ist zweifelsohne die größte und stets gut besuchte Attraktion in Ribnitz-Damgarten. Die umfangreiche Sammlung zeigt neben Fundstücken mit den verschiedensten Inklusionen (u. a. Einschlüsse urzeitlicher Blüten, Insekten oder auch Skorpione) auch Bernsteinkunst aus den verschiedensten Epochen: neben einer steinzeitlichen Figur auch einen Hausaltar aus dem 17. Jh. sowie die Nachbildung eines kleinen Teils des berühmten Bernsteinzimmers. Infotafeln erläutern Entstehung und Beschaffenheit des Bernsteins, Verbreitung und Abbau sowie die Verarbeitung von der Altsteinzeit über das Mittelalter bis in die heutige Zeit. In der angeschlossenen kleinen Werkstatt des Museums kann man bei der Bearbeitung zusehen oder auch gegen Gebühr eigene Steine schleifen und polieren. Angeschlossen sind auch ein Café und ein Museumsshop. In der Klosterkirche, die an sich schon sehenswert ist, befindet sich eine schmucke und informative Dauerausstellung zur Geschichte des Ribnitzer Klarissinnenklosters.

März bis Okt. tägl. 9.30–18 Uhr, Nov. bis Febr. Di–So 9.30–17 Uhr. Eintritt 8,50 €, ermäßigt 7,50 €, Schüler, Studenten 6 €, Kinder 4–16 J. 4 €, Familienkarte 18,50 €. Die Mitarbeiter sind sehr freundlich und hilfsbereit. Im Kloster 1–2, 18311 Ribnitz-Damgarten, ✆ 03821-4622, www.deutsches-bernsteinmuseum.de.

Schräg gegenüber vom Bernsteinmuseum, in einigen Räumlichkeiten des St.-Klaren-Klosters aus dem 14. Jh., befindet sich die *Galerie im Kloster*. Drei Räume sind wechselnden Ausstellungen regionaler Künstler vorbehalten, eine kleine Dauerausstellung widmet sich *Lyonel Feininger* (1871–1956): Einige seiner Ansichten von Ribnitz (z. B. der Comic *Wee Willie Winkie's World*) sowie diverse Bleistiftzeichnungen sind hier zu sehen.

Di–So 10–17 Uhr. Eintritt 2 €, Kinder 10–16 J. 1 €, Familien 5 €. Im Kloster 9, 18311 Ribnitz-Damgarten, ✆ 03821-4701.

Information Die **Touristinformation** befindet sich in einem nagelneuen, roten Würfel auf dem Marktplatz im Zentrum. Umfangreiches Infomaterial, Busfahrpläne für die Umgebung usw. Freundlich und hilfsbereit. Mitte Mai bis Okt. Mo–Fr 10–18 Uhr, Sa 10–16 Uhr, So 10–14 Uhr; Nov. bis Mitte Mai Mo–Fr 10–16 Uhr, Sa/So geschlossen. Am Markt 14, 18311 Ribnitz-Damgarten, ✆ 03821-2201, 📠 03821-894750, www.ribnitz-damgarten.de.

Verbindungen Zwei **Bahnhöfe**, der wichtigere befindet sich in Ribnitz, südlich des Zentrums (Ribnitz-Damgarten West). Am Bahnhof in Damgarten (Ribnitz-Damgarten Ost) halten nicht alle Züge. Fast stündl. ab Bahnhof West nach Rostock und Stralsund, alle 2 Std. auch ab Bahnhof Ost (meist Regionalexpress).

Bus, Linie 210 fährt etwa stündl. über Fischland-Darß-Zingst nach Barth. Wer aber ohne boddenweite Umschweife nach Barth gelangen will, sollte die Linie 211 oder 214 nehmen, die je 6-mal tägl. fahren. Die Linie 202 verbindet Ribnitz etwa 9-mal tägl. mit Graal-Müritz, 4-mal tägl. weiter zur Hohen

... hochgotisch backsteinrot die Marienkirche und postmodern verspiegelt der Informationskubus

Düne (Fähre nach Warnemünde), Sa/So nur 2-mal.

Sport **Golfanlage Zum Fischland**, knapp 2 km südlich von Ribnitz gelegener 9-Loch-Platz mit Driving-Range, auch Golfschule. Pappelallee 23 a, 18311 Ribnitz-Damgarten, ✆ 03821-894610, ℻ 03821-894611, www.golfclub-fischland.de.

Bodden-Therme, Spaßbad und Saunalandschaft, Wasserrutsche, Wellenbecken, Blockhaussauna etc. Di/Mi 14–22 Uhr, Do–So 10–22 Uhr (Juli/Aug. tägl. 10–22 Uhr). Eintritt (Tageskarte) Erw. 12 €, Kinder 9 €, Kinder unter 1 m Größe 1 €. Körkwitzer Weg 15, ✆ 03821-3909901, www.bodden-therme.de.

Übernachten/Essen/Außerhalb

»› Unser Tipp: ^^^^ **Park-Hotel Schloss Schlemmin**, unser Tipp für die Gegend, ca. 15 km östlich von Ribnitz-Damgarten in Schlemmin, einem verschlafenen Dörfchen in ländlicher Idylle, in der man noch Gänse im Garten hält. Schneeweißes Schloss mit Zinnen und Türmchen, umgeben von einem 20 ha großen Park. Innen vollständig renoviert, 37 individuell ausgestattete Zimmer, sehr komfortabel, Sauna, Wellness, Salon, Bibliothek, Bar usw. Das Restaurant bietet wechselnde Tageskarte zu leicht gehobenen Preisen, darunter auch Vegetarisches. DZ 104–152 €, Familienzimmer (vier Betten) 178 €, Suite 163–195 €, Frühstück jeweils inkl., Hund 10 €. Am Schloss 2, 18320 Schlemmin, ✆ 038225-5160, ℻ 038225-516100, www.schloss-schlemmin.de.

Anfahrt: Von Ribnitz zunächst auf der B 105 nach Damgarten, dort rechts abbiegen Richtung Richtenberg und nach ca. 12 km links ab nach Schlemmin, das Schlosshotel ist ausgeschildert. «‹

Essen und Trinken **Meeresbüfett**, Leser meinen, das Restaurant am Ribnitzer Stadthafen sollte man sich nicht entgehen lassen: „Das Lokal ist zwar eher einfach eingerichtet, die Speisen werden aber absolut frisch zubereitet und sind superlecker. Das Preis-Leistungs-Verhältnis ist top!" Im angeschlossenen Laden gibt es nicht nur Frischfisch, sondern auch Backfisch, Fischbrötchen, Krabbensalat usw. Tägl. ab 11.30 Uhr. Am See 40, ✆ 03821-815794.

Essen und Trinken/außerhalb

Alto Schmiede, die ambitionierte und sorgsam geführte Küche nötigte auch „Slow Food" Respekt ab. Hier findet zu geradezu moderaten Preisen mecklenburgische Küche verfeinert und den Jahreszeiten angemessen den Weg auf Tisch und Teller. Nachmittags auch Café mit (natürlich) hausgemachtem Gebäck. Auch Leser äußerten sich euphorisch: „lohnt auf jeden Fall einen Abstecher" und „das beste Essen in unserem Urlaub!" Hervorragender Service, Biogemüse aus der Region. Geöffnet nur Fr 14–22 Uhr und Sa/So 12–22 Uhr. Von Ribnitz auf der B 105 Richtung Stralsund kommend, zweigt man in Wiebkenhagen links ab Richtung Bartelshagen II und dort noch mal links zum Gutshof Hessenburg, ✆ 038223-6669900. ■

Rostocker Heide → S. 152/153

Fischland–Darß–Zingst

Die schönste Halbinsel der deutschen Küste, Nationalpark und Künstlerkolonie, gesäumt von Traumstränden und belebt von ein paar schmucken Dörfern, ein wenig mondän, doch meist idyllisch in der herrlichen Landschaft zwischen Ostsee und Bodden.

Ursprünglich eine Inselkette, wuchsen die Eilande erst im Laufe der Zeit zusammen und erhielten eine Verbindung zum Festland. Als Erstes machte sich das schlanke Fischland sowohl am Festland als auch am Darß fest, allerdings nicht ganz von selbst. Strömung trug im Laufe der Jahrhunderte nördlich von Dierhagen, das streng genommen zum Festland gehört, Land an. Es entstand ein sich festigender Sandhaken, der nur durch einen Strom vom Fischland getrennt war: den *Permin*. Ein weiterer Wasserweg trennte das Fischland nördlich von Ahrenshoop wiederum vom Darß. Im 14. Jh. aber versenkten die Hansestädte Rostock und Stralsund in beiden Meerengen mehrere Schiffe, um die Wasserstraßen unpassierbar zu machen. Es war die Blütezeit nicht nur der Hanse, sondern auch der meist auswärtigen Piraten und der heimischen Schmuggler, die zwischen all den Inseln, Haken und Buchten vorzügliche Voraussetzungen für ihr Gewerbe fanden. Die Blockade, die den umtriebigen Piraten wie auch den kleinen, schmuggelnden Fischern die Bewegungsfreiheit nehmen sollte, bewirkte die Versandung der Ströme, bis schließlich die ehemaligen Inseln Darß und Fischland miteinander und mit dem Festland verbunden waren. Der letzte natürliche Wasserweg schließlich wurde erst Ende des 19. Jh. gekappt: Nach der verheerenden Sturmflut von 1872 wurde die Außenküste mit Dünen gesichert, wobei der *Prerower Strom*, der Zingst vom Darß trennt, seine Ostseemündung verlor.

Auf der schmalen Landenge *Fischland* befinden sich die Ostseebäder Wustrow und Ahrenshoop, Letzteres hauptsächlich durch seine Künstlerkolonie bekannt. Verglichen zum Fischland ist der *Darß* dünn besiedelt. Zwar gibt es drei Dörfer, die beiden kleinen Boddenhäfen Born und Wieck und das Ostseebad Prerow im Norden,

aber die Orte liegen geradezu gedrängt zwischen Küste und dem weitläufigen Wald, der sich fast über die gesamte Halbinsel erstreckt. Bei dem Ostseebad *Zingst* hingegen handelt es sich um die einzige Ortschaft auf der gleichnamigen Halbinsel, deren äußere Küstenlinie, von der Strömung genährt, noch immer stetig wächst. Landschaftliches Highlight auf der Halbinselkette ist der *Darßer Weststrand:* Bizarre Windflüchter beugen sich über die spärlich bewachsenen Dünen, im feinen Sand sammelt sich hier und da von Wind und Strömung angetragenes Strandgut. Ein dichter, urwüchsiger Wald hält dem Naturstrand in gewisser Weise den Rücken frei, denn im Naturparadies, das Teil des *Nationalparks Vorpommersche Boddenlandschaft* ist, ist jede Art von Bebauung verboten. So ist der Weg zum wilden Strand zwar lang, mit dem Fahrrad aber mühelos zu bewältigen.

Wohin auf Fischland-Darß-Zingst?

Touristische Zentren sind die an der nördlichen Außenküste gelegenen Ostseebäder, allen voran das Aushängeschild *Ahrenshoop,* das exklusivste Ziel der Halbinsel mit entsprechend hohen Preisen. Legerer (und jünger) sind Gäste und Atmosphäre im familienfreundlichen *Prerow,* das mit seinem traumhaft gelegenen Dünencamping lockt, gediegenen Schick findet man in *Zingst,* dem größten Ort der Halbinsel. Die Ursprünglichkeit eines gewachsenen Fischerortes bietet vielleicht am ehesten noch *Wustrow.* Rasant gewachsen ist der Tourismus in den letzten Jahren in den Orten *Wieck* und *Born,* nicht zuletzt durch die vielen komplett sanierten und neu gebauten Ferienhäuser.

Unterwegs auf Fischland-Darß-Zingst

Am besten mit dem Fahrrad! Das Wegenetz ist sehr gut ausgebaut, die Entfernungen sind überschaubar. Und wer doch mal genug gestrampelt hat, kommt mit dem Bus Linie 210 samt Fahrradanhänger etwa alle zwei Stunden bequem zu allen Orten (am Wochenende sogar stündlich). Für Fahrrad bzw. Bus sprechen auch, dass das Parken in fast allen Ort entweder verboten oder gebührenpflichtig ist, es sei denn, man weicht weit in die abgelegenen Seitenstraßen aus. Eifrige Parküberwachungsdienste sind zumindest während der Saison quasi überall im Einsatz.

Fischland–Darß–Zingst → Karte S. 152/153

Fahrradweg

Darßer Ort
Darßer Ort
Leuchtturm Darßer Ort
Seebrücke
Kern-zone I
Prerow
Esper Ort
Wieck a. Darß
Darß
Bliesenrade
Born a. Darß
Ahrenshoop
Althagen
Niehagen
Hohes Ufer
Fuhlendorf
Michaelsdorf
Neuendorf Heide
Hermanns-hagen
Wustrow
Barnstorf
Saaler
Bodden
Harmanns-hof
Fisch-land
Saal
Bartels-hagen
Hessen-burg
Dierhagen Ost
Dierhagen
Dierhagen Strand
Dierhagen Dorf
Neuhaus
Dändorf
Ribnitzer See
105
Großes Moor
Infozentrum Wald und Moor
Graal-Müritz
Ribnitz-Damgarten
Hirsch-berg
Klocken-hagen
Daskow
Ahrens-hagen
Rostocker Heide
Altheide
Neuhof
Gelben-sande
Warnemünde
Markgrafen Heide
105
Hinrichs-hagen
Rostock
Poppen-dorf
Recknitz
Bartels-hagen

Hiddensee
Gellen
Gellerhaken
Nationalpark Vorpommersche Boddenlandschaft
Kernzone I
Großer Werder
Kleine Werder
Bock
Zingst
Zingst
Pramort
Barhöft
Sundische Wiese
Straße gesperrt
Große Kirr
Drehbrücke
Kleine Wiek
Große Wiek
Bresewitz
Barther Strom
Barther Bodden
Fahrenkamp
Grabow
Hohendorf
Bisdorf
Klausdorf
Nisdorf
Groß Mohrdorf
Prohn
Günz
Altenpleen
Preetz
Parow
Kramerhof
Pruchten
Barth
Küstrow
Dabitz
Buschenhagen
Neu Bartelshagen
Rubitz
Divitz
Groß Kordshagen
Lassentin
Stralsund
Niepars
Pantelitz
Karnin
105
Kummerow
Langendorf
Zimkendorf
Martenshagen
Löbnitz
Borgwallsee
Lüssow
Starkow
Velgast
194
Neuhof
Negast
Neu Lüdershagen
Trinwillershagen
Jakobsdorf
Steinhagen
Krummenhagen
Weitenhagen
Wolfshagen
Schlemmin
Richtenberg
Millenhagen
Windebrak
Fischland-Darß-Zingst
2,5 km

Nationalpark Vorpommersche Boddenlandschaft

Noch vom DDR-Ministerrat wurde im September 1990 der Nationalpark Vorpommersche Boddenlandschaft beschlossen, mit dessen Aufbau – dann gesamtdeutsch – ab November 1990 begonnen wurde (s. auch S. 24). Heute umfasst das Gebiet 805 qkm, die sich etwa zwischen Born (Halbinsel Darß) bis Schaprode (Rügen) in west-östlicher Richtung und der Ostsee nördlich von Darß-Zingst und Hiddensee bis etwa zur Hälfte des Barther Boddens in südliche Richtung erstrecken. Etwa die Hälfte des Nationalparks besteht aus den Flachwassergebieten der Ostsee, ein Viertel aus Boddengewässer und ein weiteres Viertel aus Landfläche, die wiederum zu mehr als 50 % mit Wald bedeckt ist. Dazu kommen diverse landschaftliche Besonderheiten wie die so genannten Küstenüberflutungsmoore und Salzwiesen, Windwatten, Sandhaken, Dünen und Strandwälle, zur Boddenseite hin auch die Röhrichte, die die Ufer stellenweise noch mit dichtem Schilfrohr säumen. Diese verschiedenen Ökosysteme auf relativ kleinem Raum bieten unzähligen Tieren einen geschützten

Dierhagen

ca. 1600 Einwohner

Das Tor zum Fischland liegt an einer Landenge noch vor der lang gestreckten Halbinsel. Ostsee und Bodden sind hier kaum einen Steinwurf voneinander entfernt. Eigentlich besteht Dierhagen aus drei kleinen Weilern, die unter einem Namen zusammengefasst werden: Der Tourismus spielt sich vor allem in *Dierhagen Strand* ab. An der Zufahrtsstraße auf die Halbinselkette und an der schmalsten Stelle der Landenge stehen die paar Häuser, die den Namen *Dierhagen Ost* tragen. *Dierhagen Dorf* dagegen erstreckt sich hinter dem kleinen Hafen am Saaler Bodden. Wenn man es genau nimmt, gehören sogar noch zwei weitere Ortsteile zu Dierhagen: das südlich an Dierhagen Dorf angrenzende *Dändorf* (an der Boddenküste) ohne nen-

Lebensraum. Neben den 48 Süßwasser- und Meeresfischarten (darunter: Zander, Barsch und Hecht; Hering, Flunder und Dorsch; manche Fischarten „wandern" auch zwischen Meer und Bodden) sind es vor allem viele Wasservögel, die den Nationalpark bevölkern. Die flachen Gewässer der Ostsee und deren Sandbänke sind ein Paradies für sie, hier tummeln sich verschiedenste Enten, Kormorane, Haubentaucher, Seeschwalben und Graureiher, im Sommer machen hier geschätzte 40.000 Graugänse Rast.

Berühmtester Übernachtungsgast auf seinem Weg nach Süden ist allerdings der *Kranich,* der alljährlich im Frühherbst am Großen Werder (östlicher Zipfel von Zingst, S. 189) auf seinem Flug zum Winterquartier in Südspanien eine Pause einlegt. Etwa 80.000 Kraniche zählte man hier in den Monaten September und Oktober der vergangenen Jahre, teilweise mehrere 10.000 gleichzeitig. Ein ähnliches Schauspiel bietet sich alljährlich im Frühjahr beim Zwischenhalt der Kraniche auf ihrer Reise ins Sommerquartier nach Schweden. Eine Beobachtungsplattform befindet sich bei Pramort auf Zingst (S. 180).

Der Nationalpark Vorpommersche Boddenlandschaft steht aber auch für eine „dynamische Landschaftsentwicklung", bei der man z. T. tatsächlich zuschauen kann. Die Darßer Landspitze (S. 176) ist ein Beispiel: Hier verlandet der Strand jährlich um mehrere Meter, die abtragende und anlandende Kraft des Meeres formt Landschaft und Lebensräume immer wieder neu, und das oft innerhalb kürzester Zeit (S. 18/19). Das war nicht immer so – auf dem einstmals noch mit dichtem Wald bestandenen Darß und Zingst zog in den 1960er und 1970er Jahren die industrielle Landwirtschaft ein, die Halbinseln wurden damals hauptsächlich für die Rinderzucht genutzt; später waren die Sundischen Wiesen bei Zingst ein wichtiger Truppenübungsplatz der NVA (bis 1990). Mittlerweile hat man die (Bau-)Sünden der Vergangenheit größtenteils beseitigt, Deiche zurückgebaut, Fischerei und Holzproduktion deutlich reduziert und die Massenviehzucht in eine bescheidene Weidehaltung umgewandelt. Ausgeschlossen vom streng geschützten Kerngebiet des Parks sind die Orte Born, Prerow, Wieck und Zingst sowie Kloster, Vitte und Neuendorf auf Hiddensee.

Information Nationalpark-Besucherzentrum Darßer Arche in Wieck, S. 170; Natureum Darßer Ort bei Prerow, S. 176f. Ein **Kranich-Informationszentrum** befindet sich in Groß Mohrdorf (ca. 20 km nordwestlich von Stralsund), S. 188.

nenswerte Sehenswürdigkeiten und der am Ostseestrand gelegene Ort *Neuhaus* südlich von Dierhagen Strand (mit einigen Hotels), an den wiederum südlich das Naturschutzgebiet *Großes Ribnitzer Moor* angrenzt.

Touristisch setzt man in Dierhagen eher auf (teilweise recht große) Hotels und Pensionen, das von einem Investor finanzierte Wohnparkmodell ist kaum vertreten. Vor allem in Dierhagen Strand gibt es noch zahlreiche kleine Datschen mit sandiger Zufahrt, ein kleines privates Idyll hinter den Dünen.

Information Kurverwaltung im **Haus des Gastes** in Dierhagen Strand. Zimmervermittlung, Wanderkarten und Internetpoint, Nordic-Walking-Treff, Radwanderungen; im Sommer außerdem immer Do 10 Uhr historische Ortsführungen. Geöffnet Mo–Fr 9–

18 Uhr, Sa/So 10–14 Uhr. Ernst-Moritz-Arndt-Str. 2, 18347 Dierhagen Strand, ✆ 038226-201, ℻ 038226-80466, www.ostseebad-dierhagen.de.

Verbindungen Etwa stündl. mit dem **Bus Linie 210** ab Dierhagen nach Ribnitz-Damgarten und ebenfalls stündl. über Wustrow, Ahrenshoop, Born, Wieck, Prerow und Zingst nach Barth. Nächster **Bahnhof** in Ribnitz-Damgarten.

Baden Westlich und nordwestlich von Dierhagen erstreckt sich hinter einem Streifen Dünenwald der etwa 6 km lange, feinsandige Strand, der seit vielen Jahren mit der Blauen Flagge ausgezeichnet wird. Juni bis Sept. tägl. 9–18 Uhr von der DLRG überwacht (Strandzugang 15), ✆ 038226-274. FKK-Bereiche bei den Zugängen 7, 12, 17 und 24, Hundestrand bei den Zugängen 9, 16 und 23. Strandzugang 15 ist rollstuhlgerecht.

Bootsausflüge Im Sommer 4-mal tägl. mit dem **Zeesenboot** 90 Min. über den Saaler Bodden, ab Dierhagen Hafen (Erw. 12 €, Kinder 6 €), auch Tagestouren und Segelkurse, weitere Infos unter ✆ 0170-4512671 und www.boddenskipper.de.

Einkaufen Von Mai bis Okt. findet immer Di und Fr von 9–14 Uhr am Hafen Dierhagen der **Regional- und Biomarkt** statt.

Fahrradverleih U. a. beim **Ostsee-Camp Dierhagen** (unweit der Kurverwaltung), Fahrrad 6–7 €/Tag, Kinderrad 4 €, auch Kindersitze, Anhänger, Nachläufer, Helme und Bollerwagen. Ernst-Moritz-Arndt-Str., ✆ 038226-80778. Fahrradverleih auch beim Camping Stranddünen (s. u.).

Kurtaxe 15. Juni bis 14. Sept. pro Pers. 2 €/Tag, erm. 1,20 €, unter 16 J. frei. Außerhalb der Hochsaison 1 € pro Pers., erm. 0,80 €. Auch Hunde zahlen Kurtaxe: ganzjährig 1 € pro Tag.

Veranstaltungen Alljährlich am dritten Wochenende im Juli startet im Hafen die **Zeesenbootregatta** mit den traditionellen Schiffen mit rotbraunen Segeln. Abends großer Ball.

Am zweiten Samstag im August trifft sich ganz Dierhagen zum **Tonnenabschlagen**: Der Brauch, bei dem es um Geschicklichkeit zu Pferde geht, stammt noch aus der Schwedenzeit; der Gewinner wird für ein ganzes Jahr zum Tonnenkönig gekürt. Ebenfalls mit Tanz am Abend.

Übernachten **** **Strandhotel Fischland**, in Alleinlage hinter den Dünen und nur wenige Meter vom Strand befindet sich die komplett renovierte, große Hotelanlage samt Ferienhäusern und -appartements. Sehr komfortable Zimmer, teils mit Meerblick. Hotelrestaurant mit großer Terrasse, Spa mit Hallenbad, Saunen, Whirlpool, Kosmetik etc.; außerdem Segeln, Surfen, Reiten, Tennis, Tischtennis, Badminton und Fahrradverleih. Sehr freundlicher und zuvorkommender Service. Hunde erlaubt. Zahlreiche Arrangements, mit denen man oft günstiger fährt. EZ 155–165 €, DZ 175–225 €, Frühstück inkl. Appartements für 2 Pers. ab 320 €, Landhausvillen ab 340 €. Ernst-Moritz-Arndt-Str. 6, 18347 Dierhagen, ✆ 038226-520, ℻ 038226-52999, www.strandhotel-fischland.de.

**** **Hotel Blinkfüer**, einladendes Hotel im Ortsteil Dierhagen Strand (relativ weit östlich), hübscher Garten, zum Meer sind es gut 100 m. Diverse Arrangements, gehobenes Restaurant, gespeist wird auf der Caféterrasse oder im schönen Wintergarten, mittags und abends geöffnet. EZ 95 €, DZ 125 €, Frühstück inkl., Halbpension 26 €, Hund 8 €/Tag. An der Schwedenschanze 20, 18347 Dierhagen, ✆ 038226-53570, ℻ 038226-80392, www.hotel-blinkfueer.de.

Campingplatz An den Stranddünen, der Platz ist nur durch die Dünen vom weiten und feinsandigen Strand getrennt. Gute Lage in Dierhagen Ost, mit kleinem Restaurant/Kneipe, die Stellplätze teilweise mit etwas wenig Schatten. Ganzjährig geöffnet. Pro Pers. 6,50 €, Kind 3,50 €, Zelt 7–8 €, Wohnwagen/Wohnmobil je 9 €, Auto 3 €, Hund 3,50 €. Mietwohnwagen für 3–4 Pers. 45–55 €. Es werden auch einige einfache Ferienwohnungen (65–75 €) vermietet. Waldweg 5, 18347 Dierhagen Ost, ✆ 038226-80492, ℻ 038226-539800, www.campingplatz-ennen.de.

Essen & Trinken Neben erwähntem **Restaurant Blinkfüer** des gleichnamigen Hotels (s. o.) bietet sich z. B. das beliebte **Restaurant Meeresrauschen** in Dierhagen Strand an: einladende Terrasse und freundlicher Service, hauptsächlich mecklenburgische Fischküche. Tägl. 11–23 Uhr geöffnet. Am Badesteig 8 a, ✆ 038226-53608.

Außerdem die **Gaststätte Boddenblick**, einfach und günstig, schöne Terrasse am Hafen von Dierhagen Dorf und mit Blick auf den Saaler Bodden. Auch Fischräucherei. Mittags und abends geöffnet. ✆ 038226-80166.

Wustrow

ca. 1200 Einwohner

Der größte Ort auf dem Fischland erstreckt sich vom Ostseestrand bis zum Boddenhafen. So zeigt das traditionsreiche Wustrow auch zwei Gesichter: Bädertourismusambiente zum Meer hin und Fischerdorfflair im Rücken des Hafens.

Weithin sichtbar erhebt sich der spitze Helm der *neugotischen Kirche* von Wustrow, die in der zweiten Hälfte des 19. Jh. erbaut wurde. Bei einer Turmbesteigung eröffnen sich weite Blicke über die Boddenlandschaft und (praktischer) neben Fotomotiven auch ein Überblick über den Ort. Empfehlenswert ist auch ein kleiner Rundgang durch das alte Fischerdorf: von der Kirche aus die Neue Straße hoch und die Osterstraße wieder zurück zum Hafen. Das alte Wustrow, das sich besonders entlang der Neuen Straße – quasi dem etwas gebogenen Rückgrat des alten Fischerdorfs – und entlang der Osterstraße ausbreitet, ist eine idyllische Ansammlung alter, sorgsam restaurierter Fischerkaten und Kapitänshäuser. Prominent ist das *Fischlandhaus,* ein hübsches Hochdielenhaus, dessen Rohrdach weit über die rote Fassade reicht. Darin verbergen sich eine Bibliothek und Räumlichkeiten für wechselnde Ausstellungen (Neue Straße 38, ✆ 038220-80465).

Etwas anders präsentiert sich der zum Strand orientierte Teil Wustrows. Über die verhältnismäßig lebhafte Strandstraße gelangt man zu einer kleinen Seebrücke. Hier und am überaus einladenden Strand spielt sich im Sommer der Badetrubel ab. Auf dem Platz am Fuß der *Seebrücke* befindet sich eine moderne Svantevit-Skulptur (die Darstellung einer slawischen Gottheit). Auch die Strandseite Wustrows lohnt eine Erkundungstour, hier finden sich ebenfalls beschauliche kleine Straßen mit alten Häuschen, teilweise sehr sorgfältig und liebevoll restauriert wie z. B. in der Parkstraße und der Lindenstraße.

Der Hafen von Wustrow

Fischland–Darß–Zingst → Karte S. 152/153

Östlich des Hafens gelangt man schließlich in den Ortsteil *Barnstorf.* Der kleine Weiler besteht nur aus einer Handvoll traditioneller, niederdeutscher Hallenhäuser und Scheunen, umgeben von ungemein idyllischen, fotogenen Gärten – vor allem im Sommer, wenn alles blüht. In einem der Gebäude ist die *Kunstscheune* untergebracht, in der neben einer ständigen auch wechselnde Ausstellungen überwiegend norddeutscher Künstler stattfinden. Ein netter Spaziergang führt vom Hafen hierher.

Kunstscheune Barnstorf, Ende Mai bis Mitte Okt. tägl. 10–13 und 15–18 Uhr sowie an Ostern, Weihnachten und Feiertagen 11–17 Uhr, Eintritt 1 €, Barnstorf Hufe IV, ✆ 038220-201, www.kunstscheune-barnstorf.de.

Basis-Infos

Information Das **Haus des Gastes** (Kurverwaltung) befindet sich in dem backsteinernen Gebäude an der Durchgangsstraße, das einst als kaiserliches Postamt errichtet wurde. Freundlich und kompetent, mit Internetpoint. Mo–Fr 9–17 Uhr, Sa/So 10–15 Uhr, Öffnungszeiten können in der Nebensaison variieren. Ernst-Thälmann-Str. 11, 18347 Wustrow, ✆ 038220-251, 📠 038220-253, www.ostseebad-wustrow.de.

Kurtaxe Mitte Juni bis Mitte Sept. 2 €, erm. 1 €, in der Nebensaison 1 €/0,50 €, im Winter 0,50 €/0,30 €, Hund 1 €.

Verbindungen Mit dem **Bus** etwa stündl. über Dierhagen nach Ribnitz-Damgarten und ebenfalls stündl. über Ahrenshoop, Born, Wieck, Prerow und Zingst nach Barth. Es fährt die Linie 210.

Fährverbindung nach Ribnitz in der Hochsaison etwa 4-mal tägl. mit der *MS Boddenkieker*. ✆ 038320-588, www.boddenschifffahrt.de.

Aktivitäten und Veranstaltungen

Baden Von Dierhagen über Wustrow bis Ahrenshoop und weiter bis an das „Nordkap" der Halbinselkette, den *Darßer Ort*, erstreckt sich der herrliche, blau beflaggte Sandstrand. Er erfreut sich großer Beliebtheit und ist daher streckenweise und saisonal etwas übervölkert. Im Ortsbereich des Ostseebads Wustrow, also etwa bei der Seebrücke, ist der Strand bewacht. Er fällt relativ sanft ins Meer ab und ist entsprechend familienfreundlich, etwas Vorsicht sollte man bei den vorgelagerten Wellenbrechern walten lassen. FKK-Bereiche befinden sich ein wenig abseits nördlich und südlich des Hauptstrandes, einen Hundestrand gibt es im Süden auf Höhe der Surfschule (Strandübergänge 8 und 9).

Bootsausflüge **Zeesenbootsegeln**: Wenn das Wetter passt, legen die Traditionssegler mehrmals tägl. vom Wustrower Hafen ab. Erw. 12 €, Kinder 6 €. Infos zum Zeesenboot *Butt* unter ✆ 038320-201 oder ✆ 0170-2017816 (www.zeesboot.de); zum Zeesenboot *Bill* über die Fischländer Segelschule, s. u.

Boddenrundfahrten mit der *MS Ostseebad Wustrow* in der Hochsaison täglich, Dauer 2 Std., Erw. 10 €, Kinder 5 €. Infos am Hafen, unter ✆ 038320-588 oder unter www.boddenschifffahrt.de.

Einkaufen **Regional- und Biomarkt** Mai bis Ende Sept. immer Mi 9–18 Uhr in der Strandstraße.

Bücherstube Fischland, an der Durchgangsstraße, Bücher und Karten zur Region, Schreibwaren und eine kleine Abteilung für Zeichenbedarf. Ernst-Thälmann-Str. 20. Zeitungen und Zeitschriften im **Tabakladen** am Anfang der Strandstraße auf der linken Seite.

Fahrradverleih Diverse Verleiher im Ort, die Preise sind einander angenähert, z. B. 3-Gang-Rad ab 6 €/Tag. Überall gibt es auch entsprechendes Zubehör zu mieten. **Schatztruhe** (eigentlich ein „maritim-lastiger" Souvenirshop), Strandstr. 32, ✆ 038220-80365; **Freizeitagentur Chaos** (hinter der Kurverwaltung, saisonal), Parkstr. 3, ✆ 038220-66776; **Fahrrad Schröder** (hier auch geführte Radwanderungen), Lindenstr. 17, ✆ 038220-80905.

Veranstaltungen Am Ostersamstag übernehmen beim **Strandgalopprennen** die Pferde den Strand; die **Zeesenbootregatta** findet am ersten Samstag im Juli statt, eine Woche darauf (zweiter Sonntag im Juli) das traditionelle **Tonnenabschlagen**.

Sommerkino Wustrow, im Zelt bei der Seebrücke, Termine im Haus des Gastes.

Am Wustrower Fischlandstrand

Fischland–Darß–Zingst → Karte S. 152/153

Wassersport **Surfcenter Wustrow**, etwa 1 km südlich von Wustrow, an der schmalsten Stelle der Landenge und entsprechend strandnah. Surf- und Kitekurse, auch Wellenreiten. Dazu Verleih, solange Material vorhanden. Der angeschlossene Parkplatz ist für Kunden umsonst, ansonsten 8 €/Tag, Wohnmobilstellplätze (keine Zelte) über Nacht 8–14 € (inkl. 1 Pers., jede weitere 4 €, Kinder 2 €), Hunde 3,50 €. An der Nebelstation 2, 18347 Wustrow, ✆/℻ 038220-80250, www.surfcenter-wustrow.de.

Fischländer Segelschule, Grundkurs, auch für Kinder, Sportbootführerscheine, Segeltouren im Zeesenboot, Vermietung von Jollen. Hafenstr. 10, 18347 Wustrow, ✆/℻ 038220-66365, www.fischlaender-segelschule.de.

Übernachten/Essen & Trinken

Dorint Strandresort & Spa, in der Strandstraße unweit der Seebrücke gelegen. Modernes Luxusambiente, freundlicher Service, großer Spa-Bereich mit Hallenbad, angemessen nobles Restaurant. Die besseren Zimmer tragen die Namen von Heilsteinen. Im Jadezimmer kann man ab 248 € übernachten, das Bernsteinzimmer (passender wäre wohl: die Bernstein-Suite-de-luxe) schlägt mit 420 € zu Buche, das normale DZ ab 228 € inkl. Frühstücksbuffet. Strandstr. 46, 18347 Wustrow, ✆ 038220-650, ℻ 038220-65100, www.dorint.com.

››› **Unser Tipp: Schimmel's**, empfehlenswertes, kleines Restaurant samt Pension schräg hinter dem Haus des Gastes. Die ambitionierte, junge Küche verfeinert unter Verwendung regionaler Produkte mecklenburgische Spezialitäten. Angeboten werden auch Tagesmenüs (drei Gänge 34 €, fünf Gänge 46 €). Unbedingt reservieren! Das Restaurant/Café ist ab 14 Uhr geöffnet (So auch mittags, Do Ruhetag), nachmittags Kaffee und Kuchen. Nur drei moderne Zimmer, hell und geschmackvoll eingerichtet, außerdem eine Ferienwohnung. März und Nov. geschl. DZ 70 €, Frühstück 6–12 € pro Pers. Parkstr. 1, 18347 Wustrow, ✆ 038220-66500, www.schimmels.de. ‹‹‹

Sonnenhof, Hotel, Restaurant und Café in der Strandstraße, das Restaurant mit dem Wintergarten liegt zur Straße, im rückwärtigen Gebäude befindet sich das Hotel (zehn Zimmer, vier Appartements). Im großen Biergarten daneben gibt es auch kleine Gerichte (Fischbrötchen, Bratwürste etc.) sowie Kaffee und Kuchen. EZ 70 €, DZ 110 €, Appartement für 2–4 Pers. 130–160 €, in der

Nebensaison deutlich günstiger. Strandstr. 33, 18347 Wustrow, ✆ 038220-6190, 📠 61955, www.sonnenhof-wustrow.de.

Schifferwiege, Pension und Restaurant in einer ruhigen Seitenstraße (gleich am Anfang der Strandstraße rechts rein). Mit Terrasse und Garten, innen Wintergarten mit hellen Korbmöbeln, freundliches Ambiente, behaglich-gediegene Zimmer. Das Restaurant (viel Fisch zu mittlerem bis leicht gehobenem Preisniveau) ist tägl. ab 11 Uhr durchgehend geöffnet und recht beliebt, nachmittags Kaffee, Kuchen und Eis. EZ 60,50 €, DZ 68 €, Appartement 74–79 € inkl. Frühstück. Hunde einmalig 25 €. Karl-Marx-Str. 30, 18347 Wustrow, ✆/📠 038220-80336, www.schifferwiege.de.

Kapitänshaus, Fischrestaurant am Hafen, innen sehr gemütlich, große Auswahl an Fischgerichten, z. B. „im Würzsud gegart", auch einige vegetarische Gerichte. Mittags und abends geöffnet, der netten Lage entsprechendes, leicht gehobenes Preisniveau. Tägl. 12–22 Uhr geöffnet, im Winter nur am Wochenende. Hafenstr. 8, ✆ 038220-80980. Zum Kapitänshaus gehört auch die **Fischräucherei** nebenan, ebenfalls am Hafen, tägl. ab 12 Uhr gibt es hier frischen Räucherfisch, Fischbrötchen, Getränke etc. Auch Terrasse zum Sitzen.

Restaurant Fischschuppen, nettes Ambiente, urig mit Holzbalken, private Atmosphäre durch kleine Nischen. Große Speisekarte, auf der nicht nur die gängigen (Fisch-)Gerichte zu finden sind, sondern auch Exoten wie Schwertfisch oder Wokpfanne. Sehr beliebtes Restaurant, freundlicher Service, mittleres Preisniveau: Hauptgerichte ca. 10–15 €. Mo–Do nur abends geöffnet, Fr–So auch mittags. Zum Restaurant gehört auch die **Pension Schlunt** gegenüber (DZ ab 50 €, Frühstück 7,50 €/Pers.). Osterstr. 30, ✆ 038220-80515, www.landhaus-schlunt.de.

Wohnmobilstellplatz Am Hafen und beim Surfcenter Wustrow (s. o.).

Ahrenshoop

ca. 700 Einwohner

Der vielleicht schönste Ort der Halbinsel – die ehemalige Künstlerkolonie verdient das Attribut „malerisch" voll und ganz. Dank traumhaftem Strand, vielen Kunstgalerien und hervorragenden Hotels ist Ahrenshoop heute eines der nobelsten Ziele an der deutschen Ostseeküste.

Ein Bummel durch das alte Fischerdorf macht Lust am Entdecken, an jeder Ecke wartet ein neues Fotomotiv – liebevoll restaurierte Fischerkaten, edle Strandvillen, das beeindruckende Hochufer, die schilfgesäumte Boddenküste oder einfach der endlose Ostseestrand. In den niedrigen Rohrdachhäusern verbergen sich zahlreiche Kunstgalerien, teilweise in nur zu Fuß zugänglichen Seitensträßchen gelegen, von denen der leuchtend blaue Kunstkaten am Strandweg mit seinem reetgedeckten Dach sicher am auffälligsten ist. Entlang der viel befahrenen Hauptdurchgangsstraße reihen sich dagegen die schicken, oft aufwändig umgebauten oder neu errichteten Hotels aneinander, besonders auffällig das erst 2010 eröffnete „Kurhaus Grand Hotel Moderne", das mit seinen mächtigen Glasfronten eher an ein modernes Kreuzfahrtschiff erinnert. Wer Ahrenshoop erkunden will, sollte sich das Panorama vom *Hohen Ufer* nicht entgehen lassen: Der Blick von hier oben zählt zu den beliebtesten Fotomotiven der Halbinsel, und – man ahnt es – gemalt wurde diese Strandansicht auch schon mehrfach.

Historisch spielte der Ort, der Ende des 13. Jh. erstmals als „Arens Hof" oder „Arnes Hof" erwähnt wurde, zunächst kaum eine Rolle. Ahrenshoop bildete seit jeher die Grenze zwischen dem mecklenburgischen Fischland und dem Darß, der schon zu Vorpommern gehört. Erst in den letzten Jahrzehnten des 18. Jh. entstand hier ein richtiges Fischerdorf. Zu größerer Bedeutung kam Ahrenshoop ab 1889, als der Maler *Paul Müller-Kaempff* (1861–1941) den Ort „entdeckte" und bald darauf zu

Künstlerkolonie Ahrenshoop

Bei einer Wanderung im Jahr 1889 erblickte der Maler *Paul Müller-Kaempff* das beschauliche Fischerdörfchen erstmals vom Hohen Ufer aus, der Ahrenshooper Steilküste, und war sogleich angetan von diesem „Bild des Friedens und der Einsamkeit". Es war die unberührte Natur und das romantische, einfache Leben, durch das Müller-Kaempff sich angezogen fühlte – er wollte weg vom akademisch-bürgerlichen Kunstbetrieb der Großstadt mit seinen strengen Hierarchien und hin zur Einheit von Mensch und Natur und der damit verbundenen Freiheit. 1892 ließ sich Müller-Kaempff an der Dorfstraße ein erstes Haus bauen und gründete eine Malschule, es folgte als Schule und Pension das *Künstlerhaus Lukas* in der Dorfstraße (Nr. 35), das damals bis zu 50 Schüler und Schülerinnen beherbergen konnte – hauptsächlich Schülerinnen, denen der Zugang zu den meisten staatlichen Akademien bis 1919 verwehrt blieb.

Ahrenshoop wurde zu einem Zentrum impressionistischer Landschaftsmalerei, was sich auch an den Hochschulen von Berlin und Düsseldorf herumsprach. Mit den Malschülern kamen auch die Maler, die das alte Fischerdorf als ihren neuen Wohnsitz auserkoren, und mit der Kunst kam der Badetourismus. 1909 wurde der *Kunstkaten* (s. u. *Sehenswertes*) als öffentliches Ausstellungsgebäude eröffnet, doch brachte der Erste Weltkrieg das rege künstlerische Treiben in Ahrenshoop bald zum Erliegen. Auch der Kunstkaten wurde geschlossen (1919) und bald darauf verkauft. Nach einer zweiten Blütezeit in den 1920er Jahren kam es erst wieder in der DDR zu einer erneuten Aufnahme des Kulturbetriebes: Ahrenshoop wurde zum „Bad der Kulturschaffenden", in dem Maler, Schriftsteller und Theaterleute, aber auch Funktionäre entspannte Ferientage verbrachten.

Noch heute hält man die Tradition der Künstlerkolonie Ahrenshoop aufrecht. Künstler unterhalten Ateliers, im Kunstkaten sind wieder Ausstellungen zu sehen und auch das Künstlerhaus Lukas wurde wieder seiner ursprünglichen Funktion zugeführt: In sieben Atelierwohnungen sind Stipendiaten untergebracht, das in der Regel einmonatige Stipendium steht den Bereichen Bildende Kunst, Literatur, Tanz und Musik offen (www.kuenstlerhaus-lukas.de). Ein weiteres Denkmal für die Künstlerkolonie ist bereits in Arbeit: Im September 2011 begannen mit dem ersten Spatenstich die Bauarbeiten am *Kunstmuseum Ahrenshoop* (an der Straße Richtung Althagen rechter Hand). Es sollen großzügige Räumlichkeiten für ständige und wechselnde Ausstellungen, Veranstaltungssäle und Cafeteria mit Terrasse und Skulpturengarten entstehen. Die Presseinformation verspricht zudem einen spektakulären Neubau, dessen Eröffnung im Lauf des Jahres 2012 gefeiert werden soll.

seiner neuen Wohn- und Schaffensstätte erkor. Ihm folgten zahlreiche Künstler und Künstlerinnen, denen Ahrenshoop sein Renommee als Künstlerkolonie verdankt und von dem es noch heute zehrt. Mit den Künstlern kamen auch die betuchten Badegäste hierher, von denen man in den 1920er Jahren jährlich über 2000 zählte.

Nach dem Zweiten Weltkrieg lebte der Künstlerort Ahrenshoop weiter und avancierte zum beliebten Urlaubsziel der DDR-Kulturschaffenden. Heute zählt der Ort ca. 2000 Gästebetten und eine stetig wachsende Zahl an (Eigentums-)Wohnanlagen, in die man für einen komfortablen Lebensabend investieren kann – kaum ein Haus in Ahrenshoop ist heute noch in „normalem“ Familienbesitz ohne Ferienvermietung. Kurzum: Wer hier uriges altes Fischerambiente sucht, wird sicher nicht fündig.

Zu Ahrenshoop gehören auch die beiden südlich gelegenen Ortsteile *Althagen* und *Niehagen,* beide ebenfalls mit ausreichend Unterkünften (und ein wenig Gastronomie) ausgerüstet, insgesamt aber doch deutlich ruhiger als der Ort selbst. Mit dem Fahrrad (fast durchgehend Radweg) ist man schnell im „Zentrum“, zu Fuß sind es von Niehagen zur „Bunten Stube“ in Ahrenshoop etwa 30–45 Minuten.

Basis-Infos

Information Die **Kurverwaltung Ahrenshoop** liegt zwischen Durchgangsstraße und Strand beim Kunstkaten, hier auch Appartement-/Zimmervermittlung und Internetpoint. In der Hochsaison (15. Juni bis 14. Sept.) Mo–Fr 9–18 Uhr, Sa/So 10–15 Uhr; in der Nebensaison Mo–Fr 9–17 Uhr (im Winter nur bis 16 Uhr), Sa 10–15 Uhr, So geschlossen. Kirchnersgang 2, 18347 Ahrenshoop, ✆ 038220-666610, Fax 038220-666629, www.ahrenshoop.de. Jeden Mittwoch um 10 Uhr (im Winter ab 11 Uhr) starten von der Kurverwaltung 2-stündige **Ortsrundgänge**.

Kurtaxe In der Hochsaison vom 15. Juni bis 14. Sept. und Weihnachten/Silvester 2,30 € pro Pers., unter 18 J. frei; in der Nebensaison 1,50 €, im Winter 1 €, erm. 0,50 € (1. Nov. bis 31. März), Hunde ganzjährig 1 €.

Parken In ganz Ahrenshoop schwierig, da das Parken im „Zentrum“ fast überall verboten ist. Einige wenige ausgewiesene Parkplätze (z. B. bei der Kurverwaltung), fast alle gebührenpflichtig oder mit Parkscheibe.

Verbindungen Mit **Bus Linie 210** etwa stündl. über Wustrow und Dierhagen nach Ribnitz-Damgarten; ebenfalls stündl. über Born, Wieck, Prerow und Zingst nach Barth. Mehrere Haltestellen an der Hauptstraße (Dorfstraße).

Aktivitäten und Veranstaltungen

Baden Badefreunde werden mit einem endlosen, feinsandigen Strand verwöhnt. Nur ein schmaler Dünenstreifen trennt Dorf und Meer, in südwestliche Richtung schließt mit dem Ahrenshooper *Hohen Ufer* ein Stück Steilküste an. Auch hier wird der Dorfstrand in den Sommermonaten von der DLRG bewacht (Übergang 12), und auch an diesem Strand weht als Gütesiegel die Blaue Flagge. FKK nicht streng getrennt, aber eher in nordöstlicher Richtung anzutreffen (Richtung Darßer Weststrand). Ausgewiesene Hundestrände finden sich bei Übergang 3 und 13 (im ganzen Ort und am Strand gilt Leinenpflicht).

Bootstouren **Zeesenbootfahrten** auf der *Sannert* oder der *Blondine*, im Sommer 5-mal tägl., Dauer 90 Min., Erw. 12 €, Kinder 6 €. Infos im *Räucherhaus* (am Althäger Hafen, s. u.) bzw. unter ✆ 038220-6946, www.raeucherhaus.net.

Einkaufen Sofort ins Auge fällt die **Bunte Stube** an der Dorfstraße – der halbrunde Bau in Rot und Weiß von 1929 stammt aus der Zeit des Bauhaus und lädt heute zum Stöbern ein: Bücher, Postkarten, Keramik, Tee, Pullover, Schals etc., in der kleinen Galerie im Hinterraum finden wechselnde Ausstellungen statt. Mo–Sa 10–18 Uhr, So 13–17 Uhr, in der Nebensaison So/Mo

Beliebtes Fotomotiv: der Blick vom Hohen Ufer

geschl., im Winter So–Mi geschl. Dorfstr. 24, ✆ 038220-238.

Kunst aller Art und aller Preisklassen wird in den Galerien und Ateliers verkauft.

Fahrradverleih **Gielow**, April bis Okt. tägl. 8–19 Uhr. Tourenräder 4–7 €/Tag, MTB ab 6 €. Auch Kindersitze, Helme, Anhänger und Kartenmaterial. Bei Gielow auch Strandkorbverleih und günstige **Appartements**. Dorfstr. 21 (an der Hauptstraße beim Schild bis ganz hinten zum schwarzen Schuppen durchgehen). ✆/℡ 038220-80134, www.haus-gielow.de.

Brilke, in Niehagen, Pension (s. u.) mit Fahrradverleih: Tourenräder 5,50–12,50 €/Tag. Auch Kinderräder und -sitze, Anhänger/ Nachläufer, Hundekörbe etc. Niehäger Str. 1, ✆ 038220-80396, ℡ 038220-66219, www.pension-brilke.de.

Reiten **Islandpferdehof Fischland**, in Niehagen, sympathischer Hof, angeboten werden Anfänger- und Fortgeschrittenenkurse auf Islandpferden, Ausritte (z. B. 5-Stunden-Ritt zum *Darßer Weststrand*, 60 €), Ganztagesritte (90 €) und auch Mehrtagesritte (350 € inkl. Übernachtung und Verpflegung); ein Ferienhaus für 4 Pers. kann für 50 €/Tag gemietet werden, und auch das eigene Islandpferd kann mitgebracht werden (Offenstall und Weide, 5 €/Tag). Reitstunde 17,50 €. Weg zum Kiel 12, 18347 Ahrenshoop-Niehagen, ✆ 038220-69328, www.islandpferdehof-fischland.de.

Veranstaltungen Neben den zahlreichen temporären Ausstellungen (Termine im Ahrenshooper Veranstaltungskalender) gibt es auch ein paar feste Termine: Das beliebte **Tonnenabschlagen** zu Pferde findet immer am dritten Sonntag im Juli statt, abends großer Reiterball. Ein Wochenende später trifft man sich zum Ahrenshooper **Strandfest**.

Die **Ahrenshooper Kunstauktion** findet immer am ersten Samstag im August statt. Unter den Hammer kommen Werke u. a. von Künstlern aus Ahrenshoop (und der gesamten Ostseeregion), teilweise noch aus der Künstlerkolonie.

Am dritten Samstag im August lädt Ahrenshoop zur **Langen Nacht der Kunst**: Kunsthäuser, Galerien und Werkstätten sind bis Mitternacht geöffnet, umrahmt wird das Ganze von diversen Veranstaltungen und Vorführungen (Eintritt 10 €, unter 18 J. frei).

Einen letzten Höhepunkt der Saison bildet schließlich die **Althäger Fischerregatta** am dritten Septemberwochenende: Regatta mit Zeesenbooten auf dem Saaler Bodden, dazu Hafenfest und Markt, abends Tanz und Livemusik.

Wassersport s. oben Wustrow, S. 159.

Fischland–Darß–Zingst → Karte S. 152/153

Übernachten

Die Auswahl an guten bis sehr guten Hotels (und ihren entsprechend hochpreisigen Restaurants) ist groß, im mittleren und unteren Preissegment findet sich dagegen nicht allzu viel. In den Ortsteilen Althagen und Niehagen gibt es auch einige günstige Pensionen. Der nächste Campingplatz befindet sich in Born (S. 169).

In Ahrenshoop **** **Der Fischländer – Weststrand Hotel**, das knallgelbe Haus mit Rohrdach am nordöstlichen Ortsausgang (Richtung Prerow) ist kaum zu übersehen. Gleich beim Weststrand (nur über die Straße), 28 komfortable, stilvoll eingerichtete Zimmer, die meisten mit Balkon. Gehobenes Restaurant, Terrassencafé und Cocktailbar *Tute* (s. u.) im Hotel; Wellnessbereich mit Sauna, Whirlpool, Massage und Kosmetik. EZ 105–125 €, DZ 125–155 €, Frühstück inkl., Halbpension 26 € pro Pers., Haustier 10 €. Zudem werden drei voll ausgestattete Ferienwohnungen auf dem Schifferberg angeboten: für 2 Pers. 120 €, für 4 Pers. 135–165 €/Tag. Dorfstr. 47e, 18347 Ahrenshoop, ✆ 038220-6950, 📠 038220-69555, www.hotelderfischlaender.de.

**** **Romantik Hotel Namenlos & Fischerwiege**, auf mehrere Gebäude verteiltes Hotel, sorgsam saniert, man logiert entweder im reetgedeckten Haupthaus, der Fischerwiege mit baumbestandenem Garten, im kleinen Dünenhaus neben der Fischerwiege mitten im Grünen oder im denkmalgeschützten Haus Bergfalke, ebenfalls mit Rohrdach. Zum Hotel gehören Restaurant (s. u.) und Wellnessbereich mit Hallenbad, Sauna, Whirlpool, Massagen und Kosmetik. Im Haupthaus EZ ab 115 €, DZ 160–190 €, in der Fischerwiege EZ ab 100 €, DZ 160 €, Appartement für 2 Pers. im Dünenhaus 125–135 €, im Haus Bergfalke EZ 65 €, DZ ab 95 €, Frühstück jeweils inkl., Halbpension 28 € (3-Gang-Menü). Hunde in den Nebengebäuden erlaubt. Schifferberg 2, 18347 Ahrenshoop, ✆ 038220-6060, 📠 038220-606301, www.hotel-namenlos.de.

Pension Nordlicht, gelbes Gebäude direkt an Strandübergang 9 und nur wenige Schritte zum Meer. Parkplatz am Haus, Restaurant mit Terrasse. Freundlicher Service, nette Zimmer in pastellfarbenem Landhausstil, mit Balkon oder Terrasse (wir empfehlen eines mit Meerblick nach hinten). EZ 67 €, DZ 88–98 €, Appartement für 2 Pers. 115 €, für 4 Pers. 145 €, alle Preise inkl. Frühstück, Halbpension 15 €. Hund 2 €/Tag. Im Dez. bis nach Weihnachten geschl. Dorfstr. 34, 18347 Ahrenshoop, ✆ 038220-69610, 📠 038220-69623, www.haus-nordlicht.m-vp.de.

Appartements Saatmann, an der Hauptstraße Richtung Althagen, rotes Haus auf der linken Seite, ein Stück vom Zentrum. Rustikal und mit viel Holz eingerichtete Ferienwohnungen und Appartements. Restaurant/Café im EG, mit Terrasse. Appartement für 2 Pers. 75–85 €/Tag. Bernhard-Seitz-Weg 17, 18347 Ahrenshoop, ✆ 038220-6070, 📠 038220-6072, www.saatmann.net.

Haus Antje, zwei Häuser neben dem Saatmann und etwas gehobener als dieses. Mit Restaurant. Pastellfarbener Landhausstil, gemütliche Bibliothek, einladende Zimmer, mit Kosmetikstudio und Sauna. EZ 75 €, DZ 120 €, Suite 150 €, Frühstück inkl., Halbpension (drei Gänge) 25 €. Hund 10 €/Tag. Althäger Straße 2, 18347Ahrenshoop, ✆ 038220-6980, 📠 038220-69850, www.wellnesshotel-hausantje.de.

In Althagen **Pension „Räucherhaus"**, direkt am Althäger Hafen, drei Appartements und vier Ferienwohnungen, z. T. unterm Dach. Ab 4 Pers. werden vom Räucherhaus auch Zeesenbootfahrten organisiert (s. o.). Rustikale Gaststätte im Haus. Für 2 Pers. 60–67 €/Tag, für 4 Pers. 100 €, für 7 Pers. ab 150 € (jeweils mit kleiner Küche), Frühstück 5,50 € pro Pers., Haustiere nur auf Anfrage (5 €/Tag). Hafenweg 6, 18347 Ahrenshoop/OT Althagen, ✆ 038220-6946, 📠 038220-69481, www.raeucherhaus.net.

In Niehagen »› Lesertipp: **Pension Bradhering**, altes Backsteinhaus (ehemals Bauernhof) in schöner, ruhiger Lage, mit Garten, Frühstück im angebauten Wintergarten. DZ 80–85 €, Appartement für 2–4 Pers. 90–100 €, Frühstück inkl. Auch Fahrradverleih. Weg zum Kiel 7, 18347 Ahrenshoop/OT Niehagen, ✆ 038220-414, www.pension-bradhering.de. ‹«

Pension Brilke, freundliche Pension unter einem Rohrdach, mit Fahrradverleih, relativ günstig, allerdings an der Durchgangsstraße im Ortsteil Niehagen gelegen. EZ 40 €,

DZ 70–75 €, Appartement für 2 Pers. 80 €, jeweils inkl. Frühstück. Niehäger Str. 1, 18347 Ahrenshoop/OT Niehagen, ✆ 038220-80396, ℻ 038220-66219, www.pension-brilke.de.

Essen & Trinken/Nachtleben

Restaurants/Cafés **Namenlos**, vielfach gelobtes Restaurant mit herrlicher Terrasse samt tollem Meerblick, wo es sich am Nachmittag bei Kaffee und Kuchen aus eigener Konditorei bestens aushalten lässt. Das Restaurant serviert verfeinerte mecklenburgische Küche von heimischen Produzenten (u. a. Biofleisch vom Darß), das Ganze allerdings nicht ganz billig (Hauptgerichte um 20 €, Drei-Gänge-Menü 34 €), im Angebot auch ein etwas günstigeres Tagesgericht. Tägl. durchgehend geöffnet. Schifferberg 2, ✆ 038220-6060.

»» **Unser Tipp:** **Buhne 12**, traumhafte Lage oberhalb des Strandes am Hohen Ufer, toller Blick aufs Meer (v. a. abends). Schöner, großer Garten, nettes Ambiente und freundlicher Service, viel gelobtes (Fisch-)Restaurant und gar nicht mal so teuer, nachmittags ein Muss für Kaffee und Kuchen. Di–So 11–23 Uhr, Mo geschlossen, im Winter nur Sa/So 11–23 Uhr. Grenzweg 12, ✆ 038220-232. ««

Achtern Strom, im Zentrum an der Hauptstraße (im Baltischen Hof), mit Terrasse. Nettes Ambiente, freundlicher Service, gute Fischküche, nicht teuer. Tägl. ab 11 Uhr durchgehend geöffnet, nachmittags Kaffee und Kuchen. Dorfstr. 4, ✆ 038220-82601.

Am Kiel, in Niehagen an der Hauptstraße, verfeinerte Fischküche, auch Wildgerichte, Salate etc., nicht zu teuer. Mit Terrasse. Tägl. ab 12 Uhr durchgehend geöffnet. Boddenweg 12, ✆ 038220-669721.

»» **Lesertipp:** **Kap der Guten Hoffnung**, im Ortsteil Niehagen, Leser schrieben hierzu: „Ein echter Geheimtipp: günstige Hausmannskost, sehr gut und viel, sehr zu empfehlen der ‚Fischtopf für Hungrige'!". Im Sommer tägl. ab 17 Uhr geöffnet, So auch mittags, im Winter Mo Ruhetag. Weg zum Kiel 6 (gegenüber der Pension Bradhering), ✆ 038220-66705. ««

Café Stübchen, im Ortsteil Niehagen an der Hauptstraße, oranger Pavillon mit Terrasse und Garten, innen Kamin, leckere selbst gebackene Kuchen und Eis, auch

deftige Snacks und kleine Gerichte. Im Sommer tägl. 13–20 Uhr, im Winter eingeschränkt (am besten vorher anrufen). Niehäger Str. 14, ✆ 038220-667558.

Nachtleben **Cocktailbar Tute**, im Hotel *Fischländer*, beliebter Treffpunkt für Nachtschwärmer, auch diverse Veranstaltungen. Mi–Sa ab 21 Uhr geöffnet. Dorfstr. 47 e, ✆ 038220-6950.

Sehenswertes

Kunstkaten Ahrenshoop: Der leuchtend blaue Katen mit Rohrdach am Strandweg ist nicht zu übersehen. Mit seiner über 100-jährigen, wechselvollen Geschichte ist er die älteste Galerie in Ahrenshoop. Zu sehen sind heute wechselnde Ausstellungen hauptsächlich zeitgenössischer Künstler, oft mit geografischem bzw. thematischem Bezug zu Ahrenshoop und der Ostsee. Darüber hinaus finden im Kunstkaten zahlreiche Veranstaltungen statt – Lesungen, klassische Konzerte, Schauspiel, Kabarett, Jazz- und Liederabende etc.

Tägl. 10–13 und 14–18 Uhr. Eintritt 2 €, erm. 1 €. Strandweg 1, ✆ 038220-80308, www.kunstkaten.de.

Strandhalle: Nur einen Steinwurf vom Kunstkaten entfernt, zwischen Dorfstraße und Strand, befindet sich dieses deutlich modernere Veranstaltungshaus. Es wurde 1998 eröffnet und dient als Ausstellungsgebäude der Kommune, angeschlossen ist ein Gästehaus für Künstlergruppen. Neben den wechselnden Ausstellungen – ebenfalls meist zeitgenössischer Künstler – findet hier auch alljährlich die Ahrenshooper Kunstauktion (s. o. *Veranstaltungen*) statt.

Tägl. 10–13 und 14–18 Uhr, im Winter eingeschränkt. Eintritt 2 €, erm. 1 €. Dorfstr. 16 b, ✆ 038220-82522.

Galerie Alte Schule: Das recht kleine Ausstellungsgebäude befindet sich neben der Strandhalle (auf dem Weg zum Strand noch vor der Strandhalle). Gezeigt werden wechselnde Ausstellungen zeitgenössischer Künstler aus dem Ostseeraum bzw. dem Norden Deutschlands.

Di–So 10–13 und 14–18 Uhr, im Winter eingeschränkt. Eintritt frei. Dorfstr. 16, ✆ 038220-66330, www.galerie-alte-schule-ahrenshoop.de.

Neues Kunsthaus: Auf der Boddenseite der Dorfstraße, schon Richtung Althagen und etwas versteckt gelegen. Sehenswerte Galerie zeitgenössischer Kunst aus Mecklenburg-Vorpommern und dem gesamten Ostseeraum. Hier sind auch Ausstellungen von Stipendiaten aus dem *Künstlerhaus Lukas* zu sehen. Schöner reetgedeckter Bau, mit Skulpturengarten. Gemeindebibliothek nebenan.

Tägl. 10–18 Uhr, im Winter nur bis 16 Uhr, im Frühling/Herbst bis 17 Uhr. Eintritt 2 €, erm. 1 €, unter 16 J. frei. Bernhard-Seitz-Weg 3 a, ✆ 038220-80726, www.neues-kunsthaus-ahrenshoop.de.

Galerie im Dornenhaus: Um die Ecke vom Neuen Kunsthaus befindet sich das unter Denkmalschutz stehende alte Fachwerkhaus mit tiefem Rohrdach. Die Galerie beansprucht die beiden vorderen Räume (dahinter privat), ausgestellt sind Keramik und schräge Skulpturen im Garten.

Tägl. 10–18 Uhr. Eintritt frei. Bernhard-Seitz-Weg 1, ✆ 038220-80963.

Schifferkirche: Der originelle Kirchenbau aus dem Jahr 1951 liegt am Fuß des (immerhin 14,6 Meter hohen) Schifferbergs in einer Seitenstraße der Dorfstraße – eine kleine Holzkirche, deren Dach dick mit Rohr gedeckt ist. Im Kircheninneren finden sich Werke der Bildhauerin *Doris Oberländer-Seeberg:* der hölzerne Taufständer, die Kanzel und die Schrift an der Altarwand.

Di–So 10–18 Uhr, im Winter kürzer. So 9 Uhr und Sa 20 Uhr Gottesdienst. Paetowweg 5, Infos unter ✆ 038233-69133.

Wie gemalt: Dorfweg in Ahrenshoop

Born

ca. 1100 Einwohner

Born bietet noch viel vom Charme des alten Fischerdorfes: ein paar reetgedeckte Häuschen mit bunten Fassaden und bemalten Haustüren, kopfsteingepflasterte Sträßchen, eine Anlegestelle an der Boddenküste und im Rücken die ländliche Idylle des Darßer Waldes. Am Ortsrand befindet sich heute ein Campingplatz, im Darßer Wald die Jugendherberge, doch kann man auch mitten im Ort stilvoll in einem alten Kapitänshaus logieren.

Die Fischerkirche von Born

Bedeutendste Sehenswürdigkeit von Born ist die hübsche hölzerne *Fischerkirche* mit Rohrdach. Sie wurde 1934/35 erbaut und zeigt im Innern ein hölzernes Tonnengewölbe. Auf dem Dach thront ein kleiner Turm, die dazugehörigen Glocken aber befinden sich separat auf dem 50 Meter entfernten Friedhof.

Fischerkirche, im Sommer Mo–Sa 11–16 Uhr. Juni bis Sept. immer Fr 20 Uhr Konzerte. Weitere Infos im Pfarramt, Kirchenort 2, ✆ 038233-69133.

Eine neue *Galerie für zeitgenössische Ostseekunst* befindet sich beim Darßer Sommertheater unweit des Hafens. Im Ort findet man noch viele weitere kleine Galerien.

Galerie für zeitgenössische Ostseekunst, von ca. Ostern bis Ende Okt. Di–So 10–13 und 15–19 Uhr (im Herbst bis 17 Uhr), Chausseestr. 90, ✆ 038234-236, www.zeitkunstgalerie.de.

Basis-Infos

Information **Kurverwaltung Born**, freundlich und hilfsbereit, im Sommer Mo–Fr 9–18 Uhr, Sa/So 10–16 Uhr; im Winter eingeschränkt. Während der Saison jeden Di 10 Uhr Ortsführung (2,50 €, Kinder frei). Chausseestr. 73 b, 18375 Born auf dem Darß, ✆ 038234-50421, ℻ 038234-50431, www.darss.org.

Kurtaxe In der Hauptsaison 2 €, erm. 1 €, in der Nebensaison 1 €, erm. 0,80 €.

Verbindungen Mit dem **Bus 210** (Haltestelle an der Kurverwaltung) etwa stündl. über Ahrenshoop und Wustrow nach Ribnitz-Damgarten, ebenfalls etwa stündl. über Wieck, Prerow und Zingst nach Barth.

Aktivitäten und Veranstaltungen

Bootstouren Die *MS Bültenkieker* startet im Sommerhalbjahr 3-mal tägl. zur großen **Boddenrundfahrt** sowie im Juli/Aug. 2-mal pro Woche abends (Mi und Sa) zur Abendfahrt, im Herbst auch Kranichbeobachtungsfahrten. Infos unter ✆ 038220-588 oder www.boddenschifffahrt.de.

Mit der *MS Heidi* während der Saison nach Fuhlendorf (Bodstedter Bodden) und Prerow. ✆ 038234-210, www.reederei-rasche.de.

Eine **Fähre** (max. 12 Pers.) bedient im Sommer immer Fr und So je 3-mal tägl. die Strecke Born–Neuendorf (am Saaler Bodden), Infos unter ✆ 0151-52560217.

Fahrradtransport: auf allen Schiffen möglich.

Einkaufen **Bio-Hofladen Gut Darß**, am westlichen Ortsrand, beschildert. Gemüse, Fleisch, Fisch, Käse, Backwaren, Gewürze, Honig usw., geöffnet Mo–Fr 9–18 Uhr (im Winter nur bis 17 Uhr), Sa 9–12 Uhr. Im Sommer findet auf dem Gut immer Do 9–13 Uhr ein Regional- und Biomarkt statt, am Do um 10 Uhr ist eine Gutsbesichtigung möglich (5 € pro Pers., Kinder frei). Am Wald 26, 18375 Born, ✆ 038234-5060, www.gut-darss.de.

Fahrradverleih **Neumann's Fahrradshop** im Zentrum, 3-Gang-Rad 4 €, MTB 6 €/Tag, auch Kinderräder und Zubehör. Mai bis Okt. tägl. 9–19 Uhr geöffnet. Im Moor 2, ✆ 0160-3500872, www.neumann-darss.de.

Veranstaltungen **Darß Festspiele**, diverse Aufführungen und Konzerte auf der Freilichtbühne in der Chausseestraße (Achtung: auch auf Platt!) von ca. 10. Juli bis Ende Aug. Infos unter ✆ 038234-55812, www.darss-festspiele.de und bei der Kurverwaltung.

Wassersport **Kitesurf & Kanu Born**, Wassersportcenter am Regenbogencamp (s. o.), Kurse für Kiten und Windsurfen (2 Tage Kite-Anfängerkurs 195 €, Surfkurs Anfänger ab 80 €), auch Boardverleih, außerdem Kajakvermietung (25–35 €/Tag). Ende April bis ca. Okt. geöffnet. Nordstr. 86, 18375 Born, ✆ 038234-55582, www.kiten-lernen.de.

Übernachten/Essen & Trinken

Pension Walfischhaus, direkt am Boddenhafen von Born, neue, kleine Pension in geschmackvoll restauriertem Gebäude, auch Bio-Restaurant und Café (s. u.). Nur sieben komfortable und gemütliche Zimmer, einige auch mit Terrasse/Balkon. Ganzjährig geöffnet. EZ 65 €, DZ 116–124 €, Frühstück inkl. Chausseestr. 74, 18375 Born, ✆ 038234-55784, ℻ 038234-55785, www.walfischhaus.de.

Jugendherberge **Born-Ibenhorst**, etwa 3 km außerhalb von Born (Richtung Ahrenshoop, von der Bundesstraße rechts ab und ca. 400 m in den Wald hinein, beschildert) im Nationalpark gelegen und umgeben vom Darßer Wald. Mit Minigolf, kleiner Gaststätte, Fahrradverleih und anbei einem beliebten Campingplatz. Strikt verboten ist hier offenes Feuer (Nationalpark). Unterbringung in hölzernen Bungalows und Schwedenhäusern (22,90 €/Nacht, Senioren ab 27 J. 28,10 €/Nacht), im DZ 26,90 € (Junioren) bzw. 33 € (Senioren), Frühstück jeweils inkl. Zeltplatz 15,50 € (Junioren) bzw. 19,30 € (Senioren), ebenfalls mit Frühstück, Abendessen 4–5 €. Ibenhorst 1, 18375 Born, ✆ 038234-229, ℻ 038234-231, www.born-ibenhorst.jugendherberge.de.

Camping **Regenbogen Camp Born**, ruhig gelegener Camping westlich des Ortes am Boddenufer (mit Badestelle). Großzügiger, schattiger Platz, keine Gaststätte, aber kleiner Supermarkt und Snackbar, Fahrradverleih, Sportangebot, das Surfrevier ist für Anfänger geeignet. Auch Surf-/Kiteschule und Kajakverleih (s. u.). Geöffnet Anfang April bis Ende Okt. Zelt je nach Größe 6–10 €, Wohnwagen/-mobil 10–11 €, Erw. 7,20 €, Kinder bis 14 J. 3 €, Pkw 4 €, Hund 4 €, Strom 3,50 €, Familienbad 8,50 €. In der Hauptsaison mind. 3 Tage Aufenthalt. Nordstraße 86, 18375 Born, ✆ 038234-244, ℻ 038234-59303, www.regenbogen-camp.de.

Freundliches Café in Born

Essen/Trinken >>> Lesertipp: **Walfischhaus**, nur wenige Meter vom Borner Hafen, mit Terrasse und Boddenblick, innen gemütliches, schönes Ambiente. Feine Küche zu gehobenen Preisen (Bio-Gütesiegel), auch Vegetarisches sowie allergikergeeignete Gerichte. 12–22 Uhr geöffnet, nachmittags Kaffee und Kuchen. Mi Ruhetag. Chausseestr. 74, ✆ 038234-55784. <<<

Borner Hafenbistro, mit Terrasse direkt am Hafen von Born, kaum zu übersehen. Hier gibt es köstliche Fischbrötchen und einige warme Fischgerichte. Während der Saison ganztägig geöffnet.

Peterssons Hof, Restaurant und Café im alten, sorgsam restaurierten Haus neben dem Kapitänshaus, mitten im Zentrum. Das Restaurant bietet hochwertige Küche zu gehobenem Preisniveau (Hauptgerichte um 15–20 €), auch günstigere kleine Gerichte und Snacks, nachmittags Kaffee und hausgebackene Kuchen. Innen urig und schön eingerichtet, nett sitzt man aber auch auf der Terrasse, freundlicher Service. Auch von Lesern empfohlen! Im Sommer tägl. ab 11.30 Uhr durchgehend geöffnet, im Winter eingeschränkt. Bäckergang 12 b, ✆ 038234-55720, www.peterssons-hof.de.

Café Tonart, ganz reizendes, kleines Café in einem alten Kapitänshaus mit schönem Garten, sehr freundlicher Service, alternativ, gemütlich und beliebt. Im Sommer Di–So 9.30–20 Uhr, in der Nebensaison eingeschränkt, im Winter geschlossen (außer Weihnachten/Neujahr). Chausseestr. 58, ✆ 038234-55957, www.cafe-tonart.de.

Wieck

ca. 760 Einwohner

Was auf Born zutrifft, gilt für den kleineren Nachbarort Wieck gleichermaßen: ein altes Fischerdörfchen nahe der Boddenküste, das von der stark befahrenen Hauptverbindungsstraße der Halbinsel nur gestreift wird und sich somit relativer Ruhe erfreuen kann. Hauptanziehungspunkt von Wieck ist die *Darßer Arche*, das hiesige Besucherzentrum des *Nationalparks Vorpommersche Boddenlandschaft*. In dem Gebäude, das aussieht wie ein Schiff im Trockendock, kann man sich über Land und Bodden im Nationalpark informieren. Mittels Schautafeln, Ausstellungsstücken und Filmen wird man über die Lebensräume Wasser, Schilf, Düne, Wald etc. informiert (besonders sehenswert ist der Film über die Kraniche). Dass im gleichen Gebäude auch die Kurverwaltung untergebracht ist, ist keineswegs Raum- oder Geldnot geschuldet. Vielmehr spiegelt sich darin der erklärte Wille, den gegenseitigen Nutzen von Tourismus und Naturschutz herauszustellen. Im Nebengebäude befindet sich die *Galerie Künstlerdeck* (Di–So 11–17 Uhr geöffnet).

Darßer Arche, Mai bis Okt. tägl. 10–18 Uhr, Nov. bis April Mi–So 10–16 Uhr. Eintritt Erw. 4,50 €, Schüler/Stud., Rentner 3,50 €, Familien 10 €. Bliesenrader Weg 2, 18375 Wieck, ✆ 038233-70380, www.darsser-arche.de.

Information Kurverwaltung im Nationalparkzentrum Darßer Arche. Freundlich und kompetent, es werden auch Karten und Bücher zur Gegend verkauft, sowie Nationalpark-Souvenirs. Mai bis Okt. tägl. 9–17 Uhr; Nov. bis April tägl. 10–16 Uhr. Bliesenrader Weg 2, 18375 Wieck auf dem Darß, ✆ 038233-201, 038233-703819, www.darss.org.

Kurtaxe In der Hauptsaison 2 €, erm. 1 €, in der Nebensaison 1 €, erm. 0,50 €.

Verbindungen Mit dem **Bus 210** (Haltestelle in der Prerower Str.) etwa stündl. über Born, Ahrenshoop und Wustrow nach Ribnitz-Damgarten, ebenfalls etwa stündl. über Prerow und Zingst nach Barth.

Einkaufen Von Mai bis Sept. immer Mi und Sa 9–13 Uhr **Regional- und Biomarkt** an der Darßer Arche.

Fahrradverleih **Neumann's Fahrradshop**, 3-Gang-Rad ab 4 €, 7-Gang-Rad ab 5 €, MTB 6 €, auch Kinderräder etc. Müggenberg 31 (hinter dem Eiscafé bei der Darßer Arche), ✆ 0160-3500872, www.neumann-darss.de.

Übernachten/Essen & Trinken

Haferland, sympathisches Hotel mit gehobenem Standard, gegenüber dem kleinen Hafen gelegen. Großes Wellnessangebot, großer, schöner Garten. Im Haus gibt es zwei Restaurants: das gehobene Restaurant *Gute Stube* (mittags und abends, Menü 36 €) sowie das vegetarische Gourmetrestaurant *Bajazzo* (nur abends, 4-Gang-Menü 38 €). Vegetarische Kochkurse 36 €. DZ 127–164 €, EZ 107–144 €, Appartement 154–180 €, jeweils inkl. Frühstücksbuffet (bis 13 Uhr!), Halbpension (drei Gänge) in der „Guten Stube" 30 €. Hunde sind in einigen Zimmern erlaubt, 12 €/Tag. Bauernreihe 5 a, 18375 Wieck, ✆ 038233-680, 038233-68220, www.hotelhaferland.de. ■

Café In der **Darßer Arche**, mit Frühstück, günstigem Mittagstisch und selbst gebackenem Kuchen. Im Sommer tägl. 10–17 Uhr, im Winter eingeschränkt (Mi–So).

Prerow

ca. 1600 Einwohner

Weitläufiger, aber eher unspektakulärer Ort am Rand des dichten „Darßer Urwaldes", allerdings mit herrlichem Sandstrand samt moderner Seebrücke – ein familienfreundliches Badeparadies. Der berühmte Darßer Weststrand ist in einer schönen Wanderung gut zu erreichen.

Prerows Kapital ist der knapp fünf Kilometer lange und bis zu 80 Meter breite, feinsandige *Nordstrand,* hinter dem sich ein Stück Küstenwald und der Prerowstrom erstrecken. Das Dorf selbst ist ein Stück vom Meer entfernt. Die Flaniermeile von der Seebrücke führt – flankiert von diversen Souvenirläden und Lokalen – über den Prerowstrom ins Zentrum, wo sich der größte Teil des touristischen Lebens rund um die Waldstraße abspielt. Parallel und abzweigend von der Waldstraße stößt man auf einige Relikte vergangener Tage, als Prerow noch ein bedeutender Seefahrerort war: flache, alte Kapitänshäuser, meist mit reetgedecktem Dach und den berühmten *Darßer Haustüren* – bunt bemalt und mit handgeschnitzten Motiven (Blumen, Muscheln, Sonnen und hier und da natürlich ein unvermeidlicher Anker), zu sehen u. a. in der Grünen Straße und in der Buchenstraße.

Ein Fischerdorf am *Prerowstrom,* der einst den Bodstedter Bodden mit der Ostsee verband und dadurch Darß und Zingst trennte, gab es wahrscheinlich schon zu slawischer Zeit. Zu Wohlstand kam das Dorf ab dem 17. Jh., als die Prerower sich als Seefahrer verdient machten. Drei Werften und über 100 Kapitäne soll man hier in der Blütezeit Mitte des 19. Jh. gezählt haben, die von ihren weiten Fahrten auch den entsprechenden Wohlstand mitbrachten. Nach der Sturmflut von 1872, die ganz Prerow unter Wasser gesetzt hatte, entschied die Preußische Regierung, die Mündung des Stromes zuzuschütten. Mit der Seefahrt ging es bergab, als Erwerbszweig rückte dafür ab ca. 1880 der Badetourismus ins Blickfeld. In der DDR war Prerow einer der bekanntesten Urlaubsorte an der Ostsee.

Fischland–Darß–Zingst → Karte S. 152/153

Basis-Infos

Information Die **Kurverwaltung Prerow** liegt an der Waldstraße im Zentrum. Zimmervermittlung und Wanderkarten, umfangreiches Infomaterial. Zur Saison werden Ortsführungen angeboten (Mo 10 Uhr). Im Sommer tägl. 9–19 Uhr, in der Nebensaison nur bis 18 Uhr (Sa/So 14 Uhr), im Winter Mo–Fr 9–16 Uhr, Sa 9–14 Uhr, So geschlossen. Gemeindeplatz 1, 18375 Prerow, ✆ 038233-6100, 📠 038233-61020, www.ostseebad-prerow.de.

Kurtaxe In der Hochsaison 2 €, erm. 1 €, in der Nebensaison und im Winter 1 € (0,50 €).

Parken Kostenpflichtige Parkplätze am östlichen Ortseingang, großer Parkplatz am westlichen Ortsende (Bernsteinweg): 5 €/Tag, 10 €/24 Std., ab 18 Uhr 2,50 €/2 Std.; Wohnmobil 6,50 €/Tag, über Nacht 15 €.

Verbindungen Mit dem **Bus 210** etwa stündl. über Wieck, Born, Ahrenshoop, Wustrow und Dierhagen nach Ribnitz-Damgarten, ebenfalls ca. stündl. nach Zingst und Barth.

Mit der **Darßbahn** (Touristenbähnchen) im Sommer etwa stündl. von der Barmerklinik über Hafen Prerow (nahe Seemannskirche) durch den Ort und zum Leuchtturm Darßer Ort (Haltestelle ca. 2,5 km vorher, dann zu Fuß). Ab Zentrum 3,50 €, ab Bernsteinweg 2 € (jeweils einfach). Infos unter ✆ 038233-60081, www.dassbahn.info.

Aktivitäten und Veranstaltungen

Baden s. u., S. 178.

Bootsausflüge Mississippi-Flair am Rande Mecklenburgs vermittelt die *River Star*.

Baden auf dem Darß:
ostseetypisch im Norden ...

Der Nachbau eines **Schaufelraddampfers** fährt von März bis Nov. 3- bis 4-mal tägl. den Prerower Strom hinab (Erw. 10 €, Kinder bis 12 J. 5 €). Reederei Poschke, Pumpeneck 5, 18375 Born, ✆ 038234-239, www.reederei-poschke.de.

Einkaufen **Wossidlo Buchhandlung** **2**, winziger Buchladen an der Seebrücke, gut sortiert in Sachen Ostseeliteratur und somit optimaler Anlaufpunkt auf der Suche nach guter (Urlaubs-)Lektüre. Mo–Sa 10–18.30 Uhr, So 13–18 Uhr. Neben Restaurant Seeblick.

Atelier für Bernsteinkunst **4**, ein Stück vor der Seebrücke rechte Seite, Mo–Sa 14–19 Uhr geöffnet, So geschlossen.

Regional- und Biomarkt immer Mo 9–13 Uhr am Kulturkaten „Kiek In", Waldstraße 42.

Fahrradverleih z. B. **Fahrradverleih Wiedner**, am Bernsteinweg (Straße zum Strand) oder in der Grünen Straße 2b und 20a, in der Saison tägl. 9–18 Uhr geöffnet, Fahrrad ab 3 €/Tag, MTB 5 €, ✆ 038233-60187.

Kremserfahrten Mehrere Kutscher bieten Rundfahrten über den Darß sowie einen Kutschen-Linienverkehr zum Leuchtturm/Natureum an, Abfahrt ein Stück vor dem Hotel Waldschlösschen auf der linken Seite. In der Hochsaison bis zu 10-mal tägl., einfach 4 €, erm. 2 €.

Mehrstündige Rundfahrten bieten u. a. **Alfred Kayserling** (Schmiedeberge 20, ✆ 0171-5286744, www.kutscherhof-kayserling.de),

Ralf Bergmann (Bogislav-Rosen-Weg 3, ✆ 038233-70277) sowie **Frauke Grolik** (Dammstraße, ✆ 0170-5800334).

Kino **Cinema Prerow** in der Hauptstraße, im Sommer außerdem das kleine **Sommerkino** am Bernsteinweg 20. Gezeigt wird Mainstream-Hollywood und Kinderkino.

Veranstaltungen **Anbaden** in der Ostsee am 1. Januar, wahrhaftig nichts für Warmduscher. Danach wärmendes Feuer und Glühwein am Strand.

Seebrückenfest am Samstag nach Himmelfahrt.

Am letzten Sonntag im Juli lädt Prerow zum traditionsreichen **Tonnenabschlagen**, abends mit großem Tonnenball.

Das **Prerower Hafenfest** (am Prerowstrom) findet am letzten Juli- oder dem ersten Augustwochenende statt. Mit Drachenbootrennen, abends Livemusik im Festzelt.

Wechselnde **Ausstellungen** finden das ganze Jahr über im *Kulturkaten „Kiek In“* in der Waldstr. 42 statt, hier auch regelmäßig **Konzerte**. ✆ 038233-6100.

Wassersport Gute Möglichkeiten zum Surfen und Segeln, z. B. mit dem **UniSurf-Team** am Strand des Regenbogen Camp Prerow. Einsteigerkurse, Grundkurse, auch Segelkurse, Brett- und Jollenverleih. April bis Okt. ✆ 038233-69494, www.ust-sport.de.

Kiteschule Darss, Kurse für Anfänger und Fortgeschrittene. Bernsteinweg 28, ✆ 038233-703444 oder 0170-2712527, www.kiteschule-darss.de.

... und mit fast mediterranem Flair am abgeschiedenen Weststrand

Übernachten

(→ Karte S. 174/175)

Hotels/Pensionen **** **Hotel Waldschlösschen** **8**, noble Herberge ca. 400 m vom Ostseestrand am Rand des Darßwaldes gelegen. Geschmackvolles Hotel (Fachwerkbau von 1891 sowie zwei Anbauten), private Atmosphäre, Gourmetrestaurant (s. u.), Wellness im Vitalis Spa mit Meerwasser-Hallenbad, Dampfbad, Saunen, Kosmetik etc. Komfortable, individuell eingerichtete Zimmer. EZ 135 €, DZ 189 €, jeweils inkl. obligatorischer Halbpension. Bernsteinweg 9, 18375 Prerow, ✆ 038233-6170, 📠 038233-617403, www.waldschloesschen-prerow.de.

**** **Hotel Bernstein** **11**, sehr gepflegte 127-Zimmer-Anlage mit Pool im großzügigen Garten, am Ortsrand direkt am Darßwald. Auch ein Lesertipp: „Wunderschöne Hotelanlage, ruhig gelegen, guter Service, einfach ideal, um auszuspannen.“ Mit Restaurant, Bar, Wellnessangebot, Tennisplätzen und Fahrradverleih. DZ 102–168 €, Frühstück inkl., mit Halbpension 150–216 €. Buchenstr. 42, 18375 Prerow, ✆ 038233-64000, 📠 038233-64466, www.travelcharme.com.

Carpe Diem **12**, etwas versteckt am Ende der Grünen Straße (zweigt von der Waldstraße ab) gelegenes Gesundheits- und Wellnesshotel mit großem Garten. Stilvolles Ambiente, die Zimmer zum Wohlfühlen. Im Haus gibt es eine (Wein-)Bar, Sauna und Fitness, zudem eine eigene Naturheilpraxis mit osteopathischen/craniosakralen Behandlungen sowie naturheilkundlichen

Massagen. Fahrradverleih. Bio-Frühstück mit hausgebackenem Brot inkl. EZ 100 €, DZ 120 €, Appartement für 2–3 Pers. 130–185 €. Grüne Str. 31 b, 18375 Prerow, ✆ 038233-7080, 📠 038233-70810, www.carpe-diem-prerow.de.

Pension Voss 7, freundliche, familiäre Herberge schräg hinter dem Waldschlösschen, ca. 500 m zum Strand, sehr ruhige Lage. Auf mehrere Gebäude verteilt, netter Service, die angeschlossene Gaststätte *Gute Stube* mit Terrasse bietet ein dreigängiges Tagesmenü für 14,50 €, Hauptgerichte um 11 € (mittags und abends geöffnet, Di Ruhetag). Einfache, günstige Zimmer. EZ 45 €, DZ 78 €, Frühstück inkl. Appartement/Ferienwohnung 75–85 €. Villenstr. 6, 18375 Prerow, ✆ 038233-60136.

Camping »» Unser Tipp: **Regenbogen Camp Prerow 5**, Camping mitten in den Dünen! Das riesige, lang gezogene Gelände befindet sich in traumhafter Strandlage nordwestlich des Ortes, ruhig und abgelegen. Auch ausreichend Schattenplätze; Ferienhäuschen/Hütten, Mietwohnwagen und -zelte vorhanden. Bestens organisiert mit Restaurants, Biergarten, Café, Supermarkt, großem Sportangebot (u. a. Surfschule), Kinderanimation, Fahrradverleih. 2.11. bis 17.12. geschlossen. Zelt 6–14,10 €, Wohnwagen/-mobil 15–17,50 €, Erw. 8,90 €, Kinder bis 14 J. 4,10 €, Pkw 6 €, Familienbad 8,50 €, Hund 4 €. Bernsteinweg 4-8, 18375 Prerow, ✆ 038233-331, 📠 038233-69351, www.regenbogen-camp.de. ««

Essen & Trinken

Restaurants **Restaurant Titania 8**, im Hotel *Waldschlösschen*. Gourmetrestaurant, das für die herausragenden Fischkreationen von Küchen- und Hotelchef Michael Jahncke weithin bekannt ist. Gehobenes Preisniveau (Hauptgerichte 17–22 €), gepflegtes Ambiente, große Weinauswahl, auch Terrasse. Mittags und abends geöffnet. Bernsteinweg 9, ✆ 038233-6170.

Restaurant Seeblick 1, an der Seebrücke, im skandinavisch anmutenden Ambiente des Holzhauses wird hervorragende Fischküche serviert, außerdem saisonal Wildspezialitäten. Besonders schön sitzt man im zweiten Stock mit herrlichem Blick auf Seebrücke und Meer. Im Sommer mit drei Terrassen auf mehreren Ebenen. Leicht gehobenes Preisniveau, von April bis Okt. tägl. mittags und abends geöffnet. Sehr beliebt, daher im Sommer für abends drei bis vier Tage vorher reservieren (mittags ist es einfacher). ✆ 038233-348.

Binnen & Buten 3, etwas einfacher als das nahe gelegene Seeblick, ebenfalls sehr beliebt, mit überdachter Terrasse (Biergarten), innen recht urig. Mittleres Preisniveau. Küche tägl. 12–22 Uhr. Regelmäßig Livemusik. Hauptübergang 2 a, ✆ 038233- 60188.

Rennhack 9, Imbiss und Fischgaststätte, Terrasse davor, leckere Fischbrötchen zum Mitnehmen. Waldstr. 2, ✆ 038233-60989.

Cafés **Teeschale 10**, ungemein sympathische Teestube in einem reetgedeckten, al-

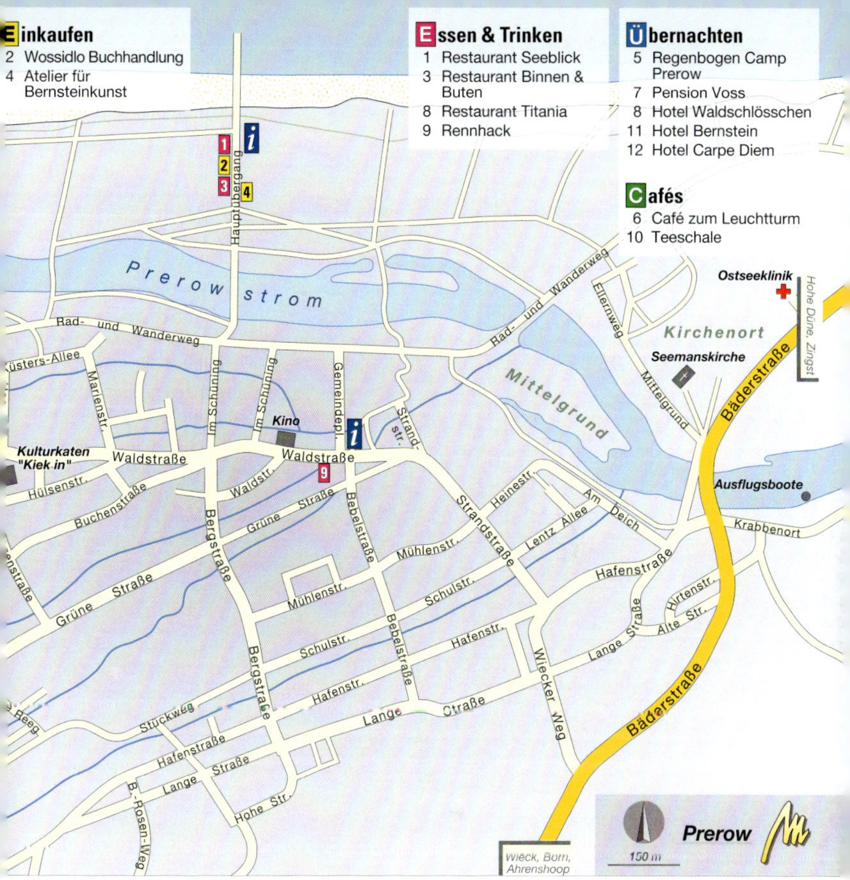

ten Fischerhaus neben dem Darß-Museum, innen wirkt das Café wie ein großer Wintergarten, draußen kann man im herrlichen Garten sitzen, sehr freundlich, es gibt auch kleine Gerichte (um 6 €) und natürlich Tee und Kuchen. Im Sommer tägl. 12–22 Uhr, regelmäßig auch Konzerte. In der Nebensaison Mo Ruhetag und nur bis ca. 20 Uhr (sicherheitshalber anrufen). Auch Teeladen (zur Saison Mo–Sa 10–18 Uhr, So 13–18 Uhr, in der Nebensaison eingeschränkt). Waldstr. 50 ✆ 038233-60845.

Café zum Leuchtturm 6, nettes Museumscafé im Natureum Darßer Ort. Kaffee und Kuchen im Wärterhaus, nicht teuer. Öffnungszeiten und Anfahrt s. u. *Natureum*. Am Leuchtturm, ✆ 038233-304.

Sehenswertes

Darß-Museum: Eine lehrreiche und kunterbunte Sammlung widmet sich allem Wissenswerten über die Halbinsel, von den kunstvollen Darßer Haustüren über Geografisches und Geologisches, die Entstehung einer Dünenlandschaft und Bernstein bis hin zu steinzeitlichen Funden in der Gegend. In den Räumen der ersten Etage befindet sich u. a. eine originalgetreu aufgebaute Darßer Stube. Eine eigene Abteilung ist dem Beginn des Bäderwesens im ausgehenden 19. Jh. gewidmet, mit teils sehr origineller Bademode. Ansonsten ist allerlei Nautisches zu sehen: Schiffs-

Ein schützenswertes Kulturgut: die Darßer Haustüren

modelle, darunter auch so originelle wie die aus Nelken gefertigte Galeere aus Indonesien, Sextanten, Fischereihandwerkszeug usw.

Mai. bis Okt. Di–So 10–18 Uhr, Nov. bis April Fr–So 13–17 Uhr. Eintritt 4 € (mit Kurkarte 2 €), Kinder 2,50 € (1,50 €), unter 6 J. frei. Waldstr. 48, ✆ 038233-69750.

Seemannskirche: Verlässt man den Ort in Richtung Zingst, gelangt man gleich nach der Brücke über den Prerowstrom linker Hand zur Seemannskirche von Prerow. Das Gotteshaus aus Backstein (mit Holzturm) stammt aus dem Jahr 1728 und birgt im barocken Inneren einige Votivschiffe: kleine Schiffsmodelle, die von geretteten Seefahrern als Dank gestiftet wurden.

Mo–Sa 10–18 Uhr, So 13–18 Uhr. Es werden kostenlose Kirchenführungen angeboten, zuletzt Mi, Fr und Sa um 11 und 13 Uhr, Infos bei der Tourist-Info.

Hohe Düne: Ein Stück weiter auf der B 105 Richtung Zingst stößt man linker Hand auf einen Pfad zur Hohen Düne (Parkplatz etwas weiter vorne auf der rechten Seite): Von hier – mit immerhin knapp 14 Metern (samt Aussichtsplattform) eine der höchsten Erhebungen auf der Halbinsel – genießt man einen herrlichen Blick über den Prerowstrom und den Ostseestrand.

Darßer Ort

Leuchtturm und Natureum Darßer Ort: Hoch erhebt sich der backsteinerne Leuchtturm über den Darßer Ort. Mitte des 19. Jh. erbaut und in Betrieb genommen, war er bis 1978 von einem Leuchtturmwärter besetzt. Seit der Restaurierung beherbergt der Turm mitsamt Gehöft das *Natureum Darßer Ort*, die Außenstelle des Stralsunder *Meeresmuseums*. Hier wird man anschaulich über den Naturraum Küste informiert, indem z. B. Luftbilder der Jahre 1937, 1953, 1991 und 1998 die Küstendynamik und das Entstehen des Darßer Ortes in seiner heutigen Form verdeutlichen. Der Leuchtturm kann auch bestiegen werden: über eine Wendeltreppe mit 127 gusseisernen Stufen zu einer Aussichtsgalerie – prächtiger Ausblick bei auch nur passablem Wetter garantiert, bei guter Sicht bis Hiddensee! Nicht unterschlagen werden darf schließlich das freundliche Museumscafé, hier drängt es sich geradezu auf, den Natureumsbesuch mit einer kleinen Pause abzuschließen.

Leuchtturm und **Natureum Darßer Ort**, Mai bis Okt. tägl. 10–18 Uhr, Nov. bis April Mi–So 11–16 Uhr. Eintritt 4 €, erm. 3 €, ohne Turmbesteigung 2,50 €, bzw. 2 €. Darßer Ort, 18375 Born am Darß, ✆ 038233-304, www.meeresmuseum.de.

Anfahrt: Leuchtturm und Natureum sind nicht mit dem Pkw erreichbar! Von Prerow

Am Darßer Westrand

sind es gut 5 km zu Fuß oder mit dem Fahrrad. Das **Bäderbähnchen** fährt bis auf knapp 2,5 km heran, am bequemsten ist eine **Kremserfahrt** vom westlichen Ortsrand von Prerow (Bernsteinweg, Höhe Küsters Allee) direkt zum Leuchtturm (einfach 4 €, erm. 2 €, s. o. *Praktische Informationen*).

Südlich des Darßer Ort erstreckt sich auf fast 5000 Hektar Fläche der *Darßwald*, der in Teilen zur Schutzzone 1 des *Nationalparks Vorpommersche Boddenlandschaft* gehört. Begibt man sich vom Leuchtturm in südliche Richtung, gelangt man nach ca. sechs Kilometer zum „Großen Stern", der Grenze zwischen Neudarß und Altdarß. Vor ca. 3000 Jahren verlief hier die Küstenlinie. Im Wald – hauptsächlich Kiefern, Buchen und Erlen – brüten heute bis zu zehn Seeadlerpaare, die größten Säugetiere sind das Wildschwein und der Rothirsch.

Wandertipp: Von Prerow zum Darßer Ort

Charakteristik: leichte Wanderung, teils auf sandigem Untergrund. **Länge/Dauer:** ca. 10 km, reine Gehzeit etwa 3 Std. **Start/Verlauf:** Die Wanderung beginnt am nordwestlichen Ortsrand von Prerow beim (kostenintensiven) *Parkplatz*. Zunächst geht es in südlicher Richtung ein Stück zurück ins Dorf und an der ersten Abzweigung bei einer Haltestelle des Bäderbähnchens rechts in den Wald. Auf einem teils sandigen Wanderweg gelangt man zum *Leuchtturm* mit dem Natureum. Auf dem Kremserparkplatz vor dem Natureum führt ein Holzsteg Richtung Norden in den Wald. Zunächst geht man auf Holzplanken, bis man aus dem Wald heraustritt und auf einem sandigen Pfad an hohem Schilf entlang weiterläuft. Bei einer T-Kreuzung rechts abbiegen (geradeaus geht es zum Darßer Ort, Rundweg zurück zum Leuchtturm möglich). Kurz darauf zunächst links halten und schließlich rechter Hand parallel zum Strand zurück nach Prerow.

Fischland–Darß–Zingst → Karte S. 152/153

Baden

Der *Prerower Nordstrand* ist zweifellos einer der schönsten Strände an der Ostseeküste – darum beliebt und entsprechend belebt. Rund um die Seebrücke herrscht jede Menge Trubel. Über dem Strand weht selbstverständlich die Blaue Flagge. Auf einer Strecke von gut drei Kilometer um die Seebrücke wird das Badetreiben von der DLRG überwacht. Verpflegung gibt es bei der Seebrücke. FKK-Bereiche befinden sich im Osten hinter der Hohen Düne und im Westen nach dem Ortsausgang, Hundestrände jeweils noch ein Stück dahinter.

Deutlich ruhiger geht es auf der nordwestlichen Seite des Nordstrands zu, wo sich dieser in sanftem Bogen bis zum Nothafen am Darßer Ort erstreckt. Der Sandstrand fällt flach ins Meer ab. Hier gibt es weder Strandversorgung noch DLRG-Überwachung.

Wer einen Marsch oder eine kleine Radtour auf sich nimmt – als bequeme Alternative bietet sich eine Kremserfahrt durch den Darßwald an –, der kann den herrlichsten Naturstrand Deutschlands besuchen: den *Weststrand auf dem Darß,* der sich vom Darßer Ort bis hinab nach Ahrenshoop erstreckt. Natürlich finden sich hier weder FKK-, Hunde- oder Textilstrandzuteilungen, noch Rettungsschwimmer oder irgendwelche Verpflegungsmöglichkeiten, dafür aber mit Sicherheit ein ruhiges Plätzchen zum Sonnenbaden – selbst in der Hochsaison.

In anderer Richtung, nach Osten hin, zieht sich Prerows Nordstrand bis weit hinter *Zingst* der feinsandige, blau beflaggte Strand. Von der nahen Straße ist dank des Damms nichts zu hören, entlang der Straße aber finden sich diverse kostenpflichtige Parkplätze (nur Tagestickets, 5 € ohne, 2 € mit Kurkarte), parallel zur Straße verläuft der Radweg von Prerow nach Zingst.

Auch der Strandbereich um Zingst ist traumhaft und beliebt. Etwa zwei Kilometer hinter Zingst/Ost aber ist es mit der Badeherrlichkeit vorbei: Hier beginnt die Kernzone des Nationalparks, der Strand ist gesperrt. Rund um die Seebrücke gibt es auch behindertengerechte Zugänge. Ein FKK-Bereich befindet sich auf Höhe des Campingplatzes und beim Ortsteil Zingst/Ost. Hundestrände gibt es im Osten des Ortes Zingst.

Am langen Strand zwischen Prerow und Zingst

Zingst

ca. 3200 Einwohner

Das Ostseeheilbad bietet noch die besten Chancen, auch zur Hochsaison ein Urlaubsbett in (relativer) Strandnähe zu ergattern. Wie ein Gürtel legen sich die Appartementhäuser um das „alte Zingst". Zwar nicht immer zum Vorteil des Ortsbildes, aber zur Freude der Besucher.

Mit über 10.000 Gästebetten ist Zingst mit Abstand der touristisch größte Ort der Halbinsel – zum Vergleich: Prerow kommt auf 6000 Gästebetten. Das ehemalige Fischerdorf Zingst lässt sich rund um die Strandstraße noch erahnen und bei einem Spaziergang erkunden. Man startet bei der modernen Seebrücke mit 270 Metern Länge und dem Haus des Gastes, geht zunächst über den – etwas zu neu und steril wirkenden – Platz vor dem Steigenberger Hotel zum alten Zingster *Rettungsschuppen* von 1875. Hier befindet sich heute eine kleine Ausstellung rund um die Seenotrettung, es wird auch ein Film gezeigt (tagsüber geöffnet, Eintritt frei). Über die Strandstraße gelangt man zum Fischmarkt (mit der katholischen Kirche) und ein Stück weiter zum *Heimatmuseum/Museumshof* in einem ansehnlichen Kapitänshaus in der Strandstraße 1 (am Kreisel). Über die Jordan- und die Hafenstraße sind es nur wenige Fußminuten zum *Hafen* am Zingster Strom. Auf dem Rückweg lohnt der Abstecher zur evangelischen *Peter-Pauls-Kirche.* Das neugotische Gotteshaus entstand 1860 bis 1862 nach Plänen von *Karl Friedrich Schinkel,* die dessen Schüler *Friedrich August Stüler* ausführte.

Letzte Vorbereitungen fürs Kurkonzert

Die Beliebtheit des Ortes ist – neben dem traumhaften Sandstrand – zu einem großen Teil auch der schönen Lage zwischen Ostsee und Zingster Strom mit der vorgelagerten Insel *Große Kirr* (Vogelschutzgebiet) geschuldet. In westlicher Richtung wird Zingst vom *Freesenbruch,* einem moorigen Waldgebiet, begrenzt. Im Osten zieht der Nationalpark Vorpommersche Boddenlandschaft mit den *Sundischen Wiesen* – so wird die Landspitze bis zum Großen Werder genannt –, die zum Kerngebiet des Nationalparks gehören, die Besucher in Scharen an. Ein Radweg führt von Zingst hier hindurch zum Aussichtspunkt am *Pramort,* von dem aus der Blick bis nach Hiddensee reicht. Das seichte Wassergebiet östlich von Pramort ist einer der wichtigsten Rastplätze für Kraniche in ganz Europa. Zum „Festland" ist es von Zingst übrigens nur ein Katzensprung: Über die Meiningenbrücke gelangt man schnell in die nächstgrößere Stadt Barth. Einen *Kranichbeobachtungspunkt* findet man südlich von Zingst nahe der Straße Richtung Barth (auf der linken Seite) gegenüber der *Insel Kirr*: Vor allem abends (im Herbst!) kann man hier Tausende der einfliegenden Vögel beobachten. Kirr ist eines der wichtigsten Brutgebiete im *Nationalpark Vorpommersche Boddenlandschaft.*

Den Vögeln des Glücks hinterher: Radtour zum Pramort

Wenn die Zugvögel, allen voran die Kraniche (S. 189ff.), im Herbst zu Tausenden auf den Sundischen Wiesen einen Zwischenstopp einlegen, versammeln sich auch Hobby-Ornithologen und Fotografen in Scharen auf der Beobachtungsplattform am Pramort. Der Blick reicht zur vorgelagerten Insel Großer Werder, halblinks im Hintergrund ist die Südspitze Hiddensees zu sehen. Damit die sensiblen Tiere nicht gestört werden, ist der Zugang zum Pramort allerdings eingeschränkt und limitiert! Um das Spektakel rund um den Kranich zu erleben, muss man von September bis Anfang November ein Ticket erwerben. Aber auch außerhalb der Flugsaison ist der Pramort einen Ausflug wert.

Die knapp acht schnurgeraden Kilometer auf Betonplatte vom Parkplatz *Sundische Wiese* zum *Pramort*, dem Ostzipfel des Zingst, sind zwar zu Fuß etwas langweilig, für eine Fahrradtour aber genau das Richtige. Linker Hand erstreckt sich Wald (dahinter dann die Ostsee), rechts Wald oder Wiese und ab und zu eine Kuhweide. Ein Stück vor dem Pramort zweigt ein Weg nach links ab zur *Hohen Düne*, einem weiteren Beobachtungspunkt (das letzte Stück dorthin ist nur zu Fuß möglich, Fahrräder verboten).

Über die Tier- und Pflanzenwelt hier im Kerngebiet des Nationalparks, ehemals militärisches Sperrgebiet, kann man sich im Besucherhäuschen des Parks informieren, zu finden gleich nach dem Parkplatz Sundische Wiese auf der linken Seite (tägl. 10–17 Uhr geöffnet, Eintritt frei, ✆ 0173-2472712).

Kranichbeobachtung Von Sept. bis Anfang Nov. sind die Sundischen Wiesen von 15 Uhr bis 7 Uhr am Folgetag gesperrt. Nur mit der *Nationalpark-Card für den Pramort* ist der Zugang von 15–19 Uhr gestattet, erhältlich im Nationalparkhaus am Anfang der Straße zur Sundischen Wiese. 5 €/Pers., Kinder bis 5 J. frei, max. 80 Pers. Infos in der Kurverwaltung oder im Nationalparkamt, Im Forst 5, ✆ 038234-5020, www.nationalpark-vorpommersche-boddenlandschaft.de.

Anfahrt/Parken Von Zingst etwa 8 km nach Osten zum Hotel Sundische Wiese (beschildert), dort ein großer gebührenpflichtiger Parkplatz (2 €/Std., 6 €/Tag).

Fahrradverleih Beim *Hotel Schlösschen*, Tourenrad 4 €/Tag, MTB 6 €, einen weiteren Fahrradverleih findet man kurz vor dem Parkplatz Sundische Wiese in einem Häuschen auf der linken Seite.

Essen & Trinken Biergarten neben dem Hotel, deftige Küche zu günstigen Preisen, leider nur bis 17 Uhr geöffnet. Terrassencafé und Restaurant im *Hotel Schlösschen* (S. 182).

Basis-Infos

Information Kur- und Tourismus GmbH im Kurhaus (Haus des Gastes), direkt an der Seebrücke. Ganzjährig tägl. 9–21 Uhr. Ortsrundgänge werden Mo und Do 10 Uhr ab Kurhaus angeboten (ca. 3 Std.). Seestr. 56, 18374 Zingst, ✆ 038232-81580, 📠 038232-81550, www.zingst.de.

Die *Zimmervermittlung* der Kurverwaltung befindet sich am westlichen Ortseingang, hier erhält man aber auch Informationen, sehr hilfsbereit und freundlich. Im Sommer 9–12 und 13–18 Uhr geöffnet. Am Bahndamm 71, ✆ 038232-81521.

Kurtaxe Mitte Juni bis Mitte Sept. und Mitte Dez. bis Anfang Jan. 2 €/Tag, erm. 1 €, April bis Mitte Mai und Mitte Sept. bis Okt. 1 €, erm. 0,50 €, im Winter 0,50 €, erm. 0,25 €.

Parken Kostenpflichtige (etwa 2 €/Std., 6 €/Tag) größere Parkplätze an den Rändern des Ortes, im Ort bleibt nur die Suche nach

Ankunft am Kurhaus

der Parklücke. Und sogar weit außerhalb ist der Parkplatz gebührenpflichtig, nämlich an der Sundischen Wiese beim Hotel Schlösschen (2 €/Std., 6 €/Tag).

Verbindungen Der **Bus 210** verbindet Zingst etwa stündl. mit Barth sowie in anderer Richtung mit Prerow, Wieck, Born, Ahrenshoop, Wustrow, Dierhagen und Ribnitz-Damgarten.

Mit der **Touristen-Bummelbahn** *Zingst-Express* während der Saison etwa 5-mal tägl. ab Fischmarkt im Zentrum zum Hafen und Hotel Vier Jahreszeiten (und retour). Erw. 3 €, Kinder 2 €.

Mehrmals tägl. **Schiffsverbindung** Zingst – Barth – Zingst sowie **Boddenrundfahrten** mit der *Reederei Poschke*. Einfach 5 €, Kinder bis 12 J. 3,50 €, Fahrrad 1 €; hin und zurück sowie Boddenrundfahrten 10 €, bzw. 5 €. Infos unter ✆ 038234-239, www.reederei-poschke.de.

Die *Reederei Oswald* fährt von Mai bis Mitte Sept. 1-mal tägl. von Zingst via Born und Ahrenshoop zum Hafen von Ribnitz und zurück. Preisbeispiele: von Zingst nach Born 5,50 € (Kinder 4 €, Hunde/Fahrrad 2 €), nach Ribnitz 10,50 € (Kinder 6 €, Hunde/Fahrrad 3,50 €) ✆ 0170-5841644.

Nach Stralsund und Hiddensee siehe auch unten unter *Bootsausflüge*.

Öffnungszeiten Meiningenbrücke

Im Sommer wird die Brücke tägl. um 9.30 Uhr und 18.30 Uhr für den Schiffsverkehr maximal 30 Min. geöffnet (so es überhaupt ein Verkehrsaufkommen gibt) und ist damit nicht passierbar. Mitte Sept. bis Mitte Okt. nur Mi–Sa 10.30 Uhr und 18.30 Uhr, Mitte Okt. bis Ende April nur Di 10.30 Uhr. **Achtung**: An gesetzlichen Feiertagen keine Brückenöffnung! Im Winter ist die Brücke außerdem einspurig.

Aktivitäten und Veranstaltungen

Baden siehe oben, S. 178.

Bootsausflüge Die *Reederei Zingst* (gehört zur *Reederei Hiddensee*) unternimmt von Mai bis Sept. ganztägige **Ausflugsfahrten** nach Hiddensee/Vitte (zuletzt Di–So). Erwachsene 22 €, Kinder bis 14 J. 14 €, Fahrrad 7,50 € (empfiehlt sich für den 4-stündigen Landgang!), Hund 7,50 €, jeweils hin und zurück. Nach Stralsund ging es zuletzt Mo und Sa. Infos unter ✆ 0180-3212150 oder www.reederei-zingst.de.

Fischland–Darß–Zingst → Karte S. 152/153

Kleine **Segeltörns** mit dem Zeesenboot (z. B. mit der Möwe) im Sommer mehrmals tägl., auch zur Kranichbeobachtung. In der Regel Erw. 12 €, Kinder 6 €.

Alle Fahrten starten am Hafen, nicht an der Seebrücke!

Einkaufen **Läsen und Schriben**, die gut sortierte und gemütlich kleine Buchhandlung befindet sich in einem hübschen Häuschen in der Klosterstr. 4, ✆ 038232-80867.

Fahrradverleih Mehrere Verleiher im Ort, z. B. **Fahrrad Neumann**, 3-Gang-Rad ab 5 €, Tourenrad ab 7 €, auch Kinderräder und Verleih von Zubehör. Klosterstr. 13, ✆ 038232-12027, www.fahrrad-neumann.de.

Außerhalb im **Hotel Schlösschen**, Sundische Wiese. Fahrrad 4–6 €, geöffnet bei gutem Wetter. **Tipp**: Wenn die Kraniche unterwegs sind, sollte man frühzeitig ein Fahrrad reservieren. ✆ 038232-8180.

Kinder **Experimentarium**, am westlichen Ortsrand. Naturwissenschaft zum Anfassen und Mitmachen. Im Sommer (Juli/Aug.) tägl. 10–18 Uhr, im April bis Juni und Sept./Okt. Di–So 10–17 Uhr, im Winter Mi–So 10–16 Uhr. Erw. 4,90 €, erm. (Kinder bis 5 €, Stud.) 3,90 €, Kinder 3–4 Jahre 2 € (jeweils mit Kurkarte, ohne 6 €, 4,50 € bzw. 1,50 €). Seestr. 76, ✆ 038232-84678, www.experimentarium-zingst.de.

Kranichbeobachtung Ein großes und beliebtes Spektakel veranstalten die Zugvögel im September und Oktober auf der Halbinsel Zingst. Ein guter Aussichtspunkt befindet sich 8 km vom Eingang zu den Sundischen Wiesen am Pramort, Infos oben, S. 180. Zum Kranich siehe auch S. 189ff.

Veranstaltungen Das **Anbaden** zur Saisoneröffnung findet in Zingst traditionell am 1. Mai an der Seebrücke statt, die Ostsee bringt es dann auf immerhin 8–10 °C. 50 Unerschrockene stürzen sich in die Fluten.

Ende Juni lädt der Ort zum Zingster Hafenfest mit Zeesenbootregatta.

Die **Zingster Kunstmagistrale** findet am dritten Augustwochenende statt: Zwischen Seebrücke und Fischmarkt stellen Künstler aus der Umgebung ihre Werke unter freiem Himmel aus (auch Verkauf) – Gemälde, Grafiken, Skulpturen etc.

Das **Shantychortreffen** findet immer am zweiten Septemberwochenende statt.

Das Zingster **Weihnachtstauchen** am 26. Dezember dient einem guten Zweck. Kleines Volksfest an der Seebrücke, Spendenaktion.

Wassersport **Wassersportzentrum Zingst**, Windsurfen und Kitesurfen. Sehr sympathische, junge Surfschule auf halbem Weg nach Zingst/Ost, auch Schnupperkurse und Scheine. Mit kleiner Bar und ein paar Wohnmobil-Stellplätzen nebenan (15 €/Nacht). Am Sportstrand, Strandübergang 6, ✆ 038232-20869, www.die-surfschule.de.

Übernachten

**** **Meerlust**, modernes, gelbes Gebäude am Deich, hinter dem direkt der weiße Ostseestrand anschließt. Bekanntes Wellnesshotel mit schickem Restaurant (s. u.), schönes und privates Ambiente, ein Haus zum Wohlfühlen, sehr freundlicher Service. Hallenbad mit Salzwasser, Sauna, Dampfbad und Fitnessbereich, diverse Massagen und Bäder, Beautyfarm. 35 edel ausgestattete Zimmer überwiegend mit Balkon oder Terrasse. EZ 165 €, DZ ab 235 €, Suite für 2 Pers. ab 295 €, inkl. Frühstücksbüffet und Tiefgarage. Zudem gibt es noch 16 Ferienwohnungen mit Küche und Terrasse bzw. Balkon, für 2–3 Pers. 190 €, für 4 Pers. 205–245 € (Frühstückbuffet 20 €/Pers.). Seestr. 72, 18374 Zingst, ✆ 038232-8850, ℻ 038232-88599, www.hotelmeerlust.de.

Steigenberger Strandhotel und Aparthotel, neuer, großer Hotelkomplex (über 100 Appartements und 120 Zimmer) im „Herzen" des Ostseebades, an der Strandpromenade bei der Seebrücke. Der Platz davor ist mondän und etwas seelenlos geraten. Mit schicken Restaurants, Café, Bar und Bistro. DZ ab 210 € inkl. Frühstück, in der Nebensaison deutlich günstiger. Auch Appartements im gegenüberliegenden Aparthotel. Strandhotel: Seestr. 60, 18374 Zingst, ✆ 038232-842100, ℻ 038232-842111, www.zingst.steigenberger.de.

**** **Hotel Schlösschen**, das sympathische Hotel liegt herrlich abgelegen und ruhig am Rand des Osterwaldes bei den Sundischen Wiesen, etwa 8 km von Zingst entfernt. Gemütlich und sehr freundlich. Für die Versor-

Am Strand auf Zingst

Fischland–Darß–Zingst → Karte S. 152/153

gung in der Abgeschiedenheit sorgt das gute Restaurant (Küche 12–21 Uhr, abends auch Menü, ab 25 €/Pers.) mit Wintergarten, Terrasse und Kaminzimmer, Hotelbar sowie einem schönen Biergarten vor dem Haus (natürlich auch für Ausflügler offen). Nachmittags Cafébetrieb mit köstlichen Kuchen. Im Haus auch Sauna, nebenan Fahrradverleih. Parkplatz 15 €/Tag (am Haus) oder am öffentlichen Parkplatz 6 €/Tag. DZ 124–149 €, Suite 159 €, jeweils einschließlich Frühstück, in der Nebensaison deutlich günstiger. Landstr. 19, 18374 Zingst, ✆ 038232-8180, 📠 038232-81838, www.hotelschloesschen.de.

Meeresrauschen, Hotel, Restaurant und Café in einem ungewöhnlichen, da achteckigen Gebäude, nur wenige Schritte von der Seebrücke (an Strandübergang 11). Gediegenes Ambiente und familiäre Atmosphäre, im zugehörigen Restaurant mit Terrasse kann man gut und günstig essen (tägl. ab 12 Uhr durchgehend). Ausgesprochen günstig: EZ 58 €, DZ ab 85 €, einschließlich Frühstücksbuffet, Appartement für 2 Pers. ab 100 €. Seestr. 51, 18374 Zingst, ✆ 038232-1301, 📠 038232-80184, www.hotel-meeresrauschen.de.

Boddenhus, das traditionsreiche Hotel befindet sich direkt am Hafen, viele Zimmer mit Boddenblick. Das angeschlossene Restaurant serviert verfeinerte regionale Küche. DZ 75–110 €, EZ 68 €, Suite 138 €, jeweils mit Frühstück. Hafenstr. 4, 18374 Zingst, ✆ 038232-15713, 📠 038232-15629, www.hotel-boddenhus.de.

Jugendherberge **JH Zingst**, ruhige Lage am Rand des Zentrums und nicht mal 10 Min. zum Strand. Schöne und gepflegte Anlage. Tischtennis, Billard, Volley- und Basketball. Unterbringung in 1- bis 4-Bett-Zimmern, alle mindestens mit Waschbecken. In einer Seitenstraße der Bahnhofstraße, beschildert. Übernachtung mit Frühstück 21,90 €, Senioren über 27 J. zahlen 26,70 € pro Übernachtung, auch DZ vorhanden (25,90 € bzw. 31,60 €). Glebbe 57, 18374 Zingst, ✆ 038232-15465, 📠 038232-12285, www.djh-mv.de.

Camping **Wellness-Camp Düne 6**, am östlichen Ortsrand gelegen, neuer Campingplatz. Noch spärlich bewachsen, daher noch etwas trostlos und wenig Schatten. Dafür ist aber auch alles neu und modern, zudem steht mitten auf dem Platz ein großes Wellnessgebäude mit Schwimmbad, Sauna, Fitness- und Wellnessbereich; außerdem Restaurant. 2 Erw. und Zelt inkl. Auto 27,50 €, 2 Erw. und Wohnmobil 37,50 €, Kinder unter 6 J. frei, Kinder 6–13 J. 4 €, Hund 4 €. Auch Appartements. Inselweg 9, 18374 Zingst, ✆ 038232-17617, 📠 038232-17627, www.wellness-camp.de.

Am Freesenbruch, knapp außerhalb vom Ort an der Straße nach Prerow auf der linken Seite. Wohlorganisierter und geradlinig parzellierter Campingplatz, recht wenig Schatten. Auf den über 300 Stellplätzen finden sich hauptsächlich Wohnwagen und -mobile; nur über die Straße zum Strand. Mit Biergarten, Markt und Imbiss. Leser empfehlen das angeschlossene Restaurant *Zum Deichgrafen*, dessen engagierte Fischküche sich von der üblichen Camping-Gastronomie deutlich abhebe. Ganzjährig geöffnet. Pro Pers. 8 €, Kinder 5 €, Komfortstellplatz 16 €, Zelt 10–12 €, Stellplatz für Wohnmobil 12 €, Auto 2 €, Hunde 3 €. Am Bahndamm, 18374 Zingst, ✆ 038232-15786, 📠 038232-15710, www.camping-zingst.de.

Essen & Trinken

Restaurant Meerlust, im gleichnamigen Hotel (s. o.). Mit Liebe zum Detail geführtes Feinschmeckerrestaurant, dessen kunstvolle Kreationen auch dem *Gault Millau* eine Erwähnung wert ist. Überwiegend regionale Produkte, oft aus biologischem Anbau, erlesene Weine, viele davon aus Deutschland. Schönes Ambiente, sehr freundlicher Service, nicht ganz billig (3-Gang-Menü 33 €, 4-Gang-Menü 44 €, 5-Gang-Menü 48 €), aber angemessen. Tägl. mittags und abends geöffnet, nachmittags Café, für das Menü besser reservieren. Seestr. 72, ✆ 038232-8850, www.hotelmeerlust.de.

Schlösschen, Restaurant, Café und Biergarten des sympathischen Hotels am Rand des Osterwaldes bei den Sundischen Wiesen, etwa 8 km von Zingst entfernt. Innen gemütlich, außen idyllischer Biergarten, sehr freundlicher und zuvorkommender Service. Gutes Restaurant, warme Küche 12–15 Uhr, abends ab 18 Uhr, dann auch Menü, nachmittags Cafébetrieb mit köstlichen Kuchen. Landstr. 19, ✆ 038232-8180, www.hotelschloesschen.de.

Meeresrauschen, Restaurant und Café beim gleichnamigen Hotel, nur wenige Schritte von der Seebrücke (am Strandübergang 11). Gediegenes Ambiente, mit Terrasse, regionale, bodenständige Küche, vor allem Fisch, nicht teuer. Tägl. ab 12 Uhr durchgehend warme Küche. Hausgemachter Kuchen. Mi Ruhetag. Seestr. 51, ✆ 038232-1301, www.hotel-meeresrauschen.de.

Boddenhus, nettes Restaurant im gleichnamigen Hotel am Hafen, verfeinerte regionale Küche, natürlich viel Fisch, mittleres Preisniveau, mit Terrasse und großem Wintergarten. Hafenstr. 4, ✆ 038232-15713, www.boddenhus.de.

Guten **Räucherfisch** gibt es bei *Kruse*, am Hafen rechts, zum Mitnehmen, als Imbiss oder im Restaurant. Sehr freundlich.

Kon Tiki, Steakhaus und Cocktailbar hinterm Deich am Strandübergang 8, mit Terrasse. Die Steaks können auch mal vom Krokodil, Strauß oder Känguru sein, Salate, Nachos, Chicken Wings und andere Snacks, dazu große Getränkekarte. Tägl. ab 12 Uhr (So ab 15 Uhr). Seestr. 32, ✆ 038232-15544, www.kon-tiki-bar.de.

Sehenswertes

Heimatmuseum/Museumshof: In einem ansehnlichen Kapitänshaus, dem Haus Morgensonne, am Anfang der Strandstraße (am Kreisel) ist die schöne Ausstellung des Heimatmuseums untergebracht. Zunächst ist eine staatliche Armada von Schiffsmodellen zu sehen, darunter so berühmte Schiffe wie die Wasa oder Cooks Endeavour. Dem alten Kapitänshaus angemessen gibt es natürlich auch ein Kapitänszimmer zu besichtigen sowie eine kleine Ausstellung über die Heimatdichterin *Martha Müller-Grählert*. Hinten im Hof befinden sich noch eine Waschstube und eine Segelmacherwerkstatt. Sehenswert.

Im Sommer Mo–Sa 10–17 Uhr, April Mo–Sa 10–16 Uhr, Nov. bis März Di/Do/Sa 10–16 Uhr, Eintritt 2 €.

An der Boddenküste

Vinetastadt Barth

ca. 8700 Einwohner

Ein beschauliches Städtchen mit überschaubarer Innenstadt, das die alten Grenzen der mittelalterlichen Ringstruktur nie verlassen hat. Farbenfroh präsentieren sich die Fassaden rund um den Marktplatz und die Marienkirche. Weitläufig dagegen zeigt sich der Hafen.

Zwar war Barth bereits 1255 das Stadtrecht verliehen worden, die Stadt konnte sich aber, eingeklammert zwischen den beiden mächtigen Hansestädten Rostock und Stralsund, nie zu vergleichbarer Größe entfalten. Umso immenser erscheint der Anspruch mythischer Größe. Barth glaubt sich als Heimat der legendären Stadt Vineta und hat sich dies sogar amtlich verbriefen lassen – und nennt sich seither offiziell „Vinetastadt". Der versunkenen Stadt zu Ehren ist das Heimatmuseum diesem Mythos gewidmet: In einem ehemaligen Kaufmannshaus in der Langen Straße im Zentrum ist das *Vineta-Museum* untergebracht, das – neben den etwa halbjährlich wechselnden Ausstellungen im ersten und zweiten Stock – eine kleine Dauerausstellung zum sagenumwobenen Vineta beherbergt. Zu sehen sind hier im dunklen Dachgeschoss (eine steile Stiege führt hinauf) u. a. Quellentexte zu Vineta, aber auch Dokumentationen zum neuesten Forschungsstand.

Mo–Fr 10–17 Uhr, Sa/So 11–17 Uhr. Eintritt 5 €, erm. (Senioren/Kurkarteninhaber) 4 €, erm. (für Schüler, Studenten *und* – klar, in einer Stadt namens Barth – Männer mit Vollbart!) 3 €. Lange Str. 16, 18356 Barth, ✆ 038231-81771, www.vineta-museum.de.

Erstaunlich weitläufig zeigt sich der *Hafen* von Barth, der zuletzt Stück für Stück modernisiert und umgestaltet wurde. Das Zentrum des kleinstädtischen Lebens sind der *Marktplatz* und die von ihm ausgehende Lange Straße. Neben dem Markt erhebt sich auch die hübsche, dreischiffige, backsteinerne *Marienkirche* (Mai bis Okt. Mo–Fr 10–18 Uhr, Sa 10–15 Uhr, So nach dem Gottesdienst, Nov. bis April Mo–Fr 10–16 Uhr, Sa 10–15 Uhr, Turmbesteigung möglich, 2 €), die im 14. Jh. errichtet wurde. Ungewöhnlich platziert zeigt sich das *Rathaus,* ein imposanter Backsteinbau, der sich etwas abseits und mitten in einem Wohngebiet befindet.

Bunte Fassaden in Barth

Information Zwei **Touristinformationen** finden sich in Barth. Die eine im Steuerhaus am Hafen, tägl. 11–17 Uhr geöffnet. Ha-

Wasserwanderer auf dem Barther Bodden

fenstr. 10 a, 18356 Barth, ✆ 038231-66965. Die andere unweit des Marktes gegenüber dem Vineta-Museum, Mo–Fr 10–18, Sa 10–14 Uhr. Lange Str. 13, 18356 Barth, ✆/℻ 038231-2464, www.stadt-barth.de.

Verbindungen Die **Bahn** bietet mit der UBB etwa alle 2 Std. Verbindungen nach Stralsund, mit der UBB und dem Regionalexpress ebenfalls ca. alle 2 Std. über Velgast (Umsteigen) nach Ribnitz-Damgarten.

Der **Bus** 210 fährt stündl. über Zingst, Prerow, Wieck, Born, Ahrenshoop, Wustrow und Dierhagen nach Ribnitz-Damgarten und retour.

Von April bis Okt. 6-mal täglich (in der Hochsaison bis zu 8-mal tägl.) **Schiffsverbindung Barth – Zingst** mit der Reederei Poschke. Erw. einfach 5 €, Kinder bis 12 J. 3,50 €; hin und zurück 10 €, bzw. 5 €, Familienkarte 15 bzw. 27 €, Hund/Fahrrad 1 € pro Strecke. Von Nov. bis März keine Verbindung. Infos unter ✆ 038234-239, www.reederei-poschke.de.

Bootsausflüge Im Sommer (Mitte Juni bis Mitte Sept.) mit der Reederei Poschke jeden Sonntag ganztägige **Ausflugsfahrten** nach Hiddensee/Neuendorf, Erw. 19,50 €, Kinder bis 12 J. 12 €, Familienkarte 54 €, Fahrrad 5 € (empfiehlt sich für den 4-stündigen Landgang!). Infos unter ✆ 038234-239, www.reederei-poschke.de.

Übernachten/Essen & Trinken

**** **Ringhotel „Speicher" Barth**, in einem ehemaligen Kornspeicher am Hafen, kaum zu übersehen. Sorgfältig restauriert und stilvoll eingerichtet, modernes Ambiente, große Fensterflächen mit weitem Blick, architektonisch eine Besonderheit in der Gegend. Im Haus Sauna, Whirlpool, Massagen und Fitnessraum. Das feine Restaurant bietet nicht nur ein überaus interessantes Ambiente, bei dem alte Trägerelemente und Backsteinwände in die Gestaltung integriert sind, sondern auch auf dem Teller anspruchsvolle Kreationen aus erlesenen Zutaten. Gehobenes Preisniveau. Auch monatlich wechselnde Menüs, vom 3-Gang-Menü für 33,50 € bis zum 5-Gang-Menü zu 49,50 €. EZ ab 85 €, DZ ab 110 €, Suite 160–300 €, Frühstück inkl., Halbpension (3-Gang-Menü) 28,50 €/Pers. Am Osthafen 2, 18356 Barth, ✆ 038231-63300, ℻ 038231-63400, www.speicher-barth.de.

Sur la Mer, Restaurant mit angeschlossener Pension am Westhafen. Nur sieben Zimmer in den oberen Stockwerken, im Erdgeschoss das helle, moderne Restaurant und die Terrasse zum Bodden hin. Leicht gehobene Preise, freundlicher Service. EZ ab 52 €, DZ ab 86 €, inkl. Frühstück. Am Westhafen 24, 18356 Barth, ✆/℻ 038231-77536, www.sur-la-mer.de.

Jugendherberge Barth, das Gebäude ist zwar schon etwas in die Jahre gekommen, befindet sich dafür in herrlicher Lage über dem Barther Bodden, völlig ab vom Schuss und entsprechend ruhig. Badestelle und Bootsanleger vorhanden, viele Freizeitangebote, darunter eine Surfschule mit Kanu- und Surfbrettverleih sowie ein Reiterhof. Unterbringung in 1- bis 6-Bettzimmern, z. T. auch in Bungalows. Vom Zentrum (Platz der Freiheit) aus beschildert, ca. 2 km östlich gelegen. Übernachtung mit Frühstück 19,50 € pro Pers. im Mehrbettzimmer, 23,50 € pro Pers. im DZ, über 27-Jährige zahlen 23,70 bzw. 28,60 €. Im Garten darf auch gezeltet werden: 13,50 € pro Pers., Senioren ab 27 J. zahlen 16,10 €, ebenfalls inkl. Frühstück. Hunde erlaubt. Glöwitz 1, 18356 Barth, ✆ 038231-2843, ℻ 038231-2090, www.djh-mv.de.

Naturcamp Pruchten, außerhalb von Barth, Richtung Zingst befindet sich der beschauliche Campingplatz beim Ort Pruchten. Ein Caravanstellpatz auf grüner Wiese, Camper und Zelte im lichten Wäldchen auf weichem Boden und im Schatten. Mit Gartenschach, Kicker und Kino, Minimarkt und Restaurant. Erw. 5 €, Kinder 3 €, Zelt 6–8 €, Wohnmobil 7–8 €, Pkw 2 €, Hunde 2 €. Zeltplatzstraße 30, 18356 Pruchten, ✆ 038231-2045, 📠 038231-66346, www.naturcamp.de.

Übernachten außerhalb **Alte Schmiede**, das empfehlenswertes Restaurant befindet sich in Hessenburg, 22 km Richtung Ribnitz-Damgarten, siehe S. 149.

Veranstaltungen An einem Samstag im Juni gibt es auch in Barth das traditionelle **Tonnenabschlagen** (den genauen Termin weiß die Touristinformation).

Meist im Juli/Aug. finden die **Barther Segel- und Hafentage** statt, ein Großereignis mit jeder Menge Rummel.

Versunken in der Ostsee: Vineta

Die Dächer waren mit Gold und Silber gedeckt, die Kinder spielten mit Perlen, und sogar die Schweine fraßen aus goldenen Trögen. Vinetas Glanz strahlte weit. Doch Pracht und Reichtum verleiteten zu Hochmut und Selbstherrlichkeit. So kam es, wie es kommen musste: Ein göttlicher Fluch traf die Stadt, und eine riesige Flutwelle versenkte sie mit all ihren Bewohnern im Meer. So jedenfalls will es die Legende. Zuverlässigere Quellen wie die Schriften des Geschichtsschreibers *Adam von Bremen* (11. Jh.) lassen vermuten, dass es diese große Stadt an der Ostsee tatsächlich gegeben hat. Vineta war demnach eine mächtige Handelsstadt der Wenden, die späteren Quellen zufolge im 12. Jh. von den Dänen zerstört wurde. Gründlich zerstört – denn bis heute ist die Stadt verschwunden.

Mehrere Theorien nehmen für sich in Anspruch, ihren ehemaligen Standort benennen zu können. Eine Theorie besagt, dass Vineta bei Koserow auf Usedom gelegen habe. Dort findet sich unterhalb des Streckelsbergs in der Ostsee das so genannte Vineta-Riff, die vermeintlichen Ruinen der Stadt. Lange zuvor war Wollin (östlich von Usedom) der Favorit, denn hier hatte man tatsächlich Überreste einer reichen slawischen Siedlung ausgegraben. 1998 traten *Klaus Goldmann* und *Günter Wermusch* dann mit der These an die Öffentlichkeit, dass Vineta sich weit entfernt von der Pommerschen Bucht beim heutigen Barther Bodden befunden habe (*Vineta. Die Wiederentdeckung einer versunkenen Stadt*, 3. Aufl. 2004).

Möglicherweise werden sich irgendwann stichhaltige Beweise für den Standort Vinetas finden, bis dahin schmücken sich Barth, Koserow und Wollin gemeinsam mit dem Ruhm der sagenhaften Wendenstadt. Der Legende zufolge warten die Bewohner Vinetas bis heute darauf, von ihrem Fluch befreit zu werden. Nur am Ostermontag erhebe sich demnach die Stadt aus den Fluten und hoffe darauf, dass ein Montagskind sich in die Straßen Vinetas wage, um von einem Händler irgendetwas zu kaufen – erst dann sei die Stadt erlöst.

Zwischen Barth und Stralsund

Eine verlassene Gegend, obwohl mit Fischland-Darß-Zingst eines der wichtigsten touristischen Zentren der Ostseeküste gleich um die Ecke liegt, und auch Stralsund ist nur rund 20 Kilometer entfernt. Wer sich doch auf den Weg macht, sieht auch gleich, warum sich nur selten Besucher hierher verirren: Strände gibt es nur wenige,

Zwischen Barth und Stralsund → Karte S. 152/153

das Gebiet ist oft schilfig und gehört bereits zur Schutzzone des Nationalparks Vorpommersche Boddenlandschaft. Ein Niemandsland mit einer Handvoll Dörfern, in denen man vom großen Ostseetourismus so gar nichts spürt. Dennoch lohnt ein Ausflug hierher: In Groß Mohrdorf befindet sich das überaus sehenswerte *Kranich-Informationszentrum* (und in der Umgebung Kranich-Beobachtungspunkte) und ab dem *Barhöfter Hafen* ist es nur ein Katzensprung zur Insel Hiddensee, die von hier im Sommer regelmäßig von Ausflugsbooten angesteuert wird. Kulturelles Zentrum ist das *Vorpommernhaus* in *Klausdorf*, ein ehemaliger Kuhstall, der nun als Veranstaltungsort für Vorträge, Lesungen, Konzerte, Theater, Tanz und weitere Festivitäten dient.

Kranich-Informationszentrum Groß Mohrdorf

In einem unscheinbaren Neubau am Ortsausgang von Groß Mohrdorf in Richtung Hohendorf liegt das mit viel Engagement betriebene Informationszentrum, in dem interessierte Besucher neben diversen Schautafeln, Tierpräparaten und Fotografien auch einen Film über das Leben der Kraniche zu sehen bekommen. Darüber hinaus können die Mitarbeiter vom Kranich-Informationszentrum tagesaktuell die besten Beobachtungsplätze nennen. Mehr als 15.000 Besucher finden alljährlich den Weg zum Info-Zentrum hier in Groß Mohrdorf. Ein lohnenswerter Ausflug! Zu den Kranichen siehe auch S. 189ff.

Öffnungszeiten März bis Mai tägl. 10–16 Uhr, Juni bis Aug. Mo–Sa 10–16 Uhr, im August tägl. 10–16.30 Uhr, Sept./Okt. tägl. 9.30–17.30 Uhr, im Nov. Mo–Fr 10–16 Uhr. Im Dez. und Jan. nur nach tel. Voranmeldung, Februar geschl. Eintritt frei. Lindenstr. 27, 18445 Groß Mohrdorf, ✆ 038323-80540, www.kraniche.de. Groß Mohrdorf liegt 14 km nordwestlich von Stralsund.

Kranichbeobachtung Wer auf eigene Faust unterwegs ist, findet ca. 1 km außerhalb von Bisdorf (nördliches Nachbardorf von Groß Mohrdorf) einen Beobachtungsstand, die *Kranichhütte* (ab Bisdorf beschildert). Nur im Herbst geöffnet ist der *Kranich Utkiek* in einer großen Scheune in Hohendorf (nordöstlicher Nachbarort von Groß Mohrdorf); auf dem Feld vor dem Utkiek finden auch Ablenkungsfütterungen statt. Das Kranichzentrum selbst veranstaltet im Herbst **Führungen** zu den Beobachtungsplätzen, Infos unter ✆ 038323-80540.

Barhöft

ca. 100 Einwohner

Vom beschaulichen kleinen Barhöfter Hafen startet während der Saison täglich das Ausflugsboot nach Hiddensee. Am autofreien Hafen werden frischer und geräucherter Fisch sowie Fischbrötchen verkauft. Hier befinden sich außerdem ein Café und ein kleiner Tante-Emma-Laden. Wenn man vom Hafen aus linker Hand auf einem schmalen Waldweg spaziert, gelangt man bald zur *Nationalpark-Ausstellung* in einem Häuschen im Wald (im Sommer tägl. 10–17 Uhr, Nov. bis April tägl. 10–16 Uhr, Eintritt frei). Von der Ausstellung noch ein Stück weiter (Treppen hinauf) erreicht man den Barhöfter *Aussichtsturm* mit 17 Meter Höhe, der über 102 Stufen zu erklimmen ist (Mo–Fr 10–18 Uhr, Sa/So 12–18 Uhr, im Winter kürzer, Erw. 1 €, Kinder 0,50 €). Bleibt man auf dem Waldweg, geht es am Wasser entlang und dann rechts ab zu einer *Bodden-Aussichtsplattform.*

Ausflugsboote Mit der Motorbarkasse *Admiral Raule* im Sommer tägl. um 9 Uhr nach Hiddensee (Hafen Neuendorf, retour um 17 Uhr), Fahrtdauer 1 Std. 45 Min. pro Strecke, Erw. 21,50 €, Kinder 4–14 Jahre 15 €, Hund/Fahrrad 3 € (Preise jeweils hin und zurück); im Herbst werden auch Kranichbeobachtungsfahrten veranstaltet (20 €, Kinder 13,50 €), Infos unter ✆ 0172-9949930 oder am Hafen.

Parken gebührenpflichtiger Parkplatz am Ortseingang (0,50 €/Std.).

Kraniche im Abflug

Kraniche in Mecklenburg-Vorpommern

Alle Jahre wieder im Spätsommer kommen sie in Scharen an, und ihre Ankunft im nordöstlichsten Bundesland ist mittlerweile sogar der „Tagesschau" einen Bericht wert: Die Ankunft der Kraniche ist eine der größten und imposantesten Naturattraktionen Norddeutschlands. Ihr eleganter Balztanz hat sie berühmt gemacht, aber auch das lautstarke Trompeten, mit dem sie sich allabendlich bei Einbruch der Dämmerung an ihren Schlafplätzen in der „Rügen-Bock-Region", dem größten mitteleuropäischen Rastplatz für Kraniche, einfinden. Bis zu 40.000 Graue Kraniche (*Grus grus*), so die Schätzungen des 1996 gegründeten Kranich-Informationszentrums in Groß Mohrdorf, treffen sich alljährlich im Herbst zur gemeinsamen Rast an den der Küste vorgelagerten Inseln *Großer Werder, Kleine Werder, Bock* und etwas weiter westlich der *Kirr* (bei Zingst) sowie an der *Udarser Wiek* nördlich der Halbinsel Ummanz (Rügen). Von hier aus machen sie sich auf den Weg nach Süden.

Die Kraniche überwintern in der spanischen *Extremadura* bzw. im südspanischen Andalusien sowie in der zentralspanischen *Laguna de Gallocanta*, durch die milden Winter auch zunehmend nördlich der Pyrenäen in Südwestfrankreich. Den Sommer verbringen sie in Süd- und Mittelschweden. Die Boddenregion zwischen Rügen und Zingst dient also nur als – vor allem im Herbst oft über Wochen besetzte – Zwischenstation, um sich für die weite Reise zu stärken. Geflogen wird im Verband und in der charakteristischen „V"-Formation. Bei ihren Langstreckenflügen nutzen die Kraniche die Thermik und können, bei Rückenwind, mit nur wenigen Flügelschlägen eine Geschwindigkeit von über 80 km/h erreichen. Distanzen von mehreren hundert Kilometern am Tag sind durchaus möglich.

Doch dazwischen ruhen sie eben in Nordostdeutschland aus, bevorzugt in den weiten Flachwasserbereichen östlich von Zingst (im Nationalpark Vorpommersche Boddenlandschaft), aber auch in den Sumpfgebieten des südlich im Landesinneren gelegenen Müritz-Nationalparks. Etwa 70.000 Kraniche befinden sich alljährlich auf der Durchreise; an die 6000 Paare bleiben ganzjährig in Deutschland und von ihnen wiederum die Hälfte in Mecklenburg-Vorpommern. Gebrütet wird im flachen Wasser auf dem Boden, meist im Schutz eines Baumes, in einem großen, aus aufeinandergeschichteten Pflanzenstängeln bestehenden Nest, in dem in der Regel zwei bräunlich-graue Eier liegen. Nach gut vier Wochen Brutzeit schlüpfen die Küken mit rotbraunem Daunenkleid, die dann maximal bis zum nächsten Frühjahr bei ihren Eltern leben. Das Brutpaar selbst bleibt oft ein Leben lang zusammen. Ein ausgewachsener Kranich bringt es auf eine Standhöhe von 1,20–1,30 Metern bei einem Gewicht von 6–7 Kilogramm und einer Flügelspannweite von bis zu 2,20 Meter, damit ist er der größte Vogel Deutschlands. Sein Federkleid ist grau mit schwarzem Oberkopf samt roter Mütze und seitlichen weißen Streifen, die Schwungfedern bilden eine schwarze Schleppe. Jungvögel sind durch ihren bräunlichen Kopf zu erkennen. Kraniche sind Allesfresser, die ihre Nahrung beim Umherschreiten vom Boden oder aus dem flachen Wasser aufsammeln und damit wie auch Reiher und Störche zu den so genannten Schreitvögeln zählen. Geschlafen wird stehend im knietiefen Wasser, das hier als Schutz gegen Feinde wie beispielsweise den Fuchs dient. Im Herbst ernähren sich die Kraniche auch von den Ernteresten der Felder und der Saat. Um den Schaden für die Bauern gering zu halten – und den Tausenden von Vögeln ausreichend Nahrung zu bieten – gingen die Naturschutzorganisationen in den 1990er Jahren zu „Ablenkfütterungen" über, wie sie beispielsweise am *Kranich Utkiek* in Hohendorf (bei Groß Mohrdorf, s. S. 188) zu beobachten sind.

Aus der Nähe wird man einen Kranich in freier Natur ansonsten kaum zu sehen bekommen. Die Tiere sind sehr scheu und fliegen schon bei einer Annäherung auf etwa 300 Meter auf. Bessere Chancen hat man von besagtem Utkiek (gibt es auch in Bisdorf bei Groß Mohrdorf sowie zwei Beobachtungspunkte bei Zingst), doch auch hier sollte man unbedingt ein Fernglas dabei haben. Bei ihrer berühmten Balz wird man die Kraniche nur gelegentlich im Frühjahr erleben dürfen, diese findet hauptsächlich an den Brutplätzen in nördlicheren Gefilden statt. Während die Tiere bis Ende der 1980er Jahre noch als überaus selten galten, hat sich ihr Bestand heute vervielfacht. Vor allem durch die im Jahr 1990 ausgewiesenen strengen Schutzgebiete des *Nationalparks Vorpommersche Boddenlandschaft* finden die Kraniche hier optimale Bedingungen ohne Störung durch Mensch und Landwirtschaft.

Über den Kranich wird schon in der Mythologie als Glücksbringer berichtet. Auf altägyptischen Grabplatten ist er genauso zu finden wie im russischen Märchen, in Indien verehrt man ihn als Gott, in China als göttlichen Himmelsboten und als Symbol für Weisheit und ein langes Leben, in Japan werden Papierkraniche als Glücksbringer gefaltet. Seinen Namen als "Vogel des Glücks" soll der Kranich allerdings in Schweden bekommen haben, wo sein Erscheinen im Frühjahr das Ende der dunklen, kalten Zeit einläutet. Kein Wunder, dass immer mehr Besucher diese großen, eleganten Vögel auch aus der Nähe (bzw. aus relativer Nähe) betrachten möchten. Die alljährlich im Frühherbst (ca. Mitte September bis Mitte/Ende Oktober) angebotenen Kranichfahrten mit dem Schiff erfreuen sich jedenfalls großer Beliebtheit und finden 2-mal wöchentlich nachmittags ab Schaprode/Rügen, 2-mal wöchentlich ab Zingst und 1-mal wöchentlich ab Stralsund statt (Dauer ca. 4 Std., 19 € bzw. 20 €/Pers., Kinder 13 € bzw. 14 €, Anmeldung unter ✆ 03831-26810, weitere Infos: www.reederei-hiddensee.de). Begleitet und moderiert werden die Fahrten von Mitarbeitern des Kranichzentrums Groß Mohrdorf (s. S. 188, außerdem www.kraniche.de).

Stralsund

ca. 58.000 Einwohner

Die alte Hansestadt am Strelasund präsentiert sich reich an Tradition, weltoffen und sehr gastfreundlich. Es gibt zahlreiche Gründe, die für einen Aufenthalt in Stralsund sprechen: die wunderschöne Lage der Hafeninsel, prachtvolle Monumente der Backsteingotik, eine freundliche, lebendige Altstadt sowie einige bemerkenswerte Museen.

Die malerische Altstadt Stralsunds, 2002 in die Welterbeliste der UNESCO aufgenommen, ist fast vollständig von Wasser umgeben: einstmals ein effektiver Schutz gegen Angriffe, heute ein blauer, von Grünflächen gesäumter Gürtel um den historischen Stadtkern. Landseits erstrecken sich Knieperteich und Frankenteich entlang der teils gut erhaltenen Stadtmauern und Bastionen. Zum Strelasund hin öffnet sich der traditionsreiche, von Kanälen durchzogene Hafen. In der Altstadt stehen bedeutende Bauten der Norddeutschen Backsteingotik auf engstem Raum: Die *Nikolaikirche* und die berühmte Schmuckfassade des *Stralsunder Rathauses* bilden ein einzigartiges städtebauliches Ensemble, gegenüber zeugt das *Wulflamhaus* von hanseatischem Bürgerstolz, und über dem Neuen Markt erhebt sich majestätisch *St. Marien*. Dazwischen sind in einem alten Kloster zwei sehenswerte Museen untergebracht: das *Deutsche Meeresmuseum* und das *Kulturhistorische Museum*, dessen Außenstellen *Museumshaus* und *Museumsspeicher* sich ganz in der Nähe befinden. Das *Deutsche Meeresmuseum* hat jüngst einen spektakulären Neubau realisiert: Am *Hafen*, der mit seinen stolz aufragenden backsteinernen Speichern und den die Hafeninsel umschließenden Kanälen selbst zu den wichtigsten Sehenswürdigkeiten der Stadt gehört, entstand mit dem *Ozeaneum* ein bemerkenswerter Besuchermagnet von internationalem Rang.

Ein weiteres, neues Wahrzeichen der Stadt erhebt sich südöstlich der Altstadt über den Strelasund und ergänzt kontrastreich die markante Silhouette Stralsunds: die *Zweite Strelasundquerung*. Die 2007 eröffnete, spektakuläre Brücke mit dem hoch aufragenden Pylon verbindet das Festland mit der Insel Rügen.

Stadtgeschichte

Am 31. Oktober 1234 verlieh *Wizlaw von Rügen* der Ortschaft Stralow das lübische Stadtrecht. Damit war der Grundstein gelegt für einen sagenhaften Aufschwung, der Stralsund zu einem Flaggschiff der mächtigen Hanse werden ließ. Dank seiner Lage konnte sich die junge Stadt schnell als Handelszentrum etablieren. Zum einen wurde Stralsund Umschlagplatz für die regionale landwirtschaftliche Produktion, zum anderen zu einer wichtigen Kraft im Nord- und Ostseehandel zwischen Flandern und Nowgorod.

Stralsund gehörte neben Lübeck, Wismar, Rostock und Greifswald von Anfang an der Hanse an. Nachdem der Städtebund seine größte Bewährungsprobe – den militärischen Konflikt mit dem dänischen Königreich – bestanden hatte, stand er mit dem am 24. Mai 1370 geschlossenen *Frieden von Stralsund* im Zenit seiner Macht (zur Hanse s. S. 28). Der Stadt des Friedensschlusses bescherte das einen anhaltenden Bauboom. St. Nikolai bekam einen neuen Doppelturm, dem Rathaus wurde die prächtige Fassade vorgesetzt, und auch die Marienkirche erhielt ihre imposante Gestalt. Der Reichtum der Stadt zeigte sich auch in der Entstehung vieler repräsentativer Bürgerhäuser im Stil der Backsteingotik, bekanntes Beispiel ist das Wulflamhaus. Auch die Kirchen wurden von den Kaufleuten reich ausgestattet, dieser Glanz aber ging während des Bildersturms im Zuge der Reformation weitgehend verloren.

Die Jahrzehnte zwischen 1628 und 1715 trafen Stralsund hart. Zuerst kam *Wallenstein* und verlangte die Aufnahme seiner Truppen in der Stadt. Die folgende Belagerung der kaiserlichen Truppen konnte erst durch schwedische Waffenhilfe gebrochen werden. Das neue Bündnis der Stadt mit dem schwedischen König *Gustav II. Adolf* hatte jedoch einen hohen Preis, denn die Schweden blieben. Stralsund war de facto ein Teil des Schwedischen Reiches geworden (bestätigt im *Westfälischen Frie-*

Stralsund → Karte S. 199

Stralsund müsse man vom Strelasund aus sehen ...

den 1648). 1680 wütete ein Brand in der im Wiederaufbau befindlichen Stadt, 1710 rollte die letzte Pestwelle durch die Gassen, und schließlich hatte Stralsund unter dem Großen Nordischen Krieg zu leiden.

Auch von den Napoleonischen Kriegen blieb Stralsund nicht verschont. 1809 erschien *Ferdinand von Schill*, ein bis dato eher unauffälliger preußischer Husar, mit seinen Männern in der Hansestadt, um gegen die französischen Besatzer aufzubegehren. Schills Eifer allerdings war der Bevölkerung nicht eben willkommen, schließlich kam mit den Reitern auch der Krieg zurück in die Stadt. Doch die Franzosen fackelten nicht lang. Der dilettantische Aufstand wurde niedergeschlagen, Schill selbst in der Fährstraße vom Pferd geschossen. Sein Denkmal, mit tatkräftigem Gestus und gezücktem Säbel, steht am Olof-Palme-Platz. Erst nach Napoleons Fall endete für Stralsund die Zugehörigkeit zu Schweden. Nach dem *Wiener Kongress* (1814/15) fand sich Stralsund nicht mehr unter gelb-blauer, sondern unter weiß-schwarzer Flagge wieder: Die Schweden hatten Vorpommern und Stralsund an Preußen abgetreten. Das 19. Jh. schließlich brachte vor allem eines: technischen Fortschritt (ironischerweise zunächst in den Farben gelb-blau, denn das erste Dampfschiff, das in Stralsund anlegte, war 1824 die schwedische *Constitutiones*). 1863 rollte die erste Eisenbahn aus Berlin ein. In Stralsund selbst entwickelte sich allerdings kaum Industrie – einzig bedeutender Industriezweig waren die Stralsunder Spielkartenfabriken –, es blieb vor allem eine Stadt des Handels, der Dienstleistungen und der Verwaltung. Mit dem Bau des Rügendammes im Jahr 1936 konnte die Stadt zudem verstärkt vom Inseltourismus nach Rügen profitieren.

Die dunkelste Stunde der Stadtgeschichte schlug am 6. Oktober 1944. Eine britisch-amerikanische Bomberstaffel legte die Stadt in Schutt und Asche. Dass Stralsund überhaupt Ziel der Bomben wurde, war das Ergebnis zynischer Kriegslogik: Die vernichtende Fracht war eigentlich für die Heeresversuchsanstalt Peenemünde (S. 295) vorgesehen. Doch waren die alliierten Fliegerstaffeln vor Peenemünde auf starken Widerstand gestoßen und konnten ihre Bomben nicht ausklinken. Landen aber konnten die Flugzeuge mit dieser Fracht auch nicht. Also wurden die Bomben „auf dem Rückweg" über Stralsund abgeworfen.

Nach dem Krieg war es vor allem die Volkswerft, die Stralsund wieder auf die Beine brachte. Rund 8000 Arbeiter bauten hier gigantische Fischfang-Trawler, die Stadt wuchs um ihre Außenbezirke Knieper und Grünhufe. In den 1990er Jahren wurde die Volkswerft zu einer der modernsten Kompaktwerften Europas umgebaut, ihre riesige blaugrüne Fertigungshalle ist unübersehbar. Hier werden heute Großschiffe aller Art gebaut, wie z. B. Passagier- und Container- und Tankschiffe. Hinzu kommt der Tourismus als weiteres wichtiges wirtschaftliches Standbein der Stadt.

... meinte schon Wilhelm von Humboldt

Basis-Infos

Information Die Tourismuszentrale der Hansestadt Stralsund bietet Zimmervermittlung, Ticketverkauf, Stadtführungen (s. u.), Internetpoint und W-LAN, stets freundlich und kompetent. Mai bis Okt. Mo–Fr 10–18 Uhr, Sa/So 10–16 Uhr, Nov. bis April Mo–Fr 10–17 Uhr, Sa 10–16 Uhr, So geschlossen. Alter Markt 9, 18439 Stralsund, ✆ 03831-24690, 📠 03831-246922, www.stralsund.de bzw. www.stralsundtourismus.de.

Von Mai bis Okt. bietet die Tourismuszentrale tägl. **Führungen** an. Allen voran die *Altstadtführung* (Dauer 1,5 Std., Start tägl. um 11 Uhr, Treffpunkt vor der Tourismuszentrale, Erw. 5 €, Schüler/Stud. 3 €, Kinder unter 6 Jahren frei), der Rundgang mit den *Stralsunder Originalen* (Dauer 1,5–2 Std., tägl. 14 Uhr ab der Tourismuszentrale, Erw. 6 €, Schüler/Stud. 4 €, Kinder unter 6 Jahren frei) oder auch die Nachtwächterführung *Diebe, Mörder und Huren* (Dauer 2 Std., Start Di und Fr um 21 Uhr, Treffpunkt vor der Tourismuszentrale, Erw. 7 €, Schüler/Stud. 5 €, Kinder unter 6 J. frei). Wer lieber auf eigene Faust loszieht, kann bei der Tourismuszentrale für 7 € (ganzer Tag) einen Audioguide ausleihen. Außerdem werden diverse Radrouten vorgeschlagen. Weitere Infos und Anmeldung in der *Tourismuszentrale* (s. o.).

Hafen **Hafen- und Seemannsamt** (Hafenkapitän), im Lotsenturm, Hafenstr. 50, ✆ 03831-260130.

Citymarina Stralsund, großer Yachthafen an der Nordmole, 200 Gastliegeplätze, 180 m langer Kai für Großschiffe. Seestr. 14 a, ✆ 03831-444978, www.rundtoern-marinas.de.

Yachtclub Strelasund, Hafen auf Dänholm, Zum kleinen Dänholm 21, ✆ 03831-297300, www.ycstr.de.

Parken Nicht ganz einfach, z. B. am Alten und am Neuen Markt, am Frankenwall, im Parkhaus am Ozeaneum (1. Std. 1 €, dann 2 €/Std.) und am Bahnhof (1 €/Std., 6 €/Tag). Ausgewiesene Park-and-Ride-Parkplätze finden sich an den Rändern der Altstadt (z. B. beim Bahnhof, 5 €/Tag inkl. Busticket für 2 Erw. und 2 Kinder).

Taxi **Hansa Taxi**, ✆ 03831-491313; **Taxigenossenschaft**, ✆ 03831-393333; **Taxiring**, ✆ 03831-392400.

Verbindungen Stralsund liegt an der IC-Strecke Hamburg – Rostock, direkte Anbindung auch an Berlin.

Mit der **Regionalbahn** gute Verbindungen in die Region (Rostock, Barth und Greifswald sowie bis nach Berlin). Nach Rügen fährt der Regionalexpress (RE 9) stündl. über Bergen weiter nach Sassnitz oder Binz. Nach Usedom fährt via Greifswald etwa stündlich die UBB (Usedomer Bäderbahn); evtl. mit dem Regionalexpress bis Greifswald und dort umsteigen.

Gute **Busverbindungen** auch ins Hinterland von Stralsund. Nach Rügen mit der **Linie 30** ca. 8-mal via Garz nach Putbus und weiter bis Bergen, Sa 4-mal, So 2-mal. Mit der **Linie 41** in den Westen Rügens nach Gingst (dort Umsteigen nach Schaprode; im Winter die einzige Verbindung mit Hiddensee). Haltestelle am Hauptbahnhof.

Das Netz der **Stadtbuslinien** ist zwischen Devin im Süden, Knieper Nord, Grünhufe und Dänholm (**Linie 2** bis hinüber nach *Altefähr* auf Rügen) dicht gespannt. U. a. mit der **Linie 3** kommt man zum Tierpark, die **Linie 6** fährt zum HanseDom.

Schiffe der *Weißen Flotte* fahren ca. 6-mal tägl. nach Altefähr (nur Mai bis Okt.), einfach 2,80 €, Kinder 1,40 €.

Die *Reederei Hiddensee* steuert von Mitte März bis Okt. (sowie von Weihnachten bis Neujahr) 2- bis 3-mal tägl. die Insel Hiddensee von Stralsund aus an. Hin- und Rückfahrt 18,90 €.

Infos im Stralsunder Büro in der Fährstr. 16, unter ✆ 0180-3212150 oder ✆ 03831-268116, 📠 03831-268130, www.reederei-hiddensee.de, www.weisse-flotte.de.

Aktivitäten und Veranstaltungen

Baden/Sport/Wellness **Seebadeanstalt**, das städtische Freibad am Strelasund, nördlich der Altstadt. Mitte Mai bis Mitte Sept. tägl. 9–18 Uhr (Eintritt 2 €, erm. 1 €), aufgeschütteter Sandstrand, Gaststätte (9–22 Uhr geöffnet), der Strandabschnitt ist überwacht. Sundpromenade 5, ✆ 03831-393295.

HanseDom, großes Freizeitzentrum mit vielfältigem Angebot: Erlebnisbad Seestern Therme, Saunalandschaft, Sportbereich, natürlich auch Gastronomie. So–Do 9.30–22 Uhr, Fr/Sa bis 23 Uhr, Eintritt Erw. 2 Std. 10,50 €, mit Sauna 11,50 €, Kinder 8 € (9 €), Familienkarte ab 29 €. Grünhufer Bogen 18–20, ✆ 03831-37330, www.hansedom.de. Bus Nr. 6 ab Hauptbahnhof.

Fahrradverleih **SIC.** am Hafen, einfache Tourenräder (ab 4,50 €/Tag), An der Fährbrücke 1, ✆ 03831-280155.

Service-Point am Hauptbahnhof, tägl. 6–21 Uhr, 3-Gang-Rad 7 €/Tag, 7 Gänge 10 €, ✆ 03831-62581.

Fahrrad Wollmann, 7-Gang-Cityrad 5 €/Tag, E-Bike 20 €/Tag. Verleih nur Mai bis Okt. Knieperdamm 45, ✆ 03831-383671, www.fahrrad-wollmann.de.

Hafenrundfahrten Stralsund müsse man vom Meer aus sehen, meinte schon Wilhelm von Humboldt. Die Möglichkeit dazu gibt es bei einer Hafenrundfahrt mit der Weißen Flotte, Dauer ca. 1. Std. Mai bis Okt. mind. 6-mal tägl. vom Stralsunder Hafen (Steinklappe). Erw. 8 €, Kinder 4–14 J. 4 €. ✆ 03831-26810, www.weisse-flotte.de.

Theater Die Bretter, die die Welt bedeuten, befinden sich am Olof-Palme-Platz. Hier steht das jüngst renovierte Jugendstil-Theaterhaus Stralsunds, mit dem Theater Greifswald Heimstatt des **Theaters Vorpommern**. Ob während der Sommermonate auch wieder Open-Air-Veranstaltungen angeboten werden können, war zuletzt ungewiss, in jedem Fall abwechslungsreich bleibt aber das Repertoire (Theater, Oper, Musical, Ballet). Theater Vorpommern, Olof-Palme-Platz 4, ✆ 03831-2646-124 (Theaterkasse) oder -150 (Besucherservice), www.theater-vorpommern.de.

Tierpark Im **Tierpark Stralsund** sind auf 16 ha knapp 1000 Tiere zu sehen, auch Streichel-Haustier-Gehege und Schaufütterung. Geöffnet, tägl. 9–18.30 Uhr, im Winter bis 16 Uhr. Der Tierpark liegt nahe dem Grünhufer Bogen in der Barther Str., ✆ 03831-293033.

Veranstaltungen Seit 1991 finden die farbenfrohen, kostümträchtigen **Stralsunder Wallensteintage** statt, meist Ende Juli. Für ein paar Tage spielt die Altstadt die „gute alte Zeit" nach mit Mittelaltermarkt, Musketieren, Handwerkern und Gauklern sowie mit einem „guten alten Feind": Wallenstein und seinen Truppen. Genaue Termine unter www.wallensteintage.de.

Anfang Juni startet die Stadt mit dem bunten **Hafenfest** in die Sommersaison (www.hafenfeststralsund.de).

Stralsunder Segelwoche, *das* Seglerevent in Stralsund, Regatten im Strelasund und rund um Rügen und Hiddensee, mit zahlreichen Rahmen-Veranstaltungen und anschließender Feier am Hafen, Anfang Juni, Termine: www.stralsunder-segelwoche.de.

Stralsunder Sundschwimmen, Distanzschwimmveranstaltung mit internationaler Beteiligung, die Jahr für Jahr auch der überregionalen Presse eine Schlagzeile wert ist. Das Wettschwimmen (der erste Startschuss fiel übrigens bereits 1925) von Altefähr über knapp 2,5 km durch den Strelasund zur Seebadeanstalt findet immer am ersten Samstag im Juli statt, www.sundschwimmen.de.

Lange Nacht des offenen Denkmals, am ersten Samstag im September; Kirchen, Museen, Klöster öffnen bis Mitternacht ihre Pforten für besondere Veranstaltungen – Konzerte, Lesungen, Ausstellungen etc.

Übernachten

(Karte S. 199)

Hotels **** **Scheelehof 3**, erst im Frühjahr 2011 eröffneter, großer Hotelkomplex in historischem Gemäuer in der Fährstraße. Sorgfältigst restauriert, 93 Zimmer von moderner Eleganz und Behaglichkeit, zwei Restaurants, Kneipe, Kaffeerösterei, Wellness usw. EZ 115–125 €, DZ 129–139 €, Frühstück inkl., Halbpension (drei Gänge) 25 € pro Pers. und Tag. Fährstr. 23–25, 18439 Stralsund, ✆ 03831-283300, 📠 03831-2833488, www.hotel-stralsund-scheelehof.de.

Kontorhaus Hotel 9, neues Hotel am Hafen, innen wie außen stilsicheres Design, die Inneneinrichtung hat etwas von einem Luxusliner. Die geräumigen, hellen Zimmer haben keine Nummern, sondern tragen die Namen berühmter Schiffe (darunter die QE2 oder die Gorch Fock). EZ 90 €, DZ 125 €, Juniorsuite 145 €, Frühstück im Kaffeekontor im Erdgeschoss inkl., in der Nebensaison deutlich günstiger, diverse Arrangements im Angebot. Am Querkanal 1, 18439 Stralsund, ✆ 03831-289800, 📠 03831-289809, www.kontorhaus-stralsund.de.

Norddeutscher Hof 12, familiengeführtes, sehr freundliches Haus am Neuen Markt, schöne, verhältnismäßig günstige Zimmer. Auch von Lesern empfohlen. Im Haus befindet sich auch ein nettes, ebenfalls nicht teures Restaurant (tägl. 11–23 Uhr), einige Tische auch im Innenhof. EZ 65 €, DZ 95 €, Suite 129 €, jeweils inkl. Frühstück, Hunde erlaubt (5 €/Tag), Parkplätze vorhanden. Neuer Markt 22, 18439 Stralsund, ✆ 03831-293161, 📠 03831-287939, www.nd-hof.de.

››› **Unser Tipp: Hotel Villa am Meer 1**, 1912 erbaute Villa mit Türmchen, nördlich der Altstadt in der „Villengegend" gelegen, nur ein wenig von der Strandpromenade zurückversetzt (knapp 10 Min. zur Innenstadt). Hohe Zimmer, hell und freundlich, teils mit Stuckdecken und Erkerchen, viele mit Blick auf den Strelasund. Entspannte Atmosphäre, ungemein freundliche und zuvorkommende Hotelführung. Morgens gibt es ein kleines, aber sorgsam ausgewähltes Frühstücksbuffet. EZ 50 €, DZ je nach Größe 75–85 €, einschließlich Frühstücksbuffet, Hund nach Vereinbarung (3 €). Gerhart-Hauptmann-Str. 14, 18435 Stralsund, ✆ 03831-308466, 📠 03831-308640, www.hotel-mit-meerblick.de. ‹‹‹

Pension Altstadt Pension Peiß 13, schönes Haus ganz in der Nähe des Neuen Marktes, familiär geführte Pension, nette Zimmer in dezenten Farben, abends kleine, gemütliche Weinstube. EZ 50–85 €, DZ 65–115 €, jeweils inkl. Frühstück, keine Haustiere. Tribseer Str. 15, 18439 Stralsund, ✆ 03831-303580, 📠 03831-3035899, www.altstadt-pension-peiss.de.

„Hoch hinaus und nichts dahinter," sagen Spötter: die Rathausfassade

Stralsund → Karte S. 199

Hostel **Hostel Stralsund 14**, etwas abgelegen zwischen Arbeitersiedlung und Industriehafen, aber keine 15 Fußminuten von der Altstadt entfernt liegt das neue Stralsunder Hostel. Modern eingerichtete, helle 2- bis 6-Bett-Zimmer (EZ nur in der Nebensaison), Duschen und WC auf jedem Flur. Mit Küche zur Selbstversorgung, Waschmaschine, WLAN, auch Fahrradverleih (8 €/Tag). Bettzeug (3 €) und Handtücher (1,50 €) können gestellt werden. EZ 35 €, DZ 46 €, Übernachtung im Mehrbettzimmer 16–20 €, Frühstück 5 €/Pers. Reiferbahn 11, 18439 Stralsund, ✆ 03831-284740, ℻ 03831-284741, www.hostel-stralsund.com.

Essen & Trinken /Nachtleben

Restaurants **Tafelfreuden im Sommerhaus 11**, das hübsche, gelbe Holzhaus am Jungfernstieg (ein Stück nördlich des Bahnhofs) könnte auch in Schweden stehen. Im angenehmen Ambiente wird gehobene, ausgezeichnete Küche mit feiner mediterraner Note serviert, auch vegetarisch. Wechselnde kulinarische Wochen, heller Wintergarten, (angemessenes) oberes Preissegment (das Menü mit drei bis vier Gängen zu 33,50–43,50 €). Mo–Fr günstiger Mittagstisch mit Tagesgerichten unter 10 € oder auch als Businessmenü für 15 € (drei Gänge). Im Haus auch drei schön eingerichtete Zimmer unterm Dach (DZ mit Frühstück 75 €, EZ 60 €). Mo–Fr Mittagstisch, ansonsten Di–So 18–24 Uhr geöffnet, Mo abends geschl. Jungfernstieg 5 a, ✆ 03831-299260, ℻ 03831-289759, www.tafelfreuden-stralsund.de.

Das Wulflamhaus

»» Unser Tipp: **Wulflamstuben 4**, ein traditionsreiches Restaurant befindet sich am Alten Markt im sehenswerten Wulflamhaus, einem bedeutenden backsteingotischen Zeugnis bürgerlich-hanseatischen Selbstbewusstseins. Man sitzt gemütlich in freundlichem Ambiente unter dunklem Holzgebälk. Bemerkenswert gute Küche bei mittlerem bis gehobenem, aber durchaus angemessenem Preisniveau. Wir probierten hier eine fantastische Fischsuppe. Tägl. ab mittags geöffnet. Alter Markt 5, ✆/℻ 03831-291533, www.wulflamstuben.de. ««

Essbar 7, sympathisches, kleines Restaurant und Weinbar unweit des Alten Marktes. Alle Gerichte sind zunächst vegetarisch, auf Wunsch auch mit Fleischbeilage. Mo–Sa ab 18 Uhr geöffnet, Mo–Fr auch Mittagstisch, Küche bis 22 Uhr, So Ruhetag. Kleinschmiedstr. 22, ✆ 03831-298176.

Ventspils 2, das ein Stück nördlich der Altstadt an der Sundpromenade gelegene Restaurant erinnert mit seiner leicht gebogenen Fensterfront an einen Ausflugsdampfer. Vom lang gestreckten Gastraum hat man einen herrlichen Blick auf den Strelasund, im Sommer auch Tische draußen an der Reling und das Dach wird zum Sonnendeck. Gutbürgerliche Ostseeküche, gute Fischsuppe, auch Kaffee und Kuchen. Routiniert-freundlicher Service. Täglich 10–22 Uhr geöffnet. Sundpromenade 1a, ✆ 03831-286243, www.ventspils-stralsund.de.

Brauhaus Zum Alten Fritz 15, hier wird das Stralsunder Bier („Störtebeker – das Bier der Gerechten") gebraut und selbstver-

ständlich auch ausgeschenkt. Gemütliche Gaststätte, die wie ein kleines Brauereimuseum wirkt. Große Karte mit bodenständigen Gerichten, darunter auch ein paar vegetarische Gerichte, es wird auch mit Bier gekocht (z. B. Störtebekers Biersuppe), zudem Kleinigkeiten zum Bier, mittleres bis gehobenes Preisniveau, großer Biergarten. Tägl. ab 11 Uhr geöffnet. Gut 2 km südlich der Innenstadt, Greifswalder Chaussee 84/85, ✆ 03831-255500, www.alter-fritz.de.

Café Ein caféreicher Platz ist der Alte Markt, sympathisch und nett ist vor allem das kleine **Nikolai-Café** **5** neben dem Zugang zur Kirche; selbst gebackene Kuchen, köstliche Palatschinken z. B. mit Spinat und Feta oder mit heißen Kirschen. Auch Suppen und kleine Gerichte. Alter Markt 12.

»» **Lesertipp:** Leser empfehlen das **Café Kelm 8**: „Klein und urgemütlich eingerichtet, jahreszeitlich hübsch dekoriert, mit leckeren Kuchen und Torten, u. a. eine wunderbare Joghurt-Sanddorn-Torte. Es kommen fair gehandelte Kaffees und Tees zu fairen Preisen in die Tassen." Dem können wir nur noch hinzufügen, dass in dem muggelich engen Café auch Waffeln und Eis angeboten werden. Böttcherstraße 31, ✆ 03831-667790. ««

Imbiss **Rasmus 10**, traditionsreiches Fischgeschäft und Räucherei – eine Institution: Hier wurde der Bismarckhering erfunden und hier wird er noch immer nach traditionellem (und natürlich geheimem) Rezept in Essig mit Senfkörnern, Zwiebeln und Lorbeerblättern eingelegt und verkauft. Eine weitere Köstlichkeit ist der süß-sauer-scharfe *Hiddenseer Pfefferlappen*, den es ebenfalls im Brötchen gibt. Heilgeiststr. 10, ✆ 03831/281538, www.bismarckhering.com.

Räucherfisch gibt es auch von den **Räucherschiffen**, die in den Seitenkanälen des Hafens vor Anker liegen.

Fischhalle 6, in einer der Querstraßen am Hafen (Neue Badenstr. 2). Köstliche Fischbrötchen um 3 €. Tägl. 9–20 Uhr (So ab 10 Uhr).

Bismarckhering

Johann Wiechmann, Brauer, Kaufmann und Gründer einer der ersten Fischkonservenfabriken an der Ostseeküste, sandte 1871 an den jüngst ernannten Reichskanzler *Otto von Bismarck* ein kleines Holzfässchen, in dem entgräteter Hering eingelegt war. „Untertänigst" bat Wiechmann, die von seiner Gattin Karoline zubereitete Spezialität *Bismarckhering* nennen zu dürfen. Dem Reichskanzler schien es geschmeckt zu haben, denn in einem handgeschriebenen Antwortschreiben gab er sein fürstliches Einverständnis. Seither gibt es den Bismarckhering, der Stralsunder ist der originale.

Sehenswertes

Der Alte Markt und das Rathaus

Am Alten Markt kann man mit der Nikolaikirche und dem *Rathaus* ein einzigartiges Ensemble Norddeutscher Backsteingotik besichtigen. Die zum Markt weisende Schaufassade des Rathauses ist ein Juwel, wenn nicht das Kronjuwel deutscher Backsteingotik. Erstmals 1270 erwähnt, bestand das Rathaus zunächst aus den zwei Langhallen und (seit Ende des 13. Jh.) dem verbindenden Querbau im Süden. Auf dem Höhepunkt hanseatischer Macht entstand der nördliche Vorbau mit seiner prächtigen Schaufassade. Sechs Dreiecksgiebel krönen die Fassade, zwischen ihnen behelmte schlanke Pfeiler, zwei weitere schmücken die St. Nikolai zugeneigte Seite. Unterhalb der Blendbögen und direkt über den Spitzbogenfenstern sind die Wappen der wichtigsten Hansestädte eingefügt. 1579 erhielt das Rathaus die Renaissance-Treppe, 1720 wurde das Barockportal der Längsfassade (Fußgängerzone/Ossenreyerstraße) angefügt. Über dem Eingang befindet sich ein farbenprächtiges Stadtwappen. Wenn man vor dem Barockportal steht, hat man quer durch das Rathaus hindurch einen eigenwilligen Blick auf das Hauptportal der Nikolaikirche. Der Innenhof des Rathauses ist heute mit Glas überdacht.

Außer dem Rathaus schmücken noch viele andere Fassaden in einem Stilmix der Epochen den Alten Markt. Besonders markant sind das *Commandanten-Hus*, ein Barockbau aus schwedischer Zeit, und das *Wulflamhaus*. Dieses Backsteingebäude, über dessen Treppengiebel sich vier Pfeilertürmchen erheben, wurde in der ersten Hälfte des 14. Jh. vom Bürgermeister *Bertram Wulflam* errichtet, der als der reichste Mann der Ostsee galt. Drei Häuser weiter links in Richtung Neuer Markt trifft man auf das *Giebelhaus,* erbaut Ende des 13. Jh. (Mühlenstraße 1). Sein Pfeilergiebel gilt als der älteste der Backsteingotik. Ein Blick in den Innenhof ist erlaubt. Zwei Häuser weiter befindet sich das *Dielenhaus,* in dem Modelle wichtiger Bauwerke der Stadt zu sehen sind (tägl. 10–17 Uhr geöffnet, feiertags geschlossen).

St. Nikolai

Die Kirche St. Nikolai ist die älteste Kirche Stralsunds und der erste Nachfolgerbau der Lübecker Marienkirche. Zunächst entstand über der vorhandenen Bausubstanz der Vorgängerkirche eine dreischiffige Hallenkirche mit Querschiff und einem Turm. Kaum vollendet, wurde die Kirche nach 1270 zu einer dreischiffigen, querhauslosen Basilika mit Chorumgang umgebaut. Die Nähe zur Lübecker Marienkirche zeigt sich am deutlichsten in der wuchtigen Doppelturmanlage – neben Lübeck die einzige an der Ostseeküste, die vollendet wurde. Anfang des 18. Jh. kam es zu der bis heute das Stadtbild prägenden uneinheitlichen Bedachung der Türme, der eine mit barockem Helm, der andere mit niedrigem Pyramidendach.

Farbenprächtig im Innern: St. Nikolai

Im Innern der Kirche beeindrucken die mit Fresken geschmückten farbenprächtigen Säulen (die so genannten „Bunten Pfeiler“), aus manchen Kapitellen der Spitzbogenarkaden ragen kleine steinerne Köpfe mit auf die Säulen gemalten Körpern. Die Ausstattung der Kirche ist beachtlich – bedenkt man, was alles während des „Kirchenbrechens“ 1525 verloren gegangen ist, lässt sich der Reichtum der ursprünglich vorhandenen mittelalterlichen Kunstschätze erahnen. Aus der Fülle der wertvollen Details sind besonders der gotische Hochaltar (gestiftet 1470), die Reste einer astronomischen Uhr von 1349 (hinter dem Hochaltar) und die Stuckplastik *Anna Selbdritt* (vor 1270) hervorzuheben sowie die erhaltenen Nebenaltäre. Einstmals sollen es 56 gewesen sein, viele davon von Fernhandelbetreibern gestiftet. Dazu gehört zum Beispiel der Altar der Bergenfahrer (Bergen in Norwegen), der um 1500 entstanden ist. Bemerkenswert sind v. a. die vier erhaltenen Relieftafeln des Gestühls der Rigafahrer (wohl fälschlicherweise auch als Gestühl der Nowgorodfahrer bekannt) aus dem 14. Jh.

(beim barocken Trennaltar rechts). Die lebendige Darstellung zeigt den Ursprung des Profits: bärtige Zobeljäger, Holzfäller und Honigsammler bei der Arbeit und in Verhandlungen mit Figuren in hanseatischer Tracht. Kurzum: St. Nikolai ist unbedingt einen Besuch wert.

April/Mai und Sept./Okt. Mo–Sa 9–18 Uhr, Juni bis Aug. 9–19 Uhr, Nov. 10–17 Uhr, Dez. bis März 10–16 Uhr, sonntags im Sommer 13–17 Uhr, im Winter 13–16 Uhr. Sonntag 10.30 Uhr Gottesdienst. Eintritt 2 €, unter 18 J. frei. Audioguide 2 €, Führungen Juni bis Sept. Mo–Sa 11 und 15 Uhr (außer Mi), Gewölbeführungen Mo–Sa 14 Uhr, Orgelführungen auf Anfrage. Man betritt St. Nikolai vom Markt aus durch das Seitenportal (ca. 30 m links von der Schaufassade des Rathauses), das Hauptportal (zum Rathaus hin) wird nur zu Gottesdiensten geöffnet, ✆ 03831-297199, www.nikolai-stralsund.de.

Johanniskloster

An der nördlichen (rekonstruierten) Stadtmauer liegt das ehemalige Kloster St. Johannis. 1254 von den Franziskanern gegründet, entwickelte es sich in den folgenden Jahrhunderten zu einem der bedeutendsten Klöster in Norddeutschland. Die Reformation beendete jedoch die Blüte des Klosters, das in städtischen Besitz gelangte und u. a. als Armenhaus und Rentnerdomizil, Waisenhaus, Krankenstube, Gefängnis, Friedhof und Militärstall diente. Den größten Schaden aber nahm das Kloster bei dem britisch-amerikanischen Bombenangriff 1944. Heute beherbergt St. Johannis das Stadtarchiv und dient als Konzertbühne und Ausstellungsraum (zuletzt wegen Renovierung geschlossen). Im Zentrum der Klosteranlage befindet sich der idyllische Kreuzgang, etwas abseits erheben sich die Chorruinen von St. Johannis. Im *Kreuzgang* sind diverse Exponate ausgestellt, darunter die vielleicht älteste Darstellung des pommerschen Wappens (um 1560). Etwas versteckt liegt ein weiteres Juwel der Anlage: Wenn man sich am Ende des südlichen Kreuzgangs (nach der Glastür) nach rechts wendet, kommt man in den *Kapitelsaal.* Bei Restaurierungsarbeiten wurden 1983 unter bis zu 30 Tünchen spätgotische Fresken entdeckt, u. a. die Stigmatisation des Franz von Assisi.

Im ersten Stock gelangt man zunächst in den *Räucherboden* (rechter Hand). Hier stehen zahlreiche Öfen, deren kleine Schornsteine in den lang gezogenen Raum ragen. Der Name Räucherboden wurde dem Raum fälschlicherweise angehängt, hier wurde nicht geräuchert, sondern gekocht. Es handelte sich praktisch um eine kleine öffentliche Küche. Der Rauchgeruch ist übrigens heute noch deutlich wahrzunehmen. Über den "Hellen Gang" gelangt man in den gegenüberliegenden Flügel, in dem wechselnde Ausstellungen gezeigt werden.

Das Kloster war zuletzt wegen Renovierung geschlossen, soll aber zu folgenden Zeiten wieder geöffnet werden: Mo 13–17 Uhr, Di/Mi 9–17 Uhr und Do 9–13 Uhr. Das Stadtarchiv ist Mo–Do 9–17 Uhr geöffnet. Am Johanniskloster 35, ✆ 03831-666466.

Museen in der Mönchstraße

Hinter den dicken Mauern des *Katharinenklosters,* eines ehemaligen Dominikanerklosters aus dem 13. Jh., verbergen sich heute zwei bedeutende Museen der Stadt: das Deutsche Meeresmuseum und das Kulturhistorische Museum.

Deutsches Meeresmuseum: Was 1951 mit einer kleinen Sammlung im Katharinenkloster begann, entwickelte sich nicht nur zum bedeutendsten Museum Stralsunds, sondern auch zum meistbesuchten in Norddeutschland. Neben den Außenstellen (darunter das *Natureum* am Darßer Ort, S. 176) wurde 2008 das *Ozeaneum* (s. u.) am Hafen eröffnet, das nicht nur dank seines spektakulären Äußeren die

Attraktivität des Deutschen Meeresmuseums nochmals enorm steigert. Der äußerliche, architektonische Unterschied der beiden großen Standorte des Deutschen Meeresmuseum ist offensichtlich: hier in den altehrwürdigen Mauern des gotischen Klosters untergebracht, am Hafen eingefasst in modernste Architektur. Inhaltlich lässt sich die Unterscheidung am ehesten an der Wassertemperatur festmachen. Während sich das Ozeaneum den nördlichen Meeren Ost- und Nordsee bis hin zum Polarmeer widmet, werden im Katharinenkloster eher Mittelmeer und tropische Meere thematisiert.

Ungewöhnlich: der Finnwal im Chor

In die riesige Halle der ehemaligen Kirche hat man zwei Zwischenebenen eingezogen und so eine deutlich größere Ausstellungsfläche geschaffen. Das Erdgeschoss befasst sich vornehmlich mit den Themen Meereskunde, Meeresbiologie und Tiefseeforschung. Es sind diverse Schiffsmodelle zu bewundern – u. a. Jacques Cousteaus berühmte *Calypso* – sowie Modelle und Skelette von Haien und Robben, Mond- und Thunfischen. Hinter dem großen Modell eines Korallenriffs findet man sich unversehens im Chor der alten Klosterkirche und unter einem 15 Meter langen und 1000 kg schweren Skelett eines Finnwals wieder, der im Jahr 1825 vor Rügen strandete. Das erste Obergeschoss der Ausstellung ist ganz der Geschichte der Fischerei gewidmet: Neben verschiedenen Schiffsmodellen vom ca. 2000 Jahre alten Einbaum bis hin zum Modell *Atlantik-Supertrawler* werden die verschiedensten Methoden in Sachen Fischfang sowie die dazugehörigen Gerätschaften gezeigt. Im zweiten Stock hat man eine bunte Sammlung zu verschiedenen Themen rund um das Meer zusammengetragen. Nicht verpassen sollte man, einen Blick nach oben ins prächtige Gewölbe und (wieder im Chor) hinab auf den Finnwal zu werfen. Von hier aus geht es vorbei an Ausstellungsvitrinen, die sich der Meeresvielfalt in der Ostsee und an ihrer Küste widmen, die Treppen hinunter zu den Tropenaquarien mit ihren farbenprächtigen Bewohnern: Seeanemonen und Clownfische, Seepferdchen und Garnelen. Höhepunkt ist sicherlich das Becken mit den majestätischen Meeresschildkröten.

Mai bis Okt. tägl. 10–18 Uhr, Nov. bis April nur bis 17 Uhr, Einlass bis 30 Min. vor Schließung. Eintritt 7,50 €, erm. 5 € (Kinder, Studenten etc.), Kinder unter 4 J. frei. Familienkarte (2 Erw., 1 Kind) 17 €, jedes weitere Kind 2 €. Audioguide 2 €, Fotoerlaubnis 1 €. Gut angelegt sind die 3 € für den **Museumsführer** (an der Kasse erhältlich). Katharinenberg 14–20, ✆ 03831-2650210, www.meeresmuseum.de.

Kombiticket für Ozeaneum und Meeresmuseum 18 €, erm. 11 €, Familienticket ab 40 €.

Stralsund → Karte S. 199

Kulturhistorisches Museum: Ebenfalls im Komplex des ehemaligen Katharinenklosters untergebracht ist das älteste Museum Mecklenburg-Vorpommerns (bereits seit 1858), das mit Sicherheit auch eines der sehenswertesten ist. Im Kloster befindet sich die Sammlung seit 1924. Die Ausstellungen beschäftigen sich mit der Geschichte Stralsunds und Vorpommerns und reichen von der Frühgeschichte bis in die Moderne. Gleich im ersten Raum stößt man auf drei wertvolle gotische Altäre. Direkt im Anschluss beginnt die Abteilung für Ur- und Frühgeschichte mit Funden aus der *Lietzow-Kultur* (um 5200–4000 v. Chr.). Das Highlight der gesamten Ausstellung bildet der *Goldschatz von Hiddensee* aus dem 9. Jh. (s. auch S. 266). Nach einem kurzen Exkurs zu Stralsunds Stadtgeschichte zu Zeiten der Hanse (wertvollstes Exponat ist hier der *Stralsunder Becher,* ein gotischer Murano-Glasbecher aus dem 14. Jh.) gelangt man ins Sommerrefektorium des Klosters aus der Zeit um 1500, einen weiten Saal mit bemerkenswerten Grotesken im Gewölbe. Unbedingt sehenswert sind auch Räumlichkeiten um die um die beiden Kreuzganghöfe mit den schönen Kreuzrippen- und Netzgewölben.

Das erste Obergeschoss widmet sich der jüngeren Stralsunder Geschichte: Zu sehen sind das Modell Stralsunds aus dem Jahr 1647, Fayencen aus der „Stralsunder Fayencenfabrique“ (1755–1792), Möbel, Uniformen, Waffen, Stadtansichten aus den verschiedenen Jahrhunderten sowie Spielkarten aus den überregional bekannten Stralsunder Spielkartenfabriken des 18./19. Jh. Ebenfalls sehenswert sind einige komplett eingerichtete historische Räume: ein Biedermeierzimmer, ein Wäschezimmer von 1900, ein Wohn-/Esszimmer von 1927 und schließlich ein DDR-Wohnzimmer aus dem Jahr 1970. Zahlreiche Gemälde und Grafiken, darunter auch Werke von *Caspar David Friedrich,* runden die Ausstellung ab.

Tägl. 10–17 Uhr (Nov. bis Jan. Mo Ruhetag). Eintritt 6 €, erm. 3 € (Kinder, Studenten), Kinder unter 6 J. frei. Familienkarte 14 € (2 Erw. und unbegrenzt Kinder). Mönchstr. 25/27, ✆ 03831-28790.

Uralt und noch immer funktionstüchtig: das Lastenrad im Museumshaus

Für Kulturhistorisches Museum, Museumshaus und Museumsspeicher gibt es ein **Kombiticket**: Erw. 10 €, erm. 5 €, Familien 18 €.

Museumshaus: In der Mönchstraße liegt diese Außenstelle des Kulturhistorischen Museums. Das uralte Krämerhaus, dessen Gebälk sichtlich unter der Last der Jahrhunderte ächzt, ist selbst das Exponat. Um 1320 erbaut, gehört es zu den ältesten Wohnhäusern der Stadt (und war bis 1979 bewohnt). Bei der in den 1990er Jahren erfolgten Sanierung ging es weniger darum, den mittelalterlichen Bauzustand komplett wiederherzustellen, vielmehr wurden die 650 Jahre, die dieses Haus bewohnt war, „sichtbar“ gemacht, z. B. durch das „Aufblättern“ von 20 Tapetenschichten. Zu sehen sind u. a. der krumme, niedrige Keller und ein kleines Kontor. Der Höhepunkt des Rundganges befindet sich im Dachgeschoss: Hier steht ein gotisches Lastenrad, das nicht nur zu den ältesten Nordeuropas zählt, sondern auch noch funktioniert.

Tägl. 10–17 Uhr (Nov. bis Jan. Mo Ruhetag). Eintritt 5 €, erm. 2,50 € (Kinder, Studenten), Kinder unter 6 J. frei. Familienkarte 14 €. Kombiticket mit Kulturhistorischem Museum und Museumsspeicher 10 €, erm. 5 €, Familienkarte 18 €. Mönchstr. 38, ✆ 03831-28790.

Museumsspeicher: Diese dritte Außenstelle des Kulturhistorischen Museums widmet sich der vorpommerschen Volkskunde. Auf drei Stockwerken sind Exponate aus handwerklicher Tradition zu sehen, wie z. B. Webstühle und Drehmaschinen, die Inneneinrichtung ländlicher Stuben und Trachten. Das Erdgeschoss ist dem Spielzeug gewidmet: vom Schachspiel über Puppen (samt Theater) und Bären bis zur Spielzeugdampfmaschine.

Tägl. 10–17 Uhr (Nov. bis Jan. Mo Ruhetag). Eintritt 5 €, erm. 2,50 € (Kinder, Studenten), Kinder unter 6 J. frei. Familienkarte 14 €. Kombiticket mit Kulturhistorischem Museum und dem Museumshaus 10 €, erm. 5 €, Familienkarte 18 €. Böttcherstr. 23, ✆ 03831-293382.

Marienkirche

Die Kirche St. Marien ein Gotteshaus zu nennen ist eigentlich eine Untertreibung, „Burg Gottes" trifft es besser. Wuchtig und geradezu wehrhaft erhebt sich der kolossale Backsteinbau über den Neuen Markt. Die trutzige Kirche wurde erstmals 1298 erwähnt. Ihr Aussehen wurde in den folgenden Jahrhunderten jedoch stark verändert. Sicher ist, dass wesentliche Teile der heutigen Anlage Anfang des 15. Jh. entstanden sind, nachdem in den 80er Jahren des 14. Jh. der Kirchturm umfiel und auch Langschiff und Chor zerstörte. St. Marien ist die letzte große Backsteinbasilika im norddeutschen Raum und damit der kolossale Schlussstein der Norddeutschen Backsteingotik. Von außen sieht man der Kirche kaum an, dass es sich um ein dreischiffiges, basilikales Langhaus handelt. Die wuchtigen, von kleinen Türmchen gekrönten Anbauten des Kirchturms erwecken den Eindruck eines Querschiffes, das aber nicht vorhanden ist. 1478 erhielt der Turm eine gigantische Spitze: 151 Meter hoch ragte er nun über die Stadt, weit sichtbar über Wasser und Land (zum Vergleich: heute sind es 104 Meter). Aber es kam, wie es kommen musste: 1647 schlug der Blitz ein und zerstörte den Aufbau. 1708 erhielt der Turm die barocke Haube, die auch heute noch zu sehen ist.

Eine eindrucksvoll steile Raumproportion ergibt sich im Innern der Kirche, bei einer Mittelschiffbreite von etwas mehr als 10 Metern geht es fast 33 Meter in die Höhe. Karg dagegen gestaltet sich die Ausstattung der Kirche. Von der Aussichtsplattform auf dem Kirchturm in 90 Metern Höhe hat man einen einzigartigen Blick über die Hansestadt, den Strelasund und Rügen. Das hoch liegende Dachgewölbe ist mit Führungen begehbar. Hierbei ist u. a. ein alter Lastenaufzug von 1648 zu sehen: ein Tretrad von 7 Metern Durchmesser, das noch immer funktionstüchtig ist.

Mai/Juni und Okt. Mo–Sa 10–17 Uhr, So 11–17 Uhr; Juli bis Sept. Mo–Fr 9–18 Uhr, Sa 10–17 Uhr, So 11–17 Uhr; Nov. bis April Di–Fr 10–12 und 14–16 Uhr, Sa 10–12 Uhr, So 11–12 Uhr, Mo geschlossen. Turmbesteigung (366 Stufen) Erw. 4 €, erm. 2 €. Führungen durch das Dachgewölbe (einschl. Turmbesteigung) Di 15 Uhr und Do 15.30 Uhr. Erw. 4 €, erm. 2,50 €, Anmeldung in der Kirche oder unter ✆ 0172-3125491 oder 0176-48645765.

Stralsund → Karte S. 199

Jakobikirche

Die Dritte im Bunde der gotischen Backsteinkirchen Stralsunds ist die Jakobikirche. Die chorlose Hallenkirche wurde im 14. Jh. errichtet und später in eine dreischiffige Basilika umgebaut. Die Jakobikirche hatte unter den Wirren der Jahrhunderte übrigens noch mehr zu leiden als ihre Schwestern, kaum ein Krieg, dessen Geschosse ihre Fassaden nicht getroffen hätten. Hinzu kamen Blitzschlag und Brände. St. Jakobi dient heute als Kulturkirche und ist Bühne für Konzerte, Theater oder diverse andere Veranstaltungen.

Zu Ausstellungen tägl. 10–18 Uhr geöffnet, die Eintrittspreise variieren je nach Ausstellung. Infos und Kartenvorverkauf unter ✆ 03831-309696.

Am Hafen: das Ozeaneum

Einst die Basis hanseatischer Macht, ist der Hafen heute eine quirlige Flaniermeile. Von Kanälen umschlossen, setzt sich die Hafeninsel ein wenig ab und bleibt doch ein lebendiger Teil der Altstadt. Blickfang und Besuchermagnet ist das neue Ozeaneum. Seine spektakuläre Architektur passt sich zwischen den alten backsteinernen Speichern ein, ohne sich vorzudrängen. Vier Gebäude, durch ein gläsernes Foyer miteinander verbunden, bilden einen architektonisch gelungenen Museumskomplex, der in interessantem Kontrast zu der historischen Hafenfront steht. Im ersten Gebäude befassen sich die Ausstellungen (auch interaktiv) mit dem „Weltmeer", der „Ostsee" und der „Erforschung der Meere". In den beiden nächsten Gebäuden sind die Aquarien untergebracht, die vor allem die Lebensräume der Nordsee und der Ostsee sowie des Polarmeeres nachstellen. Insgesamt sind es 39 Aquarien, die zusammen sechs Millionen Liter Wasser fassen, das größte davon ist das Schwarmfischbecken mit einem Fassungsvermögen von 2,6 Millionen Litern. Das vierte Gebäude ist den Riesen der Meere gewidmet: Modelle von Walen in Originalgröße hängen im Raum. Klanginstallationen simulieren den Gesang der Meeressäuger. Dazwischen gibt es für Kinder eine kleine Erlebnisausstellung („Ein Meer für Kinder"). Ein besonderes Highlight des an Attraktionen sicher nicht armen Museums ist die großzügige Pinguinanlage auf dem Dach.

Faszinierende Unterwasserwelt

Ganzjährig tägl. 9.30–19 Uhr geöffnet, Juni bis Sept. bis 21 Uhr, Erw. 14 €, erm. 8 €, Familie: 2 Erw. + 1 Kind 31 € bzw. 2 Erw. + 2 Kinder 34 €. Hafenstr. 11, ✆ 03831-2650610, www.ozeaneum.de.

Kombiticket Ozeaneum und Meeresmuseum: 18 €, erm. 11 €, Familienticket ab 40 €.

Am Hafen liegt die *Gorch Fock* vor Anker. Der stattliche Windjammer war der Vorgänger des heutigen Marinesegelschulschiffes gleichen Namens. Nach dem Stapellauf im Mai 1933 stand der Großsegler als Ausbildungsschiff im Dienst. Nach dem Krieg fuhr er unter dem neuen Namen *Towarischtsch* (Genosse) für die russische Handelsmarine. Schließlich erwarb ein Förderkreis den Windjammer und ließ ihn wieder instand setzen. Ein ausgeschilderter Rundgang führt auf die Brücke und in den Funkraum, dann in den Kapitänssalon und unter Deck.

Mo–Fr 10–18 Uhr (Nov. bis März nur bis 16 Uhr). Erw. 4 €, Schüler 2 €, Kinder bis 12 J. frei.

Rapsgelb: Rügens Süden im Mai

Rügen

Zwischen zergliederten Boddenufern, endlosen Sandstränden und spektakulärer Steilküste erstreckt sich eine vielgestaltige Landschaft, die stets mit neuen Naturschönheiten überrascht. Im Inselinneren verbinden kilometerlange Alleen mondäne Ostseebäder mit beschaulichen Dörfern.

Mit 926 Quadratkilometern ist Rügen mit Abstand die größte Insel Deutschlands. Und doch ist das Wasser immer nah: Auf der ganzen Insel gibt es keinen Ort, der mehr als 7 Kilometer vom Meer oder Bodden entfernt ist. Rügen ist ein Badeparadies. Von den 574 Kilometer Küstenlinie sind über 63 Kilometer Badestrände, die sich v. a. entlang Rügens Ostküste erstrecken. Berühmt ist der weite Strand bei Prora, beliebt sind die Hausstrände der Ostseebäder Göhren, Sellin und Binz, beschaulicher geht es am abgelegenen Sandstrand der Schaabe zwischen den Halbinseln Jasmund und Wittow zu.

Rügen wäre eigentlich besser als Inselgruppe beschrieben und weniger als zusammenhängende Insel, doch Natur und Mensch haben mit Nehrungen und Geröllwällen vom „Inselkern" Rügens Brücken zu den Nachbarinseln geschlagen: Im Südosten hängen sich die zergliederten Küsten des Mönchguts an, das sich wie ein verkleinertes Spiegelbild Rügens zwischen Bodden und Ostsee aus dem Wasser erhebt.

Rügen → Karte S. 208/209

Gellort
Kap Arkona
Varnkevitz
Putgarten
Vitt
Schwarbe
Bakenberg
Nobbin
NSG
Nordwestufer Wittow
mit Kreptitzer Heide
Wittow
Kahle
Altenkirchen
Dranske
Tromper
Wiek
Wiek
Juliusruh
Breege
Wieker
Bodden
Bohlendorf
Breeger
Bodden
Enddorn
Grieben
Dornbusch
Bessin
Alt-
Neu-
Kloster
Bug
Buger
Bodden
Vitte
Hahnentief-
(Bessinische)
Schaar
Buger
Haken
Wittower
Fähre
Vieregge
Lebbiner
Bodden
Lebbin
Liddow
Vitter
Bucht
Vitter
Bodden
Rassower
Strom
Fähr-
insel
Trog
Breetzer
Bodden
Neuen-
kirchen
Vaschvitz
Dünen-
heide
Hiddensee
Poggenhof
Neuendorf
Plogshagen
Neuen-
dorfer
Wiek
Tetzitzer
See
Banzelvitzer
Berge
Trent
Rappin
Schaprode
Schaproder
Bodden
Udarser
Wiek
Fauler
Haken
Koselower
Woorker
Schloss
Ralswiek
Natur-
bühne
Ralswiek
Glowe
Spykerscher
See
Mittelsee
NSG
Spykerscher See
und Mittelsee
Schloss
Spyker
Polchow
Bobbin
Neddesitz
Martins-
hafen
Großer
Jasmunder
Bodden
Semper-
heide
Jasmund
Sagard
96
Lohme
Nationalpark
Jasmund
Nationalpark-
zentrum
Hagen
Große Stubbenkammer
Königsstuhl
Kleine Stubbenkammer
Köllicker Ufer
Stubnitz
Kreide-
tagebau
Ernst-Moritz-Arndt-
Sicht
Dargast
Wissower Ufer
Piratenschlucht
SASSNITZ
Großer-
Wostevitzer
Teich
Kleiner-
NSG
Wostevitzer Teiche
Fährhafen Sassnitz
Neu

Rügen
BERGEN auf Rügen
PUTBUS
STRALSUND
Ostseebad Binz
Ostseebad Sellin
Ostseebad Baabe
Ostseebad Göhren
Prora
Thießow
Jasmunder Bodden
Prorer Wiek
Rugard
Buschvitz
Zittvitz
Nonnensee
Gingst
Suhrendorf
Murserwiek
Freesenort
Heuwiese
Geller Haken
Lieschow
Nationalpark Vorpommersche Boddenlandschaft
Kubitzer Bodden
Liebitz
Dreschvitz
Güttin
Flugplatz Güttin
Samtens
Rambin
Parow
Strelasund
Altefähr
Sehlen
Karnitz
Kniepower See
Deutsche Alleenstr.
Dt. Alleenstr.
Kasnevitz
Garz
Poseritz
Gustow
Wamper Wiek
Drigge
Gustower Wiek
Prosnitz
Posnitzer Schanze
Devin
Brandshagen
Stahlbrode
Reinberg
Glewitzer Ort
Glewitzer Fähre
Zudar
Groß Schoritz
NSG Schoritzer Wiek
Zicker
Poppelvitz
Gelbes Ufer
Palmer Ort
Karow
Zirkow
Schmachter See
Serams
Lancken-Granitz
Granitz
NSG Granitz
Jagdschloss Granitz
Granitzer Ort
Altensien
Neuensiner See
Seeliner See
Seedorf
Moritzdorf
Vilmnitz
Lauterbach
Groß Stresow
Stresower Bucht
Neuendorf
Neukamp
Wreecher See
Altkamp
Vilm
Neu Reddevitz
Alt Reddevitz
Having
Reddevitzer Höft
Middelhagen
NSG Lobber Ort
Lobbe
Hagensche Wiek
Gager
Mönchgut
Bakenberg 66 m
Zickersches Höft
Groß Zicker
NSG Zicker
Zickersee
Zickerhörn
Klein Zicker
Thiessow
Südperd
Thiessower Haken
Biosphärenreservat Südost-Rügen
Rügischer Bodden
96
96n
196
2 km

Die Landenge Schmale Heide und der Lietzowdamm reichen in nordöstlicher Richtung nach Jasmund, dessen herrlicher Buchenwald hart über den berühmten Kreidefelsen abbricht. Schließlich ist die Halbinsel Jasmund ihrerseits über eine enge, lange Nehrung namens Schaabe mit Wittow verbunden, dem flachen „Windland", dessen Leuchtturm bewehrtes Kap weit in die Ostsee ragt. Während die stille Insel Ummanz durch eine Brücke mit dem Westen Rügens verbunden ist, hat sich Hiddensee seine exklusive Insellage erhalten.

Rügens Süden

Die südwestliche Ecke Rügens, das Dreieck Altefähr, Zudar und Bergen, markiert für viele Rügen-Reisende lediglich den letzten Abschnitt einer mehr oder minder langen Fahrt an den Urlaubsort. Wer sich vor dem ersten Strandgang ein bisschen mehr Zeit lassen will, kann sich auf dem nördlichsten Teil der *Deutschen Alleenstraße* über die Orte Gustow, Poseritz und Garz langsamer seinem Reiseziel nähern. In Rügens Mitte wird es dann städtisch. Bergen am Rugard, Inselhauptstadt und -zentrum, verbreitet freundlich kleinstädtisches Flair. In der näheren Umgebung der Stadt befinden sich die beiden Festspielorte Rügens: das Theater von Putbus, der klassizistischen „weißen Stadt", und die Freilichtbühne von Ralswiek, wo jedes Jahr die spektakulären *Störtebeker Festspiele* stattfinden.

Altefähr

ca. 1200 Einwohner

Der Name verrät bereits viel über den kleinen Ort. Hier legten die Fähren aus der Hansestadt Stralsund an. Mit dem Bau des Rügendamms 1936 wurde Altefähr gewissermaßen arbeitslos und seither von den meisten Reisenden im wahrsten Sinne des Wortes links liegen gelassen. Heute verfügt Altefähr über eine kleine Marina, einen unspektakulärer Badestrand und eine überschaubare touristische Infrastruktur. Sehenswert ist die Nikolaikirche (15. Jh.) mit ihrer eigenwilligen Turmuhr.

Information **Tourismus-Information Altefähr**, am Hafen. Fährberg 9, 18573 Altefähr, ✆ 038306-75424, www.altefaehr.de.

Klettern **Wald Seil Park Rügen**, im schmalen Waldstreifen westlich von Altefähr. Klettergarten mit sieben Parcours verschiedener Schwierigkeitsgrade. März und Okt. 10–17 Uhr, April und zweite Septemberhälfte 10–18 Uhr, Mai/Juni 10–19 Uhr, Juli bis Mitte Sept. 10–20 Uhr. Klingenberg 25, ✆ 038306-239758, www.waldseilpark-ruegen.de.

Sporthafen Knapp 50 Liegeplätze im relativ flachen Hafen (zwischen 90 cm und 2,5 m Tiefe). ✆ 038306-75424.

Verbindungen Die **Buslinie 2** des Stralsunder Nahverkehrs fährt bis nach Altefähr, am etwas abseits gelegenen Bahnhof hält der **Regionalexpress** (RB 190), der von Stralsund über Bergen nach Sassnitz fährt (5–23 Uhr, fast jede volle Stunde).

Wassersport **Sail & Surf Rügen**, Surfkurse für Anfänger, Fortgeschrittene und Kinder, auch Scheinerwerb, außerdem Kurse im Kitesurfen und Katamaran. Zudem Materialverleih. Am Fähranleger, ✆ 038306-23253,www.segelschule-ruegen.de.

Flugplatz Rügen (bei Güttin): Rügen aus der Luft? Machbar und nicht einmal unerschwinglich. Nördlich von Samtens befindet sich der einzige Flugplatz der Insel, von dem die Cessnas vor allem für Inselrundflüge aufsteigen.

Ostsee-Flug-Rügen, 18573 Güttin/Rügen, ✆ 038306-1289, www.Flugplatz-Ruegen.de. In der Hochsaison besser reservieren.

Garz

ca. 2500 Einwohner

Als erster Ort der Insel erhielt Garz 1319 das Stadtrecht. Doch dieses Privileg scheint im Laufe der Jahrhunderte an der uralten Siedlung spurlos vorübergegangen zu sein. Garz ist ein Dorf geblieben. Es gibt eine Kirche und einen Dorfkrug, eine Poststelle befindet sich im kleinen Supermarkt. Die „Attraktionen" des Ortes liegen am südwestlichen Ortsrand: Der *slawische Burgwall* zeugt von der Bedeutung von Garz (Charenza), als der Ort in slawischer Zeit ein Handelszentrum und neben dem religiösen Zentrum Arkona der wichtigste Ort der Insel war. Heute dienen Überreste des Burgwalls als kleiner Stadtpark. Im *Ernst-Moritz-Arndt-Museum* nebenan wird an den berühmtesten Sohn der Stadt erinnert.

Ernst-Moritz-Arndt-Museum, Mai bis Okt. Di–Sa 10–16 Uhr, Nov. bis April Mo–Fr 11–15 Uhr. Eintritt 1,50 €. An den Anlagen 1, ✆ 038304-12212.

Verbindungen **Bus**: Die *Linie 30* von Stralsund nach Bergen hält etwa 11-mal tägl. in **Garz** (Sa 4-mal, So 3-mal).

Golf **Golfanlage Schloss Karnitz**, große, ruhig gelegene Anlage nördlich von Garz, 18-Loch-Challenge-Course und 9-Loch-Public-Course. Angeschlossen sind ein Restaurant und Ferienwohnungen. Von Süden kommend am Ortseingang links. 18574 Karnitz, ✆/℻ 038304-12420, www.golfclub-ruegen.de.

Halbinsel Zudar

Die Halbinsel wäre nahezu menschenleer, wäre da nicht der Verkehr, der im Sommer der *Glewitzer Fähre* zustrebt. Abseits dieser Verbindungsader, an der mit *Zudar* auch die größte Siedlung der Halbinsel liegt, wird es ländlich und einsam. Ein pittoreskes Bild gibt die Kormorankolonie auf dem Inselchen *Tollow* ab: Mitten in der südlichsten Ausbuchtung der *Schoritzer Wiek* sitzen die großen Vögel auf abgestorbenen Bäumen und bilden eine skurrile Silhouette.

Baden Die Sandstrände Zudars befinden sich an der Ostküste der Halbinsel und sind dank ihrer abseitigen Lage meist nur spärlich besucht. Kleine Badegelegenheiten befinden sich auch um den Palmer Ort, die Südspitze Zudars. Die Strände sind nicht überwacht, kein Strandservice.

Verbindungen **Glewitzer Fähre**: April bis Okt. tägl. 6–20.10 Uhr, Mai bis Aug. bis 21.40 Uhr. PKW (inkl. Fahrer) 4,80 €, Erw. 1,20 €, Kind 0,80 €, Motorrad 3,90 €, Fahrrad 1,20 €.

Bergen

ca. 14.500 Einwohner

Bergen bildet nicht nur die geografische Mitte Rügens, es ist auch die „Hauptstadt" und das wirtschaftliche Zentrum der Insel. Der historische Ortskern mit Marktplatz, Marienkirche und altem Klostergelände versprüht sympathisches Kleinstadtflair.

Geschäftig geht es zu im Stadtzentrum von Bergen rund um den Markt. Dass der abschüssige, unsymmetrische Platz nur zum Teil verkehrsberuhigt ist, stört kaum, wenn man am oberen Teil auf einer der Caféterrassen sitzt und sich das Treiben in Ruhe anschauen kann. Umgeben wird der Marktplatz von einem wahllos aneinander gereihten, aber ansehnlichen Häuserensemble: hier ein bisschen Backstein, dort eine strahlend weiße Fassade, hübsche Giebel oder ein schmuckes Erkertürmchen neben funktionalem Nachkriegsdesign. Unter ihnen befindet sich auch das *Benedix-Haus*, ein hübsches Fachwerkgebäude, das die Touristinformation beherbergt. Nur ein paar Schritte weiter, im Rücken des Benedix-Hauses, wird es ruhig und idyllisch. Um die Marienkirche verteilen sich ein paar schmucke niedrige Häuser mit blühenden Vorgärten und die alten, sorgsam restaurierten Gebäude des ehemaligen Nonnenklosters. Im Klosterhof befinden sich heute eine Schauwerkstatt samt Läden und Café und ein kleines, sehenswertes Stadtmuseum.

Rügen → Karte S. 208/209

Der Marktplatz in Bergen

Basis-Infos und Aktivitäten

Information Die **Touristinformation Bergen** direkt am Markt im Benedix-Haus, auch Ticketverkauf (z. B. Störtebeker-Festspiele oder Fähren). Mo–Fr 10–18 Uhr, Juli/Aug. auch Sa 10–13 Uhr. Markt 23, 18528 Bergen auf Rügen, ✆ 03838-811276, ℻ 03838-811127, www.stadt-bergen-auf-ruegen.de.

Einkaufen **Schauwerkstatt im Klosterhof**, Kerzenmanufaktur hinter der Kirche. Mo–Fr 10–18 Uhr, Sa 10–16 Uhr, außerhalb der Saison Mo–Fr 10–16 Uhr, Sa 10–13 Uhr. Billrothstr. 20, ✆ 03838-828356, www.ruegen-kerzen.de.

Im unteren Bereich des Klosterhofs befindet sich der Laden **Klostergenuss**, hier gibt es Marmelade, Likör, Säfte und was sich sonst noch aus Obst (ungespritzt, Eigenanbau) machen lässt sowie andere regionale Produkte. Hier befindet sich auch ein **Café** im gemütlichen Innenraum und auf der herrlichen Terrasse. Mo–Fr 10–18 Uhr, Sa 10–16 Uhr, außerhalb der Saison Mo–Fr 10–16 Uhr, ✆ 0160-5980699.

Parken Kostenpflichtiger Parkplatz auf dem Markt, allerdings oft überfüllt, einzelne kostenpflichtige Stellplätze entlang der Zufahrtsstraßen zum Markt, großer kostenloser Parkplatz gegenüber dem Parkhotel Rügen (nicht Di und Do tagsüber: Wochenmarkt).

Sport Zwei Attraktionen befinden sich auf dem Rugard: Im **Kletterwald Rügen** kann man sich durch sechs Parcours hangeln; geöffnet April bis Okt. tägl. 10–18 Uhr (wetterabhängig), Rugardweg 9, www.kletterwald-ruegen.eu.

Vom Rugard schlängelt sich auch die **Inselrodelbahn Bergen** hinab; geöffnet April bis Okt. 10–18 Uhr (Juli/Aug. bis 19 Uhr), Nov. bis März ab 13 Uhr bis zum Einbruch der Dunkelheit. Rugardweg 7, ✆ 03838-828282, www.inselrodelbahn-bergen.de.

Taxi ✆ 03838-252627.

Verbindungen **Regionalexpress** (**RE 9**) nach und von Stralsund und weiter nach Sassnitz bzw. Binz von 5 bis 22.30 Uhr zu fast jeder vollen Stunde. Außerdem **IC-Anschluss** (nach Binz bzw. zum Festland).

Bergen ist auch das Zentrum des öffentlichen Inselnahverkehrs, in der Stadt treffen sich (fast) alle **Buslinien**, hier die Zusammenfassung: **Linie 23** nach *Sassnitz* via *Binz*, werktags 4-mal, Sa/So 5-mal. **Linie 28** nach *Binz* via Prora 3-mal täglich (nur Mo–Fr); **Linie 30** 15-mal nach *Putbus*, etwa 9-mal tägl. weiter über *Garz* nach *Stralsund*. **Linie 33** 7-mal via Garz auf die Halbinsel Zudar. **Linie 35** via *Trent* nach *Schaprode* (Fähre nach Hiddensee) unter der Woche 11-mal tägl., Sa/So 6-mal. **Linie 38** nur werktags ca. 5-mal von und nach *Waase* auf Ummanz via *Gingst*. Und schließlich **Linie 12** 2-mal tägl. (Sa/So 1-mal) via *Ralswiek*, *Sagard*, *Juliusruh* und *Altenkirchen* nach *Dranske*. **Linie 32** übernimmt den Stadtverkehr.

Übernachten/Essen & Trinken

**** **Parkhotel Rügen**, etwas unterhalb vom Zentrum, ruhige Lage an einem nett angelegten, kleinen See. Modernes 154-Zimmer-Hotel, auch Tagungshotel, mit Bar und Restaurant. Großer Wellnessbereich, im Angebot verschiedene Arrangements, auch Nordic Walking und Fahrradverleih. EZ 88 €, DZ 130 €, einschließlich Frühstück. Stralsunder Chaussee 1, 18528 Bergen auf Rügen, ✆ 03838-8150, 📠 03838-815500, www.parkhotel-ruegen.de.

Hotel/Restaurant Am Rugard, zu Füßen des Ernst-Moritz-Arndt-Turms und damit recht ruhig. Gutes Restaurant, für das Gebotene nicht zu teuer, pommersche Spezialitäten (z. B. Wickelbraten mit Backpflaumenfüllung), zudem Cafébetrieb auf der Terrasse mit Blick auf den Turm. Mittags und abends geöffnet. 18 Zimmer, DZ mit Frühstück 93 €, als EZ 66 €, in der Nebensaison deutlich günstiger. Rugardweg 10, 18528 Bergen auf Rügen, ✆ 03838-20190, 📠 03838-201919, www.rugard.de.

Romantik Hotel Kaufmannshof Hermerschmidt, im Zentrum, nur wenige Schritte vom Marktplatz. Schöne Anlage mit Terrasse im Innenhof, leider an einer befahrenen Straße, deshalb ein Zimmer zur Seite oder nach hinten hinaus nehmen. Stilvolles Restaurant Kontor (auch saisonale Gerichte), nicht teuer, mittags und abends geöffnet. Freundlicher, zuvorkommender Service. EZ 60–99 €, DZ 90–140 €, einschließlich Frühstücksbuffet, 2er-Appartement 110–150 €. Bahnhofstr. 6–8, 18528 Bergen auf Rügen, ✆ 03838-80450, 📠 03838-804545, www.kaufmannshof.com.

Bibo ergo sum, netter Name für eine nette Kneipe, gemütlich, junges Publikum. Cocktails ab 5 €, am Wochenende Livemusik und/oder DJ (dann Eintritt). Nette Sitzgelegenheit zum Markt hin, auch große Auswahl an gutem und günstigem Essen. Bis spät abends geöffnet. Markt 14, ✆ 03838-252259, www.biboergosum.de.

Gutshaus Kubbelkow, ausgezeichnetes Restaurant in einem schönen, alten Gutshaus etwa 3 km südwestlich von Bergen. Innovative Küche mit regionalen Produkten in stilvollem Ambiente, sehr freundlich, Menüs 39–48 €, Feinschmeckermenü 62 €, Hauptgerichte 25 €. Im Sommer tägl. ab 18 Uhr, So auch mittags, Reservierung empfehlenswert, Di Ruhetag. Auch Hotel. Es stehen, stilgerecht eingerichtet, zwei DZ (120 €) und vier Suiten (160–190 €) zur Verfügung, Frühstück inkl. Im Dorfe 8, 18528 Klein-Kubbelkow, ✆ 03838-8227777, www.kubbelkow.de.

Sehenswertes

Marienkirche: Der Backsteinbau ist die älteste Kirche Rügens (Baubeginn zwischen 1170 und 1180). Noch heute ist die Grundanlage der romanischen Basilika mit Querschiff und abgerundeter Apsis erkennbar. Während Restaurierungsarbeiten im 15. Jh. wurden die gotischen Elemente in Kirchenschiff und Apsis eingefügt, auch das Kreuzrippengewölbe sowie der Turm stammen aus dieser Zeit. Besonders beeindruckend sind die romanischen Fresken, die Chorraum und Apsis fast vollständig bedecken. Diese aber sind aufgrund der nicht ganz fachgerechten Restaurierung zwischen 1896 und 1902 nicht unproblematisch. Noch vor der Besichtigung kann man einen Blick auf das vielleicht älteste Ausstattungsstück der Marienkirche werfen. In die Fassade eingelassen ist eine Grabplatte aus Granit, auf der das Relief eines Mannes zu sehen ist (vor dem Portal stehend links). Es wird vermutet, dass es sich hierbei um die Darstellung Jaromars handelt.

Mai bis Okt. Mo–Sa 10–16 Uhr und am So zum Gottesdienst und natürlich bei Veranstaltungen, außerhalb der Saison eingeschränkt.

Stadtmuseum im Klosterhof: Ende 2001 wurde das Stadtmuseum in den Räumen des sorgsam renovierten ehemaligen Klostergebäudes eröffnet. In teils lockerer An-

Rügen → Karte S. 208/209

ordnung sind heute Funde zur Kloster- und Inselgeschichte zu sehen, u. a. bronzezeitliche Stücke, Exponate aus der Schwedenzeit und natürlich zur Geschichte des Zisterzienserklosters, außerdem informative Schautafeln zu den slawischen Göttern. Wechselnde Kunstausstellungen sind im zweiten Stock untergebracht.

Mai bis Okt. Di–Sa 10–16.30 Uhr; Nov. bis April 11–15 Uhr. Eintritt 2 €, erm. 1 €, Familienticket 4 €. Im Klosterhof, Billrothstr. 20 a, ☏ 03838-252226.

Ernst-Moritz-Arndt-Turm: Eine Wendeltreppe führt über 90 Stufen hinauf in die Kuppel des Denkmals für den seinerzeit berühmtesten Sohn der Insel. Von hier aus hat man einen grandiosen Panoramablick über die Insel. Auf dem Weg in die Kuppel gehen zwei äußere Rundgänge ab, auf denen man sich über die Entstehung und Geschichte des Turms sowie über den Namensgeber informieren kann.

Mai bis Okt. tägl. 10–18 Uhr, im Winter liegt der Schlüssel im Hotel Am Rugard (an der Rezeption fragen). Vom Zentrum aus beschildert, oben kostenloser Parkplatz. Eintritt 1,50 €, erm. 1 €, Familienticket 4 €.

Nördlich von Bergen

Ralswiek

ca. 300 Einwohner

Eigentlich ist Ralswiek nicht mehr als ein idyllisches Dorf am Großen Jasmunder Bodden. Doch sein Name ist weithin bekannt und steht als Synonym für das Spektakel, das zur Saison fast allabendlich hier aufgeführt wird: die *Störtebeker Festspiele,* gewidmet den legendären Freibeutern Klaus Störtebeker und Gödecke Michels (s. S. 215). Kaum 300 Menschen leben normalerweise in dem kleinen Hafenort, den größten Teil des Jahres geht es hier entsprechend beschaulich zu. Wenn allerdings im Sommer die Festspielzeit beginnt, strömen zahllose Besucher herbei, um dem Störtebeker-Schauspiel auf der Naturbühne beizuwohnen. Vor der malerischen (Natur-)Kulisse des Großen Jasmunder Boddens geraten die Aufführungen alljährlich zum Spektakel: Zum Programm gehören halsbrecherische Stunts und handfeste Schwertkämpfe, Kanonenfeuer, Seegefechte und zum Abschluss ein prächtiges Feuerwerk über dem Wasser. Jedes Jahr erwartet den Besucher ein neues Abenteuer aus dem „Leben Störtebekers“. Zu den Darstellern gehören nicht nur 20 Schauspieler sowie 100 Statisten, sondern auch vier Koggen, 30 Pferde und ein Seeadler.

Übernachten **** **Schlosshotel Ralswiek**, einmalige Lage hoch über dem Bodden und mit Blick auf die Naturbühne. Historische Ausstattung, modern ist allerdings der Wellnessbereich mit Kosmetikabteilung und Massagen, Algen- und Kreideanwendungen usw., außerdem Schwimmbad, Sauna, Fitnessraum. Im Erdgeschoss Restaurant, außerdem gibt es noch die Gewölbebar „Grafenschänke“ (nur abends). EZ 85 €, DZ 110–180 €, inkl. Frühstück. Parkstr. 35, 18528 Ralswiek, ☏ 03838-20320, 📠 03838-2032222, www.schlosshotel-ralswiek.de.

Sporthafen Großer Yachthafen in der südlichsten Bucht des Großen Jasmunder Bodden, 50 Liegeplätze bei 2,50 m mit Slipanlage und Tankstelle. ☏ 03838-313553.

Verbindungen Der **Bus Linie 12** verbindet 2-mal tägl. Bergen mit Ralswiek und fährt weiter nach Sagard, Juliusruh, Altenkirchen und Wiek bis Dranske.

Lietzow

ca. 300 Einwohner

Für viele Reisende lediglich „auf dem Weg nach Jasmund“ am Ende des Lietzowdamms (1886) gelegen, kann das Dorf heute zumindest mit kleinen Attraktionen aufwarten: einer Traditionsräucherei samt Erlebnisscheune, dem gemütlichen Bücher-Bahnhof und einem kleinen Badestrand mit Wassersportschule. Im Rücken

Piraten der Ostsee – Klaus Störtebeker und Gödecke Michels

Klaus Störtebeker gehört zu den historischen Personen, die man gar nicht erst versuchen sollte, rein historisch zu erfassen. Zu dünn sind die Quellen, zu ausufernd die Sagen, die sich um den Freibeuter ranken. So viel weiß man von ihm: Er wurde möglicherweise auf Rügen geboren, er war ein begnadeter Pirat und er starb – aufgebracht von einer hanseatischen Flotte –, durch das Schwert des Hamburger Henkers. Sein letzter Wunsch, so die berühmteste Legende um Störtebeker, sei es gewesen, als Erster geköpft zu werden, während sich seine Mannschaft vor ihm aufstellen sollte. Die Männer, an denen er – enthauptet – vorbeilaufen könnte, sollten frei gelassen werden. Und sein kopfloser Körper lief, bis ihm ein Henkersknecht einen Klotz zwischen die Beine warf, und eine Hand voll Männer – oder waren es 17?, oder gar die Hälfte seiner Mannschaft? – war frei.

Die Karriere Störtebekers begann vor Stockholm. Er war einer der *Vitalienbrüder,* die das im dänisch-mecklenburgischen Konflikt belagerte Stockholm (1389) mit Lebensmitteln, „Viktualien", versorgten, indem sie die dänische Seeblockade brachen. Die Freibeuter waren zudem von der Hanse mit Kaperbriefen ausgestattet worden, die es ihnen „gestatteten", feindliche Schiffe aufzubringen und deren Ladung zu übernehmen, im Fachjargon „Prise zu machen". Der Akt der Piraterie konnte recht gesittet ablaufen – der Kapitän fragte die enternden Freibeuter nach ihrem Kaperbrief und übergab nach Einsicht der Dokumente die Ladung. Die Übernahme konnte aber auch damit enden, dass die eine Hälfte der Mannschaft niedergemetzelt wurde und der Rest die Reise in Fässer gesperrt fortsetzte.

Nachdem der dänisch-mecklenburgische Konflikt unter Vermittlung der Hanse beigelegt war, wurden konsequenterweise die Kaperbriefe wieder eingezogen. Einige der Freibeuter aber dachten nicht daran aufzuhören, schließlich ließen sich die Aktionen nun auf fette hanseatische Schiffe ausdehnen. Auch die berühmtesten Vitalienbrüder, Gödecke Michels und Klaus Störtebeker, begannen nun jedes Schiff zu jagen, das ihren Kurs kreuzte, bevorzugt natürlich die Koggen hanseatischer „Pfeffersäcke". Die Piraten, die auch *Likedeeler,* „Gleichteiler", genannt wurden, legten bald den gesamten Ostseehandel lahm. Die Hanse sah sich zu drastischen und kostenintensiven Gegenmaßnahmen gezwungen. Nachdem die Freibeuter aus der Ostsee vertrieben waren, ihre Tätigkeit aber in der Nordsee ungehindert fortsetzten, stellten hanseatische Flotten die Piraten. Nacheinander wurden Gödecke Michels und Klaus Störtebeker um 1400 gefangen genommen und hingerichtet.

Störtebeker Festspiele **Vorverkauf** und **Kartenreservierung** in den größeren Touristen-Informationen der Insel oder unter Störtebeker Festspiele, Am Bodden 100, 18528 Ralswiek, ✆ 03838-31100, 03838-313192 oder www.stoertebeker.de.

Spielzeit ist von Mitte/Ende Juni bis Anfang Sept., Aufführungen tägl. außer So um 20 Uhr, Kartenreservierung dringend empfehlenswert. Die **Preise** für Platzkarten 19–28 €/Pers. (Kinder bis 15 J. 12–21 €). Außerdem gibt es nicht nummerierte Karten auf den hinteren Rängen für 12 € (10 €).

Anfahrt: Zu Festspielzeiten ist der Ort für den privaten Pkw-Verkehr ab 17 Uhr gesperrt. Entweder mit dem Auto zum Parkplatz an der B 96 fahren und dann mit dem Pendelbus nach Ralswiek; oder mit dem Auto zum Parkplatz hinter Jarnitz und von dort noch ca. 15 Min. zu Fuß. Von Bergen aus steuert der Störtebekerbus den Festspielort an.

des Dorfes erstreckt sich mit der Semper Heide ein kleines Waldstück entlang der Boddenküste. Von weitem sichtbar ist der schlanke Rundturm des Lietzower Schlosses, das eine architektonische Hommage an Schloss Lichtenstein auf der Schwäbischen Alb darstellt.

Baden Der kleine **Sandstrand** am Großen Jasmunder Bodden wird vom Ort durch die Durchgangsstraße getrennt, flach abfallendes Ufer, das Wasser immer ein bisschen wärmer als die Ostsee.

Einkaufen **Bücher-Bahnhof**, Antiquariat und Café, eine Fundgrube! In einem urgemütlichen, liebevoll eingerichteten Bahnhofsgebäude findet sich nicht nur ein großer Bestand an antiquarischen Büchern, vom Kinderbuch bis zum Klassiker und natürlich eine Sektion sozialistischer Literatur, sondern auch Schallplatten, alte und neue Postkarten sowie Antiquitäten. Vom Parkplatz am Damm rechts über den Bahnübergang und an der Weggabelung links. Mi–So 13–17 Uhr, im Winter nur Sa/So oder nach telefonischer Anmeldung. Spitzer Ort 10 a, ✆/℻ 038302-56433, www.buecherbahnhof.de.

Fischräucherei & Erlebnisscheune Lietzow, zur Räucherei gehört die Gaststätte *Röckerhus*. Außerdem gibt es einen Hofladen. Spitzer Ort 7, ✆ 038302-56964.

Verbindungen **Regionalbahn** von Stralsund über Bergen nach Sassnitz oder Binz zw. 5 und 23 Uhr zu fast jeder vollen Stunde.

Busse der **Linie 12** verbinden mehrmals tägl. Bergen mit Lietzow und weiter über Sagard, Juliusruh, Altenkirchen und Wiek bis Dranske.

Wassersport **Wassersportschule Timpeltu**, sympathische Surf- und Segelschule am Lietzower Strand, ideales Anfänger-Revier, großes Angebot. Einsteiger- und Fortgeschrittenenkurse, Einzelstunden, Scheine; auch Katamaran. Materialverleih: Jolle, Kanu, Katamaran, Surfboard. Duschen, WC und Umkleiden stehen zur Verfügung. Geöffnet ab Ostern an den Wochenenden, dann durchgängig Mai bis Okt. Strandpromenade, ✆ 0173-1513970, www.timpeltu.com.

Putbus

ca. 2500 Einwohner (mit Ortsteilen 4600 Einwohner)

Eine Stadt in Weiß: Der Circus im Zentrum, eine schmucke Allee mit prächtigen Häusern inklusive Theater und ein weitläufiger Schlosspark – Putbus hat sich seinen Charakter als klassizistische, strahlend weiße Residenzstadt bewahrt.

„Ich komme Ihnen wieder mit einer kleinen Völkerwanderung“, kündigte sich der preußische König *Friedrich Wilhelm IV.* im Jahr 1846 beim Fürsten zu Putbus an, „da Sie, lieber Fürst, nun das Unglück haben, den schönsten Teil der Insel zu bewohnen und das Ungeschick gehabt haben, daraus ein irdisches Paradies zu machen, so müssen wir bei Ihnen landen.“ Viel Mühe hatte den Fürsten *Wilhelm Malte I. zu Putbus* (1783–1854) dieses „Ungeschick“ gekostet. Ab 1808 hatte der ambitionierte Adlige um- und ausbauen lassen – es entstand eine der letzten Residenzstädte im klassizistischen Stil – samt Schloss (nicht erhalten) und Schlosspark, in dem es noch heute grünt und blüht wie vor 150 Jahren, Badehaus (Haus Goor), Kursalon, Theater, Marktplatz und schließlich dem großen Rondell im Zentrum, dem Circus. Vor allem Letzterer präsentiert sich als Musterbeispiel klassizistischer Architektur. Der Rondellplatz ist weitläufig angelegt, mit streng symmetrisch gestalteter Grünanlage um den zentralen Obelisken, außen aber nicht geschlossen bebaut. Zwischen den dreigeschossigen Häusern mit den weißen, klassizistischen Fassaden klaffen breite Lücken und verleihen dem Ensemble den Eindruck von Vorläufigkeit. Der Circus ist der Treffpunkt der Alleen, die Putbus wie ein Strahlenkranz umgeben: nach Garz und nach Bergen, Richtung Binz und in den Süden nach Lauterbach (zum Hafen von Putbus), und in die zauberhafte Gegend um den kleinen Weiler Wreechen beim gleichnamigen See.

Kreisrund: der Circus in Putbus

Die Putbuser Geschichte als Seebad indes war kurz. Die frühen Ostseetouristen bevorzugten bald das offene Meer, um darin zu baden. Also wurde der fürstliche Badestandort kurzerhand an das Südende der Prorer Wiek verlegt und Binz, nicht Putbus, begann eine rasante Karriere als Ostseebad.

Schmalspur 2: Der Rasende Roland

(Schmalspur 1 ⟶ S. 115)

Der Zug ist mehr als ein technisches Denkmal. Mit 30 km/h schnaubt und dampft die historische Bahn auf 750-Millimeter-Schmalspurgleisen von Putbus (mit Anbindung an Lauterbach) über Binz durch die Granitz nach Sellin und Baabe bis nach Göhren. Historisch sind sowohl die Strecke, 1895 war das erste Teilstück Putbus–Binz in Betrieb genommen worden, als auch die Dampflokomotiven. Die Älteste rollte 1914 aus den Vulkan-Werken in Stettin. Von dem einstmals fast 100 Kilometer umfassenden Streckennetz der Rügenschen Kleinbahnen (RüKB) sind 24,1 Kilometer erhalten und für den 1996 wieder eröffneten Fahrbetrieb restauriert worden.

Der Rasende Roland ist dabei keineswegs nur eine nostalgische Reisemöglichkeit, die Kleinbahn ist ein durchaus ernst zu nehmendes Transportmittel im öffentlichen Nahverkehr. Von Putbus nach Binz beispielsweise kommt man mit dem Bus auch nicht schneller – und man muss nicht einmal umsteigen.

Verbindungen Der *Rasende Roland* fährt zur Hauptsaison bis zu 12-mal tägl., in der Nebensaison (Sept. bis Mai) 6-mal tägl., von Putbus aus über die Granitz in die Ostseebäder Binz, Baabe, Sellin und Göhren.

Preise Kurze Strecke 3,60 € (erm. 1,80 €), mittlere Strecke ab 5,40 € (2,70 €) und den ganzen Weg nach Göhren 9 € (4,50 €), Fahrrad 2,50 €. Noch günstiger fährt man mit Familien-, Wochen- und Monatskarten (z. B. Wochenkarte Erw. Putbus – Binz 10 €, Monatskarte 34 €).

Information Pressnitztalbahn, Zweigniederlassung Rügensche BäderBahn, Bahnhofstr. 1a, 18586 Göhren, ✆ 03838-813594, www.ruegensche-baederbahn.de.

Rügen → Karte S. 208/209

Basis-Infos

Information **Stadt-Information Putbus** in der Orangerie. Hier gibt es auch Tickets für die Ausstellungen, die in dem hübschen Gebäude untergebracht sind, außerdem werden *Stadt- und Schlossgartenführungen* veranstaltet (April bis Okt. Di und Do 11 Uhr). Geöffnet tägl. 10–17 Uhr (Nov. bis April So und Mo geschl.). Alleenstr. 35, 18581 Putbus, ✆ 038301-431, www.putbus.de.

Fahrradverleih **Zweiradhandel Deutschmann**, in der Bahnhofstraße (etwa auf halbem Weg zwischen Bahnhof und Circus), Rad ab 5,50 €/Tag, auch Helme und Anhänger. Bahnhofstr. 7, ✆/℻ 038301-429.

Kurtaxe Mai bis Okt. 1,20 €, Nov. bis April 0,70 €.

Taxi ✆ 038301-339.

Verbindungen **Bus**, die **Linie 30** fährt etwa 10-mal tägl. nach Garz und 8-mal weiter bis Stralsund (Sa/So 4-mal) und in die andere Richtung etwa 15-mal nach Bergen (Sa/So 5-mal). Leser empfehlen bei einem Tagesausflug nach Stralsund diese Buslinie, da allein die schöne Strecke lohne.

Kleinbahn Rasender Roland s. o.

Übernachten/Essen & Trinken

**** **Ringhotel Wreecher Hof**, zwischen Schlosspark und Bodden im Ortsteil Wreechen gelegen. Nobler Komplex aus sieben reetgedeckten Häusern, umgeben von einer parkähnlichen Gartenanlage. Wellness- und Beauty-Angebot, Hallenbad. Elegantes, gehobenes Restaurant (ganzjährig abends geöffnet, Sonn- und Feiertage auch mittags), freundlicher Service. EZ 89 €, DZ ab 119 €, Juniorsuite mit Terrasse 209 €, Suite 229–269 €, einschließlich Frühstücksbuffet. Kastanienallee, 18581 Putbus/OT Wreechen, ✆ 038301-850, ℻ 038301-85100, www.wreecher-hof.de.

Museumscafé im Affenhaus, herrlich gelegen am unteren Ende der Kastanienallee, nahe dem Schwanenteich, in dem eigenwilligen Gebäude im Schlosspark, in dem heute das Puppenmuseum untergebracht ist. Auch Plätze im Freien, hervorragende Waffeln. Im Sommer 10–18 Uhr (bei Bedarf auch länger, im Winter nach Wetterlage). ✆ 038301-60959.

Historisches Uhrenmuseum: Ein Kleinod unter den Museen der Insel! Der passionierte (Hobby-)Restaurator Franz Sklorz hat sein Leben lang Uhren gesammelt, dabei über 1000 Exponate zusammengetragen und in liebevoller Kleinstarbeit wieder hergestellt. Den Schwerpunkt des Museums bilden Zeitmessgeräte im Stil des Klassizismus, daneben sind zahllose Taschenuhren zu bewundern, eine Wiener Tischuhr, eine barocke Weltzeituhr und eine gänzlich aus Birnholz gefertigte barocke Uhr. Das älteste Stück ist eine gotische Uhr aus dem 15. Jh. Neben den Uhren gibt es aber noch andere Raritäten zu bewundern: kostbare mechanische Musikgeräte, einen Singvogelautomat, eine Jukebox von 1880 und vieles mehr. Sehenswert!
Mai bis Okt. tägl. 10–18 Uhr, Nov. bis April 11–16 Uhr. Eintritt Erw. 3 €, Kinder 1,50 €. Alleestr. 13, ✆ 038301-60988, www.uhrenmuseum-putbus.de.

Theater: Der schmucke klassizistische Bau mit zum Schloss hin ausgerichteter Vorhalle auf vier Säulen wurde 1819–1821 erbaut, 1820 erstmals bespielt und bereits 1826 renoviert. Nachdem das Putbuser Theater seit den 1960er Jahren bis zur Baufälligkeit brachgelegen hatte, konnte es nach mehrjähriger Rekonstruktion 1998 wiedereröffnet werden. Seither erfreut sich das Schauspielhaus regen Zuspruchs. Es werden auch Führungen durch das Theater angeboten.

Aufführungen Gespielt wird alles, was auf die Bühne passt: klassische Konzerte, Jazz und Pop, Lustspiele und Kabarett und natürlich Theater von klassisch bis komisch.

Führungen An spiel- und probefreien Tagen, meist Mo–Do 11.15 und 14 Uhr (vorher anrufen) Theater Putbus, Markt 13, ✆ 038301-8080 (Karten unter 808330), Kartenhotline ✆ 03831-26466 , www.theater-putbus.de.

Schlosspark: Bereits im 18. Jh. angelegt, wurde der Park (im Zuge der Umgestaltung des Schlosses unter *Wilhelm Malte von Putbus*) nach englischem Vorbild gestaltet und erweitert. Auf dem 75 Hektar großen Areal rund um das Schloss und den Schwanenteich wuchsen ab 1803 nicht nur exotische Hölzer und Stauden zwischen heimischen Buchen, Ulmen, Lärchen und Kastanien. Es entstanden auch zahlreiche Gebäude und Denkmäler beidseitig der Kastanienallee, die vom Circus aus den Park durchquert: ein Kursalon (1892 zur Christuskirche umgewidmet), ein Affen- und ein Fasanenhaus, ein Gartenhaus zur Unterbringung respektabler Persönlichkeiten, ein Reitstall und nicht zuletzt die Orangerie. Alle Gebäude sind bereits oder werden derzeit renoviert. Nur das Schloss wurde 1960 gesprengt.

Rügener Puppen- und Spielzeugmuseum: Im Affenhaus des Schlossparks findet sich alles, was das Kinderherz begehrt: Puppenstuben, Krämerläden und eine Horde Porzellankopfpuppen in allen erdenklichen Größen und teils von immensem Alter. Und für die Jungs: eine Vitrine mit alten Eisenbahnen sowie eine kleine Armee von Zinnsoldaten. Kurios-makabres Detail aus revolutionären Zeiten: eine Spielzeug-Guillotine zum Decollieren adeliger Puppen. Beim Museum befindet sich ein kleines Café mit schöner Terrasse (s. o.).

Im Sommer tägl. 10–20 Uhr, im Winter eingeschränkt (nach Wetterlage). Erw. 3,50 €, Kinder ab 3 J. 1,50 €. Kastanienallee, ✆ 038301-60959.

Lauterbach

Über die Lauterbacher Chaussee gelangt man zum Putbuser Hafen. Der Fürst zu Putbus ließ ihn anlegen, nachdem das Geschäft mit den Badegästen abflaute. Eine neue Einnahmequelle für die geradezu aus dem Boden gestampfte Stadt musste her. Das Rezept: ein die Konjunktur belebender Hafen. Heute ist Lauterbach dank seiner modernen Marina in erster Linie als Seglertreff bekannt. Hier starten auch die Ausflugsschiffe auf und um die Insel Vilm. Vom Hafen aus Richtung Osten geht Lauterbach fast nahtlos in die beschauliche Fischersiedlung Neuendorf über.

Baden Ein paar schmale Strände entlang des Ufers: um Neuendorf, in der Nähe von Neukamp und südlich von Altkamp (keinerlei Service).

Bootsverleih im-jaich, führerscheinfreie 5-PS-Boote 39 €/halber Tag, 65 €/Tag, auch Segelyachten mit Skipper. Adresse siehe *Übernachten*.

Ungewöhnlich: „Ferienhausbootsiedlung“ bei Lauterbach

Rügen → Karte S. 208/209

Fahrradverleih **Zweiradhandel Deutschmann**, Außenstelle des Putbuser Fahrradladens. Rad ab 5,50 €/Tag, auch Helme und Anhänger. April bis Sept. geöffnet, Mo–Sa 9–11.30 und 18.30–19 Uhr. Chausseestr. 11, ✆/℻ 038301-429.

Hafen Neben dem alten Hafen (✆ 038301-461) befindet sich in Lauterbach ein topmoderner Sportboothafen. Die Marina verfügt über 300 Liegeplätze bei 2–4 m Wassertiefe, Slipanlage, Tankstelle, Kran, Werkstatt, Ausrüstung. ✆ 038301-8090, www.im-jaich.de.

Übernachten **Badehaus Goor**, in dem klassizistischen Badetempel befindet sich heute ein Nobelhotel. Neben einem unaufdringlich eleganten Restaurant und der Bar stehen den Gästen ein großer Wellnessbereich mit Sauna, Schwimmbad, Massagen und diversen Anwendungen zur Verfügung. EZ 95–119 €, DZ 138–162 €, inkl. Frühstück. Fürst-Malte-Allee 1, 18581 Lauterbach, ✆ 038301-88260, ℻ 038301-8826300, www.hotel-badehaus-goor.de.

im-jaich – wasserferienwelt, ungewöhnlich unterkommen kann man in den schwimmenden Appartements. Die teils zweistöckigen Hausboote sind stilvoll eingerichtet mit Terrasse direkt über dem Wasser. Auch die Segelschüler der zugehörigen Wassersportschule (s. u.) kommen hier unter. Außerdem Sauna, Wellness- und Fitnessbereich, Bootsverleih, kleiner Kiosk. Das dazugehörige Restaurant „Kormoran" ist tägl. ab 12 Uhr geöffnet. Netter Service, ganzjährig geöffnet, im Sommer nur wochenweise (Sa–Sa). Ferienhaus zwischen 135 € (2–4 Pers.) und 159 € (bis 6 Pers.), Hund 7 €. Im-jaich, Am Yachthafen, 18581 Lauterbach, ✆ 038301-8090, ℻ 038301-80910, www.im-jaich.de.

Wassersport **im-jaich**, großes Angebot, vor allem natürlich Segelschule, auch Seekajak, Yachtcharter, Regatten und Segeltörns. Adresse s. o. *Übernachten*.

Insel Vilm

Die Insel liegt ruhig und verlassen in Sichtweite des Hafens von Lauterbach. Bereits 1936 wurde Vilm unter Naturschutz gestellt. 1959 verbrachte DDR-Ministerpräsident *Otto Grotewohl* (1894–1964) hier seine Urlaubstage, die Insel wurde daraufhin zum Nobel-Urlaubsziel des Ministerrates. Im Jahr 1990 richtete der Bund für Naturschutz auf Vilm eine Außenstelle ein; heute dürfen täglich maximal 30 Gäste (mit Voranmeldung!) zu einem geführten Rundgang auf die Insel. Lediglich in der Nähe des Landestegs ist eine Handvoll Häuser zu sehen. Wer die Insel Vilm mit dem Schiff umrundet, wird in erster Linie eine Vielzahl von Seevögeln beobachten können, mit etwas Glück sogar ein Seeadlerpärchen.

Ausflüge zur Insel Die **Fahrgastreederei Lenz** organisiert ab Lauterbach die Fahrt – es fährt die **MS Julchen** – nach Vilm und die Führung über die Insel (April bis Okt.). In der Hochsaison sollte man sich mindestens 1–2 Wochen vorher anmelden, Fahrten nur 1-mal tägl., Dauer 3 Std., Erw. 16 €, Kinder 9 € (4–12 J.), obligatorische Anmeldung unter ✆ 038301-61896, ℻ 038301-61874. Fahrgastreederei Lenz, Dorfstr. 9, 18581 Putbus/OT Freetz (oder in *Jenny's Hafencafé* in Lauterbach), www.vilmexkursion.de, fgr.lenz@t-online.de.

Rund um die Insel Vilm (und rüber nach Baabe) schippert die **Weiße Flotte**, Mitte Mai bis Anfang Okt. bis zu 4-mal täglich, Dauer ca. 2,5 Std., Erw. 14 €, Kinder 8 €, (Kinder unter 4 J. frei), der Hund darf für 8 € auf Deck mitfahren. Infos unter ✆ 03831-26810, www.weiße-flotte.de.

Strandkorbsiedlung in Binz

Granitz

Ausgedehnte Wälder, durchzogen von zahlreichen Waldpfaden und Wanderwegen, kilometerlange Sandstrände und mit Binz und Sellin zwei der traditionsreichen Seebäder – die Granitz im Osten Rügens präsentiert sich abwechslungsreich. Der Baumbestand des lichten Waldes besteht vor allem aus Buchen, zwischen die sich auch Erlen, Linden und wilde Obstbäume mischen. Im Osten bricht die bewaldete Hügelkette am Hochufer ab, darunter breitet sich ein wildromantischer Steinstrand aus. Auf der höchsten Erhebung, dem 107 Meter hohen Tempelberg, steht die größte Attraktion abseits der Ostseebäder: das Jagdschloss Granitz. Der schönste Strandabschnitt findet sich im Norden von Binz an der Prorer Wiek. Hier liegt auch die wohl problematischste Immobilie Rügens: der Koloss von Prora.

Binz

ca. 5500 Einwohner

Das größte und bekannteste Ostseebad Rügens spart nicht an prachtvollem Dekor und aufwändigen Bauten der Bäderarchitektur – ein Seebad von Welt.

„Sorrent des Nordens" oder auch „Nizza des Ostens" – Beinamen für Binz gibt es viele. Dabei wäre es gar nicht nötig, den Ort mit fremden Federn zu schmücken. Über drei Kilometer erstreckt sich die Promenade von Binz am Strand entlang, auf der es sich prächtig flanieren lässt – auf der einen Seite das rauschende Meer und quirliger Strandbetrieb, auf der anderen Seite glanzvolle Bäderarchitektur mit einer Vielfalt an ornamentaler Spielerei: Türmchen und Erker, Veranden, Loggien und Balkone mit ziselierten Schmuckblenden und verspielten gusseisernen Geländern sowie von Ziergiebeln gekrönte Fassaden. Das Flaggschiff unter den Prachtbauten ist wohl das 1908 errichtete dreiflügelige *Kurhaus*. Leicht versetzt beginnt hier als Verlängerung der Hauptstraße auch die *Seebrücke* und reicht über 370 Meter weit in die Ostsee hinein. Sie wurde 1994 eröffnet, nachdem Binz über 50 Jahre ohne Seebrücke auskommen musste – den ersten Pfahlbau von 1902 hatte bereits drei Jahre später ein Sturm zerstört, die wiedererrichtete Brücke wurde 1942 von treibendem Eis zermalmt.

Rügen → Karte S. 208/209

Basis-Infos

Information **Kurverwaltung Binz** im *Haus des Gastes*, Informationen, Tickets und Internet-Zugang. Febr. bis Okt. Mo–Fr 9–18 Uhr, Sa/So 10–18 Uhr; Nov. bis Jan. Mo–Fr 9–16 Uhr, Sa/So 10–16 Uhr. Heinrich-Heine-Str. 7, 18609 Binz, ✆ 038393-148148, 📠 038393-148145; www.ostseebad-binz.de.

Zimmervermittlung über den **Fremdenverkehrsverein**, ✆ 038393-665740, 📠 038393-665750, Wylichstr. 13, 18609 Ostseebad Binz, www.ostseebad-binz.de.

Bei der Seebrücke befindet sich zudem ein **Info-Pavillon** (Mai bis Okt. tägl. 9–16.30 Uhr); am Kleinbahnhof ein weiteres **Info-Büro** (April bis Okt. tägl. 9–12.45 und 13.15–16.30 Uhr).

Geführte Wanderungen werden zur Saison von der Kurverwaltung und vom Nationalparkamt organisiert. Die Touren gehen u. a. zum Jagdschloss Granitz. Infos bei der Kurverwaltung. Mai bis Sept. immer Mi um 10 Uhr werden **Führungen** durch den **historischen Ortskern** von Binz angeboten. Treffpunkt bei der Kurverwaltung.

Kurtaxe 1.5.–30.9. 2,60 €, 1.10.–30.4. 1,50 €, unter 18 J. frei. Hunde ganzjährig 0,50 €.

Parken Im Ortszentrum schwierig, an den Rändern des Ortskerns befinden sich einige Parkplätze, natürlich kostenpflichtig (auch Tageskarten).

Taxi **Zentrale Binz**, ✆ 038393-2424.

Verbindungen **Zug**: Der Regionalexpress verbindet etwa stündlich Binz mit *Bergen* und *Stralsund*. Achtung: fast immer muss man in Lietzow umsteigen! Zudem ist Binz eine **IC**-Endhaltestelle, auch der Nachtzug (nur im Sommer) endet hier.

Bus: Die **Linie 20** verbindet Binz mit *Prora*, dem *Fährhafen Sassnitz* bei Neu Mukran, der *Stadt Sassnitz* und dem Königsstuhl sowie (in anderer Richtung) mit den Ostseebädern *Sellin*, *Baabe*, *Göhren* und ganz im Süden *Thiessow*, fast stündlich, bis Sassnitz bzw. Göhren häufiger. Die **Linie 23** verbindet zwar ebenfalls Binz mit *Sassnitz* (werktags etwa 6-mal tägl.), fährt aber in anderer Richtung nach Bergen. Ebenfalls nach Bergen (via Prora) fährt die die **Linie 28**.

Der **Rasende Roland** beginnt seinen Weg entlang der Ostseebäder in Binz (Haltestelle am südlichen Ortsrand): über *Sellin*, *Baabe* nach *Göhren* und in Gegenrichtung nach *Putbus* und *Lauterbach*, Mai bis Sept. bis zu 12-mal tägl. nach Göhren, nach Putbus nur 7-mal, nach Lauterbach nur Ende Mai bis Ende August 5-mal; in der Nebensaison (Sept. bis April) eingeschränkt. Zum Jagdschloss 1,80 € (erm. 0,90 €), nach Sellin und Baabe sowie nach Putbus 3,60 € (1,80 €), nach Göhren und Lauterbach 5,40 € (2,70 €), Fahrradkarte 2 €, es werden auch Hunde mitgenommen. ✆ 03838-813594, 📠 03838-813598, www.ruegensche-baederbahn.de. Weitere Infos s. S. 217.

Schiffsverbindungen zu Rügens Ostseebädern: Die Reederei Ostsee-Tour verbindet Binz mit dem Sassnitzer Stadthafen sowie mit den Seebrücken von Sellin und Göhren. Fährbetrieb April bis Okt. Preise einfach 5,50–8 € (erm. 2,50–4 €). Auch Familientickets möglich, Karten an Bord. Reederei Ostsee-Tour, Hafenstr. 12 j, 18546 Sassnitz, ✆ 038392-3150, www.reederei-ostsee-tour.de.

Aktivitäten

Ausflugsschiffe Die **Reederei Ostsee-Tour** bietet im Sommer neben dem Fährverkehr auch Ausflugsfahrten zum *Kreidefelsen*, zum *Kap Arkona* sowie *Rundfahrten* um die Insel an (kein Landgang). Adresse s. u. unter „Verbindungen".

Ausflugsfahrten zum *Kreidefelsen* hat auch die Reederei **Adler-Schiffe** im Programm. ✆ 038378-47790, www.adler-schiffe.de.

Baden Besonders attraktiv ist der breite, feine Sandstrand **nördlich von Binz**, an Prora entlang und fast bis Neu Mukran. Die weite Bucht fällt flach ins Meer ab, bestens für Familien mit Kindern geeignet. Blaue Flagge. Zum Land hin wird der Strand geschützt von den Bädervillen entlang der Strandpromenade, oberhalb des Ortes von einem schmalen Waldstreifen. Sanitäre Einrichtungen an allen Abschnitten, außerdem gibt es Beachvolleyball-Felder. Wie üblich ist der Strand in textile, FKK- und Hundeabschnitte unterteilt. Über weite Teile des Binzer Strandes wacht die DLRG.

Fahrradverleih U. a. am **Kleinbahnhof** (7-Gang-Rad für 5,50 €/Tag). Mehr Auswahl: **Zweiradhaus Deutschmann**, am Groß-

bahnhof, auch Trailer, Bollerwagen, Helme, Hundekorb etc. Dollahner Str. 17, ✆ 038393-32420, www.zweirad-deutschmann.de.

Außerdem: **Pauli's Radshop**, Hauptstr. 9 a, ✆ 038393-66924, www.ruegen-bike.de.

Veranstaltungen **Anbaden** am 1. Mai: Die ansässigen Hoteliers eröffnen mit einem Bad die Saison, anschließend Kurkonzert. Ende Juni lockt das **Binzer Seebrückenfest** mit großem Feuerwerk; Ende Juli findet das **Binzer Sommerfest** statt. Im Okt. steigt das **Binzer Herbstfest** mit Drachensteigen und Pferderennen am Strand.

Wassersport Zur Saison an den Strandabgängen 28 und 47 (je 10–17 Uhr), Tretboote, Wasserski etc.

Übernachten

***** **Grand Hotel Binz** **9**, moderne Nobelherberge am Ostende der Strandpromenade, sehr stilvoll und edel eingerichtet, ohne dabei überladen zu wirken – Ausspannen auf hohem Niveau. Über 750 m² Spa- und Wellnessbereich, u. a. mit Hamam und Schwimmbad; Bar und das vielfach empfohlene Restaurant *Ruiani* mit Terrasse. 122 komfortable Zimmer mit Balkon oder Terrasse, EZ 172–212 €, DZ 214–294 €, Frühstück

Rügen → Karte S. 208/209

inkl., in der Nebensaison deutlich günstiger. Halbpension 32 €, Hund 20 €/Tag. Strandpromenade 7, 18609 Binz, ✆ 038393-150, ✆ 038393-15555, www.grandhotelbinz.de.

**** **Loev Hotel** **6**, Nr. 1 am Platz, relativ großes Hotel (77 Zimmer) an der Hauptstraße, im Haus auch Restaurant, Bar/Brasserie, Diskothek (*Club Löwe*), Spa mit Hamam, Massagen, Kosmetik etc. EZ 80–105 €, DZ 110–160 €, Studio 190 €, jeweils inkl. Frühstück. Auch Appartements. Hauptstr. 20–22, 18609 Binz, ✆ 038393-390, ✆ 038393-39444, www.loev.de.

**** **Hotel meerSinn** **4**, schickes Hotel und modernes Gesundheitszentrum in stilvollem Design, mit Wellness-Beauty-Bereich, Sauna, Dampfbad und Pool. Im Haus auch das stylishe Bio-Restaurant *meerSalz*: täglich wechselnde Gerichte aus regionalen Zutaten. EZ ab 165 €, DZ ab 250 €, jeweils mit obligatorischer Halbpension. Schillerstr. 8, 18609 Binz, ✆ 038393-6630, ✆ 038393-66323, www.meersinn.de. ■

Pension Haus Colmsee **8**, bodenständige Pension in einer alten Bädervilla, etwas abseits am Ende der Promenade gelegen. Keine Haustiere. DZ ab 75 €, mit Balkon zum Meer 95 €, Frühstück inkl., in der Hochsaison mind. vier Tage Aufenthalt. Strandpromenade 8, 18609 Binz, ✆ 038393-21425, ✆ 038393-21426, www.hauscolmsee.de.

Hotel Villa Schwanebeck **3**, kleines Hotel, wohltuend altmodisch, für Binz (und die Lage) verhältnismäßig günstig. Mit Lift, Fahrradverleih, Sauna, Whirlpool. Im Haus auch ein Restaurant (regionale Küche, leicht gehoben, zur Saison mittags und abends, in der Nebensaison nur abends). Nov. bis Jan. geschlossen. In „zweiter Reihe" unweit des Kurplatzes. EZ 75 €, DZ 82 € (klein) bzw. 120 € (groß), jeweils inkl. Frühstück. Margaretenstr. 18, 18609 Binz, ✆ 038393-2013, ✆ 038393-31734, www.villa-schwanebeck.de.

Jugendherberge Binz **2**, in bester Lage nahe am Strand und nahe am Ortskern, meist 5- bis 8-Bett-Zimmer mit Waschbecken, außerdem 6 kleine Zimmer mit Dusche und WC. Eingang in der Lottumstraße (Parallelstraße zur Strandpromenade). 22,90 €/Pers. im Meerbettzimmer, 26,90 €/Pers. im Zweibettzimmer, Senioren über 27 J. 28,10 €, bzw. 33 €, jeweils inkl. Frühstück, Halbpension 5,50 €, hier können übrigens auch externe Gäste für 5,50 € zu Mittag essen. Strandpromenade 35, 18609 Binz, ✆ 038393-32597, ✆ 038393-32596, www.jh-binz.de.

Essen & Trinken/Nachtleben

(Karte S. 223)

Essen & Trinken **Restaurant Nixe** **7**, an der Strandpromenade, im gleichnamigen, noch recht neuen Hotel in renovierter Jugendstilvilla mit modernem Anbau. Michelin (1 Stern) und Gault Millau (16 Punkte) zeichneten 2009 und 2010 die moderne und ausgesprochen kreative Küche aus. Menü um 50–70 €. Auch Hotel: EZ ab 155 €, DZ ab 180 €. Strandpromenade 10, ✆ 038393-666200, www.nixe.de.

››› Unser Tipp: **Gaststätte Strandhalle** **10**, stilvolles Ambiente in der über 100 Jahre alten, restaurierten Strandhalle: hoher Raum mit Gebälk und dunkler Holzdecke, die Einrichtung bewegt sich zwischen urigem Kaffeehaus und Antiquitätensammlung – einladend. Vielfach empfohlene und gelobte Küche (nach eigenen Angaben „feinbürgerlich"), Spezialität ist hier der Ostseedorsch, sehr gut auch die Fischsuppe, 3-Gang-Menü 24,50 €. Für abends Reservierung unbedingt empfehlenswert. Freundlicher Service, tägl. 12–23 Uhr geöffnet; einige Parkplätze vor der Tür. Strandpromenade 5, ✆/✆ 038393-31564. ‹‹‹

››› Lesertipp: **Bootshaus Binz** **1**, von Lesern v. a. wegen der Fischküche empfohlenes Restaurant, untergebracht in einem denkmalgeschützten Gebäude, in dem einst die erste Seenotrettung der Ostsee untergebracht war. Beliebt und freundlich, Reservierung empfehlenswert. Täglich ab 12 Uhr durchgehend geöffnet. Strandpromenade 49, ✆ 038393/57944. ‹‹‹

Braugasthaus Zum Alten Fritz **5**, wie das Pendant in Stralsund urgemütlich als Kneipe, Café oder Restaurant. Bodenständige Küche, mit überdachter, windgeschützter Terrasse. Schillerstr. 8, ✆ 038393-663333.

Imbiss **Fischräucherei Kuse**, am südlichen Ende der Strandpromenade, Terrasse am Strand. Leckere Brötchenhälften mit geräuchertem Heilbutt, Butterfisch, Lachs und eingelegtem Hering; Mittagsgerichte mit Räucherfisch und Außer-Haus-Verkauf. Während der Saison tägl. 9–19 Uhr geöffnet. Strandpromenade 3, ✆ 038393-2970.

Nachtleben **M 3**, siehe Prora.

Club Löwe 6, inselweit bekannte Disco mit Bar im Untergeschoss des Hotels Loev. Hier kann man im Sommer Fr und Sa die Nächte durchtanzen (im Winter nur Sa), geöffnet ab 22 Uhr. Hauptstr. 22, ✆ 038393-390, www.club-loewe.de.

Jagdschloss Granitz

Umgeben von Buchenwald thront das Jagdschloss auf der höchsten Erhebung der Granitz, dem 107 Meter hohen Tempelberg. Als idealer Aussichtspunkt gehört der repräsentative Prunkbau zu den beliebtesten Ausflugszielen Rügens, dementsprechend voll kann es hier im Sommer werden.

Das Schloss ist ein eigenwilliges Bauwerk aus der Mitte des 19. Jh., spätklassizistisch mit einem für die Zeit typischen Hang zu vermeintlich mittelalterlichen Stilelementen. Der Putbuser Fürst *Wilhelm Malte I.* ließ es an der Stelle eines älteren Jagdhauses errichten. Es entstand ein verputzter Backsteinbau auf quadratischem Grundriss, der Dank seiner von Zinnen gekrönten Ecktürmchen und dem alles überragenden zentralen Aussichtsturm verspielt trutzig wirkt. Von der Aussichtsplattform kann man ein grandioses Panorama genießen. Sehenswert sind auch die Innenräume: die mit Jagddekor bestückte Vorhalle, der festliche Rittersaal, der Empfangssaal, der elegante Speisesaal, der gemütliche Damensalon, der repräsentative Marmorsaal usw. Das außergewöhnlichste innenarchitektonische Detail ist jedoch die gusseiserne *Wendeltreppe*, die sich den Aussichtsturm hinaufschraubt (die 154 geradezu frei im Turm schwebenden Stufen sind nur etwas für Schwindelfreie!). Im Jagdschloss befindet sich auch ein Souvenirshop, Gastronomie gibt es im Gewölbe und im Biergarten.

Öffnungszeiten Mai bis Sept. tägl. 9–18 Uhr, Okt. und April tägl. 10–16 Uhr, Nov. bis März Di–So 10–16 Uhr, Mo geschlossen. Eintritt 3 €, erm. 2,50 €, Kinder (6–14 J.) 1,50 €. ✆ 038393-2263, www.granitz-jagdschloss.de.

Anfahrt Die Anfahrt ist für Pkw gesperrt, wer auf den Tempelberg weder laufen noch mit dem Fahrrad fahren will, muss ab Binz den kostenintensiven *Jagdschloss-Express* nehmen. Auch der *Rasende Roland* verfügt über eine Haltestelle *Jagdschloss Granitz*, von hier aus hat man allerdings noch ein (ansteigendes) Stück zu Fuß bis zum Schloss zu bewältigen (ca. 1 km). Alternative: Mit dem Pkw zum (gebührenpflichtigen) Parkplatz *Jagdschloss Binz-Ost* (P 11). Ein Stück oberhalb davon, vom Pferdehof, fahren in der Saison Kutschen zum Jagdschloss, einfach 4 €, hin und zurück 7 € (Lesertipp).

Essen & Trinken **Alte Brennerei**, urige Gaststätte im Schlossgewölbe, altertümliches Ambiente und bodenständige Speisen, viel Wild, im Sommer Biergarten neben dem Schloss, auch Cafébetrieb. Mai bis Okt. tägl. 10–19 Uhr, Nov. bis April Di–So 11–17 Uhr geöffnet. ✆ 038393-32872, www.alte-brennerei.com.

Das Jagdschloss Granitz

Nördlich von Binz: Schmale Heide und Prora

Auf der Schmalen Heide, einem Geröllgürtel, der die Granitz mit der Halbinsel Jasmund verbindet, steht Rügens prominenteste Immobilie: Prora. Entlang der gleichnamigen, sanft geschwungenen Wiek erstreckt sich ein kilometerlanger Traumstrand.

Vom herrlichen Sandstrand aus ist Prora, heute ein grauer, großteils sanierungsbedürftiger Gebäudegigant, kaum zu sehen, denn die wuchtigen Betonblöcke werden von dem Kiefernwald verdeckt, der sich über die Schmale Heide erstreckt. Die wirklichen Ausmaße von Prora kann man ohnehin nur aus der Luft erfassen.

Was also tun mit dem Koloss? Die Sowjets hatten versucht, einen Block zu sprengen, dabei aber nur eine Ruine produziert. Seit 1994 steht die Anlage unter Denkmalschutz (einschließlich der Ruine!). Doch Prora wird genutzt, auch wenn der un-

Projekt: Urlaub total – das „Seebad der 20.000“

Wenn ein Bauvorhaben das Attribut „gigantomanisch“ verdient, dann das 1936 begonnene Projekt der nationalsozialistischen Organisation *Kraft durch Freude* (KdF): eine zentrale Festhalle samt Platz, groß genug um 20.000 Menschen zu fassen, rechts und links davon je vier sechsgeschossige Wohnblöcke von mehr als einem halben Kilometer Länge, dazwischen riesige, bis zum Strand reichende Gemeinschaftshäuser, außerdem Seebrücken, Theater, Geschäfte, Sportstätten, Aussichtstürme und eine kleinstadtartige Anlage für 5000 Angestellte. Der Koloss aus Stahl und Beton sollte sich über eine Länge von mehr als vier Kilometer erstrecken. 20.000 Menschen sollten hier einen jeweils zehntägigen Urlaub verbringen – ein Urlaub so total wie der folgende Krieg.

Oberster Bauherr war der Chef der *Deutschen Arbeitsfront* (DAF), *Robert Ley* (der beauftragte Architekt war übrigens nicht Speer, sondern der Kölner *Clemens Klotz*, der für seinen Entwurf bei der Weltausstellung in Paris 1937 einen Preis gewann). Die DAF hatte vor allem die Aufgabe, die arbeitende Bevölkerung zu Nationalsozialisten zu erziehen. *Kraft durch Freude* war eine Unterabteilung der DAF und die populärste Organisation des Regimes überhaupt. Das effektive Propaganda-Instrument dehnte die „nationalsozialistische Erziehung“ auf die Freizeit der Arbeiter aus und versuchte damit eine Art „Gleichschaltung des Urlaubs“ zu erwirken.

Das Seebad Prora wurde aber lediglich propagandistisch eingesetzt: Der Ausbruch des Zweiten Weltkrieges stoppte die Arbeiten und hinterließ eine gigantische Baustelle. Urlaub machte hier niemand. Die beteiligten Arbeiter, darunter ungezählte versklavte Zwangsarbeiter, wurden nach Peenemünde gebracht, um dort die Heeresversuchsanstalt aufzubauen, den Geburtsort der so genannten Wunderwaffe V2. Während des Krieges wurden die fertig gestellten Gebäude Proras als Lazarett genutzt, dann wurden ausgebombte Hamburger in den Rohbau mit Seeblick einquartiert. Es folgten die Sowjets, dann die NVA, Prora wurde militärisches Sperrgebiet. DDR-Kriegsdienstverweigerer, die Bausoldaten, wurden hier in Prora zwangsstationiert und mussten am neuen Hafen von Mukran mitbauen. Die NVA-Erbin, die Bundeswehr, löste den Standort 1992 schließlich auf.

fassbar weitläufige Komplex damit nicht einmal annähernd ausgefüllt wird und das Problem der Sanierung alles andere als gelöst ist. Im Mittelteil Proras befand sich die Museumsmeile mit dem Dokumentationszentrum Prora, Prora-Museum und Science-Center, NVA-Museum, dazu Galerien, Antiquariat/Café u. a. Mittlerweile aber hat einer der Museumsbetreiber diesen Block gekauft, während die übrigen nun fürchten, dass die zu erwartenden Mieterhöhungen Teil eines kaum kaschierten Verdrängungswettbewerbs sein werden. Viele Museen und Galerien haben ihre Pforten bereits geschlossen, Prora ist noch ein Stück öder geworden. Was aus dem Giganten werden wird, ist offen. Immerhin wurde, begleitet von großem Medienecho, in einem frisch sanierten Prora-Trakt die lange geplante Jugendherberge eröffnet.

Verbindungen **Bus**: Die **Linie 20** hält auf dem Weg von *Sassnitz* nach *Binz* (und weiter ins Mönchgut) mehrmals tägl. in Prora, ebenso die **Linien 23** und **28** von *Bergen* nach Binz bzw. nach *Sassnitz*. Außerdem gibt es zwei Haltestellen der **Regionalbahn** (Verbindung Bergen–Binz, Achtung: Oft muss man in Lietzow umsteigen). Schließlich fährt während der Saison auch das Bäderbähnchen **Prora-Express** von der Binzer Seebrücke aus.

Jugendherberge **Jugendherberge Prora**, beim Jugendzeltplatz (s. unten), ganz neue Herberge im komplett sanierten, strahlend weiß angestrichenen, nördlichsten Stück des Prora-Kolosses, wirbt als "längste Jugendherberge der Welt". 96 Zimmer, davon 18 DZ mit eigenem Bad, großes Sportangebot, u. a. mit Beachvolleyball und Fahrradverleih. Übernachtung mit Frühstück im Mehrbettzimmer 25,50 € (Senioren ab 27 J. 31,30 €), im DZ 29,50 € (Senioren 36,20 €), EZ 10 € Zuschlag pro Nacht, Mittag-/Abendessen je 5,50 €. DJH-Mitgliedschaft notwendig. Mukraner Straße, Gebäude 15, 18609 Binz, ✆ 038393-66880, 038393-668822, jh-prora@jugendherberge.de, www.prora.jugendherbergen-mv.de.

Camping **Jugendzeltplatz Prora**, weitläufiger Campingplatz des DJH im Norden Proras (noch ein Stück hinter dem Technikmuseum). Alles recht neu, wenig Schatten. Auch Fahrradverleih (5,50 €/Tag). Mitte April bis Okt. geöffnet. Übernachtung pro Pers. 15,50 €, Senioren über 27 J. 19,30 €, Frühstück inkl., Mittag-/Abendessen je 5,50 €. Man kann auch Zelte ausleihen. Mukraner Straße 12, 18609 Binz, OT Prora, ✆ 038393-133880, 038393-133995, www.jugendzeltplatz-prora.de.

››› **Lesertipp: Campingplatz Meier**: „Auf einem alten NVA-Gelände zwischen Binz und Prora, etwas abseits der Straße. Gepflegter Rasenplatz, schöne Stellplätze für Wohnmobile und Caravan; teilweise im Schatten. Separater Platzteil für Zelte im Nadelwald. Sehr saubere Sanitäranlagen. Am Platz die Gaststätte *Zur Mücke*. Mitte März bis Okt. geöffnet." Erw. 6 €, Jugendliche 5 €, Kinder 3,50 €, Hunde 3,50 € Zelt 5–6 €, Caravan, 6 €, Wohnmobil 11 €, Pkw 5 €, Motorrad 4,50 €. Proraer Chaussee 30, 18609 Binz/OT Prora, ✆ 038393-2085, 038393-32624, www.camping-meier-ruegen.de. ‹‹‹

Klettern **Seilgarten** bei Prora mit 13 Höhenparcours verschiedener Schwierigkeitsstufen. Der Klettergarten befindet sich gegenüber dem Dokumentationszentrum von Prora. April bis Okt. Di–So 10–17 Uhr geöffnet (Juni und Sept. bis 18 Uhr, Juli/Aug. auch Mo und bis 19 Uhr). ✆ 03831-3569473, www.seilgarten-prora.de.

Nachtleben **M 3**, große Diskothek und Nightspot für die gesamte Insel. Mehrere *areas*, neben dem *mainfloor* auch eine karibische Bar und ein Bistro, im Sommer Biergarten. Während der Saison Fr und Sa ab 21 Uhr, im Winter nur Sa ab 22 Uhr. ✆ 038393-32645, www.m3-disco.de.

Die Museen von Prora

Dokumentationszentrum Prora: Historisch Interessierte wird es in Prora zuallererst in das Dokumentationszentrum ziehen. Die erste Abteilung informiert umfassend über Vorgeschichte, Planung und Baugeschichte des KdF-Bades sowie über die Nutzung der Bauruine während des Krieges und nach Kriegsende. Die zweite Sektion konzentriert sich unter dem Schlagwort „Volksgemeinschaft" auf die sozial- und gesellschaftshistorischen Hintergründe des Nationalsozialismus: Bilddoku-

Rügen → Karte S. 208/209

Sellins Seebrücke: gestern ...

mente und Schautafeln befassen sich mit der Idee der Volksgemeinschaft und deren gewaltsamer „Formierung" in Alltag und Lebenswelt. Wechselnde Sonderausstellungen und Veranstaltungen begleiten die Dokumentation. Unbedingt sehenswert.

Juni bis Aug. tägl. 9.30–19 Uhr, März bis Mai und Sept./Okt. 10–18 Uhr, Nov. bis Febr. 11–16 Uhr. Eintritt 5 € (mit Kurkarte Binz 4 €), erm. 3 €, Kinder unter 13 J. frei. Objektstr. 1, 18609 Binz/OT Prora, ✆ 038393-13991, www.proradok.de.

KulturKunststatt Prora: Über insgesamt fünf Stockwerken bzw. 5000 Quadratmetern erstrecken sich vier Museen in einem, alle zu verschiedenen Aspekten des Themas Prora/Rügen. Dazu gibt es Galerien und ein Kaffeehaus.

Im Sommer tägl. 9–19 Uhr, im Winter 10–16 Uhr. Erw. 6,50 €, erm. 4 €, Kinder bis 6 J. frei. Objektstr. Block 3, 18609 Binz, ✆ 038393-32696, www.kulturkunststatt.de.

Eisenbahn- und Technikmuseum: Ein Stück nördlich ist auf 10.000 Quadratmetern überdachter Fläche das Eisenbahn- und Technikmuseum untergebracht. In der mittleren Halle stehen vor allem Oldtimer, darunter eine echte *Tin Lizzy* von Ford (1911) sowie eine MIG 21. In den Seitenhallen befinden sich dann die Lokomotiven (ab Baujahr 1903), besonders sehenswert die Dampfschneeschleuder von 1930.

April bis Okt. tägl. 10–17 Uhr, im Winter geschl. Eintritt 6 €, Kinder 3 €. Am Bahnhof „Prora", 18609 Binz, ✆ 038393-2366 (hinter dem Bahnhof links und dann rechts).

Schmale Heide

Feuersteinfelder: Diese geologische Besonderheit gibt es im nördlichen Teil der Schmalen Heide zu sehen. Auf einer Länge von ca. 2,5 Kilometern erstrecken sich mehrere bis zu 300 Meter breite Wälle aus Feuerstein. Eingefasst in das „Naturschutzgebiet Steinfelder in der Schmalen Heide" befindet sich im Norden der Feuersteinfelder ein kleiner Mischwald aus Kiefern, Ahorn und Eichen. Auf dem kargen Boden der Geröllwälle und entlang seiner Ränder wachsen vor allem Wacholder, Vogelbeere, Heiderose und Heidekraut.

Ein Parkplatz (1 €/Std.) befindet sich südlich von Neu Mukran, von hier aus führt ein Fußweg zunächst parallel zu den Bahngleisen, dann auf der anderen Seite nach Süden zu den Feldern (ca. 20. Min.).

... und heute

Sellin

ca. 2300 Einwohner

Auch in Sellin bestimmt grandiose Bäderarchitektur das Stadtbild. Besonders hervorzuheben: die in der Ortsmitte gelegene Wilhelmstraße, gesäumt von weiß getünchten Villen, und die berühmte Selliner Seebrücke, zu deren Füßen sich ein herrlicher Sandstrand erstreckt.

Eingerahmt wird der Ort von den südlichen Ausläufern der Granitz sowie dem Selliner See. Die Hauptverbindung zur bis zu 40 Meter hohen Steilküste bildet die Prachtallee Sellins, die *Wilhelmstraße,* eine Flaniermeile in Weiß, die ihre „Verlängerung" in der berühmten, 1998 wieder aufgebauten *Seebrücke* findet. Wie ein Steg in eine andere Zeit reicht die einzige bebaute Seebrücke Rügens, in dessen prachtvollen Gebäuden stilvolle Restaurants untergebracht sind, in die Ostsee hinein. Das Verbindungsstück der beiden außergewöhnlichen Beispiele der Bäderarchitektur ist die *Himmelstreppe,* eine Freitreppe, die über 99 Stufen vom Ende der Wilhelmstraße auf die Brücke und hinab zum breiten, feinsandigen Strand führt.

Ursprünglich war Sellin nur ein winziges Fischerdorf am Rande der ausgedehnten Ländereien der Herren zu Putbus, in dem noch 1806 kaum mehr als 100 Menschen lebten. Der Aufschwung zum Seebad erfolgte parallel zu den Nachbarn Binz und Göhren mit dem Anschluss des Dorfes an die Schmalspurbahn im Jahr 1895. Ein Jahr später ließ Fürst Wilhelm zu Putbus eine breite Allee anlegen, die Grundausstattung für einen mondänen Urlaubsort. 1896 entstand das erste Hotel auf dem Hochufer. Namensgeber für Promenade und Herberge war ihr Initiator Fürst Wilhelm zu Putbus. In schneller Folge wurden weitere Gebäude errichtet, alle im Stile der Zeit, reich verziert, strahlend weiß und mit Veranden, Loggien und Balkonen versehen. Bis 1912 hatte sich die Wilhelmstraße zu dem entwickelt, was sie heute ist: eine außergewöhnliche Bäderarchitektur-Meile. Ganzer Stolz des jungen Bades war die 1906 eröffnete Seebrücke. Zwischenzeitlich zerstört und abgerissen, wurde

Rügen → Karte S. 208/209

1998 der Neubau des Wahrzeichens Sellins fertig gestellt. Jüngste Attraktion ist die am seeseitigen Ende der Seebrücke angebrachte Tauchgondel, mit der man trockenen Fußes einen Blick in die Unterwasserwelt der Ostsee werfen kann.

Basis-Infos

Information **Kurverwaltung Sellin**, freundlich und kompetent, Informationen, Zimmervermittlung, Internetzugang (2 €/30 Min.). Mo–Fr 8.30–18 Uhr, Sa/So 10–18 Uhr; im Winter Mo–Fr nur bis 16.30 bzw. 17 Uhr, Sa nur bis 14 Uhr und So geschl. Seitenstraße am oberen Teil der Wilhelmstraße, beim Kurpark. Warmbadstr. 4, ✆ 038303-160, 📠 038303-16200, www.ostseebad-sellin.de.

Historische Ortsführungen zu den Themen „Selliner Seebrücke", „Bäderarchitektur" und „Wilhelmstraße" werden ganzjährig angeboten, Infos und Termine bei der Kurverwaltung.

Kurtaxe 1.5.–30.9. sowie Weihnachten/ Neujahr 2,30 €, Kinder 1,15 €, Familie 6,90 €, ansonsten 1,20 €, Kinder 0,60 €, Familie 3,60 €.

Taxi **Funktaxi** ✆ 038303-87062, **Mönchgut-Taxi** ✆ 038303-85045, **Zentrale Binz** ✆ 038393-2424.

Verbindungen **Bus**: Die **Linie 20** verbindet Sellin mit Binz, Prora, dem Fährhafen Sassnitz bei Neu Mukran, der Stadt Sassnitz und (seltener) direkt mit dem Königsstuhl sowie in anderer Richtung mit den Ostseebädern Baabe, Göhren und ganz im Süden Thiessow, fast stündl., bis Sassnitz bzw. Göhren häufiger.

Nach Bergen fährt die **Linie 24**, allerdings relativ selten direkt, so dass man mit der **Linie 20** zum Wendeplatz Serams fahren und dort in die **24** umsteigen muss.

Der **Rasende Roland** fährt auf seinem Weg entlang der Ostseebäder auch an Sellin vorbei. Haltestellen am südlichen und westlichen Stadtrand, ✆ 03838-813594, www.rasender-roland.de. Preise und weitere Infos s. S. 217.

Der **Ortsbus** fährt von der Seebrücke nach Neuensien und Seedorf sowie nach Altensien und Moritzdorf (jeweils 7-mal tägl.).

Schiffsverbindungen zu Rügens Ostseebädern: Die Reederei Ostsee-Tour verbindet Sellin mit dem Sassnitzer Stadthafen sowie mit den Seebrücken von Binz und Göhren. Fahrten von April bis Okt., auch Familientickets und Kombitickets mit dem Rasenden Roland, Tickets an Bord. Reederei Ostsee-Tour, Hafenstr. 12 j, 18546 Sassnitz, ✆ 038392-3150, 📠 038392-50672, www.reederei-ostsee-tour.de.

Aktivitäten

Ausflugsschiffe siehe Binz/Praktische Informationen S. 222.

Baden Die Blaue Flagge ziert auch Sellins Strand. Er teilt sich in zwei Abschnitte. Unterhalb des Hochufers bei der Wilhelmstraße erstreckt sich bei der Seebrücke der lange und breite **Nordstrand**. Etwas nördlich (hier etwas steinig) sowie südlich beginnen Hundeabschnitte, noch etwas weiter nach Süden der FKK-Bereich. Daran anschließend findet sich der **Südstrand** (Vorteil: länger Sonne), den man am leichtesten über den Weißen Steg erreicht (Ostbahnstraße, dann vor dem Seepark abbiegen, strandnah auch ein kostenpflichtiger Parkplatz). An beiden Strandabschnitten sanitäre Einrichtungen. Der Nordstrand wird auf der Höhe der Seebrücke, der Südstrand bei der Einmündung des Weißen Stegs von der DLRG überwacht. Beide Strandabschnitte sind feinsandig, nahezu steinfrei und einfach traumhaft.

Einkaufen **Rügener Sanddorn-, Obst- und Gemüsehandel**, zahlreiche Sanddornprodukte sowie diverse kulinarische Mitbringsel, aber auch frisches Obst und Gemüse in der Wilhelmstraße 42.

Erlebnisbad Das **Inselparadies Sellin** ein Hallenbad zu nennen, wäre untertrieben: Abenteuer- und Warmbecken, Wildwasserkanal, Whirlpool und Sprudelliegen, eine über 100 m lange Rutsche usw., große Saunalandschaft und Gastronomie. Tägl. 9–22 Uhr, im Winter 10–22 Uhr. Badstr. 1, ✆ 038303-1230, 📠 038303-12345, www.inselparadies.de.

Fahrradverleih **Conny's Fahrradverleih**, gegenüber der Seepark-Passage am unteren Ende der Wilhelmstraße, Fahrrad ab

4 €/Tag. Granitzer Str. 45, ✆ 038303-95577, www.fahrradverleih-selliln.de.

Tauchgondel Juni bis Aug. tägl. 10–21 Uhr, Mai, Sept., Okt. tägl. 10–18 Uhr, Nov. bis April 11–16 Uhr (maximal aber bis Sonnenuntergang), wetterbedingte Ausfälle sind möglich, ein Tauchgang (mit 3D-Filmen) dauert etwa 45 Min., Erw. 8 €, erm. 6 €, Kinder bis 15 J. 4,50 €, Familienticket 18–20 €. An der Seebrücke, ✆ 038303-92777, www.sellin.tauchgondel.de.

Veranstaltungen U. a. das **Seebrückenfest** am letzten Juliwochenende. Veranstaltungskalender über die Kurverwaltung oder im Internet unter www.ostseebad-sellin.de.

Übernachten

**** **Hotel Bernstein**, sehr schöne Lage auf dem Hochufer (südlich der Wilhelmstraße), gutes Restaurant mit Terrasse sowie Lounge/Bar. Großer Wellnessbereich samt Sauna, Fitnessraum und Schwimmbad (indoor, aber dank Panoramafenster mit Ostseeblick). Die meisten Zimmer mit Balkon, viele davon mit direktem Meerblick. EZ 95–101 €, DZ 150–180 €, inkl. Frühstück. Hochuferpromenade 8, 18586 Sellin, ✆ 038303-1717, ℻ 038303-1718, www.hotel-bernstein.de.

Villa Elisabeth, das freundliche, bodenständige Hotel in der Wilhelmstraße ist in einer schönen Bädervilla untergebracht. Geräumige Zimmer, teils mit großem Holzbalkon. Zum Hotel gehört auch ein Restaurant. EZ 50 €, DZ 90 €, inkl. Frühstück. Wilhelmstr. 40, 18586 Sellin, ✆ 038303-87044, ℻ 038303-87045, www.hotel-elisabeth-sellin.de.

>>> **Unser Tipp: Pension Tatjana**, Rügens rotes Russlandhaus an der weißen Wilhelmstraße. Große, individuelle, von Künstlern vor allem aus Russland und Rügen gestaltete Zimmer, dabei „work in progress", denn immer wieder wird das eine oder andere Zimmer neu eingerichtet und ausgestattet. Parkplätze am Haus, schöne Dachterrasse, Sauna. Zur Pension gehört auch die russische Teestube/Restaurant Tschai Kowski (s. u.). Ca. 200 m vor der Seebrücke. EZ 45 €, DZ 66–78 €, inkl. Frühstück. Wilhelmstr. 28, 18586 Sellin, ✆ 038303-1450, ℻ 038303-85693, www.pension-tatjana.de. <<<

Jugendherberge Sellin, in einem Mehrfamilienhaus mit Parkplatz im Hof, nahe des Kleinbahnhofs im südlichen Ortsteil, zu Fuß ca. 10 Min. ins Zentrum. Viele Schulklassen. Im Mehrbettzimmer 25,50 €, im DZ 29,50 €, Senioren ab 27 J. 31,30 € im Mehrbettzimmer, im DZ 36,20 €, jeweils inkl. Frühstück. Mittag-/Abendessen je 5,50 €. Kiefernweg 4, 18586 Sellin, ✆ 038303-95099, ℻ 038303 95098, www.sellin-jugendherbergen-mv.de.

Außerhalb **Hotel Moritzdorf**, absolut ruhig am südlichen Rand des hübschen gleichnamigen Weilers gelegenes Hotel, nettes Restaurant (auch vegetarisch) mit Terrasse. Preise okay, behagliche Zimmer. DZ mit Frühstück 86–130 €, Halbpension 19 €. Moritzdorf 15, 18586 Sellin, ✆ 038303-186, ℻ 038303-18740, www.hotel-moritzdorf.de.

Essen & Trinken

Palmengarten und Kaiserpavillon, durchaus als Erlebnisgastronomie zu bezeichnen. Ob im stilvollen Café oder im schicken Restaurant, das einzigartige Ambiente erzeugt der Standort: die Seebrücke. Geschmackvoll eingerichtet, freundlicher Service (Hauptgerichte um 20 €, Pasta ab 9 €, auch Pizza). Tägl. 10–22 Uhr. Seebrücke Sellin, ✆ 038303-929600, www.seebrueckesellin.de.

Tschai Kowski, russische Teestube und Restaurant in der *Pension Tatjana* (s. o.), große Teeauswahl, Frühstück, Mittagstisch und Abendessen mit köstlichen russischen Spezialitäten (wer sein Russisch ein bisschen auffrischen will, hat hier die Möglichkeit: die Karte ist zweisprachig). Sehr sympathisch. Wilhelmstr. 28, ✆ 038303-1450, www.pension-tatjana.de.

Selliner Kleinbahnhof, nochmals Erlebnisgastronomie, das nett hergerichtete Restaurant gleicht in Teilen einem Eisenbahnmuseum, und wenn draußen der Rasende Roland vorbeifährt, könnte man tatsächlich meinen, auf Reisen zu sein. Mit Terrasse. Relativ günstige Tagesgerichte, ansonsten mittleres Preisniveau, tägl. ab 11.30 Uhr geöffnet. Am Kleinbahnhof, ✆ 038303-87971.

Zum Skipper, beliebtes Fischrestaurant in der Wilhelmstraße, innen maritim, draußen Terrasse, Preise in Ordnung, tägl. 11–22 Uhr (im Winter eingeschränkt). Wilhelmstraße 31, ✆ 038303-90740.

Rügen → Karte S. 208/209

Traditionsreich: Ruderbootfähre am Baaber Bollwerk

Mönchgut

Die Halbinsel südöstlich der Granitz streckt sich mehr wie eine Inselgruppe weit ins Meer hinein. In zwei eleganten Schwüngen zieht sich die Küste vom Kap Nordperd beim Ostseebad Göhren über die kleine Landzunge Lobber Ort zum Kap Südperd bei Thiessow. Der südliche Abschnitt ist ein einziges kilometerlanges, feinsandiges Badeparadies, schlicht (und zutreffend) *Großer Strand* genannt. Die westliche Küste hingegen ist stark zergliedert, weit springen die hügeligen Halbinseln in den Bodden hinein und formen lang gestreckte Buchten.

Baabe

ca. 900 Einwohner

Das „Tor zum Mönchgut“ versucht seit der Wiedervereinigung, an die großen Schwestern im Norden und im Süden anzuschließen. Doch bis heute ist der Ort, in dem außerhalb der Saison kaum 900 Menschen wohnen, ein ruhiges Ostseebad mit dörflichem Charakter geblieben. Ein begrünter Boulevard, in dessen Mitte ein Fußgängerweg unter Lauben zum Strand führt, ein paar sorgsam renovierte Bädervillen und eine neue Kuranlage zeugen von vergangenen und aktuellen Ambitionen. Jenseits der Göhrener Chaussee zeigt sich das andere Gesicht Baabes: Boddenseits erstreckt sich in einem leichten Bogen das alte Fischerdorf bis an das von einem Schilfgürtel gesäumte Ufer des Selliner Sees. Ein gutes Stück jenseits der Ortsgrenze endet die Dorfstraße am Bollwerk, dem kleinen Hafen von Baabe, an dem noch ein paar Fischer ablegen. Ein Fährmann setzt in einem Ruderboot über nach Moritzdorf. Neben dem Bollwerk befindet sich ein elegantes Hotel.

Basis-Infos

Information Die **Touristinformation** befindet sich in einem Pavillon aus Holz und Glas am Anfang der Strandstraße (mit Blick Richtung Meer linker Hand), geöffnet Mo–Fr 10–14 Uhr (✆ 038303-14241). Nov. bis März geschlossen, Infos auch in der **Kurverwal-**

tung Baabe, die sich im *Haus des Gastes* befindet (zuletzt: Mo–Fr 9–17 Uhr, Sa/So 10–17 Uhr, im Winter eingeschränkt). Nebenan Spielplatz, Minigolfanlage und Bocciabahn. Am Kurpark 9, 18586 Baabe, ✆ 038303-14218, 038303-14299, www.baabe.de.

Kurtaxe Erw. 2,30 €, Jugendliche (16–18 J.) 1,15 €, in der Nebensaison etwas weniger, Kinder unter 16 J. frei.

Verbindungen/Ausflüge Die **Bus-Linie 20** fährt fast stündlich nach Sassnitz (Stadt) (seltener auch direkt bis Königsstuhl), in Gegenrichtung nach Thiessow und zurück.

Kleinbahn: Bis zu 12-mal tägl. mit dem *Rasenden Roland* nach Göhren und in anderer Richtung nach Sellin, Binz und Putbus, in der Nebensaison 6-mal tägl. ✆ 03838-813594. Preise und weitere Infos unter Putbus, S. 217.

„Stadtbus": *Uns lütt Bahn* pendelt 9-mal tägl. zwischen Strandpromenade und Bollwerk hin und her (nur Ostern bis Okt.), 1 €.

Personenfähre Baabe – Moritzdorf: Vom Bollwerk, Baabes Hafen am Bodden, rudert der Fährmann zur Saison tägl. zwischen 9 und 20 Uhr über die schmale Wasserstraße zwischen Having und Selliner See. Da das Fährhaus am anderen Ufer steht, muss man am Steg diesseits mit der Schiffsglocke läuten. Fahrräder, Kinderwagen und Hunde werden mitgenommen; 0,50 €/Pers., 1 €/Fahrrad.

Aktivitäten

Ausflugsschiff Mit der *MS Lamara* durch das Biosphärenreservat Südost-Rügen und um die Insel Vilm, nach Ostern an schönen Tagen (11 Uhr), Mai bis Okt. 2-mal tägl. (11 und 14 Uhr), im Juli/Aug. auch Abendfahrten (Di und Do 18 Uhr), ✆ 038303-909951, www.ms-lamara.de.

Fahrradverleih bei **Casa Atlantis**, ab 5 €/Tag (3-Gang), Strandstr. 5, ✆ 0151-18427010, www.fahrradverleih-baabe.de.

Kitesurfen **Kiteschule Atlantis** in der *Casa Atlantis*, Kitesurfkurse auch in Verbindung mit Unterkunft (s. u.). Strandstr. 5, ✆ 038303-95565, www.casa-atlantis.de.

Theater **Lachmöwe**, Kleinkunst zwischen politischem Kabarett und Comedy, gespielt wird Ostern bis Okt., Vorstellungsbeginn 20.30 Uhr, auch Restaurant (s. u.). Strandstr. 25, ✆ 038303-99075, www.kabarett-theater-lachmoewe.de.

Übernachten/Essen & Trinken

Hotel Solthus am See, am Bollwerk, stilvolles Hotel mit Hallenbad, Wellnessbereich und Sauna in einem architektonisch interessanten Gebäudekomplex mit tief hängendem Rohrdach. Zum Haus gehört ein Restaurant, das auch den Gourmet zufrieden stellen kann. Ganzjährig geöffnet. EZ 115 €, DZ 176 €, inkl. Frühstück und Nutzung des Wellnessbereichs. Bollwerkstr. 1, 18586 Baabe, ✆ 038303-87160, 038303-871699, www.solthus.de.

Zum Fischer, uriges Gasthaus einer alteingesessenen Fischerfamilie, die auch heute noch fängt. Sehr beliebt, auch eigene Räucherei und Verkauf, von März bis Anfang Okt. ab 12 Uhr geöffnet, warme Küche bis 21 Uhr, Fischverkauf ab 9 Uhr. Bollwerkstr. 4 (am südwestlichen Dorfrand am Weg zum Hafen), ✆ 038303-86428.

Casa Atlantis, sympathisches Restaurant/Tapas Bar (auch Hotel, Kiteschule und Fahrradverleih) an der Strandstraße, günstige Tagesgerichte (span. Küche), vor allem junges Publikum. Auch Zimmer, die aber oft von Kursteilnehmern der zum Haus gehörenden Kiteschule belegt sind. DZ mit Frühstück ab 79 €, EZ ab 49 €. Strandstr. 5, 18586 Baabe, ✆ 038303-95565, 038303-95525, www.casa-atlantis.de.

Lachmöwe, gemütliches und sympathisches Restaurant im Kabarett-Theater, täglich ab 16 Uhr geöffnet. Bei legerer Kneipenatmosphäre gibt es Antipasti und Elsässer Flammkuchen. Zu essen und zu trinken bekommt man auch an Spieltagen, bestellt werden kann dann bis Vorstellungsbeginn (20.30 Uhr), in der Pause und nach dem Schlussapplaus. Strandstr. 25, ✆ 038303-99075.

››› **Lesertipp:** Leser empfehlen das gemütliche **Café Klatsch**, entspannte Atmosphäre, leckerer selbst gebackener Kuchen, Am Kurpark 2, ✆ 0172-3027058. ‹‹‹

Rügen → Karte S. 208/209

Göhren

ca. 1200 Einwohner

Das Ostseebad mit den zwei Stränden – der feinsandige Nordstrand samt Promenade und Seebrücke und der naturbelassene Südstrand. Dazwischen erhebt sich der Kurort auf einer Anhöhe.

Endlos an der Strandpromenade aneinandergereihte, strahlend weiße Villen sucht man in Göhren vergebens. Dafür lässt das bewaldete *Nordperd*, die für Inselverhältnisse durchaus bergige Landzunge, auf die der Ort gebaut wurde, einfach keinen Platz. Hinter dem Strand erstreckt sich der neu gestaltete Kurpark des Ortes mit Musikpavillon aus dem Jahr 1924, in dem heute nach sorgsamer Restaurierung wieder regelmäßig Konzerte stattfinden. Im Ortszentrum stößt man dann auf das alte Göhren mit seinen reetgedeckten Fachwerkhäusern. Drei von ihnen gehören heute zum Verbund der auf der Halbinsel verteilten Mönchguter Museen: Im *Heimatmuseum* (Strandstraße/Ecke Thiessower Str., mitten im Zentrum) erhält man einen guten Einblick in die Geschichte des Seebades Göhren, zu sehen sind u. a. eine alte Bauernstube, Trachten und historische Fotos; der *Museumshof* (nur wenige Schritte auf der Strandstraße weiter bergab), untergebracht in einem teilweise originalen Gebäude eines bäuerlichen Gehöftes, bietet eine bunte Mischung aus kleineren Landmaschinen, Trensen, Leiterwagen und anderen landwirtschaftlichen Gerätschaften; und das um 1720 erbaute *Rookhus* (Rauchhaus), ein schornsteinloses Fachwerkhaus mit tief herabhängendem Rohrdach ein Stück unterhalb des Heimatmuseums (Thiessower Straße), verschafft Eindrücke von den einstigen Wohn-, Arbeits- und Lebensverhältnissen der hiesigen Fischer und Bauern. Komplettiert wird die „Göhrener Museumsmeile“ durch das am Südstrand auf Beton aufgebockt liegende *Museumsschiff Luise* (zu Fuß gut 10 bis 15 Minuten vom Zentrum), ein begehbarer und vollständig eingerichteter Küstenfrachter von 1906.

Heimatmuseum: in der Saison tägl. 10–17 Uhr, (Juli/Aug. bis 18 Uhr), Mitte Okt. bis Mitte April 10–16 Uhr; **Museumshof**: gleiche Öffnungszeiten wie das Heimatmuseum (im Winter aber nur Mo–Fr); **Rookhus**: nur Mitte April bis Mitte Okt. geöffnet, tägl. 14–17 Uhr; **Museumsschiff**: ebenfalls nur Mitte April bis Mitte Okt. geöffnet (tägl. 10–13 Uhr, Juli/Aug. bis 17 Uhr).

Eintritt jeweils 3 €, ermäßigt 2,50 € (Kinder/Kurkarte), Kombiticket Heimatmuseum und Museumshof 6 € (erm. 4 €), Sammelticket für alle vier Museen 8 € (erm. 6 €).

Nicht in einem der Museen untergebracht und dennoch eine veritable Sehenswürdigkeit ist der *Buskam*, ein vor dem Nordstrand Göhrens aus dem Wasser ragender Granitblock mit imponierendem Maß (40 Meter Unfang) und nicht weniger beeindruckendem Gewicht (über 1600 Tonnen). Der gewaltige Fels ist der größte Findling der deutschen Ostseeküste, zuweilen wird er auch der „größte Stein Nordeuropas“ genannt. Natürlich ranken sich um solch einen markanten Felsen zahlreiche Legenden und Geschichten, Meerjungfrauen sollen sich hier sonnen und Hexen Versammlungen abhalten.

Basis-Infos

Information **Kurverwaltung Göhren**, im Sommer (1.5.–30.9.) Mo–Fr 9–18 Uhr, Sa 9–12 Uhr, So geschl. Im Winter Mo–Fr 9–12 Uhr und 13–16.30 Uhr, Di bis 18 Uhr, Fr 9–15 Uhr. Umfangreiches Infomaterial, Stadtplan usw. Poststr. 9, 18586 Göhren, ✆ 038308-66790, ℻ 038308-667932, www.goehren-ruegen.de.

Kurtaxe 1. Mai bis 30. Sept. 2,30 €, 1. Okt. bis 30. April 1 €, Kinder unter 18 J. frei.

Sand satt: Göhrens Strand

Taxi Sellin, ✆ 038303-87062; **Mönchgut-Taxi**, ✆ 038303-85045 oder 0171-4185045; **Zentrale Binz**, ✆ 038393-2424.

Verbindungen **Bus**: die **Linie 20** verbindet Göhren mit *Baabe, Sellin, Binz, Prora*, dem *Fährhafen Sassnitz* bei Neu Mukran und der *Stadt Sassnitz* (seltener auch direkt mit dem Königsstuhl) sowie in anderer Richtung mit *Thiessow* und *Klein Zicker*, fast stündlich.

Bahn: Göhren ist die Endhaltestelle des *Rasenden Rolands*. In der Hauptsaison bis zu 12-mal tägl. (Sept. bis Mai nur 6-mal) Verbindung mit den Ostseebädern Baabe und Sellin, über die Granitz nach Binz sowie nach Putbus. ✆ 03838 813501. Preise und weitere Infos S. 217.

Göhrener Bäderbahn: Die Touristenbahn verkehrt während der Saison von 9–16 Uhr zwischen Kleinbahnhof, Seebrücke, Kino, Südstrand, Hotel Hanseatic und zurück.

Schiffsverbindungen zu Rügens Ostseebädern: Die Reederei Ostsee-Tour verbindet Göhren mit dem Sassnitzer Stadthafen (ab dort auch Königsstuhl und Kap Arkona) sowie mit den Seebrücken von Binz und Sellin, Karten an Bord. Reederei Ostsee-Tour, Hafenstr. 12 j, 18546 Sassnitz, ✆ 038392-3150, 038392-50672, www.reederei-ostsee-tour.de.

Etwas günstiger ist man mit den Adler-Schiffen unterwegs: Die *MS Mönchgut* fährt im Sommer nach Sellin und Binz, von dort weiter zum Kreidefelsen. Tickets bei der Kurverwaltung oder an Bord, ✆ 038378-47790, www.adler-schiffe.de.

Aktivitäten

Baden Zwei Strände: der **Hauptstrand im Norden** und der weniger frequentierte **Südstrand**. Unterteilt werden die Abschnitte durch den Nordperd, die in die Ostsee hereinreichende Landzunge. Der attraktivere Badespot ist zweifellos der feinsandige, flach ins Meer abfallende Nordstrand, der auch über touristische Infrastruktur verfügt. Der südliche Abschnitt ist ruhiger und hat länger Sonne, ist aber nicht so ansehnlich wie sein nördliches Pendant. Der letzte Strandabschnitt Richtung Nordperd ist in zwei **FKK-Strände** und einen **Hundestrand** unterteilt.

Fahrradverleih Drei Anbieter im Ort, z. B. **Tilly**, Schulstr. 7, ✆ 038308-2240; **Tetzel**, Kastanienallee 9, ✆ 038308-25406; **Klingenberg Fahrrad-Verleih**, Gartenweg 2, ✆ 038308-2169.

Rügen → Karte S. 208/209

Übernachten

Hotels/Ferienwohnungen **** **Hotel Hanseatic**, gegenüber dem alten Wasserturm (am höchsten Punkt von Göhren). Stilvolles Ambiente, zwei Restaurants (darunter der *Berliner Salon*, s. u.), Cocktailbar, Wintergarten, Turmcafé mit herrlichem Blick, im Untergeschoss Hallenbad, Sauna und Wellnessbereich. Komfortable und stilvoll-modern eingerichtete Zimmer, meist mit französischem Balkon. EZ 134 €, DZ 169–189 €, Frühstück inkl. Nordperdstr. 2, 18586 Göhren, ✆ 038308-515, ℻ 038308-51600, www.hotel-hanseatic.de.

**** **Hotel Meeresblick**, am Ortsrand nahe Südstrand mit schönem Blick, zu Fuß wenige Minuten zum Meer. Mit Restaurant (s. u.), Zimmer über mehrere Gebäude verteilt, gehobener Standard. Auch Hallenbad, Sauna, Massagen usw. Parkplatz am Haus. EZ 100 €, DZ 140–160 €, Frühstück inkl., Halbpension (drei Gänge) 25 €, Hund 8 €. Friedrichstr. 2, 18586 Göhren, ✆ 038308-5650, ℻ 038308-565200, www.meeresblick-goehren.de.

Hotel Stranddistel, sympathisches, kleineres Hotel in ruhiger Seitenstraße gleich bei der Strandstraße, freundlicher Service. Mit Fitnessraum und Sauna, das Hotel veranstaltet zudem ganztägige Segeltörns auf der eigenen Yacht. EZ ab 70 €, DZ ab 98 €, Frühstück inkl. Katharinenstr. 9, 18586 Göhren, ✆ 038308-5450, ℻ 038308-5455, www.ruegen-hotel-stranddistel.de.

Camping **Regenbogen Camp**, riesiges Areal beim Bahnhof, mit großem Strandabschnitt (Textil, FKK, Hund), Restaurant, Cafébar, Supermarkt und Wellnessbereich, am Strand Segeln, Surfen, Beachvolleyball etc., auch Animation und Abendunterhaltung. Idyllische Stellplätze für Zelte im Waldstreifen, weniger romantisch sind die Wohnmobil-Stellplätze. Auch Ferienhäuser, Tipis, Mietwohnwagen und -zelte. Ganzjährig geöffnet. Erw. 10 €, Kinder 3,30 €, Zelt 5,30–14,50 €, Wohnwagen/-mobil 15–17,50 €, Auto 5 €, Strom 3,50 €, Hund 4 €. Am Kleinbahnhof, 18586 Göhren, ✆ 038308-90120, ℻ 038308-2123, www.regenbogen-camp.de.

Essen & Trinken/Nachtleben

Essen & Trinken **Knoblochs Kräuterküche**, nur am Wochenende abends zaubert Spitzenkoch Peter Knobloch ein Degustationsmenü für seine Gäste (90 €) und lässt sich dabei auch noch über die Schulter schauen. Nur wenige Plätze, Reservierung obligatorisch! Friedrichstr. 8, ✆ 038308-34094, www.villa-mit-sonnenhof.de.

Berliner Salon, noch ein Toprestaurant, der kleine Berliner Salon, dessen Chefkoch Benedikt Faust kürzlich einen Stern erkochte, gehört zum Hotel Hanseatic. Geöffnet Do–Sa abends, vorherige telefonische Reservierung erforderlich. Nordperdstr. 2, ✆ 038308-515, www.hotel-hanseatic.de

Meeresblick, gehobenes Restaurant im gleichnamigen Hotel, März bis Okt. mittags und abends geöffnet, Mi geschlossen. Friedrichstr. 2, ✆ 038308-565514.

Muschelbar, nette Lage am Strand mit großer Terrasse und Ostseeblick, innen urig, klassische Rügener Fischküche, wir probierten eine ausgezeichnete Fischsuppe. Während der Saison ganztägig durchgehend geöffnet, Nordstrand 1, ✆ 038308-25442.

Nachtleben **Globetrotter Cocktailbar**, karibisch anmutende Bar in einer Seitenstraße im Zentrum, bei leckeren Cocktails versinkt man in tiefen Rattansesseln. Entspannende Atmosphäre, flotter Service, gemischtes Publikum. Mai bis Okt. Di–So 19–1 Uhr geöffnet, im Winter nur Fr/Sa. Katharinenstr. 5, ✆ 038308-25414, www.globetrotterbar.de.

Middelhagen und Alt Reddevitz

Im Herzen der Halbinsel liegt das idyllische Middelhagen (ca. 600 Einwohner). Seine Gründung geht auf eine Rodung der Eldenaer Mönche zurück, die den Verwaltungssitz ihres Gutes hierher verlegten. Malerisch ist das Gebäudeensemble im winzigen historischen Kern mit der von den Zisterziensern Mitte des 15. Jh. er-

Anspannung vor Unterrichtsbeginn

richteten Kirche St. Katharina, dem aus dem 17. Jh. stammenden *Hallenhaus,* dem alten Gasthof und dem Schulhaus von 1825. Bis 1962 wohnte und unterrichtete dort der Dorflehrer, heute dient das Gebäude als *Schulmuseum.* Unterricht findet aber immer noch statt – historische Schulstunden für Besucher.

Schulmuseum und Hallenhaus, April und Okt. Di–So 10–15 Uhr, Mai/Sept. 10–16 Uhr, Juni bis Aug. 10–17 Uhr; historische Schulstunden Mi 10 Uhr (Juli/Aug. auch Di 10 Uhr). Eintritt 3 €, Schüler/Stud. 2,50 €, Schulstunden 2 € bzw. 1 €, Anmeldung/Infos unter ✆ 038308-2478.

Alt Reddevitz ist ein schmuckes 150-Seelen-Dorf nordwestlich von Middelhagen am Nordufer der Hagenschen Wiek. Seinen Kern bilden ein paar hübsche reetgedeckte Häuser, darunter ein uriger Gasthof in einer Scheune. An den Dorfrand schließt sich ein kleiner steiniger Badestrand an, gesäumt wird er von einem Grünstreifen. Über vier Kilometer zieht sich von hier eine lange, dürre Landzunge in den Bodden: das Reddevitzer Höft. Ein Plattenweg führt über die ganze Halbinsel bis zur Landspitze, wo sich ein nettes Ausflugslokal befindet, von dem ein Fußpfad hinab ans Ufer führt.

Verbindungen Die **Buslinie 20** verbindet *Sellin* und *Göhren* fast stündlich mit *Thiessow* und hält in Middelhagen, nach Norden weiter bis *Binz* und *Sassnitz* (seltener direkt bis zum Königsstuhl), außerdem Verbindung nach Bergen (möglicherweise am Wendeplatz in Serams umsteigen). Etwa 5-mal tägl. fährt der Bus den Umweg nach Alt Reddevitz (Sa/So nur 1-mal).

Achtung: Die **Kleinbahn**-Haltestelle *Philippshagen* befindet sich 2 km nördlich von Middelhagen/Philippshagen mitten in der Baaber Heide.

Übernachten/Essen & Trinken **Zur Linde**, historisches Gasthaus in der Dorfmitte von Middelhagen. Bier aus der hauseigenen Brauerei, in der Küche werden regionale Produkte zubereitet. Geräumige Zimmer, auch Wellnessangebot, Sauna und geführte Wanderungen. Innen rustikal gemütlich, außen mit Biergarten. EZ ab 55 €, DZ 80–88 €, Frühstück inkl. Dorfstr. 20, 18586 Middelhagen, ✆ 038308-5540, ℻ 038308-55490, www.zur-linde-ruegen.de.

»› Lesertipps: „**Brasserie/Café Zum Froschkönig**, in Middelhagen, mit Sonnenterrasse direkt am Rad- und Wanderweg

Rügen → Karte S. 208/209

Richtung Alt Reddevitz, leckere Fischgerichte, köstlicher Kuchen, cremiges Softeis." Sehr beliebt und entsprechend gut besucht. Mo Ruhetag. Das Café befindet sich unweit des Schulmuseums in der Dorfstr. 4, ✆ 038308-25663.

Und noch ein Lesertipp, nochmals ein Café, dieses aber am Ortseingang von Alt Reddevitz: **Café Moccavino**, von der Terrasse hat man einen herrlichen Blick aufs Wasser und hinüber auf die Zickerschen Berge, hausgemachter Kuchen, freundliche Atmosphäre, Alt Reddevitz 18a, ✆ 038308-66336. «««

Gasthof Kliesow's Reuse, in einer reetgedeckten Scheune in Alt Reddevitz, mit eigener Backstube, traditionelle Gerichte zu fairen Preisen, auch Ferienwohnungen. Durchgehend 8.30–22 Uhr geöffnet, Di Ruhetag. Für 2 Pers. 60 €, für 4 Pers. 75 €, Hund 5 €/Tag. Dorfstr. 23 a, 18586 Alt Reddevitz, ✆ 038308-2171, 📠 038308-25527, www.gasthof-kliesows-reuse.de.

Having Hof, Hofanlage am äußersten Ende des *Reddevitzer Höfts*, nettes Ausflugslokal in herrlicher Umgebung (und absoluter Alleinlage), zur Saison tägl. 12–15 und 18–22 Uhr geöffnet, sonst Mi Ruhetag, auch Ferienwohnungen (ab 70 €/2 Pers.). Alt Reddevitz 49, 18586 Alt Reddevitz, ✆ 038308-5500, 📠 038308-55025, www.having-hof.de.

Fahrradverleih **Radlerhus**, Tourenräder, Trailer, Bollerwagen, Hundekörbe etc., auch Ferienwohnungen. Dorfstr. 34/35, 18586 Middelhagen, ✆ 038308-25482, www.radlerhus-deutschmann.de.

Einkaufen **Pokenstuw**, gut sortierter Laden mit allerlei Inselprodukten, aber auch einfach nur Brötchen, im idyllischen Hof auch Café und Teestube, zuvorkommend und freundlich. Dorfstr. 19 a, ✆ 038308-6680, www.ruegentypisch.de.

Zur Strandburg, die Mönchguter Brennerei liegt idyllisch auf der Landzunge westlich von Alt Reddevitz (Anfahrt: Richtung Reddevitzer Höft, etwa 600 m nach Alt Reddevitz rechts ab), sehr gute Brände und Geister, z. B. der milde Sanddorngeist oder der Zwetschgenbrand. Geöffnet April bis Okt. tägl. 10–18 Uhr, Nov. bis März 11–16 Uhr. Hövt 36, ✆ 038308-34105, www.hofbrennerei-strandburg.de.

Reiten **P-Ranch**, ein Stück nordwestlich von Alt Reddevitz gelegen, geführte Ausritte und Unterricht, auch für Anfänger. Eigene kleine Quarter-Horse-Zucht. Auch Ferienwohnungen. Reiterhof Pisch, 18586 Alt Reddevitz, ✆ 038308-2370, Reittermine unter ✆ 0160-6011630, www.ruegen-reiterhof.de.

Groß Zicker und Gager

ca. 300/ca. 400 Einwohner

Wie eine Insel erheben sich die Zickerschen Berge aus Bodden, Salzwiesen und Schilfmeer. An ihren Rändern liegen der kleine Hafenort Gager und das Dorf Groß Zicker.

Die höchste Erhebung des Mönchguts ist mit 66 Metern der Bakenberg, von dem aus man einen herrlichen Panoramablick über die Halbinsel, Bodden und Ostsee genießen kann. Um den westlichen Ausläufer der Erhebung, Zickersches Höft genannt, verläuft über dem Uferabbruch ein hübscher Wanderweg. Im Norden liegt das Fischerdorf Gager, das sich trotz der neuen Anlage *Port Gager* beschaulich zeigt. Im Süden befindet sich Groß Zicker, wo es dank des idyllischen Ortsbildes schon einmal etwas voller werden kann. Am Ortseingang duckt sich eine alte Kirche unter prächtige Bäume. Das Gotteshaus mit Kreuzrippengewölbe im Chor wurde im 14. Jh. errichtet, der hölzerne Dachturm, der der Kirche ein gedrungenes Gesamtbild verleiht, stammt allerdings aus dem 19. Jh. In der Dorfmitte befindet sich das *Pfarrwitwenhaus*, ein niederdeutsches Hallenhaus und eines der ältesten Wohnhäuser auf Rügen. Gebaut wurde es 1720, nachdem der ansässige Pfarrer verstorben war und seine Witwe mittel- und obdachlos hinterlassen hatte. Heute ist es sorgsam renoviert und gehört zum Verbund der Mönchguter Museen.

Malerisch: das Pfarrwitwenhaus

Fahrradverleih Fahrradverleih **Kraft**, Tourenräder ab 5 €/Tag, auch MTBs, Tandems, Anhänger und Helme, außerdem Strandversorgung aller Art. An der Abzweigung von der Verbindungsstraße Göhren/Thiessow, Boddenstr. 3, ✆ 038308-30512.

Hafen Kleiner, durch die Mole perfekt geschützter Hafen in Gager, ca. 60 Liegeplätze bei 2–4 m Tiefe, ✆ 038308 8210.

Übernachten/Essen in Gager **Port Gager**, neben „Lachsmanufaktur und Räucherei" sowie Unterkünften – von der Mannschaftskajüte ab 15 € pro Koje und Nacht über die Kapitänskajüte (100 €) bis zur Reedersuite für 120 € – ist am Hafen das schicke Restaurant **Alte Bootswerft** entstanden, hier gibt es natürlich vornehmlich Lachs, günstige Mittagskarte, abends gehobenes Preisniveau, Terrasse mit Blick auf die Marina. Am Hafen, 18586 Gager, ✆ 038308-66470, www.portgager.de.

Übernachten/Essen in Groß Zicker

››› Unser Tipp: **Taun Hövt**, sehr beliebtes Restaurant mit guter Küche, malerisch in Alleinlage am äußersten (westlichen) Rand von Groß Zicker, herrlicher Blick über Wiesen und Bodden, innen jüngst renoviert und recht schick, die Preise sind aber für das Gebotene noch völlig in Ordnung, nachmittags auch Kaffee und Kuchen. Ganztägig geöffnet. Außerdem Ferienwohnungen (ganzjährig) ab 80 € für 2 Pers. (in der Hauptsaison nur wochenweise). Boddenstr. 61, 18586 Groß Zicker, ✆ 038308-5420, ℻ 038308-30054, www.taun-hoevt.de. ‹‹‹

Verbindungen Die **Busse** der Linie **20** biegen ca. 6-mal tägl. (Sa/So nur 4-mal) von ihrer Route von und nach Thiessow auf die Halbinsel ab.

Wandern Kenntnisreich und sympathisch führt René Geyer **Kräuterwanderungen** in die Zickerschen Berge. Dass man dabei mehr erfahrt als nur Infos über die Flora und die Anwendung von Heilkräutern, versteht sich (Erw. 9 €, Kinder 6–14 J. 3 €, Familienticket 18 €). Treffpunkt ist am Ende der Boddenstraße von Groß Zicker, bei der Gaststätte *Taun Hövt*. Termine zuletzt April bis Sept. Mo/Do/Fr 10 Uhr, Sa 13 Uhr, telefonische Anmeldung ist ratsam. Am Mühlengrund 5, 18586 Lancken-Granitz, ✆ 0173-9898031, www.naturgeyer.de.

Eine herrliche Wanderung führt von Gager rund um das Zickersche Höft nach Groß Zicker und über den Bakenberg zurück.

Rügen → Karte S. 208/209

Thiessow und Klein Zicker

ca. 500 Einwohner

Thiessows Ortsbild ist unspektakulär. Das Kapital des kleinen Ostseebads ist seine Lage: mit dem Rücken zum 36 Meter hohen Lotsenberg, meerumschlungen und an zwei Seiten von Stränden gesäumt. Die einen schätzen zum Baden den Oststrand, die anderen das Surfrevier um den Thiessower Haken, das als eines der besten der Ostseeküste gilt. Von Thiessow geht es über eine schmale Nehrung weiter bis Klein Zicker, an dessen Ortsanfang ein kostenpflichtiger Parkplatz die Autos aufnimmt. Sehr viel weiter würde man aber ohnehin nicht kommen, denn nach wenigen hundert Metern sind mit der Straße auch Ort und Insel zu Ende.

Information **Kurverwaltung Thiessow**, zur Saison Mo, Mi, Do 8–16 Uhr, Di 9–18 Uhr, Fr 8–14 Uhr, Sa 10–12 Uhr, So geschlossen. In der Nebensaison eingeschränkt, im Winter nur Mo–Fr 9–12 Uhr, Di bis 18 Uhr. Hauptstr. 36, 18586 Thiessow, ✆ 038308-8280, 📠 038308-30191, www.ostseebad-thiessow.de.

Baden In einem lang gestreckten Bogen zieht sich der **Große Strand** vom Landvorsprung Lobber Ort bis hinunter zum Südperd bei Thiessow: über 5 km feiner, weißer Sand, dahinter ein schmales Kiefernwäldchen, das die Landenge vor dem Wetter schützt. Mehrere gebührenpflichtige Parkplätze befinden sich an der Verbindungsstraße zwischen Thiessow und dem Norden. Kleine Wege führen durch das Kiefernwäldchen zum Strand, parallel zum Strand verläuft ein Radweg im Wald. Strandservice vom Strandkorb bis zum Kaltgetränk gibt es ganz im Norden und bei Thiessow sowie in der Mitte (auf Höhe der Abzweigung nach Groß Zicker/Gager, siehe dort unter Fahrradverleih). Streckenweise ist der Große Strand in Hunde-, Textil- und FKK-Zonen unterteilt, etwas weiter entfernt von den Badeorten wird das aber nicht allzu eng gesehen. Der teils steinige **Südstrand** hingegen lädt nicht unbedingt zum Baden ein, eher zum Surfen.

Camping **Camping-Oase Thiessow**, der lang gezogene Platz erstreckt sich am Ortseingang entlang der Straße, 320 Stellplätze, viele mit Schatten, kleine Gaststätte und kleiner Laden, nur durch die Straße und den 150 m breiten Kiefernwald vom Großen Strand getrennt, Fahrradverleih und Veranstaltungen, geöffnet April bis Okt. Erw. 5,50 €, Jugendliche (12–17 J.) 4,50 €, Kinder (6–11 J.) 2,50 €, kleines Zelt 8 €, Caravan oder großes Zelt inkl. Auto 17,50 €, Pkw 2,50 €, Hund 3 €. Hauptstr. 4, 18586 Thiessow, ✆ 038308-8226, 📠 038308-8297, www.campingruegen.de.

Surf-Oase Klein Zicker, während sich in der Camping-Oase vor allem Familien aufhalten, treffen sich die Surfer in der Dependance. 50 Stellplätze, v. a. von Caravans genutzt, kein Schatten, direkt am Strand, geöffnet Mitte/Ende April bis Anfang Okt. Erw. 5 €, Jugendliche (12–17 J.) 4 €, Kinder (6–11 J.) 1,50 €, kleines Zelt 7,50 €, Caravan oder großes Zelt inkl. Auto 14 €, Pkw 2 €, Hund 1,50 €. Dörpstrat 2, 18586 Klein Zicker, ✆/📠 038308-30125, www.jebensnet.de.

Essen & Trinken **Mönchguter Fischerklause**, traditionsreiches Lokal am südlichen Rand von Thiessow, vor allem natürlich Fisch, aber auch Fleisch und Vegetarisches, beliebt und nicht teuer, von Lesern nachdrücklich empfohlen. Mittagstisch von 12 bis 15 Uhr, abends ab 18 Uhr. Hauptstr. 48, ✆ 038308-30397.

Zum trauten Fischerheim, Gaststätte und Pension in Klein Zicker, bodenständige Küche (mittags und abends geöffnet, mittleres Preisniveau), auch Cafébetrieb, uriger Gastraum und schöne Terrasse. EZ 35 €, DZ 58–64 €, einschließlich Frühstück, die Preise gelten ganzjährig. Dörpstrat 15, 18586 Klein Zicker, ✆ 038308-30152, 📠 038308-30153, www.kleinzicker.com.

Kurtaxe April bis Mitte Juni sowie Mitte Sept. bis Okt. 1 €, Kinder 0,50 €, Mitte Juni bis Mitte Sept. 2 €, Kinder 1 €.

Surfen **Sail & Surf Rügen**, von Mitte Mai bis Mitte Sept. befindet sich ein Außenposten der Surfschule aus Altefähr auf den Thiessower Campingplätzen. Surfkurse für Anfänger, Fortgeschrittene und Kinder, auch Scheinerwerb, außerdem Kitesurfen und Katamaran; Materialverleih. Hauptstr. 4, ✆ 038308-30360, www.sail-surf-ruegen.de.

Verbindungen Die **Busse** der **Linie 20** verbinden Thiessow mit Göhren und Sellin fast stündlich, mit Anschluss an Bergen sowie Binz und Sassnitz (nach Bergen ggf. am Wendeplatz in Serams umsteigen).

Wald, Kreide, Meer: Wanderer im Nationalpark Jasmund

Jasmund

Auf der über zwei lang gezogene Landengen mit dem Kernland Rügens verbundenen Halbinsel liegt das Postkartenmotiv der Insel schlechthin: die spektakuläre Steilküste mit dem Königsstuhl, der 118 Meter hohen, blendend weißen Kreideklippe mit ihrem von Treibholz, abgestürzten Bäumen und groben Steinen übersäten Strand. Umrahmt ist das Wahrzeichen Rügens von den ausgedehnten Wäldern des 1990 eingerichteten Nationalparks Jasmund, der den Nordosten der Halbinsel einnimmt. Kleinstädtische Akzente setzt die am südlichen Rand des Nationalparks gelegene Hafenstadt Sassnitz, immerhin der zweitgrößte Ort der ganzen Insel mit etwas südlich ausgelagertem Fährhafen für Schiffe nach Schweden und Dänemark. Im Norden des Nationalparks befindet sich über dem flacher werdenden Steilufer der hübsche Ort Lohme, der die wohl romantischste Aussicht auf Kap Arkona auf der nördlich von Jasmund gelegenen Halbinsel Wittow bietet.

Rügen → Karte S. 208/209

Sassnitz

ca. 10.500 Einwohner

Die „Weiße Stadt am Meer" war einst das „Tor des Nordens" – auch wenn der Fährhafen heute aus der Stadt in den Süden verlegt wurde, lockt das vielseitige Sassnitz immer noch zahlreiche Besucher an.

Bis weit ins 19. Jh. hinein war Sassnitz nicht mehr als ein kleines Fischerdorf, das sich an das steile Ufer schmiegte. Dann kamen die ersten Besucher, darunter auch Prominente wie Theodor Fontane, und mehr und mehr Fischerhäuser machten Hotels und Pensionen Platz. Gegenüber den Seebädern Binz, Sellin und Göhren konnte sich Sassnitz aber auf Dauer nicht behaupten, sodass sich der Ort schon bald auf seine zweite Karriere konzentrierte: Mit der Anbindung ans Eisenbahnnetz 1891 wurde das „Tor zum Norden" aufgestoßen und Sassnitz zu einem wichtigen Fährhafen nach Skandinavien. Mittlerweile starten die Fähren im etwa fünf Kilometer südlich gelegenen Neu Mukran, während im Stadthafen mit seiner fast 1,5 Kilometer langen Mole Fischkutter, Ausflugsschiffe, Yachten, Segler und sogar ein U-Boot vor Anker liegen. Letzteres wird aber nicht mehr abtauchen, es dient heute als harmloses Museumsschiff. Ergänzt wird das maritime Museumsangebot am Hafen durch das Fischerei- und Hafenmuseum und das Museum für Unterwasserarchäologie. Am oberen Teil des Hafens beginnt die Strandpromenade mit der kleinen Seebrücke. Die Promenade reicht bis zur Altstadt mit ihren herrlichen Bauten im Stil der Bäderarchitektur in den verwinkelten kleinen Gassen rund um den alten Markt. Eine Art modernes Zentrum findet sich in der kleinen Fußgängerzone, der *RügenGalerie,* zwischen Bahnhof und dem äußerlich wenig ansehnlichen *Rügenhotel,* in dem die Therme untergebracht ist.

Basis-Infos

Information **Tourist Service der Stadt Sassnitz**, Vermittlung von Zimmern und Wellness-Angeboten, geführte Wanderungen, Tickets sowie Fahrradverleih (6,50 €/ Tag). Eine große Touristinformation befindet sich direkt am Stadthafen am Fuß der Mole, tägl. 9–17 Uhr, geöffnet, Strandpromenade 12, ✆ 038392-66945. Eine weitere beim Bahnhof, geöffnet Mo–Fr 9–18 Uhr, Sa 10–16 Uhr, Bahnhofstr. 19 a, ✆ 038392-6490 ℻ 038392-64920, www.insassnitz.de.

Ausflugsschiffe Zu den **Kreidefelsen** in der Saison mit der *Reederei Lojewski* (Schlossallee 4–5, ✆ 038392-35136) oder mit der *Reederei Ostsee-Tour* (s. u.). Letztere bietet auch Fahrten zum **Kap Arkona** sowie **Rundfahrten um die Insel** (kein Landgang). Weiterer Ansprechpartner für Schiffsausflüge ist *KTG Kalinin Touristik*, Kapitänsweg 4, ✆ 038392-32180, www.kalinin-sassnitz.de.

Kurtaxe In der Hauptsaison 1 €, in der Nebensaison 0,80 €, im Winter 0,50 €.

Parken Gebührenpflichtige Parkplätze im Zentrum neben dem Rügenhotel, am Stadthafen vor der Strandpromenade und beim Fischereimuseum.

Sporthafen Groß und mit allen Einrichtungen ausgestattet: Tankstelle, Werkstatt, Slipanlage, 6-t-Kran, 120 Liegeplätze bei 3–6 m Tiefe, ✆ 038392-6900.

Taxi Zentrale, ✆ 038392-3030.

Verbindungen **Regionalbahn** über Bergen nach und von Stralsund zwischen 4 und 22 Uhr zu fast jeder vollen Stunde.

Bus: Die **Linie 13** verbindet mehrmals täglich Sassnitz mit Sagard, Glowe und Altenkirchen (und weiter über die Halbinsel Wittow). Die **Linie 20** fährt hinauf zum Königsstuhl, verbindet Sassnitz aber in anderer Richtung auch mit dem *Fährhafen Sassnitz* bei Neu Mukran, *Prora* und den Ostseebädern *Binz*, *Sellin*, *Baabe*, *Göhren* und ganz im Süden *Thiessow*, fast stündlich, bis Göhren häufiger. Und die **Linie 23** schließlich fährt von Bergen nach Sassnitz (8-mal tägl.) und ebenfalls weiter zum Königsstuhl.

Außerdem **Stadtbusse (Linie 10)** mit Anschluss an Alt Mukran und bis zum Eingang des Nationalparks (Wedding), werktags halbstündlich, Sa/So stündlich.

Schiffsverbindungen zu Rügens Ostseebädern: Mit der *Reederei Ostsee-Tour* vom Sassnitzer Stadthafen zu den Seebrücken von Binz, Sellin und Göhren, Fährbetrieb April bis Okt. Hafenstraße 12 j, ✆ 038392-3150, ℻ 50672, www.reederei-ostsee-tour.de.

Wellnessbad **Rügentherme**, mehr als nur ein Hallenbad: Gegenstrombecken, kleiner Wasserfall, Saunalandschaft, Dampfbäder und diverse Wellnessangebote. Im Rügenhotel, Seestr. 1.

Übernachten/Essen & Trinken

Parkhotel Sassnitz, schönes Haus oberhalb der Altstadt (ca. 200 m von der Kirche entfernt), gepflegte Atmosphäre auch im angeschlossenen Restaurant im Untergeschoss, sehr freundlich. EZ mit Frühstück 65 €, DZ 96–126 € (je nach Größe und Ausblick). Hauptstr. 36, 18546 Sassnitz, ✆ 038392-6950, ℻ 038392-695199, www.parkhotel-del-mar.de.

Kurhotel Rügen und **Rügenhotel**, beide im Zentrum, Ersteres in einem schmucken Gebäude, das Zweite zwar renoviert, aber ein wenig ansehnlicher Koloss, hier befindet sich die Rügentherme, zu der die Gäste beider Hotels freien Zugang haben, beide auch mit Restaurant und Wellnessangebot, ganzjährig geöffnet. Kurhotel Rügen und Rügenhotel (EZ 52–62 €, DZ 92–112 €, jeweils inkl. Frühstücksbuffet), Hauptstr. 1, 18546 Sassnitz, ✆ 038392-530, 📠 038392-53333; Rügenhotel, Seestr. 1, ✆ 038392-53100, 📠 038392-53550, www.ruegen-hotel.de.

Gastmahl des Meeres, traditionsreiches und beliebtes Fischrestaurant in gediegen-maritimem Ambiente am unteren Ende der Strandpromenade, auch Zimmer. EZ 70 €, DZ 90 €, inkl. Frühstück. Strandpromenade 2, 18546 Sassnitz, ✆ 038392-5170, 📠 038392-51733, www.gastmahl-des-meeres-ruegen.de.

Villa Seestern, Hotel im Stil der Bäderarchitektur oberhalb der Promenade. EZ 65 €, DZ 95–120 € jeweils inkl. Frühstück. Mühlenstr. 5, 18546 Sassnitz, ✆ 038392-33257, 📠 038392-36765, www.villa-seestern-sassnitz.de.

Grundtvighaus, Kulturzentrum, das Raum gibt für Café, Kino, Töpferei, Veranstaltungen, Workshops, Seminare etc. Sehr sympathisches Café (Mo–Fr ab 14 Uhr) mit viel Liebe fürs Detail eingerichtet und einer wintergartenähnlichen Fensterfront zum Hafen, große Kaffee- und Teeauswahl, auch Kuchen, günstig. Außerdem sechs einfache Zimmer (DZ mit Etagenbad 40 €) sowie eine Ferienwohnung (56 €). Frühzeitig buchen. Seestr. 3, 18546 Sassnitz, ✆ 038392-57726, 📠 038392-66022, www.grundtvighaus-sassnitz.de.

Kutter 4, die Fischgaststätte der Fischereigenossenschaft am Stadthafen, der Fisch ist hier natürlich fangfrisch, denn er kommt tatsächlich direkt vom Kutter, tägl. ab 9 Uhr geöffnet, auch Imbiss, ✆ 038392-51355, www.kutterfisch.de.

Sehenswertes

Museum für Unterwasserarchäologie: Das Museum befindet sich eigentlich in der denkmalgeschützten früheren Abfertigungshalle des alten Sassnitzer Fährhafens. Eigentlich, denn das Gebäude ist zwar renoviert und auch ein Konzept zur Wiedereröffnung der Ausstellung ist vorhanden, dennoch herrscht seit Jahren Stillstand. Ob es an Geld oder politischem Willen mangelt, um das (vielleicht zu ehrgeizige) Konzept durchzusetzen, sei dahingestellt. Dankenswerterweise springt der Verein *100 Jahre Königslinie* in die Bresche und füllt die Halle mit musealem Leben: eben über die traditionsreiche Fährlinie Sassnitz–Trelleborg, die Königslinie. Flankiert wird die Dauer-Sonderausstellung von Schautafeln, die über die zukünftige Nutzung als Museum für Unterwasserarchäologie informieren.

Die Sonderausstellung **100 Jahre Eisenbahnfährverkehr Sassnitz–Trelleborg** ist tägl. 10–17 Uhr geöffnet, Eintritt 1 €.

Erlebniswelt U-Boot: „Jawoll, Herr Kaleun" wird man im Bauch des Stahlkolosses vielleicht des Öfteren zu hören bekommen, wenngleich das – streng genommen – nicht angebracht ist, denn bei diesem Boot handelt es sich um die *HMS Otus*, ein 1963 in Dienst genommenes U-Boot der Royal Navy. 28 Jahre war das U-Boot der Oberon-Klasse in den Weltmeeren unterwegs, dann wurde es nach Stralsund geschafft und erhielt von den Torpedoklappen bis zum Heckstabilisator einen neuen Anstrich, um fortan als *Erlebniswelt U-Boot* das Angebot am Sassnitzer Hafen zu bereichern – und ein „Spaziergang" durch die Enge des 90,7 m langen, aber nur 8,1 Meter breiten Stahlschlauchs ist in der Tat ein Erlebnis („Mind your head!").

April bis Okt. 10–19 Uhr, Nov. bis März 10–16 Uhr. Eintritt 6 €, Kinder 3 €, Familienticket 14 €. Hafenstr. 12 j, ✆ 038392-31516, www.hms-otus.com.

Fischerei- und Hafenmuseum: Das Museum vereint ein interessantes Sammelsurium nautischer Exponate: von Handbüchern über Knotentafeln und Sextanten bis zu Fischernetzen und Schiffspapieren. Außerdem sind zahlreiche Modelle zu bewundern. Kurzum: allerlei Interessantes und Informatives über Fischfang und -ver-

Rügen → Karte S. 208/209

arbeitung, Stadt- und Hafengeschichte seit der ersten Hälfte des 19. Jh. Zum Museum gehört auch der Fischkutter *Havel* gegenüber, der einen Einblick in die harte Arbeit auf See bietet.

April bis Okt. tägl. 10–18 Uhr, Nov. bis März Di–So 10–17 Uhr. Erw. 4 €, Kinder ab 6 Jahre 2 €, darunter frei. Im Stadthafen Sassnitz, ✆ 038392-57846, www.sassnitz-museum.de.

Der Nationalpark Jasmund

Über den ganzen Höhenrücken von Sassnitz bis Lohme erstreckt sich die Stubnitz, ein herrlicher Buchenwald, der beste Wandermöglichkeiten bietet. Zum Meer hin wird sie begrenzt von der eindrucksvollen Steilküste, deren Kreidefelsen sich hoch über das strahlend blaue Meer erheben.

Als würden Wind und Wetter die Kreidefelsen blank polieren, ragen die imposanten Klippen und die bizarren Felsformationen leuchtend weiß aus der üppig grünen Vegetation. Oft hängen entwurzelte Bäume über dem Abgrund oder liegen malerisch am Geröllstrand. Der Besuchermagnet schlechthin ist natürlich die *Stubbenkammer,* wie der Küstenabschnitt im Nordosten genannt wird. Ob mit dem Pendelbus von Hagen, zu Fuß über die Wanderwege oder auf dem Ausflugsschiff von Sassnitz: einen Blick auf den *Königsstuhl,* den hohen, steil abfallenden Kreidefelsen, wollen die wenigsten Reisenden auf Rügen versäumen. Beim Königsstuhl befindet sich das Nationalpark-Zentrum mit einem sehenswerten naturkundlichen Museum. Im Hinterland der Stubbenkammer liegt der idyllische Herthasee.

Wem der Rummel in der Stubbenkammer zu viel wird, kann abseits auf einem der zahlreichen Wanderwege, die durch den Nationalpark führen, mehr Ruhe finden. Der vielleicht schönste, sicherlich aber der berühmteste Wanderweg Rügens ist der *Hochuferweg.* Er verläuft entlang der Küstenlinie von Sassnitz nach Lohme. Hoch über dem wunderschönen Naturstrand kann man immer wieder grandiose Ausblicke auf die Kreideküste und das Meer genießen. Zahlreiche Bäche fließen durch den naturbelassenen Rotbuchenwald, den größten der gesamten Ostseeküste. Ihr Wasser hat sich tief in die erosionsfreundliche Kreide gegraben und so malerische kleine Schluch-

Weiter Blick über die Stubbenkammer

ten, so genannte *Lieten*, geschaffen. Unter die Buchen mischen sich in den Feuchtgebieten der Bachquellen Erlen und Eschen sowie an den Steilhängen der Küste Ahorn, Ulmen, Wildobstbäume und sogar die seltenen Eiben. In den Mooren finden sich zahlreiche seltene Moose und Blumen wie der Sonnentau oder der dreiblättrige Fieberklee. Auch was die Tierwelt angeht, ist die Stubnitz reich gesegnet: Rot- und Damhirsch, Reh, Wildschwein, Dachs, Fuchs und sogar Seeadler leben hier, ebenso wie Kamm- und Teichmolch, Spring- und Laubfrosch sowie die Rotbauchunke.

Im Juni 2011 wurden die „Alten Buchenwälder Deutschlands" und darunter im Besonderen die Buchenwälder des Nationalparks Jasmund in die Welterbeliste der UNESCO aufgenommen.

Steilküstenabbrüche

Die Ausformung der Rügenschen Küstenlinie ist auch heute noch keineswegs abgeschlossen. Winter für Winter (und in verregneten Sommern) führen die Steilküstenabbrüche das wieder deutlich vor Augen – spektakulär und medienwirksam mit dem Abbruch der berühmten *Wissower Klinken* im Frühjahr 2005. Solche Küstenabbrüche sind nichts Ungewöhnliches. Vielmehr handelt es sich um ein natürliches Phänomen, das vor allem in Folge so genannter *Frostsprengungen* auftritt. Nach starken Regen- oder Schneefällen saugt sich die poröse Kreide voller Wasser, das bei nachfolgendem Frost das Kliff im wahrsten Sinne des Wortes aufsprengt, aber noch zusammenhält. Erst bei Tauwetter gerät der aufgesprengte Fels unter dem Druck des eigenen Gewichts dann in Bewegung und stürzt herab.

Fossiliensammler sollten sich übrigens keinesfalls der Versuchung hingeben, auf jüngst abgegangenen Küstenabbrüchen herumzuklettern. Auch wenn sie reiche Beute versprechen: auf einen Kreide- oder Lehmrutsch kann ohne Vorwarnung ein zweiter folgen, und dann besteht Lebensgefahr!

Daten und Infos

Daten Der Nationalpark hat 3000 ha Gesamtfläche, der Löwenanteil davon sind die 2200 ha Waldgebiet der Stubnitz. Außerdem: Moore, Feuchtwiesen, ehemalige Kreidebrüche, die Kreidefelsen, der Strand und 603 ha Ostsee, d. h. ein 500 m breiter Streifen entlang der Steilküste. Weit über 80 % der Fläche sind als *Kernzone* ausgewiesen, d. h. dass auf diesem Gebiet in keiner Weise eingegriffen wird. Der Rest ist *Pflegezone*, in der vorsichtige Waldnutzung und Pflanzen-"Pflege" betrieben werden. Für den Nationalpark gelten die üblichen Verhaltensregeln: auf den Wanderwegen bleiben (Ausnahme: der Strand), Finger weg von Flora und Fauna, Hunde an die Leine, Autos auf den ausgewiesenen Parkplätzen lassen und den produzierten Müll wieder mitnehmen.

Information Nationalpark-Zentrum Königsstuhl (am Königsstuhl), ✆ 038392-661766, www.koenigsstuhl.com.

Parken Großparkplatz bei Hagen, 1 Std. 1,30 €, 5–8 Std. 5,20 €, 24 Std. 8 € (auch Caravanstellplatz, Nebenkosten extra). Hier auch Tickets für den Shuttle-Bus (s. u.).

Übernachten/Essen & Trinken **Baumhaus Hagen**, auf dem heute im Nationalpark liegenden Grund lebte einst der „Waldgraf", der über den Forst zu wachen hatte. Im urigen Restaurant (von Lesern hoch gelobt) gibt es neben Wildgerichten aus der Stubnitz auch Fisch und zum Kaffee köstliche Windbeutel und Apfelstrudel. Alles in allem nicht teuer. Ganztägig geöffnet (im Winter nur abends). An der Verbindungsstraße von Sassnitz nach Lohme bei der Abzweigung in die Stubbenkammer. Auch

Rügen → Karte S. 208/209

Zimmer (DZ mit Frühstück 78 €) und Appartements (98 € für 2 Pers.). Stubbenkammer, 18546 Sassnitz, ✆ 038392-22310, 📠 038392-66869, www.baumhaushagen.im-web.de.

Verbindungen **Shuttle-Bus (Linie 19)** zwischen Großparkplatz Hagen und Königsstuhl (9.30–19 Uhr etwa halbstündlich). Von und nach Sassnitz mit den **Linien 20** und **23**, ca. stündliche Verbindung, über Mittag halbstündlich, die meisten Busse fahren direkt zum Königsstuhl, morgens und abends muss man an der Abzweigung Königsstuhl in den Shuttle-Bus umsteigen.

Sehenswertes

Die Stubbenkammer – Königsstuhl und Viktoria-Sicht: Senkrecht erhebt sich die schneeweiße Wand des Königsstuhls 118 Meter über das Meer. Gekrönt wird das Inselwahrzeichen im Küstenabschnitt *Große Stubbenkammer* von einem Aussichtsplateau, das bereits vor 300 Jahren auf dem Gipfel befestigt wurde, um den weiten Blick über die Ostsee zu ermöglichen. Die beste Aussicht auf den Königsstuhl selbst hat man natürlich vom Meer aus. Zu Land kann man von einem weiteren, einen knappen Kilometer südlich vom Königsstuhl gelegenen Aussichtspunkt, der Viktoria-Sicht in der *Kleinen Stubbenkammer*, einen Blick auf den berühmten Kreidefelsen werfen. Oder aber man steigt hinab zum Strand: zwischen Königsstuhl und Viktoria-Sicht zieht sich eine lange, steile Treppe hinunter zum Fuß des Kreidefelsens. Doch der Abstieg ist beschwerlich: Über 400 Stufen benötigt man, um die 110 Höhenmeter hinunter zum Strand zu überwinden – Stufen, die man auch wieder hinauf muss!

Achtung: Der Zutritt auf die Plattform des Königsstuhls ist nur mit einem Ticket des Nationalpark-Zentrums möglich! In dieser Kombination preislich akzeptabel, sehr teuer allerdings, wenn man nur auf den Königsstuhl-Aussichtspunkt will (s. u.). Man sieht aber ohnehin nicht viel von der Attraktion, wenn man draufsteht. Weite Aussicht *und* einen schönen Blick auf den Königsstuhl hat man von der Viktoria-Sicht aus!

Nationalpark-Zentrum Königsstuhl: Das neue Zentrum des Nationalparks ist in Bezug auf Architektur, Innenausstattung, Informationsgehalt und Unterhaltungswert rundum gelungen. Der Einstieg kann, je nach Besucherandrang, ein wenig Geduld erfordern. Jeder Besucher erhält zunächst einen Kopfhörer, über den die Informationstexte vor den jeweiligen Objekten abgerufen werden können. Dann geht es mit dem Fahrstuhl zurück in die Kreidezeit. Hier erwarten den Besucher allerlei Sensationen. Da lässt sich ohne Kraftaufwand ein Vier-Tonnen-Findling bewegen, in einen Raum ragt ein Miniaturgletscher hinein, oberhalb der Treppe kann man alle fünf Minuten einen Sonnenuntergang erleben oder andernorts ein Kreuzspinnennetz an die Wand projizieren. Zwischen diesen aufwändigen Installationen findet man natürlich jede Menge naturkundliche und inselspezifische Informationen: über Entstehung und Beschaffenheit der Kreidefelsen, die letzte Eiszeit oder über Flora und Fauna unter der Erde und in den Feuchtwiesen. Die Tour lässt sich durch einen Besuch in der Multivisionsschau komplettieren.

Öffnungszeiten/Eintritt Ostern bis Okt. 9–19 Uhr, Nov. bis Ostern 10–17 Uhr, die Multivisionsschau beginnt zu jeder vollen Stunde und dann im 20-Min.-Takt, Dauer 15 Min. Letzter Einlass in die Ausstellung ist eine Stunde vor Schließung des Nationalpark-Zentrums. **Preise**: Erw. 6 €, Kinder (6–14 Jahre) 3 €, Familien (2 Erw. + Kinder) 12 €, inkl. Ausstellung, Multivisionsschau, Königsstuhlplattform. Hunde gestattet, außer in der Ausstellung und der Multivisionsschau. Nationalpark-Zentrum Königsstuhl, Stubbenkammer 2, 18546 Sassnitz, ✆ 038392-661766, www.koenigsstuhl.com.

Essen & Trinken Im **Bistro** neben dem Nationalpark-Zentrum werden vor allem regionale Bioprodukte angeboten, natürlich auch vegetarische Gerichte sowie Kaffee und Kuchen, mit schöner Terrasse, ✆ 038302-9207, www.hofgut-bisdamitz.de. ■

Wandertipp: Auf dem Hochuferweg am Rand des Nationalparks

Charakteristik: der Klassiker, etwas anspruchsvollere Wanderung auf dem Hochuferweg. **Länge/Dauer:** etwas mehr als 8 km, ca. 2,5 Stunden reine Wegstrecke, weiter nach Lohme noch einmal 4 km**. Start/Verlauf:** Vom Parkplatz Ende der Weddingstraße in *Sassnitz* führt ein Wanderweg in den Nationalpark (rechts halten). Auf dem Hochuferweg (und immer wieder treppauf, treppab) passiert man die *Piratenschlucht*, die Reste eines slawischen Burgwalls, den *Lenzer Bach* und die *Wissower Brücke*, bis man an die Abzweigung zur Waldhalle kommt. Hier geht es geradeaus weiter (Achtung: Die Abbruchkante des Hochufers ist teilweise ungesichert!). Immer wieder sind Treppen zu steigen und kleine Bäche zu überwinden bis man schließlich die *Viktoria-Sicht* und kurz darauf den *Königsstuhl* erreicht.

Hinter dem Nationalparkzentrum geht der Wanderweg weiter Richtung Lohme, ein anderer Weg führt am Herthasee vorbei zum Parkplatz/Bushaltestelle von Hagen.

Herthasee: Rund um den idyllischen Waldsee hat die Erdgöttin *Nerthus*, auch *Hertha* genannt, ihre Spuren hinterlassen. Die Herthaburg sei ihr Zuhause gewesen, auf dem Opferstein habe man ihr zu Ehren blutige Kulte abgehalten und in dem „unergründlichen“ See soll sie gebadet haben. Die nüchterne Erklärung: Der Wall war eine slawische Burg, der Opferstein ein prähistorischer Mahlstein und der See schließlich, dessen Unergründlichkeit etwa elf Meter tief reicht, durch einen riesigen Eisblock entstanden, der nach der letzten Eiszeit hier hängen blieb und langsam dahinschmolz. Nichtsdestotrotz ist der Herthasee einen Abstecher wert. Auf dem Weg zum See passiert man einen pittoresken Schwarzerlensumpf, der zuweilen fast unwirklich grün leuchtet. Der Herthasee selbst liegt einsam und still mitten im Wald.

Waldidyll am Herthasee

Rügen → Karte S. 208/209

Lohme

ca. 500 Einwohner

Der kleine, direkt an der 70 Meter hohen Steilküste gelegene Ort ist ein ausgezeichneter Standort, um den Nationalpark zu erkunden oder um einfach nur auszuspannen und grandiose Ostseeblicke zu genießen – insbesondere auch abends, wenn hinter dem Kap Arkona die Sonne untergeht. Vom Aussichtsbalkon führt eine steile Holztreppe hinab zum kleinen Hafen. Der Tourismus hat in dem ehemaligen Fischerdorf Tradition, bereits in den 1860er Jahren startete hier ein Hotelbetrieb: das *Strandhotel Hagemeister*, heute das *Panorama Silence Hotel*. Eine bemerkenswerte touristische Infrastruktur hat sich bis heute gehalten, dennoch kommt hier keine Bäderhektik auf, denn der kiesige Strand eignet sich eher für einen Spaziergang als zum Baden. Aber gerade die Beschaulichkeit macht den Charme Lohmes aus.

Basis-Infos

Baden Nicht ideal – kleiner Kiesstrand rechter Hand vom Hafen.

Einkaufen **Hofgut Bisdamitz**, Bioprodukte im Hofladen und in der Gaststätte, mit eigener Käserei, in dem wintergartenartigen **Restaurant** kann man die Produkte des Hofes probieren (wechselnde Tageskarte zu günstigen Preisen). Tägl. 10–18 Uhr, im Sommer bis 19 bzw. 20 Uhr, warme Küche bis 17.30 Uhr. Hofgut Bisdamitz, ✆ 038302-9207, ℻ 038302-90199, www.hofgut-bisdamitz.de. Von Lohme Richtung Glowe, das Hofgut befindet sich in Bisdamitz auf der linken Seite. ■

Fahrradverleih/Caravanstellplatz Im **Dorfladen** am Parkplatz ein Fahrradverleih (Trekkingräder ca. 5 €/Tag, auch Kinderräder und -sitze) und hinter dem Haus ein Caravanstellplatz (12 €/Nacht, Strom 1 €); Waschsalon. Mo–Fr 7.30–12 Uhr und 16–18 Uhr, Sa nur 7.30–12 Uhr, So 16–18 Uhr, im Winter geschl. Arkonastr. 4, ✆ 038302-88557.

Sporthafen Wasserwanderrastplatz mit 50 Liegeplätzen bei ca. 3 m Tiefe, ✆ 038302-90909.

Verbindungen **Bus**: Die **Linie 14** kommt aus Glowe und fährt zum Parkplatz Hagen und weiter nach Sassnitz (Sa/So auch direkt zum *Königsstuhl*).

Übernachten/Essen & Trinken

»› Unser Tipp: **Panorama Silence Hotel**, *unser Tipp!* Stilvoll eingerichtete, helle Zimmer, teils mit herrlichem Panoramablick, dazu mehrere Gästehäuser. Ausgezeichnetes Restaurant, von dessen herrlichem Wintergarten hoch über dem Ufer man einen grandiosen Blick genießt. Empfehlenswert ist das Menü (ca. 30 €). Tägl. 12–21.30 Uhr geöffnet. EZ ab 62 €, DZ ab 89 € (mit Seeblick ab 136 €), Frühstück inkl., Hund 9 €. An der Steilküste 8, 18551 Lohme, ✆ 038302-9110, ℻ 038302-911132, www.lohme.com. ‹«

Haus am Meer, neues Haus an der Holztreppe zum Hafen, schöne Appartements, alle mit Meerblick, auch ein Café (Frühstück ab 8 Uhr), das Restaurant mit leicht gehobener Küche (tägl. 12–22 Uhr geöffnet). Appartement für 2 Pers. 88 €, für 4 Pers. 112 €, Hund 3 €. Zum Hafen 7, 18551 Lohme, ✆ 038302-88523 (Restaurant 88524), ℻ 038302-88526, www.hausammeer-lohme.de.

Café Niedlich, hübsches Café mit toller Holzterrasse über dem Hafen, große Auswahl an Kaffee, Eis, Kuchen etc., nicht teuer.

Außerhalb **Pension/Café Rugeshus**, allein stehendes Haus im Hochuferwäldchen. Ein Fußpfad führt durch eine kleine Schlucht hinab zum Meer (Strand mit sehr groben Kieseln). Auch Café, warme Gerichte auf Vorbestellung. Sympathische Leitung, acht individuell eingerichtet Zimmer (früh reservieren!), Haustiere willkommen (Anmeldung). Von Lohme kommend am Ortseingang von Nardevitz rechts und noch gut 500 m auf Schotter. DZ mit Frühstück 84–108 €. Am Ufer 2, 18551 Lohme/OT Nardewitz, ✆ 038302-88960, ℻ 038302-91220, www.rugeshus.de.

Krueger Naturcamping Nipmerow, der einfache, aber herrlich gelegene Campingplatz befindet sich in einem Ausläufer der Stubnitz, dementsprechend viel Schatten, kleiner Laden, einfache Gaststätte, Grillplatz, Fahrradverleih, Fußballplatz etc. Von Sassnitz kommend in Nipmerow zunächst Richtung Lohme, dann gleich rechts. Geöffnet Mitte April bis Ende Okt. Erw. 7 €, Kind (3–16 J.) 4 €, Zelt (je nach Größe) 3–5 €, Auto 3 €, Wohnwagen/-mobil 7–10 €, Hunde frei, Strom 2,50 €. Jasmunder Str. 5, 18551 Lohme/OT Nipmerow, ✆ 038302-9244, 📠 038302-56308, www.ruegen-naturcamping.de.

Gaststätte Am Jasmunder Bodden, ungekünsteltes Landlokal in Polchow, ein paar Kilometer südlich von Bobbin, vor allem für seinen guten, günstigen und fangfrischen Fisch berühmt, wenig Fleischgerichte, beliebt und in der Saison oft bis zum letzten Platz besetzt, schöne Terrasse. Von Bobbin kommend auf der rechten Seite. Tägl. 12–22 Uhr geöffnet, Küche bis 21.30 Uhr, im Winter Mo Ruhetag. Dorfstr. 8, ✆ 038302-53003.

Schloss Spyker

Bereits im 14. Jh. vermutlich als Speicherhaus errichtet und später als Herrenhaus genutzt, erhielt das Schloss sein heutiges Aussehen – den auffällig roten Fassadenputz und die runden, von niedrigen Hauben überdachten Türme – unter *Carl Gustav Wrangel*, der nach dem Ende des Dreißigjährigen Krieges zum Generalgouverneur von Schwedisch-Pommern ernannt wurde. Die schwedische Königin übertrug ihm Schloss Spyker als Wohnsitz. Bei seinen Umbaumaßnahmen orientierte er sich am Heimatschloss seiner Familie in Schweden. Heute ist das Schloss zwar öffentlich zugänglich, wird aber nicht museal genutzt: es dient als nobles Hotel mit Restaurant, Bar und Café.

Hotel Schloss Spyker, stilvolles Hotel in beeindruckendem Gebäude, feines Ambiente. Das Restaurant Wrangel befindet sich im Gewölbekeller (Sitzgelegenheiten auf der Terrasse) und ist auch bei Nichthotelgästen beliebt: gute Küche, leicht gehobenes Preisniveau, für die Lage und das Gebotene aber nicht teuer. Im Sommer finden auch klassische Konzerte statt (meist montags), außerdem diverse Festivitäten, u. a. Schloss- oder Grillfeste. DZ 110–150 €, Turmzimmer 170–190 €, EZ ab 85 €, Frühstück inkl., Halbpension 25 € (drei Gänge). Auch Fahrradverleih (6 €/Tag). Schlossallee 1, 18551 Spyker, ✆ 038302-770, 📠 038302-77300, www.schloss-spyker.de.

Glowe und die Schaabe

ca. 1000 Einwohner

Glowe ist ein lang gestrecktes Straßendorf am nordwestlichen Rand der Halbinsel Jasmund. Seine einzige Attraktion beginnt am kleinen Hafen: Von der Landzunge Königshörn im Norden Glowes zieht sich in einem leichten Halbbogen ein kilometerlanger herrlicher Sandstrand bis nach Juliusruh. Die Nehrung, die die Ostsee vom Jasmunder Bodden trennt (die "Schaabe" genannt), gehört zu den jüngeren Teilen Rügens. Erst im 19. Jh. wuchs – unter Zuhilfenahme straßenbaulicher Maßnahmen – die Anlandung zu einer Landbrücke zusammen, welche die Halbinsel Wittow mit Jasmund und dem Rest Rügens verbindet.

Baden Das lange Ostseeufer der Schaabe ist zweifellos einer der schönsten Strände der Insel. Zwischen Wald und Meer erhebt sich ein sanfter Dünengürtel, ein feinsandiger Strand zieht sich von Glowe bis hinauf nach Juliusruh, flach fällt das steinlose Ufer in die Tromper Wiek. Unbebauter Strand, keinerlei Service. Entlang der Straße über die Schaabe mehrere (kostenpflichtige) Parkplätze.

Verbindungen Die **Busse** der **Linie 13** verbinden stündl. (Sa/So alle 2 Std.) Sassnitz mit Glowe (via Sagard) und fahren weiter über die Halbinsel Wittow nach Altenkirchen und bis Dranske. Die **Linie 14** fährt 7-mal tägl. (Sa/So 3-mal) via Lohme zum Königsstuhl. Von Bergen aus nimmt man die **Linie 12** bis Sagard und steigt dort um in die 13, lediglich 2-mal tägl. (Sa/So 1-mal) fährt die 12 weiter nach Glowe über die Schaabe nach Altenkirchen.

Rügen → Karte S. 208/209

Das Kap

Wittow

Die Halbinsel wird auch das „Windland" genannt – eine treffende Bezeichnung, denn der salzige Seewind wird hier von kaum einer Erhebung behindert. Die berühmteste Sehenswürdigkeit Wittows sind die Leuchttürme von Kap Arkona, die sich am besten von dem hübschen, autofreien Ort Putgarten aus erreichen lassen. Ganz in der Nähe liegt das malerische, leider meist hoffnungslos überlaufene Fischerdörfchen Vitt. Stilles Zentrum von Wittow ist das Städtchen Altenkirchen mit seiner schönen alten Kirche.

Seebad Breege-Juliusruh

ca. 800 Einwohner

Der Brückenkopf der Schaabe, die die Halbinsel mit dem Rest der Welt verbindet, ist ein kleiner Doppelort mit zwei Gesichtern: auf der einen Seite *Juliusruh*, ein Straßendorf mit Seebad-Gepränge an der Ostseeküste, und auf der anderen Seite der kleine Boddenhafen *Breege*. Zu einer Gemeinde vereint wurden die ungleichen Schwestern 1928. Dank des kilometerlangen Sandstrandes an der Tromper Wiek haben sich um Juliusruh zahlreiche Pensionen und Ferienanlagen angesiedelt. Breege, das sich die Boddenküste entlangzieht, war einst ein wichtiger Hafen- und Gemeindeflecken.

Information **Informationsamt Seebad Breege-Juliusruh**, Wittower Str. 5, 18556 Juliusruh, zur Saison Mo–Fr 8–12 Uhr und 13–16 Uhr geöffnet, ✆/℻ 038391-311, ℻ 038391-13235, www.ostseebad-breege.de.

Baden S. o. unter Glowe und Schaabe.

Sport **Mola**, sympathische Segelschule, auch Törns, Yachtcharter und Pension (siehe auch unten). Großes Angebot, Grundkurs oder Kindersegeln, alle Scheine. Auch Jollenvermietung. Boddenweg 1–2, 18556 Breege, ✆ 038391-4320, ℻ 038391-43211, www.mola.de.

Sporthafen Im Norden der Schaabe am Breeger Bodden befindet sich der Wasserwanderrastplatz von Breege, etwa 50 Liegeplätze bei ca. 2,5 m Wassertiefe, Tankstelle, Slipanlage, ✆ 03891-579.

Übernachten/Essen & Trinken **Strandhotel Dünenhaus**, direkt am Strand liegt das große, in den 1920er Jahren erbaute Hotel mit Sauna, Solarium und Fitnessraum, auch Restaurant mit schöner Terrasse. Landseitiges EZ 69 €, DZ 109 €, seeseitiges DZ 119–129 €, jeweils mit Frühstück, Halbpension 19 €, Hund 5 € pro Tag. Ringstr. 5, 18556 Juliusruh, ✆ 038391-4070, 📠 038391-40769, www.duenenhaus.im-web.de.

Pension Mola, neues Haus direkt am Hafen von Breege (sowie Dependance etwas außerhalb). Da die Pension zur gleichnamigen Segelschule gehört und gerne von Segelschülern belegt wird, ist es ratsam, früh zu reservieren. Mit Restaurant *Mayday*. DZ mit Frühstück 66–100 € (je nach Größe, Balkon, Seeblick), EZ 48–75 €. Boddenweg 1–2, 18556 Breege, ✆ 038391-4320, 📠 038391-43211, www.mola.de.

»» **Lesertipp: Zum alten Fischer**, am Hafen von Breege kann man gut und preiswert essen, kaum ein Gericht, ob Fisch- oder Fleisch, über 10 €. 18556 Breege im Hafen, ✆ 038391-12189. ««

Camping **Freizeitcamp Am Wasser**, schöner Campingplatz im Wald und am Wasser, südlich von Juliusruh auf der Schaabe zwischen Bodden und Meer gelegen, neue sanitäre Einrichtungen, Fahrrad- und Ruderbootverleih, Spielplatz, Laden, Gaststätte. Geöffnet April bis Okt. Erw. 6 €, Kinder (3–14 J.) 3,50 €, Zelt 5–6 €, Caravan 8 €, Pkw 2,50 €, Hund 3 €. Wittower Str. 1–2, 18556 Juliusruh, ✆ 038391-43928, 📠 038391-237, www.freizeitcampamwasser.m-vp.de.

Verbindungen Die **Busse** der **Linie 13** verbinden stündl. (Sa/So alle 2 Std.) Sassnitz mit Juliusruh (via Sagard) und fahren weiter über Altenkirchen und Wiek bis Dranske.

Die **Linie 10** fährt etwa 6-mal tägl. (Sa/So 2-mal) rund um die Halbinsel Wittow.

Mit der **Fähre** zwischen April und Okt. 1- bis 3-mal tägl. von und nach Vitte/Hiddensee. Personenschifffahrt Kipp, Dorfstr. 101, 18556 Breege, ✆ 038391-12306, www.reederei-kipp.de.

Altenkirchen

ca. 1000 Einwohner

Dem Dorf um die 1314 erstmals erwähnte namensgebende „Antiqua Ecclesia" sieht man nicht an, dass es das Zentrum der Halbinsel ist. Denn obwohl alle Wege auf Wittow nach Altenkirchen führen, geht es hier ruhig und beschaulich zu.

Die Mitte des 12. Jh. von den dänischen Eroberern der Insel begonnene Backsteinkirche ist nach der Marienkirche in Bergen das zweitälteste Gotteshaus Rügens. Mittelschiff und Chor wurden wahrscheinlich um 1200 erbaut. Die Außenseite des Chores ist unterhalb des Daches mit Schmuckfriesen verziert, die unteren Anschlusssteine stellen Gesichter dar. Bemerkenswert ist das Innere der ursprünglich als dreischiffige romanische Basilika konzipierten, später aber mehrfach umgebauten Kirche: ein alter Taufstein (um 1250), aus dem vier bärtige Gesichter in alle Himmelsrichtungen ragen; nach Originalfunden aus dem 13. Jh. rekonstruierte Malereien am Kreuzrippengewölbe; schließlich der so genannte *Svantevit-Stein*, der versteckt im südlichen Seitenanbau des Chores liegt. Es handelt sich wahrscheinlich um eine Grabplatte, die aus der Zeit vor 1168 stammt. Zu sehen ist darauf ein bärtiger Mann, der ein großes Füllhorn in Händen hält. Ob es sich dabei tatsächlich um die Abbildung der slawischen Gottheit handelt, ist ungeklärt. Wahrscheinlicher ist, dass auf der Grabplatte ein slawischer Fürst (möglicherweise sogar Jaromar) dargestellt ist.

Fahrradverleih **Wittow Bike**, *die* Alternative, um die Parkgebühren in Putgarten zu sparen. Gute 7-Gang-Tourenräder ab 6 €/Tag, auch Kinderräder, Helme und Kindersitze. Straße des Friedens 10, ✆ 038391-13071, 📠 038391-439904, www.ruegen-fahrrad-fewo.de.

Verbindungen Die **Busse** der **Linie 13** verbinden stündl. (Sa/So alle 2 Std.) Sassnitz mit Altenkirchen und fahren weiter nach Wiek und bis Dranske.

Nach Putgarten pendelt die **Linie 11** ca. 12-mal tägl. (Sa/So 6-mal) und schließlich fährt die **Linie 10** ca. 6-mal tägl. rund um Wittow (Sa/So 2-mal).

Rügen → Karte S. 208/209

Putgarten und das Kap Arkona

ca. 250 Einwohner

Das Flächendenkmal zwischen Putgarten, dem Kap und dem hübschen Fischerdörfchen Vitt ist reich an Sehenswürdigkeiten – und reich an Besuchern. Zur Hochsaison kann es hier eng werden.

Das Kap ist geschichtsträchtiges Land. Schon die germanischen Rugier siedelten hier. Unter den Slawen entstand mit der Tempelfestung Arkona das religiöse Zentrum der Insel. Die Einnahme der Burg durch die Dänen und die Zerstörung des Heiligtums (1168) leitete die Christianisierung Rügens ein. In der Folge schwand die Bedeutung Arkonas, nur unter den Seefahrern blieb das Kap wegen seiner Gefährlichkeit über die Jahrhunderte berühmt und berüchtigt.

Das ganze Gebiet um Kap Arkona einschließlich des Fischerdorfs *Vitt*, das malerisch in einer kleinen, sich zum Meer hin öffnenden Schlucht liegt, ist heute Landschafts- und Naturschutzgebiet und autofreie Zone. Der Einstieg befindet sich in Putgarten, wo ein riesiger Parkplatz am Ortseingang die Besucherfahrzeuge aufnimmt. Von hier aus beginnt der etwa fünf Kilometer lange Rundgang zu allen Sehenswürdigkeiten.

Zum Baden sind die steinigen Strände unterhalb der Steilküste kaum geeignet. Man erreicht sie von Vitt aus oder über eine der drei steile Treppen: die nördlichste beim Gellort, die Königstreppe beim Kap Arkona und die Veilchentreppe zwischen Kap und Vitt. Die zum Baden geeigneten Strände erstrecken sich westlich des Gellortes und südlich der Veilchentreppe.

Putgarten: Hauptattraktion des verkehrsberuhigten Ortes ist der *Rügenhof Arkona*, ein Kultur-, Handwerks- und Geschäftszentrum, u. a. mit Töpferhof und Korbflechterei, einer Historische *Druckwerkstatt* (Eintritt 1 €, Kinder frei, Führungen nach Anmeldung tägl. 10–18 Uhr, ✆ 038391-13248), diversen Läden und Gutshauscafé. Weiter hinten im Dorf wird es etwas ruhiger, hier befindet sich das *Helene-Weigel-Haus*. Die Schauspielerin und Intendantin des Berliner Ensembles hatte das reetgedeckte Gebäude Mitte der 1950er Jahre für sich und ihren Ehemann Bertolt Brecht als Ferienhaus gekauft. Heute beherbergt es neben einer kleinen, sehenswerten Ausstellung über Helene Weigel ein idyllisches Gartencafé, das unbedingt zu einer Pause vom Putgarten-Trubel einlädt (s. u.).

Information Tourismusgesellschaft Kap Arkona, in der Hauptsaison tägl. 9–17 Uhr, in der Nebensaison 11–16 Uhr, ansonsten eingeschränkt. Auch Zimmervermittlung. Am Parkplatz 1, 18556 Putgarten, ✆ 038391-4190, 📠 038391-41917, www.kap-arkona.de.

Café »» **Unser Tipp:** Helene-Weigel-Haus, in dem alten Bauernhaus, das Helene Weigel in den 1950ern zu ihrem Feriendomizil erkoren hatte, und bei gutem Wetter vor allem im idyllischen Garten befindet sich eines der schönsten Cafés der Insel. Guter Kaffee, hervorragender, selbst gebackener Kuchen, der Service herzlich. Auch Leser schrieben uns begeistert: „eine Oase inmitten des Kap-Arkona-Rummels". Von Mai bis Okt. tägl. 13–18 Uhr geöffnet. Es werden auch Lesungen und Liederabende veranstaltet. Dorfstraße 16, ✆ 038391-431007, www.helene-weigel-haus.de. ««

Fahrradverleih Direkt am Parkplatz (am Ortseingang), 6 €/Tag, auch Kindersitze.

Parken Am Ortseingang, hier auch Imbissbuden, 3 €/Std., Wohnmobil 5 €/Tag.

Übernachten Hotel/Pension Zum Kap Arkona, familiär geführtes, freundliches Haus mit 33 Zimmern, Bar, Restaurant und teils weitem Ausblick. Ganzjährig geöffnet. DZ mit Frühstück 84–87 €, Halbpension 15,50 € pro Pers., Hund 5 €/Tag. Dorfstr. 22 a, 18556 Putgarten, ✆ 038391-4330, 📠 038391-43351, www.zum-kap-arkona.de.

Verbindungen Aus Altenkirchen kommt der **Bus 11** ca. 15-mal tägl. (Sa/So 9-mal). Vom Ortseingang weiter zum Kap oder nach Vitt (Haltestelle bei der Kapelle) fährt alle 15 Min. die kleine **Arkona-Bahn**, Erw. 2 € (hin/zurück 3,50 €), Kinder 0,50 € (1 €).

Kutschrundfahrten zum Kap mit Erläuterungen, Aufenthalt bei den Leuchttürmen, Erw. 8 €, Kinder 4 €, nur während der Saison. Abfahrt ebenfalls beim Parkplatz.

Leuchttürme: Gleich drei Türme teilen sich den Standort Kap Arkona. Der Veteran unter ihnen ist der *Schinkelturm,* mit dessen Bau nach jahrelanger Planungsphase 1826 begonnen wurde. Seinen Namen verdankt er dem berühmten Architekten *Karl Friedrich Schinkel*, der ihn als dreigeschossiges klassizistisches Gebäude auf quadratischem Grundriss konzipierte. Sein Leuchtfeuer im verglasten Aufsatz war bis 1905 in Betrieb, dann wurde der Schinkelturm aufs Altenteil geschickt (dient aber noch heute als Standesamt) und durch den *Neuen Turm* ersetzt. Dieser mit 33 Metern höchste Turm am Kap ist übrigens heute noch in Betrieb. Der dritte Turm steht nahe der Jaromarsburg (s. u.) und entstand als Marinepeilturm. Heute wird er nur noch „zivil“, d. h. touristisch genutzt. Darüber hinaus ist unweit des Schinkelturms ein Bunker zu besichtigen (Ausstellung und Führungen).

Helene-Weigel-Haus

Schinkelturm mit Museum über Schinkels „Schaffen in Pommern und auf der Insel Rügen“, ganzjährig geöffnet, in der Saison 10–18 Uhr (im Juli/Aug. bis 19 Uhr), im Winter 11–16 Uhr, Erw. 2 €, erm. 1,50 €. **Neuer Leuchtturm**, April bis Okt., 11–16 Uhr (im Juli/Aug. bis 18 Uhr, im Juni + Sept. bis 17 Uhr), Eintritt 3 €. **Marinepeilturm** mit Atelier (www.sonnenschmuck.de), April bis Okt. sowie von Weihnachten bis Neujahr geöffnet, in der Hochsaison 10–18 Uhr, sonst nur bis 15.45 Uhr, Erw. 2 €, erm. 1,50 €.

Die **Kapkarte** für 10 € beinhaltet alle Sehenswürdigkeiten am Kap Arkona: Türme, Jaromarsburg (s. u.) und Bunker (mit Führung).

Jaromarsburg: Die Tempelfestung war das religiöse Zentrum der Slawen auf Rügen und ihrem Hauptgott *Svantevit* geweiht. Vor ihrem Fall war sie bedeutend größer, aber es waren nicht die Dänen, die sie geschleift haben, sondern Wind und Wetter. Die Reste des Walls stellen gerade einmal ein Drittel der ehemaligen Gesamtanlage dar!

Im Sommer tägl. 10–18 Uhr, in der Nebensaison 10–15.45 Uhr, Eintritt 1 €.

Vitt: Geschützter kann ein Dorf nicht liegen – und idyllischer wohl auch nicht. Ein gutes Dutzend hübscher Häuschen mit reetgedeckten und von Moos geschmückten Dächern duckt sich in eine schmale Liete. Enge, von Bäumen beschattete Gassen ziehen sich entlang hübscher Fassaden und Gärten und führen zum kleinen Ha-

Rügen → Karte S. 208/209

fen. So viel Idylle hat natürlich ihren Preis: In der Saison ziehen unzählige Besucher in das komplett unter Denkmalschutz stehende Dorf und verleihen ihm kaum noch beschauliche Atmosphäre.

Uferpredigten

Eine Variation der Geschichte vom Berg und dem Propheten: Die Altenkirchener Pastoren hatten einst das Problem, dass die Bauern und Fischer aus Vitt jedes Jahr im Spätsommer dem Gottesdienst fernblieben. Grund war der Hering, den keiner vorbeiziehen lassen wollte. Also kam der Pastor nach Vitt und hielt die Predigten am Ufer ab, während ein Ausguck das Auge auf der See behielt und wenn nötig den Gottesdienst nicht mit einem Amen, sondern mit den Worten „De Hiering kümmt" beendete. Zum Schutz vor dem launischen Wetter ließ der Pastor, der bereits jahrelang Uferpredigten abgehalten hatte, die Vitter Kapelle errichten. Das weiß getünchte, reetgedeckte Gotteshaus mit achteckigem Grundriss steht hoch über dem Dorf. In seinem Inneren hängt eine Kopie von Philipp Otto Runges beziehungsreichem Gemälde Petrus auf dem Meer.

Essen & Trinken Nahe beim Strand befindet sich das **Café am Meer**, wo man Kaffee und selbst gemachten Kuchen, auch kleine Snacks und vor allem Sanddornprodukte bekommt. Am Hafen gibt es Räucherfisch.

Unbedingt empfehlenswert ist der Dorfgasthof **Goldener Anker**, eine gemütliche Fischgaststätte, die trotz der exklusiven Lage günstige Gerichte anbietet. Da bleibt es nicht aus, dass der Gastraum oft bis zum letzten Platz gefüllt ist. Im Garten bei gutem Wetter Cafébetrieb, außerdem Fischbrötchenstand. Nov. und Jan. geschlossen, sonst tägl. 11–20 Uhr. Vitt Nr. 2, ✆ 038391-12134.

Verbindungen Nach Vitt (Haltestelle bei der Kapelle) fährt während der Saison zu jeder vollen und halben Stunde die kleine **Arkona-Bahn**. Erw. 2 €, Kinder 0,50 €.

Um den Wieker Bodden

Auf dem *Bakenberg* beschattet ein Kiefernwald zahlreiche Feriendörfer und weitläufige Campingplätze, die sich dank des herrlichen Ostseestrandes unter dem Steilufer größter Beliebtheit erfreuen. Im Westen liegt *Dranske,* einst eine muntere Kleinstadt, die vom ehemaligen Marinestützpunkt der NVA auf der Halbinsel Bug lebte. Heute ist es hier recht trostlos, der Bug wieder Sperrgebiet und nur mit Führung zu betreten. Freundlicher ist da schon *Wiek:* Der kleine Ort hat eine lange Tradition im Bootsbau, noch heute werden hier die so genannten *Wieker Boote* gefertigt. Eine neue Werfthalle an der modernen Marina ist im Bau, ebenso wie eine Ferienhausanlage direkt am Bodden. Darüber hinaus hat sich Wiek als Kurort einen Namen gemacht. Sehenswert ist vor allem die um 1400 entstandene *Georgskirche,* ein Backsteinbau mit winzigen Dachtürmchen über einem imposanten Giebel (in der Saison meist Mo–Fr 10–12 und 14–16 Uhr geöffnet, Aufstieg ins Gewölbe möglich). Südlich von Wiek befindet sich die *Wittower Fähre,* eine der letzten Fährverbindungen Deutschlands, die tatsächlich noch als alltägliche Verkehrsader fungiert. Man spart sich auf dem Weg von oder nach Süden den langen Umweg um den Großen Jasmunder Bodden.

Information Das **Informationsbüro** befindet sich nahe der Kirche; in der Saison Mo–Mi 9–17 Uhr, Do 9–12 Uhr und 13–17 Uhr, Fr 9–16 Uhr, Sa 9–12 Uhr. Am Markt 5, 18556 Wiek, ✆ 038391-76870, 📠 038391-76871, www.wiek-ruegen.de.

Pastorales Idyll im Norden der Insel

Camping **Surf & Kite Camp**, Surf- und Kiteschule mit kleinem, ruhig gelegenem Camping in Wiek, mit Bistro und nettem Biergarten. Geöffnet, so lange das Wetter mitspielt. Von Altenkirchen aus am Ortseingang rechts und ca. 500 m weiter. Pro Pers. 8 €, Jugendliche 6,50 €, Kinder 4 €, Zelt, Auto, Caravan etc. bereits inkl. Boddenweg 1, ✆ 038391-70711, 📠 038391-76595, www.surf-kite-camp.de.

Regenbogen Camp Nonnevitz, riesiger Campingplatz (550 Stellplätze) nördlich von Nonnevitz im Kiefernwald, strandnah, mit Gaststätte, Bäckerei, Fahrradverleih, neuen Sanitäranlagen. Geöffnet April bis Anfang Nov. Erw. 7,70 €, Kinder (6–14 J.) 3,10 €, Zelt 9,30–11,30 €, Caravan 11,80–13 €, Pkw 4,30 €. Regenbogen Nonnevitz, 18556 Dranske, ✆ 038391-89032, 📠 038391-8765, www.regenbogen-camp.de.

Essen & Trinken **Schifferkrug**, eine Institution, weit über das Boddenufer hinaus bekannt, aber unverbogen und urig – hier wird seit 1455 Bier gezapft. Einfache, herzhafte Küche zu entsprechend ehrlichen Preisen, günstige Fischgerichte. Tägl. 12–14 und 17–22 Uhr geöffnet (manchmal Do Ruhetag). Der Schifferkrug befindet sich an der nördlichsten Ausbuchtung des Wieker Boddens im kleinen Weiler Kuhle (gut 2 km nördlich von Wiek), ✆/📠 038391-8460.

Sporthafen Am Wieker Bodden, etwa 150 Liegeplätze bei ca. 3 m Wassertiefe, ✆ 038391-769722 oder 0174-1929726.

Surfen/Segeln **UST Rügen**, Surf- und Segelschule in Dranske mit zahlreichen Angeboten, z. B. Windsurfen, Katamaran (auch für segelerfahrene Umsteiger) und Kitesurfen, zudem Materialverleih (auch Fahrräder). April bis Anfang Okt. geöffnet, Unterbringung im jugendherbergsartigen **NoHotel** (auch DZ für 45 €). Am Ufer 14, ✆ 038391-89898, www.ustruegen.de.

Kitesurfschule Wiek, am Bodden nahe dem Camping, Schnupperkurse ab 20 € (1 Std.), zweitägiger Grundkurs 175 €. Molkereistr. 9, ✆ 0172/3522072, www.kitesurfschule-wiek.de.

Surf & Kite Camp, Surf- und Kiteschule auf dem gleichnamigen Campingplatz in Wiek, Einsteiger-, Grund- und Aufbaukurs, Scheinerwerb, auch Materialverleih. Anfahrt und Adresse siehe Surf & Kite Camp.

Übernachten **Landhotel Herrenhaus Bohlendorf**, das freundlich eingerichtete Gutshaus liegt südlich von Wiek (Richtung Wittower Fähre). Wintergarten mit Blick auf den Park, gemütliches Kaminzimmer, Sauna, Restaurant mit leicht gehobenem Preisniveau (mittags und abends geöffnet), zuvorkommender Service. Ganzjährig geöffnet. EZ 79 €, DZ 99 €, Frühstück inkl., Appartement 109–119 € (Frühstück 10 €/Pers.), Halbpension 26 €/Pers. Hund 6 €/Tag. Bohlendorf 6a, 18556 Wiek/Bohlendorf, ✆ 038391-770, 📠 038391-70280, www.bohlendorf.de.

Verbindungen Der **Bus Linie 13** fährt stündl. (Sa/So alle 2 Std.) von Sassnitz über Wiek nach Dranske.

Die **Wittower Fähre** verkehrt ganzjährig von morgens 5.50 Uhr (ab Nordseite) bis 20 Uhr (ab Südseite), Mai bis Aug. bis 21 Uhr, Nov. bis März bis 19 Uhr. Pkw (inkl. Fahrer) 4 €, jede weitere Person 1,20 €, Motorrad 3 €, Fahrrad 1,20 €, Kinder (4–11 J.) 0,80 €. Achtung, im Sommer teilweise lange Wartezeiten! Auskunft Wittower Fähre: ✆ 0172-7526838.

Rügen → Karte S. 208/209

Ein friedliches Plätzchen findet sich überall entlang der Boddenküste

Rügens Westen

In Rügens Westen geht es ruhig zu. Die sanft wellige, vor Urzeiten von Gletschern flach geschliffene Moränenlandschaft ist eine landwirtschaftlich geprägte Gegend. Hier und da drängen sich kleine Weiler an die Ränder der Landstraßen, andere liegen abgeschieden zwischen den Feldern. Zuweilen durchbricht ein Waldstreifen die Weite oder ein von undurchdringlichen Sträuchern geschütztes Hügelgrab. Doch auch hier im Kernland Rügens ist das Meer nie fern.

Früher nannte der Volksmund das Kernstück der Insel Rügen übrigens *Muttland*. „Mutten", so heißt es, war das gängige Wort für Säue, wodurch die Bezeichnung der Bewohner dieses Inselteils als *Muttländer* wenig schmeichelhaft erscheint. Das stille Zentrum des Muttlandes ist Gingst.

Camping **Banzelvitzer Berge**, einer der schönsten Wald- und Wiesencampingplätze auf Rügen, weit ab vom Schuss, etwas auf der Höhe am Südausläufer eines Hügels gelegen und dadurch mit herrlichem Blick auf den Großen Jasmunder Bodden, mit Gaststube (Zum Kuckuck), kleinem Laden und Fahrradverleih. Anfahrt: von der Straße zwischen Trent und Bergen nach Rappin abbiegen und durch das kleine Dorf hindurch noch 1 km zu den Banzelvitzer Bergen. Geöffnet Mitte März bis Ende Okt. Vom kleinen Stellplatz (2 Erw. und Zelt) für 11,50 € bis zum großen Stellplatz (Pkw, Caravan/Wohnmobil, 2 Erw., 1 Kind) für 28,50 €. Weitere Erw. 5 €, Kinder 4–11 J. 2,50 €, Hund 2,50 €; auch kleine, hölzerne Ferienhäuser (78,50 € für 2 Pers., 98,50–110 € für 4 Pers.). 18528 Groß Banzelvitz, ✆ 03838-31248, 03838-31260, www.banzelvitzer-berge.de.

Gingst

ca. 1400 Einwohner

Eine Gemeinde mit Kleinstadtflair: Um den Marktplatz gruppieren sich Lebensmittelgeschäft und Apotheke, Blumen- und Bücherladen, die Post sowie natürlich Rathaus und Gasthaus. Und natürlich steht auch die Kirche am Marktplatz: St. Jacobi, ein Backsteinbau, der zuallererst durch seinen klobigen Turm auffällt.

Neben kleinstädtischer Beschaulichkeit hat Gingst aber auch zwei Sehenswürdigkeiten zu bieten. Eine davon spiegelt die Geschichte des Ortes als wichtiges Handwerkszentrum wider. Schneider und Sattelmacher, Böttcher, Tischler und Schmiede hatten hier einst ihre Werkstätten, und vor allem die Damastweber der Gemeinde machten sich über die Insel hinaus einen Namen. Heute erinnert das Museum *Historische Handwerkerstuben* an diese Zeit. In dem hübschen Hof mit reetgedeckten Backsteinhäusern verschaffen originalgetreue Werkstatteinrichtungen Einblicke in das Handwerkerleben um 1900. In der Museumsscheune sind ein netter Laden und das gemütliche Café untergebracht. Der zweite Besuchermagnet ist der *Rügenpark,* eine Mischung aus Miniaturland und Vergnügungsmeile für Kinder. Zahlreiche Modelle tummeln sich auf 40.000 qm, komplett nachgebaut wurde die Insel Rügen, dazu gesellen sich Bauwerke aus aller Welt.

Öffnungszeiten **Historische Handwerkerstuben**, Juni bis Aug. tägl. 10–17 Uhr, Mai/Sept. Mo–Sa 10–17 Uhr, Okt. Mo–Sa 10–16 Uhr, Nov. bis April Mo–Fr 10–16 Uhr. Eintritt 2 €, erm. 1,50 €, Kinder unter 6 J. frei, Familien 5 €. 18569 Gingst, ✆ 038305-304.

Rügenpark, April bis Nov. geöffnet, Juli/Aug. tägl. 10–19 Uhr, April bis Juni Di–So 10–18 Uhr, Sept. bis Nov. Di–So 10–17 Uhr. Erw. 8,50 €, Kinder (Preis wird nach Körpergröße bemessen) 1,50–6,50 € (bis 3 J. frei). Mühlenstr. 22 b, ✆ 038305-55055, www.ruegenpark.de.

Verbindungen Die **Linie 35** verbindet werktags *Bergen* mit Schaprode via Gingst (Achtung, der Bus hält am Wochenende nur in Kluis, nicht in Gingst!); die **Linie 38** fährt mehrmals täglich von Gingst nach Waase (und zurück) und die **Linie 41** von und nach *Samtens* (hier Anbindung nach Stralsund).

Insel Ummanz

ca. 650 Einwohner

Die Insel Ummanz schmiegt sich eng an die Westküste des Rügener Kernlandes. Kraniche staksen während ihres Stop-overs über die Feuchtwiesen, Kornfelder werden von Entwässerungskanälen begrenzt, Schafe weiden auf den Dämmen. Still ist es hier – und flach.

Die etwa 18 Quadratkilometer große Insel Ummanz ragt kaum mehr als drei Meter aus dem Meer heraus, manche sumpfige Wiese befindet sich sogar ein Stück unter dem Meeresspiegel. Dass der Bodden sich nicht über die von Schilf zerfranste Küste hermacht, dafür sorgen die langen Deiche, die sich fast um die ganze Insel herumziehen. Die Stille, die zwischen den Deichen herrscht, wird nur vom Wind gestört oder von den Vögeln, die auf Ummanz ein Naturparadies vorfinden. Scharen von Zugvögeln, darunter auch der Graue Kranich, nützen die Insel im Frühjahr und im Herbst als Rastplatz, während sie für sesshaftere Vögel auch als Brutplatz dient.

Die einzige dorfähnliche Siedlung der Insel ist *Waase* mit der sehenswerten *Marienkirche,* in deren Innerem ein bemerkenswerter gotischer Flügelalter (1520) steht. Neben Waase verteilen sich nur noch wenige kleine Weiler über die Insel. Ganz im Süden befindet sich das denkmalgeschützte *Freesenort* mit seinen Reetdachhäusern und an der Westküste *Suhrendorf,* die „Ausnahme von der Regel“: Hier nämlich säumt schilffreier Strand die Küste, und im Sommer kann es dank des Campingplatzes recht belebt zugehen. Ganz anders (und typischer für Ummanz) geht es am anderen Ende der Insel zu: Bei *Tankow* herrscht absolute Stille, denn hier steht nur ein einziges Gehöft.

Information **Ummanz-Information**, in der Alten Küsterei, ein schönes, reetgedecktes Fachwerk-Backsteinhaus, unregelmäßige Öffnungszeiten, zuletzt zur Saison Mo/Di/Do 9–12 Uhr, Di/Do 13–17 Uhr. Nebenan befindet sich eine Nationalpark-Ausstellung

Rügen → Karte S. 208/209

Apfelblüte rund um Lieschows Destille

(Mai bis Okt. tägl. 10–16 Uhr geöffnet). Neue Str. 63, 18569 Waase/Ummanz, ✆ 038305-53481.

Einkaufen/Urlaub auf dem Bauernhof **Bauer Lange**, eine Institution auf Rügen: Im Hofladen gibt es alles, was das Land hergibt (tägl. 9–18 Uhr, im Winter eingeschränkt, zuletzt nur Mi und Sa 9–17 Uhr), die große Scheune ist ein bäuerliches Bistro. Diverse Veranstaltungen. Auf der Straße von Gingst nach Waase links ab zum OT Lieschow (beschildert). Außerdem stehen Ferienwohnungen zur Verfügung (ab 55 €/Tag für 2 Pers., ab 75 €/Tag für 4 Pers.). Hof Nr. 37, 18569 Lieschow/Ummanz, ✆ 038305-55117, 📠 038305-55151, www.bauer-lange.de.

Erste Rügener Edeldestillerie, hervorragende Bio-Brände vom Apfel bis zur Zwetschge, natürlich auch Sanddorngeist. Nicht eben günstig, aber hier wird nicht einfach nur Schnaps gebrannt, sondern Bioobst zu hochprozentigen Kunstwerken veredelt. Destilleriebesichtigung nach Absprache. Freistehendes Gehöft an der Landstraße auf halbem Weg vom Lange-Hof zum Südende von Lieschow, Haus Nr. 17, 18569 Lieschow/Ummanz, ✆ 038305-55300, www.edeldestillerie.de. ■

Essen & Trinken **Ostseekaffee – Rügener Kaffeerösterei**, in der ehemaligen Pfarrscheune, freundliches Café mit schönem Garten, köstlicher, selbst gebackener Kuchen, beim Kaffeerösten kann man zusehen, zudem Verkauf. Ganz in der Nähe des Hafens von Waase, zur Saison Di–So ab 10 Uhr geöffnet (in Hochsaison ab 8 Uhr, im Winter ab 11 Uhr). Am Fockerstrom 1.

Sporthafen Kleiner Hafen am Focker Strom mit einer Handvoll Liegeplätzen (1,6 m Tiefe), ✆ 038305-8159.

Übernachten/Wassersport **Ostseecamp Suhrendorf**, großer Campingplatz direkt am Wasser, Gaststätte, Kiosk, Minigolfplatz etc., bemerkenswertes Wassersportangebot: Surfschule (s. u.), Kanu- und Bootsverleih etc., ganzjährig geöffnet. Zeltplatz je nach Größe 12,50–21 €, Erw. 6 €, Kinder (3–15 J.), 3,20 €, nicht parzellierte Plätze (ohne Strom) 5–9 €, Pkw 2,50 €, Hund 2,70 €. Suhrendorf 4, 18569 Ummanz, ✆ 038305-82234, 📠 038305-8165, www.ostseecamp-suhrendorf.de.

Windsurfing Rügen, Surfschule am Ostseecamp und Surfhostel etwas weiter nördlich, Windsurf- und Kite-Unterricht, auch Materialverleih. Im Hostel 2- und 4-Bett-Zimmer (16 €/Pers. im Mehrbettzimmer und 22 €/Pers. im DZ, Verpflegung möglich), Bar, Lounge, Veranstaltungen. Windsurfing Rügen (Surfschule), Ostseecamp, Suhrendorf 4, 18569 Ummanz, ✆ 038305-82240. Surfhostel, Suhrendorf 8, 18569 Ummanz, ✆ 038305-55018, www.surfen-auf-ruegen.de.

Verbindungen Die **Linie 38** verbindet werktags mehrmals täglich *Gingst* mit *Waase* (am Wochenende nur 2-mal tägl.).

Schaprode

ca. 500 Einwohner

Schaprode ist das Sprungbrett nach Hiddensee, ganzjährig legen hier die Schiffe der Weißen Flotte an und pendeln hinüber nach Neuendorf, Vitte und Kloster. Das hat zur Folge, dass das alte Fischerdorf oft einem großen Parkplatz gleicht. Doch trotz der zahllosen Durchgangstouristen hat sich der Ort viel von seinem Charme bewahren können. So zieren ihn schmucke Kapitänshäuser, die sich von den schilfgedeckten Backsteinhütten der Fischer dadurch unterscheiden, dass der Eingang Letzterer ebenerdig ist, während die Kapitänshäuser etwas höher liegen und eine kleine Treppe zur Tür führt. Sehenswert ist auch die *Johanneskirche,* die nach der Pfarrkirche von Altenkirchen und der Marienkirche in Bergen die älteste Kirche Rügens ist (zur Saison tägl. 10–16 Uhr geöffnet).

Sporthafen Bestens ausgebauter Hafen im Schaproder Strom (die enge Wasserstraße zwischen dem Ort und der vorgelagerten kleinen Insel Öhe), zahlreiche Liegeplätze bei 2,5–4 m Wassertiefe, Tankstelle, Slipanlage, 10-t-Kran und Werkkran. ✆ 038309-1209, Yachtservice ✆ 038309-28010.

Übernachten/Essen & Trinken Die Alte Schule, Restaurant im alten Schulgebäude nahe der Kirche, der eigenwillige Gastraum sieht aus wie ein kleines Schulmuseum: lehrreiche Schautafeln, Tafellineal und natürlich eine große Schiefertafel, auf der das Tagesmenü angeschrieben ist. Das Restaurant ist tägl. ab 11.30 Uhr geöffnet (warme Küche bis 21 Uhr). Im Haus stehen zudem DZ (70–80 €) zur Verfügung, das im Preis enthaltene Frühstück gibt es im Landhotel Schafshorn. Lange Str. 32 a, 18569 Schaprode, ✆ 038309-1454.

Landgasthof Schafshorn, freundliches Haus in boddennaher Lage im südöstlichen Teil des Ortes. Im Sommer auch Restaurantbetrieb mit großer Karte, Preise okay, außerdem Café mit Wintergarten (in der Saison ganztägig), freundlich. EZ 70 €, DZ 92 €, jeweils mit Frühstücksbuffet. Streuer Weg 65 a, 18569 Schaprode, ✆ 038309-1313, 📠 038309-1448, www.schafshorn.de.

Camping Am Schaproder Bodden, der Name verspricht nicht zu viel, der Platz liegt in der Tat in direkter Strandnähe, über 100 Stellplätze (wenig Schatten), moderne Sanitäranlagen, kleiner Shop, Restaurant, geöffnet Ostern bis Ende Okt. Erw. 7 €, Kinder 3,50 €, Zelt 3–4 €, Wohnmobil 6 €, Auto 2 €, Hund 1,75 €. Lange Str. 24, 18569 Schaprode, ✆/📠 038309-1234, www.campingplatz-schaprode.de.

Verbindungen Bus, mit der Linie 35 nach *Bergen* und zurück unter der Woche fast stündlich, Sa/So 5-mal am Tag, davon ca. 3-mal mit Fahrradanhänger (nur im Sommer).

Zu den Fährverbindungen siehe Hiddensee, S. 261.

Die Reformation in Kurzform

Das Leuchtfeuer Dornbusch

Hiddensee

ca. 1000 Einwohner

Schmal und lang gezogen liegt die Insel vor der Westküste Rügens. Was von Westen her an Wind und Wellen kommt, bricht sich an der Küste Hiddensees.

Hiddensee ist eine wunderschöne Insel, „Perle der Ostsee“ und „Capri Pommerns“ sind ihre klingenden Beinamen. Zu den prominentesten Gästen der Insel zählte der Schriftsteller Gerhard Hauptmann, der sogar auf dem Dorffriedhof von Kloster begraben ist. Von ihm stammt auch ein weiteres Adelsprädikat für Hiddensee: Die Insel sei „das geistigste aller deutscher Seebäder“, und tatsächlich wirkte das schmale Stück Land zu Lebzeiten Hauptmanns wie ein Magnet auf die Größen des deutschen Geisteslebens. Nobelpreisträger trafen hier zusammen, Maler und Architekten schufen aus Gebäuden Kunstobjekte, und ganze Künstlerzirkel definierten ihre Kreativität von Hiddensee aus. Thomas Mann, Albert Einstein, Gustav Gründgens, August Macke – sie alle und noch viel mehr Prominenz zog es hierher, was Gerhart Hauptmann am Ende dann offenbar doch des Guten zu viel war und ihm die mahnenden Worte „nur stille, stille, dass es nicht etwa ein Weltbad werde“ abnötigte. Auch wenn die Promi-Invasion des frühen 20. Jh. mittlerweile längst Geschichte ist – der Tourismus selbst ist seit jenen Tagen nicht mehr von der Insel wegzudenken. Jahr für Jahr kommen zahllose Feriengäste und Tagesausflügler, die es sich auf der 1995 offiziell zum Seebad erklärten Ostseeperle gut gehen lassen.

Die drei Dörfer der Insel könnten nicht unterschiedlicher sein, auch wenn sie sich auf Grund der Schlankheit der Insel alle zwischen Hafen und Strand erstrecken. *Kloster* im Norden scheint in einem lichten Wald zu liegen. Beschatten mal keine Bäume die Häuser, werden diese von dichten Gärten umgeben. *Vitte* hingegen ist gut ausgestattet mit großzügigen Wegen und sogar einem kleinen Zentrum. *Neuendorf* wiederum verzichtet fast ganz auf Wege, seine Häuser stehen weit verstreut auf einer Wiese.

Die unzähligen Besucher, die an schönen Tagen auf die Insel strömen, können nicht darüber hinwegtäuschen, dass Hiddensee eine kleine Gemeinde ist. Nur gut 1000 Menschen leben auf der Insel. Zum Einkaufen muss man ins ferne Bergen oder nach Stralsund übersetzen. Der Arzt praktiziert in Vitte, der einzige Zahnarzt hat seine Praxis in Kloster. Der Doktor ist übrigens einer der wenigen, die das Privileg haben, auf der Insel Auto fahren zu dürfen. Hinzu kommen noch der Dienstwagen des Inselpolizisten, der Inselbus, der Löschzug der Feuerwehr, Müllabfuhr und Rettungswagen, ein elektrisch betriebener Postwagen sowie der ein oder andere Trecker oder Unimog. Ansonsten ist die Insel für Privatautos gesperrt.

Verbindungen

Fähren **Von Schaprode** mehrmals täglich nach Neuendorf, Vitte und Kloster (im Sommer etwa 16-mal täglich, im Winter ca. 10-mal). Achtung: Die Fähren laufen fast nie alle drei Häfen an! Dauer: zwischen 25 Min. (nach Neuendorf) und 1 Std. (nach Kloster bzw. bis zu 90 Min. mit Stopps in Neuendorf und Vitte). Hin- und Rückfahrt 16,90 € (einfach 10,20 €), Kinder (4–14 J.) 9,60 € (6 €), Kinder unter 4 J. frei, Familienkarte 47,50 €, Fahrrad 6,90 €, Hund 9,60 €, Surfausrüstung 13,80 €, die Fahrt nach Neuendorf ist etwas günstiger.

Bus: Die *Linie 41* verkehrt 2- bis 3-mal tägl. zwischen Stralsund und Schaprode (mit passendem Fähranschluss), ansonsten etwa stündl. *Linie 35* ab Borgon (Sa/So 5-mal).

Von Stralsund nach Hiddensee 2- bis 3-mal tägl. (nicht Nov. bis März, Sonderfahrten zwischen den Jahren nur bei eisfreier Ostsee; April bis Mitte Mai 2-mal tägl.). Hin- und Rückfahrt 18,90 € (einfach 12 €), Kinder (4–14 J.) 10,10 € (6,40 €), Kinder unter 4 J. frei, Familienkarte 52,50 €, Fahrrad 8 €, Hund 10,10 €, Surfausrüstung 16 €.

Infos: *Reederei Hiddensee*, Achtern Diek 4, 18565 Vitte, Insel Hiddensee, ✆ 038300-210, ℻ 038300-50170 (in Stralsund: Fährstr. 16, 18439 Stralsund, ✆ 03831-26810, ℻ 03831-268130), www.reederei-hiddensee.de bzw. www.weisse-flotte.com.

Darüber hinaus verkehren Fähren von **Wiek** und **Dranske** (mit der *Reederei Hiddensee*, s. o.) sowie von **Breege** und **Ralswiek** nach Vitte und zurück (*Personenschifffahrt Kipp*, Dorfstr. 101, 18556 Breege, ✆ 038391-12306, ℻ 038391-12307, www.reederei-kipp.de).

Fahrradmitnahme Alle Fähren nehmen grundsätzlich Fahrräder mit, wenn viel los ist, kann es jedoch passieren, dass das Rad an der Anlegestelle zurückgelassen werden muss. Nur auf der *MS Vitte* ist immer Platz, denn sie besitzt als einziges Schiff der Reederei einen großen Frachtraum.

Wassertaxis Schnell, aber kostenintensiv. Die drei Schiffe des **Hiddenseer Taxirings** fahren ganzjährig von 6–22 Uhr. Sie liegen entweder im Hafen oder kommen, wie es sich für Taxis gehört, bei telefonischer Bestellung. Die Überfahrt von Schaprode nach Neuendorf kostet 9,80 €/Pers. (Kinder 4–14 J. 6,60 €), nach Vitte/Kloster 11,40 €, Kind 7 € (mind. sieben Mitfahrer, ansonsten Gesamtpreis 65 € bzw. 69 €), ab Stralsund 24 €/Pers., Kind 13,50 € (mind. neun Mitfahrer) bzw. 200 € Gesamtpreis für die Überfahrt. Bei Nachtfahrten wird ein nicht unerheblicher Aufschlag erhoben. Ein Taxi ordern kann man unter ✆ 038300-210 (Zentrale in Vitte), ℻ 038300-50170 oder direkt an Bord: Die *Pirat* ist mobil unter ✆ 0171-7457713 zu erreichen, die *Störtebeker* unter ✆ 0171-7457710 und die *Anna Maria* unter ✆ 0171-6428021. Weitere Infos unter www.reederei-hiddensee.de.

Hiddensee → Karte S. 208/209

Basis-Infos

Information **Insel Information Hiddensee** und Kurverwaltung im Rathaus in Vitte, vom Hafen aus rechter Hand, gegenüber der Blauen Scheune. Mai bis Sept. Mo–Fr 9–17 Uhr, Sa/So 10–12 Uhr; April und Okt. Mo–Fr 9–16 Uhr, Sa 10–12 Uhr; Nov. bis März Mo–Fr 9–15 Uhr. Norderende 162, 18565 Vitte, Insel Hiddensee, ✆ 038300-6420, ℻ 038300-64225, www.seebad-insel-hiddensee.de.

Infos auch im **Hafencenter Kloster**: April bis Okt. Mo–Fr 10–12.30 und 13.30–17 Uhr, Sa/So 10–12.30 Uhr (im Okt. So geschl.); im Winter siehe Anschlag (im Januar komplett geschl.). Hafenweg 15, 18565 Kloster, Insel Hiddensee, ✆ 038300-60654.

Baden An Hiddensees Westküste erstrecken sich vom Gellen im Süden bis zum Enddorn an der Nordspitze 13 km herrlichster Ostseestrand, der lediglich auf Höhe von Kloster durch großsteinigen Wellenschutz begrenzt wird (der leider aber den Blick aufs und Zugang ins Meer deutlich stört). Von der DLRG überwacht ist der Strand jeweils auf der Höhe der Inselorte (Mitte Mai bis Mitte Sept.). Je nach Wetterlage kann zuweilen etwas Seegras angeschwemmt werden und sich an den Stränden ablagern. Die ortsnahen Strandabschnitte (hier auch Strandkorbverleih) werden den Sommer über gereinigt, alle anderen als Naturstrand belassen. Eine Unterscheidung zwischen Textil- und FKK-Strand gibt es zwar, das wird im Normalfall aber nicht so eng gesehen wie in einigen Bereichen etwa auf Rügen.

Räucherschiff am Hafen von Kloster

Bank Sparkassenfiliale mit Geldautomaten in Vitte, Süderende 59 (zwei Häuser nach dem Hotel Godewind).

Hafen Hafenmeister in Vitte, ✆ 038300-64210. Sportboothäfen in Neuendorf (Wasserwanderrastplatz), ✆ 0170-9849720; in Vitte (Seglerhafen und Tankstelle), ✆ 038300-608768; in Kloster ✆ 038300-60808 oder 0171-5364229.

Inselbus Der kleine Bus pendelt Mo–Fr von morgens bis abends etwa stündlich zwischen Kloster, Vitte und Neuendorf (im Winter nur 5-mal tägl.). Tageskarte 4,20 €, halber Tag 3 €.

Kurtaxe 1.4.–31.10. 1,50 €/Tag, sonst 1 €.

Medizinische Versorgung Ein **Allgemeinarzt** praktiziert in Vitte (Süderende 57, ✆ 038300-287), ein **Zahnarzt** in Kloster (Am Bau 1, ✆ 038300-375). Eine **Apotheke** gibt es nicht auf Hiddensee, lediglich eine Rezeptsammel- und Medikamentenausgabestelle in Vitte (Süderende 154, ✆ 038300-50565).

Parken Hiddensee ist autofrei, parken muss man daher in Schaprode (bewachter Parkplatz am Hafen (3,50 €/Tag, ab dem zweiten Tag 2 €) oder am Ortseingang links (2 €/Tag) oder in Stralsund.

Zimmervermittlung Neben der Zimmervermittlung der *Insel Information Hiddensee* (www.seebad-insel-hiddensee.de) gibt es diverse private Anbieter, u. a. **Hartwig Lotz**, Wiesenweg 4 a, 18565 Vitte, Insel Hiddensee, ✆ 038300-60860, www.hiddenseeservice.de; oder **HT&S**, Wiesenweg 32, 18565 Vitte, Insel Hiddensee, ✆ 038300-60497, ℻ 038300-60498, www.hiddensee-touristik.de.

Kloster

Pferdekutschen klappern über ungepflasterte Wege, Familien spazieren an blühenden Gärten entlang, in denen hübsche, teils schilfgedeckte Häuser stehen, Gäste und Hiddenseer sitzen ruhig und gelassen am Hafen oder in den Biergärten.

Kloster im Norden Hiddensees ist ein kleines Inselidyll. Lang gezogenes „Zentrum" des Dorfes ist der Kirchweg, der etwas oberhalb des Hafens beginnt und sich bis zum Heimatmuseum und dem dahinter liegenden Weststrand zieht. An dieser Achse befinden sich auch das Gerhart-Hauptmann-Haus, die Inselkirche, Restaurants und Cafés, Supermarkt, Buch- und Souvenirläden sowie der Friseursalon der Insel mit dem pragmatischen Namen *Die Bö*. Nördlich vom Kirchweg erstreckt sich das Dorf bis in die Ausläufer eines Hügellandes mit dem hübschen Namen Dornbusch.

Die Ursprünge des Dorfes gehen, der Name trügt nicht, auf die Zisterzienser zurück. Der Orden gründete 1296 hier eine (angesichts der abseitigen Lage) relativ stattliche Abtei, die wohl einen Großteil des heutigen Ortsgebietes umfasste. Das Kloster wurde im Zuge der Säkularisierung aufgelöst, und auf dem Abteigelände entstand ein kleines Fischerdorf. Anfang des 20. Jh. sollen hier gerade einmal neun Häuser gestanden haben: die vier Häuser des Gutshofs, Pfarrei, Schule, Strandvogtei, das Haus des Amtsvorstehers und ein Gasthaus. Heute ist Kloster das kulturelle Zentrum der Insel, nicht nur, weil sich hier Inselmuseum und -kirche befinden, im Gerhart-Hauptmann-Haus finden auch regelmäßig Konzerte, Sonderausstellungen und Dichterlesungen statt.

Fahrradverleih u. a. bei **Barbara Pehl**, auch Tandems und Kinderfahrräder, kostenloser Pannenservice, außerdem Pension (DZ 50 €, kein Frühstück, aber Gemeinschaftsküche). Hafenweg 4, 18565 Kloster, Insel Hiddensee, ✆ 038300-437, www.hiddensee-pension.de.

Gepäcktransport/Kutschfahrten u. a. **Fuhrmannshof Neubauer**, auch Wander- und Ponyreiten. Hafenweg 10a, ✆ 0171-1892807, abends ✆ 0171-7153809, ✆ 038309-22880, www.hiddensee-kutschfahrten.de.

Fuhrunternehmen Münzner, Transport und Kutschfahrten, auch Ferienwohnungen (für 2–4 Pers. 79–95 €/Tag). Birkenweg 24, 18565 Kloster, Insel Hiddensee, ✆ 038300-50084, www.pferdefuhrbetrieb-hiddensee.de.

Übernachten/Essen & Trinken

»› Unser Tipp: **Hotel Hitthim**, eines der besten Häuser der Insel, gleich oberhalb des Hafens von Kloster, verfügt über viel gastronomische Tradition. Im Saal hängt eine Bildergalerie berühmter Hiddensee-Gäste, hervorragendes Restaurant (wir empfehlen den köstlichen Pfefferhering „Hitthim" mit Bratkartoffeln), ab 12 Uhr durchgehend warme Küche, die Zimmerpreise variieren stark nach Saison und Ausstattung (Balkon, Badewanne, Hafenblick). In einem neu gebauten Nebengebäude befinden sich fünf gut ausgestattete Appartements mit Terrasse zum Hafen (im Sommer viel Trubel). Ganzjährig geöffnet. EZ 57,50–77,50 €, DZ 95–155 €, jeweils inkl. Halbpension, Ferienwohnung für 2 Pers. 89–100 €, für bis zu 5 Pers. 95–135 €. Hafenweg 8, 18565 Kloster, Insel Hiddensee, ✆ 038300-6660, ✆ 038300-66618, www.hitthim.de. «‹

Wieseneck, Restaurant, Café und Pension in einem alten, schon renovierten Haus, klasse Kneipe, in der sich vor allem jüngeres Publikum trifft, im hinteren Raum etwas gediegeneres Restaurant mit eingedeckten Tischen. Terrasse und Garten, von dem aus man einen herrlichen Blick über den Inselsüden hat. 17 Zimmer, ganzjährig geöffnet. EZ 35 €, DZ 68–92 €, DZ als EZ 46–58 €, inkl. Frühstück. Kirchweg 18, 18565 Kloster, Insel Hiddensee, ✆ 038300-316, ✆ 038300-68024, www.wieseneck-hiddensee.de.

Pension Inselidyll, neun hübsche Doppelzimmer. Im Nov. geschl. Reservierungen schon im Frühjahr empfehlenswert. DZ mit Frühstück 90 €. Siedlung 23, 18565 Kloster, Insel Hiddensee, ✆ 038300-234, ✆ 038300-60612, www.inselidyll-hiddensee.de.

Hiddensee → Karte S. 208/209

Zum kleinen Inselblick, urgemütliches Café, Restaurant und origineller Trödelladen in einem. Ob auf einen Kaffee, eine schmackhafte (und dabei) günstige Mahlzeit oder zum Stöbern (Bilder, Emailleschilder, Bücher, Porzellan und Möbel), der Besuch lohnt sich. Schöner Biergarten. Auf dem Speiseplan stehen nicht nur Fisch, sondern auch Wokgemüse und Nudelgerichte; mittleres Preisniveau. Ende März bis Ende Okt. 12–23.30 Uhr geöffnet, Küche bis 21.30 Uhr, Di geschlossen. Etwas abseits am Ortsrand Richtung Dornbusch gelegen (am einfachsten vom Hafen oder entlang des Kirchwegs zum querenden Mühlberg, diesen rechts hinauf und geradewegs bis zum Ortsausgang). Birkenweg 2, ✆ 038300-68001.

Sehenswertes

Inselkirche: Mitten im Ort steht das unspektakuläre Gotteshaus, umgeben vom alten Friedhof. Die spätgotische Kirche ist in ihrer Bausubstanz das älteste Bauwerk der Insel und das letzte Überbleibsel des ehemaligen Zisterzienserklosters. Seit der Renovierung gegen Ende des 18. Jh. überspannt ein blaues hölzernes Tonnengewölbe den Innenraum. Auf dem Friedhof stehen einige uralte Grabsteine herum, manche namenlos, nur mit Hausmarke und Todesjahr versehen. Das Grabmal *Gerhart Hauptmanns* liegt links hinter der Kirche – der größte Stein auf dem Friedhof ist unübersehbar. Die Kirche ist ganztägig geöffnet.

Gerhart-Hauptmann-Haus: 1930 kaufte Gerhart Hauptmann das *Haus Seedorn* als Sommerdomizil und bewohnte es bis 1943 fast jedes Jahr für einige Wochen. 1954 wurde das Haus in ein Museum umgewandelt. Zu besichtigen sind u. a. die Veranda (hier eine kleine Dokumentation zum Leben des Nobelpreisträgers sowie diverse Briefwechsel), die Schlafgemächer der Hauptmanns im oberen Stockwerk, den so genannten Kreuzgang (Galerie), das berühmte Abendzimmer (Speisezimmer) mit direktem Zugang zum Weinkeller und das geräumige Arbeitszimmer (samt Bibliothek und Nobelpreismedaille) des Dichters. Die Einrichtung ist weitgehend im Originalzustand, so als sei Hauptmann erst kürzlich abgereist. Das Haus Seedorn ist auch der Sitz der Gehart-Hauptmann-Stiftung. Es werden regelmäßig Konzerte, Sonderausstellungen und Lesungen im Arbeitszimmer Hauptmanns veranstaltet.

Mai bis Okt. tägl. 10–17 Uhr, April Mo–Sa 11–16 Uhr, März und Nov. Di–Sa 11–14 Uhr, Dez. bis Feb. nur Do 11–14 Uhr oder nach Voranmeldung. Eintritt 3 €, erm. 2 €. Führungen 15 € pro Gruppe, nach Voranmeldung. Buchverkauf am Eingang/Kasse, hier werden auch Karten für die Abendveranstaltungen verkauft. Kirchweg 13, ✆ 038300-397, 📠 038300-60565, www.gerhart-hauptmann.de.

Stress- und autofrei: Insel Hiddensee

Hauptmann auf Hiddensee

Im Sommer 1885 kam Gerhart Hauptmann im Alter von 22 Jahren das erste Mal nach Hiddensee und begeisterte sich sofort für die Natur und Einsamkeit der damals touristisch noch völlig unerschlossenen Insel. Es folgten mehrere Urlaube, auch mit seiner Geliebten und späteren zweiten Ehefrau Margarete. Ab 1916 – Hiddensee hatte sich inzwischen einen Ruf als Seebad gemacht – verbrachten die Hauptmanns fast jeden Sommer hier (die Winter über hielt man sich an der italienischen Riviera in Rapallo auf). Zunächst wohnte die Familie in Hotels in Vitte oder Kloster, ab 1926 dann im Haus Seedorn, dem heutigen Gerhart-Hauptmann-Haus, das der Dichter vier Jahre später kaufte und sogleich um Kreuzgang (Verbindungsflur), Speisezimmer, Arbeitszimmer und Terrasse erweitern ließ.

Hinter der Blumenwiese liegt Hauptmanns Haus

Auf Hiddensee erlebte Hauptmann eine produktive Zeit, wobei er sich einen strikten Tagesablauf auferlegte: Morgens ein Bad in der kühlen Ostsee, dann Frühstück und ein ausgedehnter Inselspaziergang, Mittagessen und Mittagsschlaf, Nachmittagskaffee und im Folgenden drei Stunden konzentriertes Arbeiten bei ungestörter Ruhe im Haus. Die Abende gehörten dann den berühmten Einladungen der Hauptmanns mit Essen und gutem Wein, zu denen im Abendzimmer nicht mehr als vier Gäste Platz fanden – Literaten und andere Künstler, die auf der Insel ihre Sommerfrische verbrachten, darunter z. B. die Schauspielerin *Asta Nielsen,* aber auch der Inselpastor Arnold Gustavs, ein enger Freund der Familie.

Mit nur einer Unterbrechung im Jahr 1939 verbrachten die Hauptmanns bis 1943 jeden Sommer auf der Insel. Möglich wurde dies natürlich auch durch die unpolitisch-gleichgültige bis opportune Haltung, die der Dichter der NS-Diktatur entgegenbrachte. Ab 1944 war es dann vorbei mit der Hiddenseer Sommerfrische, Hauptmann lebte bis zu seinem Tod, zuletzt schwerkrank, in Haus Wiesenstein/Agnetendorf (Schlesien), wo er am 6. Juni 1946 im Alter von 83 Jahren starb und wo er auch begraben werden wollte. Doch das erwies sich im mittlerweile polnischen Agnetendorf als unmöglich, der Leichnam konnte erst Wochen später über Berlin und Stralsund (mit großer Trauerfeier im Rathaus) nach Hiddensee überführt werden. Am 28. Juli 1946 wurde Hauptmann von seinem Freund Pastor Gustavs nach seinem Wunsch in der Stunde vor Sonnenaufgang auf dem kleinen Inselfriedhof von Kloster beerdigt.

Hiddenseer Heimatmuseum: In der ehemaligen Seenotrettung aus dem Jahr 1888 sind allerlei Exponate zu Geologie, Flora und Fauna der Region zu sehen, außerdem zur Geschichte des Zisterzienserklosters, der hiesigen Fischerei, der Insel als Seebad sowie zur Geschichte der Seerettung. Interessant sind auch die Schautafeln zu „Biografien" berühmter Gebäude auf Hiddensee und v. a. der berühmte *Hiddenseer Goldschatz,* der hier (als Kopie) ganz aus der Nähe bewundert werden kann. Weitere Fotos und andere Ausstellungsstücke dokumentieren Hiddensees Aufschwung und Glanzzeit als Seebad. Angeschlossen ist ein kleiner Museumsladen.

Mai bis Okt. tägl. 10–16 Uhr, im Winter meist nur Do–So 10–16 Uhr. Mit Kurkarte 3 € (erm. 2 €, unter 11 J. frei), ohne Kurkarte 5 €, Familienkarte 8 €. Di und Fr jeweils um 13 Uhr **Führungen** durch das Heimatmuseum, Mittwoch 13 Uhr Kinderführung. Kirchweg 1, ✆ 038300-363, 📠 038300-64225.

Der Hiddenseer Goldschatz

Nachdem sich der schwere Sturm vom 12./13. November 1872 ausgetobt hatte, gab das Wasser nicht nur langsam das Dorf Neuendorf/Plogshagen wieder frei, sondern auch einen Schatz von unermesslichem Wert: Im Dünensand fand sich filigranes, goldenes Geschmeide. Im folgenden Frühjahr und nach einem erneuten Sturm im Februar 1874 wurden weitere Stücke des bald als *Hiddenseer Goldschatz* bekannten Wikingerfunds entdeckt, dessen insgesamt sechzehn Teile den bedeutendsten Fund aus der Wikingerzeit auf deutschem Boden darstellen. Es handelt sich um einen geflochtenen Halsreif, eine Scheibenfibel und Teile einer prachtvollen Kette: sechs große und vier kleine Kreuze sowie vier Zwischenglieder mit Ösen. Das Geschmeide wurde 950 wahrscheinlich für *Harald Blauzahn*, den ersten getauften Wikingerkönig, gefertigt. Vor allem die Kreuze spiegeln eine Zeit im Umbruch wider. Sie vereinen die Form des christlichen Kreuzes mit der heidnischen Darstellung Mjölmirs, dem Hammer Thors, und geben anschaulich den Kampf des neuen Glaubens mit dem alten wieder. Der mutmaßliche Besitzer des Schmucks fiel eben diesem Kampf zum Opfer, denn Blauzahn musste vor seinen heidischen Gegnern, allen voran sein Sohn *Sven Gabelbart*, nach Hiddensee fliehen. Möglicherweise vergrub er hier den Schatz. Das Original ist heute im Kulturhistorischen Museum von Stralsund zu sehen (s. S. 204).

Nördlich von Kloster

Dornbusch, Grieben und Enddorn: Nördlich von Kloster erstreckt sich ein zauberhaftes Hügelland: der Dornbusch. Das Hiddenseer „Hochland" bricht im Westen am Steilufer bis zu 60 Meter tief ab. Der Hochuferweg führt anfangs noch durch einen Wald, in dem sich nicht nur eine bekannte Gaststätte befindet, sondern auch das ARD-Wetterstudio Nord (seit 1998). Hinter dem Leuchtturm zieht sich dichtes Sanddorngehölz entlang der Hügelkuppen, bizarre Windflüchter krallen sich in die Steilküste. Zur Boddenseite hin dominieren sanft gewellte Wiesen und Weiden. Hier befindet sich auch die älteste Siedlung Hiddensees: *Grieben* hat zwar Tradition, aber kaum Einwohner, nur eine Handvoll Häuser stehen malerisch in Ufernähe. Von der nördlichen Inselspitze, dem *Enddorn*, ragen zwei lange Haken in den Bodden: *Altbessin* und *Neubessin*. Letzterer gehört zur Kernzone des Nationalparks

Taxi?

Vorpommersche Boddenlandschaft und ist Brutgebiet und Rastplatz unzähliger teils bedrohter Vogelarten. Betreten ist also verboten. Auf dem Altbessin verläuft ein kleiner Weg bis zum Aussichtspunkt an der Spitze.

Fahrradverleih **Der Laden**, auch kleiner Dorfladen und Zimmervermittlung in Grieben. Fahrräder in der Hochsaison (v. a. am Wochenende) unbedingt reservieren! Mai bis Okt. tägl. 8–10 Uhr und 17–18 Uhr, Mi nur 8–9 Uhr und 17.30–18 Uhr (im Sommer bis 19 Uhr), im Winter nur Di, Do und So 17–18 Uhr. Dorfstr. 12, ✆ 038300-277, 📠 038300-439.

Übernachten/Essen & Trinken **Zum Klausner**, Pension und beliebte Ausflugsgaststätte mitten im Dornbuschwald, Familienbetrieb seit 1906. Außer Zimmern werden auch Appartements sowie nette kleine Holzhäuser vermietet. Während der Saison tägl. 11–20 Uhr geöffnet, im Sommer länger, im Winter sehr eingeschränkt. Zimmer mit Bad und TV. EZ 53 €, DZ 60–72 €, Frühstück inkl. Appartement 72–94 €, im Holzhaus für 2 Pers. 110 €, für 4 Pers. 220 €, Ferienhaus (2 Pers.) 95–115 €. Die Appartements haben keine Küche, Frühstück ist inkl. Im Dornbuschwald 1, 18565 Kloster, Insel Hiddensee, ✆ 038300-6610, 📠 038300-66120, www.klausner-hiddensee.de.

Hotel Enddorn, in Grieben, 22 gemütliche, geschmackvoll eingerichtete Zimmer, im Erdgeschoss befindet sich die Bilderkneipe, die ihrem Namen alle Ehre macht, hier gibt es auch gutes und deftiges Essen, schöner Garten, mittleres Preisniveau. Übernachtung frühzeitig buchen. Geöffnet Ostern bis Ende Okt. und über Silvester. EZ ab 54 €, DZ 105–125 €, jeweils inkl. Halbpension. Dorfstr. 6, 18565 Kloster/OT Grieben, Insel Hiddensee, ✆ 038300-460, 📠 038300-66618, www.enddorn.de.

Altes Gasthaus Zum Enddorn, gleich nebenan, urgemütlich, ebenfalls mit hübschem Biergarten, Leser waren vor allem von den Fischgerichten begeistert. Ganzjährig tägl. 11–21 Uhr geöffnet, Küche bis 20 Uhr. Dorfstr. 8, ✆ 038300-60833.

Der Leuchtturm: Das *Leuchtfeuer Dornbusch* steht auf der höchsten Erhebung Hiddensees, dem Bakenberg (72 Meter), und wurde 1887/1888 erbaut. Ursprünglich aus Ziegeln errichtet, musste der Turm verstärkt werden, nachdem der Boden nachgab und das Gebäude Risse zeigte. So wurde dem Turm Ende der 1920er Jahre eine Art zwölfeckiger Stützstrumpf aus Eisen und Beton übergezogen. Der Leuchtturm ist begehbar (102 Stufen, knapp 28 Meter hoch).

Mai bis Okt. 10.30–16 Uhr, im April nur Di–Sa, Nov. bis März nur an Feiertagen. Zutritt für max. 15 Pers., nicht gestattet für Kinder unter 6 J., keine Hunde. Eintritt 4 €, mit Kurkarte 2 €, Kinder zwischen 6 und 16 J. 1,50 € bzw. 1 €.

Schatzsuche am Strand

Wandertipp: Von Kloster zum Enddorn und über den Dornbusch

Charakteristik: Die aussichtsreiche Wanderung führt über das „Hochland" Hiddensees, auf teils befestigten, teils sandigen Wegen, und schließlich den geradezu steilen Swantiberg (65 m) hinauf. **Länge/Dauer:** knapp 8 km, ca. 2,5 Std. reine Gehzeit. **Start/Verlauf:** Vom Bootsanleger in Kloster geht es linker Hand den Weg hoch, vorbei am *Hitthim*. Bei einer großen Wegkreuzung mit einer großen, roten Boje als Wegweiser rechts abbiegen und auf gepflastertem Weg Richtung Grieben. Den winzigen Weiler passieren und weiter geradeaus, alle Abzweigungen ignorieren, bis sich der Weg (nunmehr ein Feldweg) gabelt. Geradeaus gelangt man zum Sandstrand am Enddorn, weiter geht es linker Hand hinauf auf den Swantiberg und zum Leuchtturm. Beim Leuchtturm die Treppen hinunter, in den Dornbuschwald und zurück nach Kloster.

Vitte

Das ehemalige Fischerdorf ist heute das Zentrum der Gemeinde Hiddensee und der größte Ort der Insel. Vitte bietet dem Besucher den idealen Ausgangspunkt zur Erkundung der Insel. Knapp zwei Kilometer sind es nach Kloster und fünf Kilometer nach Neuendorf – und zum langen Sandstrand sind es immer nur ein paar Schritte.

Hat man vom Hafen aus den niedrigen Deichweg erklommen, führt der breite, gepflasterte Wallweg zwischen hellen, freundlichen Häusern hindurch. Von dem kleinen Dreieck Hafen, Einkaufszentrum und Blaue Scheune (bzw. Rathaus) abgesehen, erstreckt sich Vitte vor allem entlang des Verbindungsweges von Kloster nach Neuendorf. Der Weg Norderende gabelt sich beim Rathaus: der Wiesenweg führt am Hafen vorbei, während man parallel zum Westufer zum Weg Süderende gelangt, von dem aus immer wieder kleine Stichpfade zum herrlichen Sandstrand abgehen.

Über ausgewiesene Sehenswürdigkeiten verfügt Vitte nicht, allerdings über drei markante Gebäude, die allesamt auf die künstlerische Tradition der Insel hinweisen. Im Norden des Dorfes steht ein Haus mit runden Ecken, allen Rechtschreibreformen zum Trotz *Karusel* genannt. Es wurde vom Architekten *Max Taut* entworfen und diente dem Stummfilmstar *Asta Nielsen* als Sommerresidenz. Die *Blaue Scheune* stammt aus dem 19. Jh., der namensgebende Anstrich wurde dem traditionellen Hallenhaus 1920 von der Malerin Henni Lehmann verpasst. Schließlich befindet sich hinter dem Rathaus eine *flügellose Windmühle*, in der heute ein Atelier eingerichtet ist (alle drei Häuser werden privat genutzt und sind der Öffentlichkeit nicht zugänglich).

Einen Besuch wert ist das *Nationalparkhaus Hiddensee*, das sich am nordwestlichen Ortseingang von Vitte befindet. Die teils kindgerecht aufbereitete kleine Ausstellung informiert über Hiddensee als „Landschaft in Bewegung" sowie über Flora und Fauna. Auch gibt es einen 20-minütigen Film über den Nationalpark Vorpommersche Boddenlandschaft zu sehen.

April bis Okt. tägl. 10–16 Uhr, Nov. bis März tägl. 10–15 Uhr, Norderende 2, ✆ 038300-68041.

Hiddensee → Karte S. 208/209

Fahrradverleih u. a. **Fahrrad-Müller**, hafennah, Wallweg 1, ✆ 038300-464. **Christian Kula**, vom Hafen den Wallweg entlang, dann links, Süderende 6, ✆ 038300-472, oder am Hafen.

Gepäcktransport/Kutschfahrten u. a. **Hiddensee Logistik**, Gepäcktransport auch von und nach Schaprode. Achtern Diek 35, ✆ 038300-50300, www.hiddenseer-logistik.de.

Farbenprächtig: Fischerboot am Hafen von Vitte

Sportboothafen Neuer, großer Seglerhafen, 180 Liegeplätze, 1,50–2,50 m Wassertiefe, mit Tankstelle. Zum Seglerhafen 28, ✆ 038300-603680.

Surfen/Segeln **Surf und Segel Hiddensee**, sympathische Segel- und Surfschule, Segelkurse (auch Katamaran) und Windsurfunterricht, auch Materialverleih, Bootsführerscheine. Mai bis Okt. tägl. 10–18 Uhr geöffnet. Vom Hafen kommend nach dem Wallweg geradeaus Richtung Strand, Norderende 163, ✆ 038300-60525, www.surfund segelhiddensee.de.

Übernachten/Essen & Trinken

››› Unser Tipp: **Godewind**, sympathisches Haus mit beliebter Gaststätte, in der man sich abends auf ein Bier trifft oder zum Essen geht. Die Zimmer sind gemütlich, das Frühstücksbuffet vielfältig, zuvorkommender Service. Ganzjährig geöffnet. Vom Hafen Richtung Weststrand, dann links. Restaurant tägl. 12–24 Uhr geöffnet. EZ 50–85 €, DZ 95–125 €, jeweils inkl. Frühstück, auch Appartements. Süderende 53, 18565 Vitte, Insel Hiddensee, ✆ 038300-6600, ℻ 038300-660222, www.hotelgodewind.de. ‹‹‹

Inselreif, pommersche Spezialitäten zwischen bodenständig und ausgefeilt, vor allem natürlich Fisch (Fischgericht um 14 €), freundlicher Service, geöffnet April bis Okt. tägl. ab 12 Uhr (warme Küche bis 21 Uhr), Mo Ruhetag. Süderende 9, ✆/℻ 038300-263, www.hiddensee-inselreif.de.

Pension Lachmöwe, das schöne Haus liegt ganz in der Nähe des Hafens, manche Zimmer mit Boddenblick, Frühstück gibt es im dazugehörigen *Café Kanne*. DZ 72–86 €, EZ 40–50 €, inkl. Frühstück. Wallweg 5, 18565 Vitte, Insel Hiddensee, ✆ 038300-253, ℻ 038300-50405, www.lachmoewe.de.

Hiddenseeklause, beliebter Treffpunkt beim Hafen, Restaurant, Café und Kneipe in einem, das hübsche Holzhaus ist dank seines knallroten Anstrichs unübersehbar. Wallweg 2, ✆ 038300-50400.

Veranstaltungen **Zeltkino**, im Sommer lief hier bisher, was es auch in den Multiplex-Palästen der Großstädte zu sehen gibt, nachmittags Kindervorstellung, abends großes Kino. Mit etwas Glück bekam man aber auch einen alten, auf Hiddensee gedrehten Streifen zu sehen: *Das Mädchen von Fanö* mit Brigitte Horney in der Hauptrolle. Die Zukunft des Kinos ist leider ungewiss, nach Ablauf des Pachtvertrages ist hier zurzeit ein Mehrzweckgebäude statt Kino geplant, was große Teile von Hiddenseern und Sommergästen auf die Palme

Die Heide bei Neuendorf

bringt. Ein Bürgerbegehren wurde zuletzt vonseiten der Gemeinde vertagt, die Unterschriftenaktion vieler Feriengäste dauert noch an (Sommer 2011), es bleibt abzuwarten, wie es hier weitergeht. Wir drücken dem Zeltkino die Daumen und verweisen zum aktuellen Stand der Dinge auf: www.zeltkino-hiddensee.de. Norderende 150, ✆ 038300-60674.

Neuendorf

Weitläufig und scheinbar zufällig verstreut stehen die weißen, schilfgedeckten Häuser auf einer Wiese, die sich über die ganze Breite der Insel erstreckt. Einige kaum befestigte Wege ziehen sich durch das Dorf, wo sie fehlen, geht man eben über das Gras zu den Eingangstüren. Auf der anderen Seite der Dünen breitet sich der herrliche feinsandige Strand aus, der weit in den Süden reicht. zwei Kilometer weiter steht das südlichste Bauwerk der Insel: der 12 Meter hohe *Suderleuchtturm*. Der *Gellen*, das Südende der Insel, ist nämlich eine vergleichsweise junge Verlandung, die auch heute noch jährlich um mehrere Meter wächst. Dieser südliche Haken ist nicht zugänglich, er ist mit dem Bock und dem Osten von Zingst Teil der *Schutzzone I* des Nationalparks, heißt: Betreten des Biotops absolut verboten.

Essen & Trinken/Übernachten **Rosi**, freundliches Gasthaus mit maritimem Ambiente, sehr gute Fischsuppe, diverse Matjesvariationen. Zu Kaffee und Kuchen kommen auch riesige Windbeutel auf den Tisch, sehr beliebt! Mai bis Okt. Di–So ab 12 Uhr geöffnet, warme Küche bis 21 Uhr. Pappelallee 11, ✆ 038300-50168.

Gasthaus/Pension Zur Boje, traditionelle Küche, natürlich viel Fisch, Preise okay, ganzjährig geöffnet. EZ 50 €, DZ 70 €, Appartement 80–90 €. Königsbarg 18, 18565 Neuendorf, Insel Hiddensee, ✆ 038300-6520, www.zur-boje-hiddensee.de.

Fahrradverleih **Freizeitladen Leschner**, Tourenrad ab 6 €/Tag. Schaulbarg 7, ✆ 038300-477, www.freizeitladen-hiddensee.de. Fahrradverleih auch am Hafen.

Sportboothafen **Fischereigenossenschaft Neuendorf** (Wasserwanderrastplatz), 40 Liegeplätze, 2 m Wassertiefe, mit Tankstelle. Am Bollwerk 6, ✆ 038300-391.

Hiddensee → Karte S. 208/209

Greifswald

ca. 54.500 Einwohner

Eine beschauliche Kleinstadt und doch voller Leben. Den pommerschen Greif im Wappen, präsentiert sich die altehrwürdige Hanse- und Universitätsstadt heute gleichermaßen traditionsreich und jung.

Drei mittelalterliche Kirchen prägen die Silhouette der alten Hansestadt: die wuchtige *Marienkirche*, der Dom *St. Nikolai* mit dem hohen, schlanken Turm und die vergleichsweise überschaubare *Jakobikirche*. Dabei sind die Gotteshäuser in ihrer architektonischen Wirkung derart unterschiedlich ausgefallen, dass sie landläufig – etwas despektierlich aber durchaus charakterisierend – „dicke Marie", „langer Nikolaus" und „kleiner Jakob" genannt werden. Sie ragen noch immer so prominent aus dem Stadtbild hervor wie Anfang des 19. Jh., als *Caspar David Friedrich* (1774–1840) sie in seinem Gemälde *Wiesen bei Greifswald* (1820) auf die Leinwand brachte. Der bedeutende Vertreter der deutschen Romantik verewigte nicht nur die Ansicht seiner Geburtsstadt, sondern fand in der nahe gelegenen *Klosterruine Eldena* ein Motiv, das ihn zeitlebens begleitete und bis heute untrennbar mit seinem Werk verknüpft ist. Neben Friedrich gibt es noch zwei weitere berühmte Söhne Greifswalds: Der sozialkritische Schriftsteller *Rudolf Ditzen*, besser bekannt als *Hans Fallada* (1893–1947), und *Wolfgang Koeppen* (1906–1996), einer der bedeutendsten Autoren der deutschen Nachkriegsliteratur, sind in Greifswald geboren.

Zentrum des unaufgeregten Stadtlebens ist der Marktplatz. Hier erhebt sich das „rote Rathaus", das seinen satten ochsenblutroten Außenanstrich allerdings erst in den 1990ern erhielt. Drumherum gruppiert sich ein buntes Ensemble schmucker Giebelhäuser, das schönste hat eine von acht schlanken Pfeilern strukturierte Giebelfront, ist von kleinen Türmchen gekrönt und beherbergt heute das *Caféhaus Marimar.* Ganz in der Nähe hat auf einem ehemaligen Klostergelände das bemerkenswerte Pommersche Landesmuseum mitsamt Gemäldegalerie seinen Sitz.

Die Atmosphäre der sympathischen Hansestadt wird v. a. durch das studentische Leben geprägt. Die Hauptgebäude der Universität befinden sich nahe der Kirche St. Jakobi. Umgeben wird die Altstadt Greifswalds von einer lang gestreckten Parkan-

lage, die dem Verlauf der ehemaligen Stadtbefestigung folgt, und dem kleinen Hafen am Flüsschen *Ryck,* wo ein paar alte Schiffe vor Anker liegen, darunter auch ein paar schöne Zweimast-Gaffelschoner.

Ebenfalls am Ryck, genauer gesagt an deren Mündung in den Greifswalder Bodden, liegt das kleine Fleckchen *Wieck,* das zwar bereits 1939 nach Greifswald eingemeindet wurde, sich aber bis heute den Charme eines idyllisches Fischerdörfchens erhalten konnte. An einer Mole des postkartentauglichen Fischerhafens landeten einst auch hochseetaugliche Schiffe an, heute dient der Hafen im Wesentlichen als beliebte Anlegestelle für Sportsegler. Markenzeichen von Wieck ist die aus dem Jahr 1887 stammende hölzerne Klappbrücke über den Ryck, die heute noch ihren Dienst tut.

Stadtgeschichte

Im Gegensatz zu den meisten anderen Hansestädten Mecklenburg-Vorpommerns geht die Stadt nicht auf eine slawische Siedlung zurück, sondern wurde vom Zisterzienserkloster Eldena aus gegründet. Das Kloster selbst hatte seinen Betrieb 1199 aufgenommen und war rasch zu einem mächtigen Wirtschaftsfaktor aufgestiegen, der Kolonisten von weither an die Mündung des Ryck lockte. Dem Gründungsmythos der Stadt zufolge trafen die Siedler auf der Suche nach einem geeigneten Siedlungsort mitten im Wald auf einen Greif und ließen sich just dort nieder, ohne sich noch Gedanken über den Namen ihrer Neugründung machen zu müssen...

1250 erhielt Greifswald das Stadtrecht und wurde Teil der Hanse. Im 15. Jh. gelang es dem Greifswalder Bürgermeister *Heinrich Rubenow* mit Unterstützung der Klosteroberen von Eldena, die nach Rostock zweite Universität an der Ostsee zu gründen. 1456 wurde Lehrbetrieb der *alma mater gryphiswaldensis* aufgenommen – und bis heute prägt die Universität das Stadtleben. Rubenow übrigens wurde ihr erster Rektor, fiel aber bereits 1462 einem Mordanschlag zum Opfer – ein Denkmal auf dem nach ihm benannten Platz zwischen Jakobikirche und Dom erinnert an den großen Bürgermeister.

Wie ganz Pommern litt auch Greifswald an den Folgen des Dreißigjährigen Krieges und der Besetzung durch Wallensteins Truppen. 1631 kamen die Schweden – aus protestantischer Sicht als Befreier – und blieben mit kurzen Unterbrechungen bis

Greifswald → Karte S. 275

zum Wiener Kongress 1815. Eine Wirtschaftsmacht wurde die Hansestadt nie, es war vielmehr die Universität, die Greifswalds überregionale Bedeutung begründete, und das ist bis heute so geblieben.

Geblieben ist der Stadt auch ein bemerkenswert hoher Anteil an historischer Bausubstanz. Das verdankt sie dem mutigen Handeln *Rudolf Petershagens*, unter dessen Kommandantur sich die von den Nationalsozialisten zur Festung erklärte Stadt 1945 den heranrückenden sowjetischen Truppen widerstandslos ergab.

Basis-Infos

Information **Stadtinformation Greifswald**, im Rathaus am Markt. Information, Tickets, Zimmervermittlung. Mai bis Okt. Mo–Fr 9–18 Uhr, Sa 10–14 Uhr (Juli/Aug. auch So 10–14 Uhr), Okt. bis April Mo–Fr 9–18 Uhr. Rathaus, 17489 Greifswald, ✆ 03834-521380, 📠 03834-521382, www.greifswald.de (Homepage der Stadt) oder www.greifswald.info (Webseite des Fremdenverkehrsvereins).

Stadtführungen Zweistündige Rundgänge (5 €/Pers.) werden von der Stadtinformation Greifswald angeboten, Mo–Fr 14 Uhr und Sa 11 Uhr, Juli/Aug. auch So 11 Uhr, Treffpunkt an der Touristinformation am Marktplatz.

Segeln **Segelschule Greifswald**, in Wieck an der Südseite der Ryckmündung, auch Surfschule, zudem Verleih und Scheine. Yachtweg 3, ✆ 03834-830541, www.segelschule-greifswald.de.

Taxi Taxiverband, ✆ 03834-502222.

Veranstaltungen In Greifswald gibt es ein interessante Jazzangebot (aktuelle Termine unter www.jazzingreifswald.de). Darunter überzeugen die *Eldeaner Jazz Evenings* (jeweils am ersten Juliwochenende) nicht nur durch Jazz von internationalem Rang, sondern auch durch die einzigartige Kulisse: gespielt wird nämlich in der malerischen Klosterruine von Eldena.

Ein weiteres musikalisches Highlight sind die *Greifswalder Bachwochen* im Juni, www.greifswalder-bachwoche.de.

Verbindungen **Bahn**, etwa stündlich Verbindung zum Berliner Hauptbahnhof (tief) mit *InterCity* oder *Regionalexpress*. *Usedomer Bäderbahn (UBB)*, RE und IC teilen sich den häufigen Anschluss an Stralsund. Die *UBB* fährt etwa stündlich weiter nach Wolgast und auf die Insel Usedom.

Innenstadt und nähere Umgebung bedient der **Stadtbus**; nach Wieck und Eldena gelangt man mit der Linie 6 und 7.

Übernachten

››› **Unser Tipp: Hotel Galerie** **4**, vis-a-vis der Gemäldegalerie des Pommerschen Landesmuseums. Moderne, lichte Architektur, sehr stilvoll eingerichtet, die Zimmer sind mit Gemälden zeitgenössischer Künstler geschmückt. Sehr freundliche Hotelleitung. Nur acht DZ und drei EZ, Reservierung daher ratsam. EZ 78 €, DZ 98 €, inkl. Frühstücksbuffet. Mühlenstr. 10, 17489 Greifswald, ✆ 03834-7737830, 📠 03834-7737831, www.hotelgalerie.de. ‹‹‹

Alter Speicher **1**, freundliches Hotel in einem ehemaligen Speicher schräg gegenüber der Brücke und dem Museumshafen, auch Restaurant (s. u.). EZ ab 69 €, DZ ab 78 €, Frühstück 4,80 €/Pers. Rossmühlenstr. 25, 17489 Greifswald, ✆ 03834-77700, 📠 03834-777077, www.alter-speicher.de.

Olive **7**, unweit des Pommerschen Landesmuseum und damit zentrumsnah gelegenes Restaurant (s. u.) und Hotel, nur acht Zimmer (vier EZ und vier DZ), Reservierung daher ratsam. EZ 50 €, DZ 85 €, einschließlich Frühstück. Domstr. 40, 17489 Greifswald, ✆ 03834-799143, 📠 03834-799145, www.olive-greifswald.de.

Pension Das Sofa **3**, freundliche, kleine Pension in der Nähe der Gemäldegalerie, acht einfache Zimmer, manche mit schönem Blick auf die „dicke Marie“, unten Kneipe. EZ 55 €, DZ 75 €, jeweils mit Frühstück. Brüggstr. 29, 17489 Greifswald, ✆ 03834-810944, 📠 03834-899591, www.sofa-greifswald.de.

Jugendherberge Greifswald, südlich der Altstadt (etwa 10 Min. zu Fuß), auch 2- und 4-Bett-Zimmer. Übernachtung mit Frühstück ab 20,90 €/Pers. (für Senioren ab 27 Jahre 25,50 €/Pers.). Pestalozzistr. 11/12, 17489 Greifswald, ✆ 03834-51690, 📠 03834-516910, www.djh-mv.de.

In Wieck Hotel Zur Brücke, einfache Zimmer mit Blick auf die historische Brücke von Wieck. Auch italienisches Restaurant namens (klar) *Il Ponte*. EZ ab 58 €, DZ ab 78 €, mit Frühstück. An der Mühle 6, 17489 Greifswald/OT Wiek, ✆ 03834-836160, 📠 03834-8361634, www.zur-bruecke.de.

Essen & Trinken

»» Unser Tipp: Le Croy 6, hervorragendes und schickes Restaurant im klassizistischen Gebäude des Pommerschen Landesmuseums. Innen stilvoll, außen mit großzügiger Terrasse. Gehobene Küche, leicht und kreativ, die der Gault Millau mit stattlichen 16 Hauben schmückt. Der freundliche und zuvorkommende Service ist sehr um das Wohl der Gäste bemüht, günstige Mittagskarte (bis 14.30 Uhr), danach auch (Museums-)Café mit Terrasse, abends à la carte oder Menü mit drei (54 €) bis sechs Gängen (92 €). Di–So 11–22 Uhr. Rankower Str. 9, ✆ 03834-775846, www.le-croy.de. ««

Brauhaus Zum Alten Fritz 5, der Ableger des bekannten Stralsunder Brauereigasthofs befindet sich am Markt (gegenüber dem Rathaus) in einem schmucken gotischen Giebelhaus und ist auch in Greifswald sehr beliebt. Deftige Küche und natürlich das gute Stralsunder Bier. Zum Greifswalder Brauhaus gehört auch das angrenzende **Café Kontor**. Tägl. ab 11 Uhr. Am Markt 13, ✆ 03834-57830, www.alter-fritz.de.

Alter Speicher 1, Restaurant des gleichnamigen Hotels, innen Holzbalkengemütlichkeit, außen Wintergarten zum Hafen hin. Große Karte mit viel Fisch, mittleres Preisniveau, zuweilen muss man ein wenig Geduld mitbringen. Rossmühlenstr. 25, ✆ 03834-77700, www.alter-speicher.de.

Olive 7, sympathisches Restaurant unweit des Marktes und des Pommerschen Landesmuseums, mediterrane und orientalische Küche bei mittlerem Preisniveau, gute Weinkarte, im Sommer mit Terrasse. Mittags und abends geöffnet (kleine, günstige Mittagskarte), So Ruhetag. Domstr. 40, 17489 Greifswald, ✆ 03834-799143, www.olive-greifswald.de.

Das Sofa 3, der Name ist fast schon eine Untertreibung, in der netten Kneipe steht mehr als ein tiefes, breites Sofa. Ab 11 Uhr geöffnet, auch einfache warme Küche, große, internationale Karte mit italienischem Einschlag und feinem türkischen Akzent. Günstig, im Haus auch Zimmer (s. o.). Brüggstr. 29, ✆ 03834-810944.

Caféhaus Miramar 2, im schönsten Haus am Marktplatz, einem sehenswerten gotischen Bürgerhaus, befindet sich die Konditorei, die eine Vielzahl ausgesuchter Köstlichkeiten bereithält, nebenan auch Cafébetrieb. Am Markt 11, ✆ 03834-898420.

Greifswald → Karte S. 275

Fischerhütte, beliebtes Fischrestaurant in Wieck, direkt bei der Brücke, gemütlich eingerichtet: hier ein bisschen Omas Küche, dort ein wenig Fischerhüttenromantik. Variantenreiche Karte, auch ein paar vegetarische Gerichte, sehr freundlich, mittleres Preisniveau, ein paar Tische auch draußen. Tägl. ab 11.30 Uhr (warme Küche im Sommer bis 23 Uhr, im Winter bis 22 Uhr). An der Mühle 8, ✆ 03834-839654, www.fischer-huette.de.

Sehenswertes

Pommersches Landesmuseum

Das bemerkenswerte Museum samt Gemäldegalerie im Nebentrakt befindet sich einen Steinwurf vom Markt entfernt in einem klassizistischen Gebäude. Beim Hinabsteigen in das Untergeschoss beginnt der museale Rundgang ganz am Anfang der Erdgeschichte: Eine Animation markiert den kleinen Flecken Pommern im Drift der Kontinente durch die Jahrmillionen. Gelungen eingebettet in den Gewölbekeller, wird der Besucher dann durch die frühe Geschichte der Region geführt – von steinzeitlichem Werkzeug über kultische Schmuckstücke der Slawen bis zum Bernsteinkreuz als Zeugnis der Christianisierung. Es folgt ein Abschnitt über das Klosterleben, u. a. mit einem Modell Eldenas und ein paar sehenswerten sakralen Kunstgegenständen. Schließlich gelangt man – nach der Reformation und nun wieder im Erdgeschoss – zu den beiden Höhepunkten der Ausstellung: der *Großen Lubinschen Karte* von 1618 (allerdings im zweiten Druck von 1758), einem Meilenstein der Kartografie, und dem *Croy-Teppich*. Der großflächige, aufwändig gewirkte Wandschmuck entstand 1554 im Auftrag Herzog Philipps I. von Pommern-Wolgast.

Backsteingotik in Vollendung

In der Gemäldegalerie im Nebengebäude des Museums dominiert das 19. Jh. Natürlich ist auch *Caspar David Friedrich* vertreten. Im oberen Stock, vornehmlich 20 Jh., hängen neben van Gogh und Liebermann auch (fast interessanter) Arbeiten von *Otto Niemeyer-Holstein* (Landschaft, Selbstporträt). In einer weiteren Abteilung werden Werke aus dem 16./17. Jh. gezeigt. Außerdem immer wieder Sonderausstellungen.

Di–So 10–18 Uhr (im Winterhalbjahr bis 17 Uhr). Erw. 4,50 €, erm. 2,50 Uhr, Familienkarte 7 €, inkl. Audioguide, sehr gut sortierter Museumsshop. Rakower Str. 9, 17489 Greifswald, ✆ 03834-83120, www.pommersches-landesmuseum.de.

Die Greifswalder Kirchen

Grundsätzlich sind die drei Greifswalder Gotteshäuser offene Kirchen und zuletzt galten die unten genannten *Öffnungszeiten*. Diese allerdings können auch in der Hochsaison variieren und sich manchmal auch kurzfristig ändern. Im Zweifelsfall fragt man bei der *Stadtinformation Greifswald* (s. o.) nach, die immer über die aktuellen Öffnungszeiten informiert ist.

Das rote Rathaus und die Nikolaikirche

Marienkirche: Dass die Kirche im Volksmund „dicke Marie" genannt wird, erklärt sich auf den ersten Blick. St. Marien, deren Bau Mitte des 13. Jh. begonnen wurde, ist eine kompakte dreischiffige Hallenkirche mit wuchtigem, quadratischem Turm, auf dem ein niedriges Pyramidendach thront. Der Grundriss des gotischen Gotteshauses zeigt sich schlicht: der Turm ist in den Westteil der Halle integriert, ein Querschiff fehlt ebenso wie ein Chorschluss. Der fehlende Chor ermöglichte einen im 14. Jh. fertig gestellten, prächtigen Schmuckgiebel mit weiß verputzten Feldern auf rotem Backsteingrund, der die östliche Fassade ziert. Im Innern wirkt die Kirche sehr viel eleganter, als es ihre äußere Erscheinung vermuten lässt. Die Raumwirkung wird unterstützt vom Kontrast der weiß getünchten Wände und der backsteinroten Bündelpfeiler, über die sich ein gleichmäßiges Kreuzrippengewölbe erhebt. Von der Ausstattung ist vor allem die wertvolle Renaissance-Kanzel bemerkenswert. An die Südflanke schließen sich die Gedächtnis- und die Annenkapelle an.
Mai bis Okt. Mo–Sa 10–16 Uhr, So nach dem Gottesdienst, im Winterhalbjahr eingeschränkt, Anschlag beachten.

Nikolaikirche: Die Baugeschichte des Doms ist lang und verworren. Mitte des 13. Jh. erstmals erwähnt, im 15. Jh. um- und ausgebaut und mit einer gigantischen, 60 Meter hohen Turmspitze versehen, Anfang des 16. Jh. und noch einmal Mitte des 17. Jh. durch den Einsturz eben jener Turmspitze (bzw. ihrer Nachfolgerin) in Teilen zerstört und jeweils wiederaufgebaut... Heute ist eine dreischiffige Basilika zu bewundern, ohne Querhaus und mit insgesamt 21 umlaufenden Kapellen. Den hart an der 100-Meter-Marke kratzenden Turm, der ihr den Beinamen „langer Nikolaus" eingebracht hat, krönt jetzt eine barocke Haube.

Das Innere der Kirche wurde im 19. Jh. dem Zeitgeist der Romantik folgend im neogotischen Stil umgebaut. Heute zeigt sich die weiße Verblendung des Backsteins teils etwas ergraut und bröckelnd. Von der mittelalterlichen Innenausstattung ist

Greifswald → Karte S. 275

nichts erhalten außer ein paar gotischen Fresken, die bei Restaurierungsarbeiten freigelegt wurden. Die schönsten befinden sich in der Kapelle rechts des Hauptaltars und zeigen u. a. eine trauernde, von Schwertern durchbohrte Maria. Aus der Zeit der neogotischen Umgestaltung stammt das bunte Reformationsfenster.

Spektakulärer, aber auch ein bisschen mühsam ist eine Turmbegehung: Über insgesamt 264 Stufen, zuerst auf einer engen steinernen Wendeltreppe, dann über mehrere teils steile Holzstiegen, gelangt man durch eine kleine Luke hinaus auf einen engen Umgang um den unteren Rand der Kirchturmhaube. Hier, auf etwa 60 Metern Höhe, könnte man angesichts des grandiosen Panoramablicks glatt vergessen, dass man auch wieder heruntersteigen muss.

Mai bis Okt. Mo–Sa 10–18 Uhr, So nach dem Gottesdienst bis 12.30 Uhr und 15–18 Uhr, im Winterhalbjahr eingeschränkt. Eintritt frei, ✆ 03834-897966. Turmbesteigung 3 €, erm. 1,50 €.

Jakobikirche: Das dritte gotische Gotteshaus ist wie St. Marien eine Hallenkirche, allerdings deutlich kleiner, sodass sie sich trotz des wuchtigen Turms mit dem Spitznamen „kleiner Jakob“ bescheiden muss. Baubeginn war Ende des 13. Jh., im 15. Jh. erhielt die Kirche dann ihre heutige Gestalt mit den schmalen Seitenschiffen und einem vergleichsweise kleinen Chor, der an das Mittelschiff anschließt. Prachtvoll ist das zwölffach gestaffelte Westportal, das kontrastreich aus glasiertem und einfachem Backstein gestaltet ist.

Etwas unregelmäßige Öffnungszeiten, zuletzt Mai bis Okt. Mo/Di und Do–Sa ab 10 Uhr, Mo/Do bis 16 Uhr, Di bis 14 Uhr, Fr bis 15, Sa bis 12 Uhr, im Winterhalbjahr deutlich verkürzt.

Die großen Söhne der Stadt

Caspar-David-Friedrich-Zentrum: Der Vater Caspar David Friedrichs, ein Seifensieder und Lichtgießer, übte sein Handwerk in dem Backsteinhaus am Dom aus, das heute das Caspar-David-Friedrich-Zentrum beherbergt. Der Maler selbst wurde in einem Haus nebenan geboren, das aber 1901 bis auf die Grundmauern nieder-

Blick vom langen Nikolaus auf die dicke Marie

brannte. Im Erdgeschoss kann man sich über Leben und Werk des Künstlers informieren. Im Keller erinnert eine historische Seifensiederei und Lichtgießerei an den Friedrichschen Familienbetrieb. Außerdem befinden sich hier Museumsshop und Bibliothek.

Di–Fr 10–18 Uhr, Sa/So 11–17 Uhr, Jan. geschlossen, Erw. 1,50 €, erm. 1 €. Lange Gasse 57, 17489 Greifswald, ✆/📠 03834-884568, www.caspar-david-friedrich-gesellschaft.de.

Koeppenhaus: Im Geburtshaus *Wolfgang Koeppens* in der nicht gerade idyllischen Umgebung der Bahnhofstraße wurde zu Ehren des großen Schriftstellers ein Literaturzentrum eingerichtet. Eine kleine Dauerausstellung erinnert an das Schaffen Koeppens, darüber hinaus sind im *Münchener Zimmer* wechselnde Ausstellungen zu sehen, hier werden auch fast alle Werke Koeppens und Biografien über ihn verkauft. Der Autor zählt zu den bedeutendsten Stimmen der deutschen Nachkriegsliteratur, seine Romane – grandios: *Tauben im Gras* (1951) – sind auch heute noch vorbehaltlos eine Lektüre wert. Das angeschlossene Literaturcafé mit Garten lädt (auch) zum Lesen ein, hier finden regelmäßig Lesungen und kulturelle Veranstaltungen statt.

Di–Sa 14–18 Uhr. Eintritt frei. Das Literaturcafé ist täglich ab 12 Uhr geöffnet (open end). Bahnhofstr. 4, ✆ 03834-773510, www.koeppenhaus.de.

Klosterruine Eldena

Die vielleicht berühmteste Ruine Deutschlands verdankt ihre Bekanntheit *Caspar David Friedrich.* Früh erkannte der in Greifswald geborene Maler in den wenigen, aber eindrucksvollen Resten des Klosters ein geeignetes Motiv, um seine Vorstellungen von Romantik auf Papier und Leinwand zu bringen: Die stimmungsvolle, wilde Landschaft vermittelt ein inniges Naturgefühl, das Kloster dient als Ausdruck von tiefer Religiosität, die Ruine ist gleichermaßen Verweis auf ein idealisiertes Mittelalter und Metapher für Vergänglichkeit. Wiederholt hat Friedrich die Klosterruine Eldena mit Blei und Tusche skizziert oder in Öl gemalt, die schaurig-schöne *Abtei im Eichwald* (1809/10) ist kaum weniger bekannt als sein *Kreidefelsen auf Rügen.* Friedrichs künstlerische Auseinandersetzungen mit Eldena zeigten früh Wirkung und trugen dazu bei, dass die Ruine bis heute erhalten blieb – bereits 1810 soll der beeindruckte Hohenzoller *Friedrich Wilhelm*, später als *Friedrich Wilhelm IV.* König von Preußen, sich für den Erhalt der pittoresken Ruine eingesetzt haben.

Das Kloster, das zunächst *Hilda* hieß, war 1199 von Zisterziensern aus dem dänischen Kloster Esrom gegründet worden. Mit Unterstützung des Fürsten von Rügen Jaromar I. prosperierte es und lockte Neusiedler an, die später Greifswald gründeten. Eldena wurde ein religiöses, wirtschaftliches und gelehrtes Zentrum von bemerkenswerter Strahlkraft, bis es 1534 im Zuge der Reformation aufgelöst wurde. Zunächst noch als Gebäude genutzt, diente es im Dreißigjährigen Krieg nur noch als Steinbruch für militärische Anlagen, bis schließlich die Ruine übrig blieb, die Caspar David Friedrich faszinierte. Eine in Wildnis gebettete Klosterruine, wie sie in den Gemälden Friedrichs erscheint, findet man gegenwärtig allerdings nicht vor – der Maler hatte sich ohnehin die künstlerische Freiheit herausgenommen, Eldena des dramatischen Effekts wegen auch mal ins Riesengebirge zu verlegen. In einem idyllischen kleinen Landschaftspark erheben sich heute die Reste der Klosteranlage: Die monumentalen Fragmente des Langhauses mit dem fotogenen, schlanken Westportal und der verfallene Ostflügel des Kreuzgangs lassen die Ausmaße des ehemaligen Klosterkomplexes erahnen.

Greifswald → Karte S. 275

Blick vom Turm der Kirche St. Petri auf das Rathaus und die Kaffeemühle in Wolgast

In Richtung Usedom

Den Küstenabschnitt, genauer gesagt: Boddenabschnitt, zwischen Greifswald und Wolgast kann man auf dem Weg nach Usedom getrost links liegen lassen: Schöne Strände gibt es nur wenige und auch landschaftlich gibt sich die Gegend nicht allzu spektakulär. Ausnahme ist der Sandstrand des Seebades *Lubmin* mit Seebrücke. Bekannter ist der Ort allerdings für sein stillgelegtes Kernkraftwerk (östlich von Lubmin). Heute wird das Gelände als Zwischenlager für Atommüll genutzt und gelangt regelmäßig im Zusammenhang mit Castor-Transporten in die Schlagzeilen. Östlich und südöstlich von Lubmin liegen am Peenestrom – nur einen Steinwurf von Usedom entfernt – die Fischerorte *Spandowerhagen, Freest* und *Kröslin,* alle ohne nennenswerte Attraktionen, letzterer aber mit einer beachtlich großen, neuen Marina.

Essen und Trinken An der Waterkant, sympathischer, traditionsreicher Familienbetrieb, das reetgedeckte Haus ist der „Dorfkrug" von *Freest*, sehr beliebt und entsprechend oft voll (im Zweifelsfall reservieren), gute Hausmannskost in uriger Atmosphäre, auf der Karte natürlich vor allem Fischgerichte, nicht teuer, tägl. 11–14.30 Uhr und 17–22 Uhr geöffnet, Mo Ruhetag, im Nov. geschlossen. Auch Ferienwohnungen. Im Ort an der Abzweigung zum Hafen (ca. 100 m vom Hafen entfernt) etwas zurückgesetzt. Dorfstr. 36, 17440 Freest, ✆ 038370-20291, www.waterkant-freest.de.

Camping Waldcamp Freest, recht beliebter Campingplatz unter Kiefern, entspannte Atmosphäre, sehr freundliche Leitung. Mit Fahrradverleih und kleinem Bistro, zum Strand sind es 300 m. Erw. 5 €, Kinder 3–14 Jahre 3 €, Zelt 6 € (mit Pkw auf dem Parkplatz 9 €, mit Pkw am Platz 12 €), Bus 9 €, Wohnmobil/Wohnwagen 10,50–13,50 €, Strom 2 €, Hund 2,50 €. Am nördlichen Ortsausgang (Richtung Lubmin) rechts ab und etwa 200 m leicht bergab. Dorfstr. 74, 17440 Freest, ✆ 038370-20538, ℻ 038370-20525, www.campingplatz-freest.de.

Kanutouren/Bootsverleih Kanuhof Spandowerhagen, im beschaulichen, nördlich von Freest gelegenen Dorf Spandowerhagen (dort ausgeschildert). Von diesem freundlichen Ort aus, an dem man gerne verweilt (es gibt auch zwei Ferienwohnungen, Kanuten können im Garten zelten) werden geführte Kanutouren (ab 18 €/Pers.) angeboten, darunter auch Mehrtagestouren, z. B. 7 Tage auf der Peene (ab 190 €/Pers.). Auch Bootsverleih (vom Einer-Kajak zu 15 €/3 Std., 22 €/Tag und 105 €/Woche bis zum Vierer-Kanadier zu 23 €/3 Std., 33 €/Tag und 140 €/Woche). Dorfstr. 46, 17440 Spandowerhagen, ✆/℻ 038370-20665, www.kanuhof-spandowerhagen.de.

Sporthafen **Marina Kröslin**, Am Hafen, 17440 Kröslin, ✆ 038370-2510, ℻ 038370-25129, www.marina-kroeslin.de.

Verbindungen Mehrmals tägl. **Busse** von und nach Wolgast.

Personenfähre nach Usedom (Freest–Peenemünde–Kröslin und zurück) stündlich, erste Fahrt 10.40 Uhr, letzte Fahrt 18.40 Uhr (in der Nebensaison nur alle 2 Std., letzte Fahrt 16.40 Uhr), Fahrradtransport möglich. Erw. 3,50 €, Kinder (5–11 Jahre) 2,50 €, Fahrrad 1,50 €, Hund 1,50 €. Infos bei Apollo Fahrgastschifffahrt, siehe Ausflugsfahrten.

Wolgast

ca. 12.000 Einwohner

Der nördliche Brückenschlag nach Usedom. Entstanden um eine wehrhafte Burg, die über den Peenestrom wachte, entwickelte sich der alte Marktflecken im 15. Jh. zu einem schmucken Städtchen. Heute geht es in Wolgast beschaulich zu.

Am Rande einer strukturschwachen Region gelegen, führt der Touristenstrom Richtung Usedom mitten durch die Stadt – aber eben nur hindurch, denn nur wenige legen so kurz vor dem Ziel noch einen Zwischenstopp ein. Im Zentrum der Altstadt liegt der Rathausplatz. Das Rathaus selbst, ein im Mittelalter errichtetes, frei stehendes Gebäude, das grob gesprochen einmal pro Jahrhundert abbrannte, präsentiert sich seit dem 18. Jh. mit Schaufassade, geschweiften Giebeln und einem kleinen Türmchen. Vor dem Portal steht der Rathausbrunnen aus dem Jahr 1936, dessen Relieftafeln Szenen aus der Stadtgeschichte zeigen. Das alte Speicherhaus rechts hinter dem Rathaus wird *Kaffeemühle* genannt und beherbergt heute das Stadtmuseum, etwas oberhalb überragt die wuchtige Kirche St. Petri die Dächer der Altstadt. Der Altstadt vorgelagert ist die Schlossinsel, auf der heute aber kein Schloss mehr steht. Von hier aus reicht die Wolgaster Brücke über den Peenestrom nach Usedom. Das in sattem Blauton gehaltene imposante Bauwerk, das aussieht wie ein zu groß geratenes Spielzeug, ist das jüngste Wahrzeichen der Stadt.

Information **Wolgast-Information**, im historischen Rathaus, freundlich und gut ausgestattet, Juni bis Aug. Mo–Fr 10–18 Uhr, Sa/So 10–14 Uhr (Juni nicht So), Sept. bis Mai Mo–Fr 9–17 Uhr (nur Mai und Sept. auch Sa 10–14 Uhr). Rathausplatz 10, 17438 Wolgast, ✆ 03836-600118, ℻ 03836-233002, www.wolgast.de.

Ausflugsfahrten Die **Nord-Ost-Reederei Wolgast** veranstaltet von Mai bis Sept. Hafenrundfahrten (1 Std., Erw. 6 €, erm. 3 €), Ausflugsfahrten zur Insel Ruden mit Landgang (4,5 Std., Erw. 20 €, erm. 10 €) und Achterwasser-Rundfahrten (2 Std., Erw. 12 €, erm. 6 €), auch Abend-, Charter- und Angelfahrten. Abfahrt jeweils Wolgast/Stadthafen. Infos unter Nord-Ost-Reederei Wolgast, Straße der Freundschaft 16, ✆ 03836-203220, ℻ 202902, www.peene angeln.com.

Brückenöffnungszeiten **Wolgaster Brücke (B 111)**, zuletzt 5.45 Uhr, 7.45 Uhr (im Winter 8.45 Uhr), 12.45 Uhr, 16.45 Uhr und 20.45 Uhr sowie im Sommer bei Bedarf auch 23.30 Uhr. Die Brücke öffnet für etwa 15 Min.

Sporthafen Am nördlichen Ende der Schlossinsel, 75 Liegeplätze, Sanitäranlagen, Kran, Slipanlage, Service, Zubehör und Reparatur, Wassertiefe 2,5 m. Hafenstr. 13, ✆ 03836-23670, www.hornwerft.de.

Übernachten/Essen & Trinken **Neptun**, freundliches Restaurant samt Pension in einem backsteinernen Fachwerkhaus auf der

In Richtung Usedom → Karte S. 288/289

Schlossinsel (bei der Brücke rechts halten). Große Auswahl an Gerichten, viel Fisch, Hauptgericht 10–13 €. Gemütlicher Gastraum, schöner Biergarten vor dem Haus mit Blick auf Wolgast. Sechs Zimmer, EZ 50 €, DZ 70 €, inkl. Frühstück. Restaurant mittags und abends geöffnet, Mo Ruhetag. Hafenstr. 2, 17438 Wolgast, ✆ 03836-233691, 📠 03836-233692, www.neptun-wolgast.de.

Übernachten/Essen außerhalb **Rittergut Bömitz**, das dreiflügelige Gutshaus befindet sich etwa 15 km südlich von Wolgast in Bömitz. Es beherbergt heute ein einladendes Hotel inmitten einer Parkanlage. Das Restaurant bietet sowohl deftige als auch verfeinerte pommersche Küche aus regionalen Produkten. 20 geräumige Zimmer mit unterschiedlicher Ausstattung, absolut ruhig und idyllisch gelegen. Auch Fahrradverleih und Reitmöglichkeiten. EZ 72 €, DZ 98–108 €, Frühstück inkl., Halbpension 28 € (drei Gänge), Hund 5 €. Dorfstr. 14, 17390 Bömitz, ✆ 039724-22540, 📠 039724-22541, www.rittergut-boemitz.de.

Restaurant Fischstübchen, im 5 km entfernten Neeberg auf Usedom, s. S. 292.

Verbindungen Mit der Usedomer Bäderbahn (s. S. 287) vom Bahnhof Wolgast (Hafen) etwa halbstündlich (im Winter stündlich) nach Usedom bis zu den Kaiserbädern Bansin, Heringsdorf und Ahlbeck und weiter nach Swinemünde (Polen), in anderer Richtung mehrmals täglich direkt nach Greifswald und Stralsund. Mehrmals täglich außerdem mit dem **Regionalexpress** nach Anklam (1-mal umsteigen).

Sehenswertes

St. Petri: Die etwas erhöht stehende, dreischiffige Basilika, die den Herzögen von Pommern-Wolgast als Begräbniskirche diente, wurde ab Mitte des 14. Jh. errichtet und war um 1415 vollendet. Ihre wuchtige Gestalt verdankt sie dem massigen Turm und den vergleichsweise hohen Seitenschiffen, deren Bedachung sich noch ein Stück über die Giebel der Altstadt erhebt. 1920 kamen bei Bauarbeiten im Chor einige alte Wandmalereien wieder zum Vorschein, darunter diverse Heiligenabbildungen. Bemerkenswert ist vor allem – memento mori – der *Wolgaster Totentanz*. Der um 1700 entstandene Bilderzyklus erinnert mit holprigen Reimen und drastischen Bildern daran, dass der Tod einen jeden einholt.

Mo–Sa 10–17 Uhr, So nach dem Gottesdienst bis 12 Uhr. Turmbesteigung (letzter Einlass 16.30 Uhr) 2 €, erm. 1 €.

Stadtgeschichtliches Museum in der Kaffeemühle: Das Museum ist in einem Mitte des 17. Jh. gebauten Kornspeicher untergebracht. Seinen originellen Namen verdankt das Fachwerkgebäude der ungewöhnlichen Dachkonstruktion, die ihm vage das Aussehen einer Kaffeemühle verleiht. Die Kaffeemühle gehört zu den schönsten Heimatmuseen, die es in Mecklenburg-Vorpommern zu besichtigen gibt. Das Erdgeschoss bietet neben einer maritimen Sektion vor allem wechselnde Ausstellungen, während im tonnengewölbten Keller eine kleine, schmucke Abteilung zur Frühgeschichte untergebracht ist. Im ersten Stock befasst man sich mit der Geschichte der Stadt und im ehemaligen Kornboden geben historische Werkstätten Einblick in Handwerke und Gewerbe, beispielsweise die des Schusters, des Barbiers oder des Apothekers. Gleichzeitig ist der alte Kornspeicher an sich schon einen Besuch wert und voller sehenswerter Details: von der als alter Kaufmannsladen ausstaffierten Kasse beim Eingang bis zum Lastenrad unter dem Dach.

Mai–Okt. Di–Fr 11–18 Uhr, Sa/So 11–16 Uhr, Mo geschl. Erw. 3 €, erm. 2 €. Rathausplatz 6, ✆ 03836-203041, www.museum.wolgast.de.

Rungehaus: Das Geburtshaus *Philipp Otto Runges* widmet sich Leben und Werk des neben Caspar David Friedrich bedeutendsten Malers der norddeutschen Romantik. Wer hier allerdings einen „echten Runge“ sucht, und sei es nur eine Skizze, der sucht vergeblich, man muss sich mit Reproduktionen und Grafiken zufrieden geben. Diese aber geben einen interessanten Überblick über die künstlerische Entwicklung des Malers, die Symbolsprache im Zyklus *Die Zeiten*, seine berühmte Farbenlehre, seinen Einfluss auf die Moderne usw.

Mai bis Okt. Di–Fr 11–18 Uhr, Sa/So 11–16 Uhr, Mo geschl. Erw. 3 €, erm. 2 €. Kronwiekstr. 45, ✆ 03836-202000, www.museum.wolgast.de.

Anklam

ca. 13.200 Einwohner

Das beschauliche, teils kopfsteingepflasterte Zentrum des Städtchens lohnt einen Spaziergang, auch wenn die ansehnlichen historischen Baudenkmäler in einem eher verhalten ästhetischen Stadtbildkontext stehen, sprich inmitten lieblos-zweckdienlicher Nachkriegsarchitektur.

Das bemerkenswerteste Gebäude aus alter Anklamer Zeit ist wohl das recht windschiefe gotische Giebelhaus aus dem 13. Jh. Die Stadtsilhouette prägen die Türme der Marien- und der Nikolaikirche sowie das Steintor. Während St. Marien zwar in Teilen restaurierungsbedürftig, aber (gottes)diensttauglich ist, kämpfen die Bürger von Anklam seit langem um den Erhalt der Nikolaikirche, die in den letzten Tagen des Zweiten Weltkrieges bis auf die Außenmauern zerstört wurde. Das aus dem 13. Jh. stammende, imposante Steintor war eines von einstmals vier Stadttoren und beherbergt heute das *Stadtmuseum.* Die Ausstellungsräume verteilen sich auf die fünf Stockwerke des Tores, insgesamt sind 111 Stufen bis ganz oben zu erklimmen, wofür man dann mit einem schönen Rundblick über Anklam und die Umgebung belohnt wird.

Museum im Steintor, Mai bis Sept. Di–Fr 10–17 Uhr, Sa/So 14–17 Uhr, Mo geschlossen, Okt. bis April Di–Fr 10–16 Uhr, So 14–17 Uhr, Mo und Sa geschl. Erw. 2,50 €, Kinder 1,50 €. Schulstr. 1, ✆ 03971-245503, www.museum-im-steintor.de.

Das zweite *Museum* der Stadt ist ihrem bedeutendsten Sohn gewidmet, dem Flugpionier *Otto Lilienthal*. Neben Modellen der abenteuerlichen Gleitfluggeräte Lilienthals sind auch detailgenaue, materialgetreue und teils flugfähige Nachbauten zu besichtigen. Weitere Exponate zu Leben und Werk Lilienthals sowie Ausstellungen

Eines der abenteuerlichen Fluggeräte Lilienthals

In Richtung Usedom → Karte S. 288/289

rund um die Geschichte des Fliegens ergänzen das Angebot. Außerdem ist hier das Lilienthal-Archiv untergebracht. Unterdrücken Sie Ihre Flugangst und besuchen Sie dieses sehenswerte Museum!

Juni bis Sept. tägl. 10–17 Uhr, Mai und Okt. Di–Fr 10–17 Uhr, Sa/So 13–17 Uhr, Mo geschl., Nov. bis April Mi–Fr 11–15.30 Uhr, So 13–15.30 Uhr, Sa/Mo/Di geschl. Erw. 3,50 €, erm. 2,50 €. Ellbogenstr. 1 (Bahnhofsnähe), ✆ 03971-245500, www.lilienthal-museum.de.

Information **Anklam Information**, im Rathaus am Marktplatz, freundlich und hilfsbereit, auch Stadtführungen, geöffnet Mitte Mai bis Mitte Sept. Mo–Fr 9–18 Uhr, Sa 10–13 Uhr, So geschl.; während des restlichen Jahres Mo–Fr 9.30–16.30 Uhr, Sa/So geschl. Am Markt 3, 17389 Anklam, ✆ 03971-835154, 📠 03971-835175, www.anklam.de.

Übernachten/Essen & Trinken Ein einfaches **Hotel** mit typischem Garni-Standard und freundlicher Leitung befindet sich an der Durchgangsstraße, am Eingang zur Altstadt: **Hotel am Stadtwall**, EZ 49 €, DZ 69 €, Frühstück inkl.; Demminer Str. 5, 17389 Anklam, ✆ 03971-833136, www.hotel-am-stadtwall.de.

Zelten kann man am südlichen Peeneufer auf dem schattenlosen, kleinen Campingplatz (2 Pers./Zelt oder Wohnmobil 9 €, Entensteig, 17389 Anklam, ✆ 0177-4196598) oder auf dem Wasserwanderrastplatz nebenan (2,50 €/Pers., 2,50 €/Zelt oder Kanu, 8 €/Wohnmobil). **Restaurants** befinden sich um das Steintor.

Kanutouren/Bootsverleih **Kanustation**, unter sehr freundlicher Leitung, angeboten werden u. a. 1-Tages- bis zu 7-tägigen, geführten Kanutouren, Bootsverleih (Preisbeispiel: 2er Canadier 18 €/4 Std., 25 €/Tag, 125 €/Woche, Seekayak 15 €, 20 € bzw. 100 €, Motorboot ab 12 €/Std.), Bootscharter, kleines Café etc. Die Kanustation befindet sich zentrumsnah am nördlichen Peeneufer, entweder über die Fußgängerbrücke oder mit dem Auto nach Norden, dann jeweils rechts, ausgeschildert. Werftstr. 6, 17389 Anklam, ✆ 03971-242839, www.kanustation-anklam.de.

Verbindungen Etwa alle 2 Stunden mit der **Bahn** (RE, 2-mal tägl. zusätzlich IC/EC) nach Greifswald und weiter nach Stralsund bzw. in anderer Richtung nach Berlin. Mit dem **Bus 201** zu den Kaiserbädern auf Usedom (werktags etwa 8-mal täglich, Sa 3-mal, So 2-mal täglich).

Brückenöffnungszeiten
Zecheriner Brücke (B 110), geöffnet 5.45 Uhr (nur im Sommer), 9.40 Uhr, 11.45 Uhr, 16.45 Uhr, 20.45 Uhr (nur im Sommer). Die Brücke öffnet für etwa 15 Min.

Peenetal

Das Peenetal ist ein kleines Naturparadies und wird zuweilen auch „Europäische Everglades" genannt, denn entlang des mäandernden Flusses erstrecken sich weite Wälder, Moore und Feuchtwiesen sowie breite Schilfgürtel. Teile des Peenetals stehen unter Naturschutz, so das östlich von Anklam gelegene Peenetalmoor. Eine interessante Möglichkeit der Erkundung bieten geführte Kanutouren, bei denen man mit etwas Glück auch ein paar der scheuen Biber oder zumindest ihre Bauten zu Gesicht bekommt. Die Peene ist für Kanuten ein dankbares Revier, denn wegen ihres geringen Gefälles ist sie recht strömungsarm, und ihre Ufer sind kaum verbaut.

Am nördlichen Ufer der Peene, bei *Menzlin*, befand sich vom späten 8. bis ins 10. Jh. eine über zehn Hektar Fläche umfassende Wikingersiedlung (das „Alte Lager") mit Hafen, seinerzeit ein bedeutender Handelsplatz. Auf dem bewaldeten Hügel dahinter fand man mehrere Gräberfelder nach skandinavischem Bestattungsritus, vermutlich ebenfalls aus dem 9. Jh. (Lageplan am Parkplatz). Geht man vom Kanuverleih noch ein Stück weiter am Wasser entlang und dann links ab, gelangt man zu einem Beobachtungsstand: Die Peene mit ihren sumpfigen Uferflächen ist ein Paradies für Wasservögel, u. a. für Silberreiher, Lachmöwe, Seeadler, Zwergsumpfhuhn, diverse Seeschwalben- und Entenarten – aber auch für den scheuen Biber.

Kanuverleih **Kanu- & Floßverleih Menzlin**, kleiner Zugangskanal zur Peene, an dessen Ende sich während der Saison der Verleih mit Kiosk befindet. Kanu 5 €/Std., außerdem Floßfahrten (10 €/Pers.), Bibertouren (5 €), Hol- und Bringservice sowie Führungen durch die Wikingersiedlung „Altes Lager" (5 €/Pers.). Weitere Infos und Anmeldungen: ✆/℻ 03971-213273, ✆ 0160-5400390, www.kanuverleih-menzlin.de.

Knapp 10 km westlich von Anklam, am südlichen Ufer der Peene liegt das kleine Dorf *Stolpe*, einst Standort eines bedeutenden Benediktinerklosters, das im Dreißigjährigen Krieg niederbrannte. An gleicher Stelle wurde später die prächtige Gutshofanlage errichtet, die nunmehr, sorgfältig renoviert, ein nobles Hotel beherbergt. Nahebei und direkt an der Peene empfängt der *Fährkrug* seine Gäste, eine vor über 300 Jahren aus den Steinen der Klosterruine errichtete Kneipe, deren Vorgänger bereits im 12. Jh. in Betrieb war. Neben der Gaststätte befinden sich ein *Wasserwanderplatz* und Bootshafen sowie die traditionsreiche kleine Personenfähre, mit der man sich (samt Fahrrad) ans andere Ufer der Peene bringen lassen kann.

Peenefähre In den Sommermonaten tägl. 10–20.30 Uhr, Fahrten je nach Bedarf, Mittagspause 12–12.45 Uhr. Pro Pers. 1 €, Kinder 0,50 €, Fahrrad 0,50 €.

Übernachten/Essen & Trinken **Hotel/Restaurant Gutshaus Stolpe**, in der prächtigen Anlage ist dieses noble, von einem schönen Park umgebene Hotel untergebracht. Freundliche Atmosphäre, stilvolle Zimmer, Bar mit Bibliothek, Salon, Kaminecke in der Lounge. Außerdem Fahrradverleih, Tennis, Sauna, Fitnessraum, Pferdeboxen. Hunde nur in den Nebengebäuden gestattet. Das edle Restaurant, von Michelin mit einem Stern bedacht, bietet feine Küche in kultiviertem Ambiente, Menü ab drei Gänge (55 €) bis sechs Gänge (95 €), natürlich auch à la carte. Abends geöffnet, Mo Ruhetag (Nov. bis März auch So), Reservierung erforderlich. DZ 188–218 €, Suite 258–350 € (je nach Größe und Ausstattung), jeweils einschließlich Frühstück. Peenestr. 33, 17391 Stolpe bei Anklam, ✆ 039721-5500, ℻ 039721-55099, www.gutshaus-stolpe.de.

Der Fährkrug in Stolpe

»» **Unser Tipp:** **Stolper Fährkrug**, das traditionsreiche Gasthaus ist in einem wunderschönen, denkmalgeschützten Backstein-Fachwerkgebäude mit tief hinabreichendem Rohrdach untergebracht. Gemütlich kann man im liebevoll hergerichteten Innenraum oder auf der hinten gelegenen Terrasse sitzen. In der Gaststube steht die Fritz-Reuter-Bank zu Ehren des Heimatdichters, der hier diverse Male gesessen, gegessen und geschrieben haben soll. Auf der Karte findet sich sowohl Bodenständiges als auch Raffiniertes zu leicht gehobenen Preisen, wechselnde Tagesempfehlungen, auch Kaffee und Kuchen. Zuvorkommender, freundlicher Service. April bis Okt. tägl. 11–21 Uhr geöffnet, Okt. bis März Di–Do Ruhetag, im April Di/Mi. Dorfstr. 25, ✆ 039721-52225, www.gutshaus-stolpe.de. ««

In Richtung Usedom → Karte S. 288/289

Strandleben bei Zinnowitz

Usedom

Fast 40 Kilometer Sandstrand, über dem so häufig wie sonst nirgends in Deutschland die Sonne scheint, machen die zweitgrößte Insel der Republik zum viel besuchten Badeparadies. Doch abseits der Ostseeküste zeigt Usedom auch eine stille, idyllische Seite.

Schneeweiße Holzbalkone, verspielte Fassaden mit filigranen Ornamenten, darunter eine ausladende Veranda zur Strandpromenade hin: Herausragendes Fotomotiv der Insel Usedom ist die im 19. Jh. vor allem in *Ahlbeck, Heringsdorf* und *Bansin* entstandene Bäderarchitektur. Noch heute ziehen die *drei Kaiserbäder* die Mehrzahl der Usedombesucher an. Doch auch im Norden der Insel gibt es mit Zinnowitz ein Seebad, das sich hinter der Pracht der südöstlichen Nachbarorte kaum zu verstecken braucht – natürlich auch hier inklusive ausladender Strandpromenade und angeschlossener Seebrücke. Das schönste Exemplar dieser Flaniermeilen ins Meer findet sich übrigens in Ahlbeck.

Die gesamte Außenküste der lang gestreckten Insel präsentiert sich als ein einziger feinsandiger, flach ins Meer abfallender Strand. Hier kommt jeder auf seine Kosten: ob bequem in einem Strandkorb oder sportlich-aktiv beim Beachvolleyball, ob mit Freunden oder Familie, ob in voller Bademontur oder textilfrei, ob mit oder ohne Hund, ob hotelnah oder abseits der Seebäder – der Strand ist lang genug für alle Wünsche.

Hinter den Dünen, oft nur einen Steinwurf vom Badetrubel entfernt, beginnt ein anderes, ein ländliches Usedom. Parallel zum Strand erstreckt sich ein langer Waldstreifen, der nur von den zehn Seebädern Usedoms unterbrochen wird. Im Rücken der Kaiserbäder erhebt sich die *Usedomer Schweiz,* ein sanftes Hügelland mit einer Handvoll hübscher Seen. Vielgliedrig gestaltete sich die schilfbestandene Binnenküste entlang des Peenestroms, der die Insel vom Festland trennt. Abgeschieden und ruhig ragen die Halbinseln *Gnitz* im Norden und *Lieper Winkel* im Süden in das Achterwasser. Kleine idyllische Dörfer verstecken sich in dieser stillen Landschaft. Besonders sehenswert sind *Mellenthin* mit seinem Wasserschloss, *Benz* samt schmucker Kirche und stattlicher Holländerwindmühle, und *Usedom,* das so traditionsreiche wie beschauliche Städtchen im Süden, dem die Insel ihren Namen verdankt. Ganz im Norden findet sich dagegen ein Ort, der, obwohl winzig klein, weit über die Region hinaus zum Begriff geworden ist: Peenemünde mit seiner Heeresversuchsanstalt, in der während der NS-Diktatur Raketenforschung betrieben wurde. Heute erinnert ein bemerkenswerter Museumskomplex, das Historisch-Technische Informationszentrum (HTI), an dieses dunkle Kapitel deutscher Geschichte.

UBB – Unterwegs mit der Usedomer Bäderbahn

Die Usedomer Bäderbahn (UBB) verkehrt im Sommer mindestens stündlich, von ca. 9 bis 19 Uhr sogar halbstündlich von Swinemünde (Polen) über Ahlbeck, Heringsdorf, Bansin, Kölpinsee, Koserow, Zinnowitz (hier Umsteigen nach Peenemünde) und Trassenheide nach Wolgast und retour (im Winter durchgehend stündlich); Fahrtdauer von Heringsdorf nach Wolgast eine knappe Stunde. Etwa alle zwei Stunden fährt der Zug weiter via Greifswald nach Stralsund (Gesamtdauer Swinemünde–Stralsund gut 2,5 Std.). Von Zinnowitz bestehen ca. stündliche Verbindungen nach Peenemünde und retour (Achtung: Trassenheide hat zwei Bahnhöfe, einer an der Strecke nach Wolgast und einer an der Strecke nach Peenemünde, Umsteigen also in Zinnowitz). Fahrplanauskunft unter ✆ 038378-27132, www.ubb-online.de.

Der Norden

Langer Sandstrand und das traditionsreiche Seebad Zinnowitz, dazu das beschauliche Hinterland an Peenestrom und Achterwasser. Außergewöhnliche historische Bedeutung erlangte der Inselnorden durch die Einrichtung der Raketenforschungsanstalt Peenemünde.

Zinnowitz

ca. 3750 Einwohner

Einstmals „Perle der Ostsee" genannt, arbeitet das von Mischwald umgebene Seebad daran, an vergangenen Ruhm anzuknüpfen. Zinnowitz ist das größte Seebad im Norden und das einzige, das mit den glanzvollen Kaiserbädern im Süden mithalten kann.

Bäderflair schlägt dem Besucher vor allem an der Strandpromenade entgegen: auf der einen Seite die prächtige Bäderarchitektur, auf der anderen der herrliche, 40 Meter breite Sandstrand. Genau in der Mitte der Promenade reicht die 1993 erbaute Vineta-Brücke über 300 m ins Meer hinaus, an deren Ende sich eine Tauchgondel befindet. Der Brückenvorplatz, das an die Ostsee verlagerte „Zentrum" des Ortes, steht mittlerweile ästhetisch enorm unter Spannung: Auf der einen Seite der

Usedom → Karte S. 288/289

prachtvolle *Preußenhof* samt hübschem Museumscafé, das Gebäude gegenüber aber ist, mit Verlaub, eine architektonische Zumutung. Wohl gedacht als eine Art Gegenstück zur Tauchgondel quält sich ein (gebührenpflichtiges) Hebecafé in 10 Meter Höhe und beleidigt das Auge.

Im Rücken des strandnahen, „touristischen“ Zinnowitz erstreckt sich der Ort bis zur Bundesstraße. Von dort führt eine hübsche Kopfsteinpflasterallee zum kleinen Hafen am Achterwasser.

Der Ort gehört zu den ältesten Siedlungen auf Usedom. Im Jahr 1851 erhielt Zinnowitz als dritter Inselort nach Heringsdorf und Swinemünde die Genehmigung für den Seebadbetrieb, ein erstes Hotel und Badeeinrichtungen nahmen ihren Betrieb auf, der eigentliche Aufschwung kam jedoch erst mit der Anbindung an das Bahnnetz im Jahr 1863. In den 1920er Jahren nahm die touristische Entwicklung beachtliche Ausmaße an, dennoch konnte Zinnowitz nie ganz an den Glanz der drei Kaiserbäder heranreichen. 1938 wurde der Ort der Heeresversuchsanstalt Peenemünde unterstellt und zum militärischen Sperrgebiet erklärt. Nach dem Krieg stieg Zinnowitz zum „ersten Seebad der Werktätigen“ auf, die dafür notwendige Infrastruktur besorgten sich die DDR-Behörden durch die Enteignung von Hotelbesitzern, die man im Zuge der *Aktion Rose* unter dem Vorwand vermeintlicher Wirtschaftskriminalität im Schnellverfahren aus dem Verkehr zog. Nach 1989 wurde Zinnowitz in gewisser Weise reprivatisiert und „grundrenoviert“ und ist nun neben den drei Kaiserbädern das beliebteste Urlaubsziel auf Usedom.

Noch mehr Infos zur Sonneninsel finden Sie im aktuellen Reisehandbuch *Usedom* des Michael Müller Verlags. Erlangen 2011, 192 Seiten, ISBN 3-89953-651-5.

Ostsee
Pommersche Bucht
Ostseebad Koserow
Zempin
Damerow
Kölpinsee
Kölpinsee
Stubbenfelde
Loddin
Achterwasser
Insel Gormitz
Ückeritz
Stagnieß
Naturpark Insel Usedom
B 111
Insel Usedom
Grüssower Ort
Warthe
Reestow
Grüssow
Lieper Winkel
Liepe
Quilitz
Pudagla
Schmollensee
Gr. Krebssee
Sellin
Neu Sallenthin
Sallenthin
Ostseebad Bansin
Ostseebad Heringsdorf
Ostseebad Ahlbeck
Neuhof
Cosim
Balmer See
Balm
Dewichow
Benz
Gothen
Gothensee
Seehof
Świnoujście
(Swinemünde)
Rankwitz
Neppermin
Korswandt
Wolgastsee
Moderort
Krienke
Morgenitz
Labömitz
Mellenthin
Katschow
Kachliner See
Thurbruch
Ulrichshorst
Zerninsee
Suckow
Usedomer Stadtforst
Mellenthiner Heide
Kachlin
Zirchow
B 110
Golm
Garz
Kutzow
POLEN
Dargen
Flughafen Heringsdorf
Kamminke
Usedom
Stolpe auf Usedom
Usedomer See
Welzin
Wilhelmshof
Westklüne
Ostklüne
Stettiner Haff
2 km
Usedom

Basis-Infos

Information **Kurverwaltung Zinnowitz**, auch Zimmervermittlung, Ortsrundgänge und Ticketvorverkauf. April/Mai Mo–Fr 9–17 Uhr, Sa 10–15 Uhr, So geschl.; Juni bis Okt. Mo–Fr 9–18 Uhr (Juli/Aug. bis 20 Uhr), Sa/So 10–15 Uhr (Juli/Aug. bis 18 Uhr); Nov. bis März Mo–Fr 9–16 Uhr, Sa 10–15 Uhr (Nov./Dez. Sa nur 10–12 Uhr), So geschl. Nahe der Seebrücke. Neue Strandstr. 30, 17454 Zinnowitz, ☏ 038377-4920, ℻ 038377-42229, www.zinnowitz.de.

Weitere Zimmervermittlung: **Bäder Tourist**, Dünenstr. 10a, 17454 Zinnowitz, ☏ 038377-40807 oder 41215, ℻ 038377-41514, www.baeder-tourist.de.

Kurtaxe Mai bis Sept. Erw. 2 €/Tag, im Winter 1,30 €, Kinder bis 18 Jahre frei.

Taxi **Peter Müller** am Bahnhof, ☏ 038377-40567; **Roland Orpel**, ☏ 038377-42222.

Verbindungen Hier Umsteigebahnhof der **UBB**, s. S. 287.

Touristenbahn: Mit dem Bimmelbähnchen *Vineta* halbstündige Ortsrundfahrten, darüber hinaus auch Ausflugsfahrten in die nähere Umgebung. Infos in der Kurverwaltung oder bei Müller Tours, Wiesenweg 13, ☏ 038377-40499, ℻ 038377-40448, www.muellertours.com.

Aktivitäten und Veranstaltungen

Baden Breit und feinsandig, steinfrei, flach ins Meer abfallend und geadelt von der **Blauen Flagge** – der Strand von Zinnowitz lässt fast keine Wünsche offen. Der Hauptstrand rechts und links der Seebrücke wird von der DLRG überwacht, FKK-Abschnitt im Westen, Hundestrand im Osten.

Einkaufen Fisch (frisch oder geräuchert, auf dem Brötchen, in der Suppe oder als Salat) kauft man in der **Fischkiste**, Natur- und Feinkost gibt es bei **Viales**, beides s. u. unter *Essen & Trinken*.

Strandbuchhandlung, freundliche Buchhandlung, in der man neben der richtigen Strandlektüre auch eine Auswahl an Regionalia findet. Gut sortiert und kenntnisreich geführt. Neue Strandstr. 29, ☏/℻ 038377-42276.

Fahrradverleih Zahlreiche Fahrradverleiher vor Ort, Fahrrad (3-Gang) ab 5 €/Tag, MTB 7–8 €/Tag, bei allen auch Kinderfahrräder (4,50 €/Tag), Zubehör, Nachläufer etc.; z. B. bei **Kruggel**, Dr.-Wachsmann-Str. 5, Mai bis Mitte Sept. tägl. 8–19 Uhr geöffnet, im Winterhalbjahr eingeschränkt, ☏ 038377-42869, www.fahrradverleih-usedom.de (Filiale auch in Bansin); bei **Russow** in der Bergstr. 7, ☏ 0173-4785926; oder bei **Krüger**, Möskenweg 4, ☏ 038377-42668.

Tauchgondel Die Gondel taucht hinab in 3,50 m Tiefe und ermöglicht einen Blick auf den Meeresboden – ohne Taucheranzug und Sauerstoffgerät. Mai bis Okt. tägl. 11–18 Uhr (Juni bis Aug. bis 21 Uhr), Nov. bis April 11–16 Uhr (max. aber bis Sonnenuntergang), Dauer 45 Min., Erw. 8 €, Kinder bis 15 Jahren 5 €, auch Familientickets. Am (seeseitigen) Ende der Vineta-Brücke. ☏ 038377-37861, www.tauchgondel.de.

Theater **die blechbüchse**, das gelbe Theater: Schauspiel, Konzerte, Varieté und Lesungen in einer ehemaligen, gelben Lagerstatt für Strandkörbe (oberhalb der Freilichtbühne). Seestr. 8, ☏ 038377-40936 (zentraler Kartenservice: ☏ 03971-208925), www.blechbuechse.de.

Vineta-Festspiele

Theaterspektakel rund um das sagenhafte versunkene Vineta im Juli und August auf der Freilichtbühne. Karten und Infos siehe unter *blechbüchse* bzw. www.vineta-festspiele.de.

Therme Auch bei schlechtem Wetter kann man genüsslich im Meerwasser baden – in der **Bernsteintherme**, einem Wohlfühltempel mit 800-qm-Meerwasserbad, Thermalbad mit Außenbecken, Sauna mit Strandzugang, römischem Dampfbad, diversen Massagen usw. Ganzjährig tägl. 10–22 Uhr geöffnet. Am westlichen Ende der Dünenstraße (Parallelstraße zur Strandpromenade). ☏ 038377-35500, ℻ 038377-355025, www.bernsteintherme.de.

Abwechslungsreiches Angebot in Zinnowitz: Banana-Boat und Tauchgondel

Übernachten

Übernachten **Strandhotel Preußenhof**, traditionsreiches Hotel in bester Lage an der Seebrücke, gehobenes Fischrestaurant *Belle Epoque*, stilvolles Museumscafé und große Wellnesslandschaft. Sehr freundlich. DZ inkl. Frühstück ab 150 €, in der Nebensaison deutlich günstiger, auch Ferienwohnungen, diverse Arrangements. Dünenstr. 10, 17454 Zinnowitz, ✆ 038377-390, ℻ 038377-39510, www.schoener-inseln.de.

»» **Unser Tipp: Aparthotel Seeschlösschen**, unser Tipp für Zinnowitz! Sehr schöne, großzügige und gut ausgestattete Appartements (teils mit Seeblick), direkt oberhalb der Promenade. Auch Leser fühlten sich hier sehr wohl. Appartement ab 105 € (2 Pers., ein Zimmer) bis 154 € (4 Pers., drei Zimmer) und 212 € (2-Pers., Türmchen-Suite), Frühstückbüfett 7,90 €/Pers. Dünenstr. 15, 17454 Zinnowitz, ✆ 038377-4800, ℻ 038377-48049, www.seeschloesschen-zinnowitz.de. ««

Hotel/Restaurant Asgard, freundliches Hotel mit sympathischer Leitung in einer wieder aufgebauten Jugendstilvilla. Im Haus das *Café Wien* mit herrlicher Aussicht, die *Bar Sinatra* und das Restaurant *Asgard*. Hallenbad, Beautycenter mit großem Wellnessangebot, Fahrradverleih. EZ 74–75 €, DZ 100–140 €, einschließlich Frühstück sowie Schwimmbad- und Saunanutzung. Auch Appartements. Dünenstr. 20, 17454 Zinnowitz, ✆ 038377-4670, ℻ 467124, www.hotelasgard.de.

Pension Lachmöwe, sympathisch, günstig, im Zentrum von Zinnowitz, aber ruhig in einem Hinterhof gelegen, nur neun Zimmer, Reservierung daher ratsam. EZ 40 €, DZ 69–75 €, Mehrbettzimmer 100 €, jeweils mit Frühstück. Waldstr. 2, 17454 Zinnowitz, ✆ 038377-35440, ℻ 038377-35028, www.pension-lachmoewe.de.

Campingplatz Pommernland, schöner Waldcamping am Westrand von Zinnowitz, unweit vom Strand, viel Schatten, weicher Boden, auch Pensionszimmer und Blockhäuser. Mit Restaurant, Imbiss, kleinem Laden, Waschmaschinen, Fahrradverleih. Erw. 6 €, erm. 1,70 €, Zelt je nach Größe 5–8 €, Wohnmobil 10,50–12,50 €, Pkw 3,30 €, Hund 3,20 €; Blockhäuser für 2–6 Pers. 86–117 €/Tag. Dr.-Wachsmann-Str. 40, 17454 Zinnowitz, ✆ 038377-40348, ℻ 038377-40349, www.camping-pommernland.m-vp.de.

Essen & Trinken »» **Unser Tipp: Zum Smutje**, Viel und zu Recht gelobtes Fischrestaurant (es gibt hier auch kaum etwas anderes), tägl. wechselnde Gerichte. Hervorragende Fischsuppe. Gilt als eines der besten Fischrestaurants der Insel. Mittags und abends geöffnet (abends unbedingt reservieren), ein paar Tische auch draußen. Etwas abseitige Lage: die Dünenstraße Richtung Bernsteintherme und dann links in die Vinetastraße abbiegen. Vinetastr. 5a, ✆ 038377-41548. ««

Museumscafé, im Hotel Preußenhof am Vorplatz der Seebrücke. Ein bisschen gute

Usedom → Karte S. 288/289

alte Zeit in Zinnowitz, ob zum Frühstück, zum Mittag- oder Abendessen oder einfach nur zum Kaffee in stilvollem historischem Ambiente, nicht zu teuer. Dünenstr. 10, ✆ 038377-39450.

Fischkiste, ausgezeichnete Fischbrötchen gibt es in der Fischkiste im Zentrum von Zinnowitz, auch Räucher- und Frischfisch, köstliche Fischsuppen und -salate (auch zum Mitnehmen). Neue Strandstr. 22, ✆ 038377-37567.

viales, Bioladen mit Feinkost und regionalen Produkte, auch Café und Bistro, Mo–Sa ab 10 Uhr geöffnet, Waldstr. 4, ✆ 038377-379990. ■

Zinnowitz/Umgebung

Weißer Berg: Unbedingt lohnenswert ist ein Ausflug zum gerade einmal 32 Meter hohen Weißen Berg. Die unter Naturschutz stehende Südspitze der *Halbinsel Gnitz* mit schilfreicher Binnen- und hoher Steilküste samt herrlicher Aussicht über das Achterwasser gehört zu den idyllischsten Ecken Usedoms.

Anfahrt/Wanderung Von Zinnowitz in südliche Richtung nach Neuendorf auf der Halbinsel Gnitz und weiter nach Lütow. Die Straße (hier parken) zum *Naturschutzgebiet Südspitze Gnitz* wird bald zum Feldweg und führt ca. 2 km am Achterwasser entlang zum unübersehbaren Weißen Berg.

Essen & Trinken **Galeriegarten Café**, ein kleines Idyll in Lütow, herrlicher Biergarten, guter Kaffee, köstlicher Kuchen, rundum nett und gemütlich, dabei günstig. März bis Okt. täglich 11–19 Uhr. ✆ 038377-40190.

Krummin: Von der B 111 Richtung Wolgast führt eine der schönsten Lindenalleen der Insel hinab nach Krummin (ca. 250 Einwohner), einem idyllischen Dorf mit hübschem Hafen und einer sehenswerten Kirche. St. Michael ist der einzig nennenswerte Überrest mittelalterlichen Klosterlebens auf Usedom: Das Kloster *Crominio* wurde 1302 gegründet, entwickelte sich schnell zu einem der wichtigsten Klöster der Gegend und wurde im Dreißigjährigen Krieg zerstört. Geblieben ist St. Michael zu Krummin, Ende des 13. Jh. auf den heute noch sichtbaren Grundmauern einer älteren Feldsteinkirche aus Backstein errichtet.

Café in Krummin

Essen & Trinken **Restaurant Jagdstübchen**, das waidmännische Interieur begegnet einem bereits an der Eingangstür, dementsprechend natürlich viele Wildgerichte, nicht teuer, freundlicher Service. Mai bis Okt. mittags und abends geöffnet (Nov. geschl., im Winter eingeschränkt). Am Ortsrand von Krummin Richtung Neeberg, Schwarzer Weg 4 a, ✆ 03836-206574.

Restaurant Fischstübchen, urgemütliche Gaststube mit dunklem Gebälk in einem reetgedeckten Haus im Nachbarort Neeberg, sehr beliebtes Restaurant, oft bis auf den letzten Platz besetzt (also besser reservieren), große Portionen zu kleinen Preisen, im Sommer auch Terrasse. Auch Zimmer und Apartments. DZ 55 € einschl. Frühstück. Dorfstr. 17, 17440 Krummin/Neeberg, ✆ 03836-603322, www.fischstuebchen.de.

Naschkatze, ungemein idyllischer Gartenimbiss bei der Krumminer Kirche, Kaffee und Kuchen, Snacks und ein paar warme Gerichte, sympathisch und beliebt, zur Saison tägl. 11–20 Uhr geöffnet. Dorfstraße 25, ✆ 03836-602213.

Zur Pferdetränke, kleiner Hofladen samt Café, vorwiegend regionale Bioprodukte und Inselspezialitäten wie Wild aus Pudagla oder Käse aus Melzin. Sehr schöner Garten, innen urig-gemütliches Ambiente. Ostern bis Okt. tägl. etwa 11–20 Uhr geöffnet. Dorfstr. 31, ✆ 03836-327700.

Trassenheide

ca. 950 Einwohner

Durch das abgelegene, stille Seebad führt zwar die Straße nach Peenemünde, das touristische Angebot aber findet sich etwa einen Kilometer vom Ortskern entfernt auf der anderen Seite des Kiefernwaldes am Strand. Hier gelangt man vom großen Parkplatz an einer Kreuzung zum neu angelegten Strandvorplatz, dem Park samt Konzertmuschel und zum zentralen Strandzugang. Die Abgeschiedenheit und natürlich der fast vier Kilometer lange, steinfreie, flach ins Meer abfallende Strandabschnitt sind das große Plus des kleinen Ortes.

Information **Kurverwaltung des Seebades Trassenheide**, im Haus des Gastes an der Kreuzung im Ort, freundlicher Service, auch Zimmervermittlung, geöffnet im Sommer Mo–Fr 9–18 Uhr, Sa/So 10–15 Uhr, im Winter eingeschränkt, meist Mo–Fr 9–16.30 Uhr, Sa/So geschl., Do immer bis 19 Uhr. Strandstr. 36, 17449 Trassenheide, ✆ 038371-20928, 📠 038371-20913, www.seebad-trassenheide.de.

Baden Fast 4 km Sandstrand, in Ortsnähe überwacht, FKK-Bereich Richtung Karlshagen, Hundestrand Richtung Zinnowitz (auf Höhe des Campingplatzes). Auch über dem Strand von Trassenheide weht die **Blaue Flagge**.

Kurtaxe Mai bis Mitte Okt. Erw. 2 €/Tag, Kinder, Schüler, Studenten 0,50 €.

Übernachten/Essen & Trinken

**** **Kaliebe**, strandnahes Haus auf halbem Weg zum Campingplatz. Auf dem riesigen, waldbestandenen Grundstück gibt es auch Ferienwohnungen in finnischen Blockhäusern. Im Restaurant große Auswahl, viel Fisch und regionale Spezialitäten, Hauptgerichte von 8–18 €. Ganzjährig geöffnet. EZ 75 €, DZ 95–110 €, Suite 130 €, jeweils mit Frühstück, Blockhaus (4 Pers.) 130 €, Ferienwohnungen (2 Pers.) ab 70 €, dazu Sauna, Wellness, Fahrradverleih. Zeltplatzstr. 14, 17449 Trassenheide, ✆ 038371-520, 📠 038371-52299, www.kaliebe.de.

Campingplatz Ostseeblick, schöner Waldcamping direkt hinter den Dünen, etwa 300 Stellplätze, neue Sanitäreinrichtungen, kleiner Laden und Gaststätte sowie Fahrradverleih. Ende März bis Okt. geöffnet. Erw. 4 €, Kinder 3–14 Jahre 3 €, Zelt 7–17 €, Wohnmobil 11–13 €, Pkw 3,50 €, Hund 3,50 €. Zeltplatzstr. 20, 17499 Trassenheide, ✆ 038371-20949, www.seebad-trassenheide.de.

Verbindungen **UBB**, s. S. 207.

Sehenswertes

Die beiden Sehenswürdigkeiten befinden sich etwas außerhalb (Richtung Zinnowitz). Hier liegen die (nach eigenen Angaben) größte *Schmetterlingsfarm* Europas und das *auf dem Kopf stehende Haus*. Das ist nicht im übertragenen Sinne gemeint, vielmehr ruht das komplett eingerichtete Einfamilienhaus tatsächlich auf seinem Giebel und beschert einen recht eigentümlichen Perspektivwechsel. Mehrere Leser zeigten sich davon begeistert.

„Die Welt steht Kopf“, das auf dem Kopf stehende Haus ist April bis Okt. tägl. 10–18 Uhr, Nov. bis März tägl. 10–16 Uhr geöffnet, Erw. 7 €, erm. 6 €, Familienticket 16 € (2 Erw. 1 Kind) und 20 € (2 Erw. 2 Kinder). Wiesenweg 2, ✆ 038371-26344, www.weltstehtkopf.de.

Schmetterlingsfarm, tägl. 10–19 Uhr, maximal aber bis Sonnenuntergang, Erw. 7,50 €, erm. 6 €. Wiesenweg 5, ✆ 038371-28218, www.schmetterlingsfarm.de.

Usedom → Karte S. 288/289

Karlshagen

ca. 3150 Einwohner

Der Ort, der erst 2001 und als voraussichtlich letzter in den Kreis der Seebäder Usedoms aufgenommen wurde, erstreckt sich zwischen dem ehemaligen Militärhafen (heute Fischer- und Sporthafen) am Peenestrom und dem herausgeputzten Kurplatz am Hauptzugang zum Strand. Obwohl dreimal so groß, hat Karlshagen viel mit dem Nachbarort Trassenheide gemein: Die Hauptstraße führt durch den eigentlichen Ort, die Strandstraße (wenngleich etwas bebauter als in Trassenheide) durch den Kiefernwald zum herrlichen Sandstrand, und in Strandnähe geht rechter Hand die Zeltplatzstraße zu einem Waldcamping ab.

Information **Touristinformation Karlshagen**, im Haus des Gastes an der Hauptstraße, nett und hilfsbereit. Juni bis Aug. Mo–Fr 9–18 Uhr, Sa/So 10–15 Uhr, April/Mai und Sept./Okt. Mo–Fr 9–17 Uhr, Sa 10–12 Uhr, Nov. bis März Mo–Fr 9–17 Uhr (Do immer bis 18 Uhr). Hauptstr. 4, 17449 Karlshagen, ✆ 038371-55490, 📠 038371-554920, www.karlshagen.de.

Baden Der herrliche, breite Sandstrand fällt familienfreundlich flach in die Ostsee ab, am Hauptstrand überwacht, FKK-Bereich und Hundestrand Richtung Trassenheide. Auch das Ostseebad Karlshagen darf die **Blaue Flagge** über dem Strand hissen.

Zwischen Karlshagen und der Abzweigung zum Flugplatz Peenemünde befindet sich unweit der Straße (man muss nur durch ein Wäldchen) ein schier endloser, feiner, sehr seichter Sandstrand. Es gibt zwei größere (gebührenpflichtige) Parkplätze, der erste am nördlichen Ortsausgang von Karlshagen, der zweite auf halber Strecke im Wald; mehrere Übergänge von der Straße. Im Sommer mit Imbisswagen, FKK mischt sich mit Textil, es gibt auch einen Hundeabschnitt.

Kurtaxe Im Mai bis Sept. Erw. 2 €/Tag, Kinder, Schüler, Studenten 0,50 €, Okt. bis April 1 €, erm. 0,50 €.

Übernachten/Essen & Trinken

**** **Strandhotel**, direkt an der Strandpromenade und dennoch ruhig gelegen. Stilvolle Einrichtung, im Haus das schicke Restaurant *Die Auster* (nur abends geöffnet, Reservierung empfehlenswert, auch Menüs, nachmittags Cafébetrieb). Nobler Wellnessbereich. März bis Okt. geöffnet. DZ 90–120 €, einschließlich Frühstück. Strandpromenade 1, 17449 Karlshagen, ✆ 038371-2690, 📠 038371-269199, www.strandhotel-usedom.de.

VeerMaster, Restaurant am Yacht- und Fischereihafen (ca. 1 km von der Durchgangsstraße entfernt). Leser waren so begeistert, dass sie für die Dauer ihres Aufenthaltes zu Stammgästen wurden. Unaufdringliches, maritimes Interieur, nicht teuer, im Sommer täglich ab 11.30 Uhr geöffnet, im Winter eingeschränkt. Am Hafen 2, ✆ 038371-21012.

Dünencamp, schöner Waldcampingplatz, lang gestreckt hinter den Dünen, neue Sanitäreinrichtungen, auch behindertengerecht, rund 340 meist schattige Stellplätze, Spielplatz, Kiosk, Waschmaschinen, Fahrradverleih. Wohlorganisierte Anlage, gemischte Stellplätze von Zelten, Wohnwagen und Wohnmobilen. Ganzjährig geöffnet. Erw. 5,30 €, Kinder/Jugendliche 3–14 Jahre 2,80 €, 15–18 Jahre 4,30 €, Zelt je nach Größe 7–11 €, Wohnmobil 10,50–12,50 €, Pkw 3 €, Hund 4 €. Zeltplatzstr., 17449 Karlshagen, ✆ 038371-20291, 📠 038371-20310, www.karlshagen.de.

Verbindungen **UBB**, s. S. 287.

Peenemünde

ca. 350 Einwohner

Weit über die Grenzen Mecklenburg-Vorpommerns bekannt, steht Peenemünde gleichermaßen für Pionierleistungen der Raumfahrtgeschichte und für menschenverachtendes Unrecht.

Bevor der Bädertourismus auf Usedom Einzug hielt, war Peenemünde mit gerade einmal 500 Einwohnern der drittgrößte Ort auf der Insel – nach Swinemünde und Usedom/Stadt. Doch während Ahlbeck und Heringsdorf im Süden bald zu mondänen Kaiserbädern erblühten, blieb Peenemünde ein abgelegenes Fischerdorf, in das sich kaum ein Berliner verirrte. Die abgeschiedene Lage wurde Peenemünde schließlich zum Verhängnis. Ab 1936 wurde hier die *Heeresversuchsstelle* (später *Heeresversuchsanstalt) Peenemünde* eingerichtet, Ziel war die Entwicklung, Erprobung und Produktion von Raketen für den militärischen Einsatz als Massenvernichtungswaffen. Die Bewohner mussten den Ort verlassen, ihre Häuser wurden abgerissen und der gesamte Norden Usedoms zum militärischen Sperrgebiet erklärt.

In kürzester Zeit entstanden unter strengster Geheimhaltung ein Kraftwerk, Entwicklungsfabriken, eine Anlage zur Herstellung von flüssigem Sauerstoff, Prüfstände und Abschussrampen, neue Hafenanlagen, ein Flugplatz, ein Überschall-Windkanal sowie Wehrmachtskasernen und Wohnungen für die Wissenschaftler, Techniker und Offiziere – sowie Baracken für die etwa 10.000–15.000 unter unmenschlichen Bedingungen an der Raketenproduktion beteiligten Kriegsgefangenen, KZ-Häftlinge und sonstigen Zwangsarbeiter. Im Mai 1937 nahm die Raketenforschungsabteilung der Wehrmacht unter *Walter Dornberger* und *Wernher von Braun* ihren Betrieb auf. Sie bildeten die militärische und technische Leitung der *Heeresversuchsanstalt Peenemünde Ost*, während der Luftwaffe *Peenemünde West* unterstand – zusammen eine der größten und vielleicht die modernste Forschungseinrichtung ihrer Zeit. Die berüchtigtste Rakete, die in Peenemünde entwickelt wurde, war die so genannte *Vergeltungswaffe 2 (V 2)*, die eigentlich schlicht *Aggregat 4* hieß, aber aus propagandistischen Gründen umbenannt wurde. Die V 2 war eine ballistische Rakete mit großer Reichweite und bis dato unerreichter Flughöhe, die erste Rakete überhaupt, die am Rand des Weltalls kratzte und gegen die keine Abwehrmöglichkeit bestand. Erstmals zum Einsatz kam die V 2 am 8. September 1944, als sie auf Paris abgeschossen wurde. Danach wurde sie vorrangig als Terrorwaffe gegen die britische Zivilbevölkerung eingesetzt. Die kriegsentscheidende Wunderwaffe aber wurde sie, u. a. wegen ihrer geringen Treffergenauigkeit, nicht.

Nachdem die Alliierten auf Peenemünde aufmerksam geworden waren, wurde das Areal wiederholt zum Ziel von Bombenangriffen. Der schwerste erfolgte in der Nacht zum 18. August 1943, als 600 Flugzeuge der Royal Air Force 1800 Tonnen Bomben über Peenemünde abwarfen: 733 Menschen starben, vor allem Kriegsgefangene, Zwangsarbeiter und KZ-Häftlinge, die Wissenschaftler blieben zum größten Teil verschont.

Auch nach Ende des Krieges wurde das Gebiet weiter militärisch genutzt. Nachdem die Sowjets gemäß dem Potsdamer Abkommen weite Teile der Heeresversuchsanstalt demontiert hatten, bezog in den 1950er Jahren die Flotte der DDR den Hafen und die Luftstreitkräfte den Flugplatz von Peenemünde. Die meisten Gebäude des heutigen Peenemünde stammen aus dieser Zeit. Der Peenemünder Haken samt Dorf blieb Sperrgebiet bis zur Übernahme der NVA durch die Bundeswehr (1990) und der Auflösung des Marinestützpunktes (1996). Seither hat der (Tages-)Tourismus Fuß gefasst und ist nach fast fünfundsiebzigjähriger militärischer Präsenz einer der wenigen Arbeitgeber der Gegend.

Rundflüge Vom kleinen, 10-minütigen Rundflug über den Peenemünder Haken (40 €, Kinder 35 € bei voller Auslastung, ansonsten 80 €/Flug) bis zum großen 95-minütigen Inselrundflug über Rügen und Usedom (205 €, Kinder 165 €; bzw. 520 €). Usedomer Fluggesellschaft, Flughafen Peenemünde, ✆ 0700-33334747 oder 0176-10777708, www.usedomer-fluggesellschaft.de.

Verbindungen **UBB**, s. S. 287.

Die **Personenfähre** zum Festland (Peenemünde – Freest – Kröslin und zurück) legt Juli/Aug. 10–18 Uhr stündlich ab (Mai/Juni und Sept./Okt. bis 16 Uhr). Außerdem Ausflugsfahrten zur Insel Ruden und zur Greifswalder Oie. Apollo Fahrgastschifffahrt, Zum Hafen 1, 17449 Peenemünde, ✆ 038371-20829, www.reederei-peenemünde.de.

Usedom → Karte S. 288/289

Die Enden der Parabel – Wernher von Braun

Genialer Forscher oder gewissenloser Karrierist? Oder beides? Bis heute tun sich die Forschung und eine interessierte Öffentlichkeit schwer, Leben und Werk *Wernher von Brauns* zu verorten. Die von ihm entwickelte Rakete *Aggregat 4* besiegte die Schwerkraft, flog eine perfekte Parabel und reichte als erste an den Weltraum heran. Doch nicht nur bei den Einschlägen (z. B. in London) starben Tausende von Menschen, sondern auch während der Produktion der vermeintlichen Wunderwaffe, deren Konstruktion später dazu beitragen sollte, den ersten Menschen auf den Mond zu transportieren.

Wernher Magnus Maximilian von Braun, geboren am 23. März 1912 bei Posen, war schon früh mit dem Raketenfieber infiziert. Bereits mit 15 entwarf er die detaillierte Skizze eines bemannten Raumschiffes, mit 20 wurde er ziviler Angestellter des Heereswaffenamtes, mit 25 stand er der *Heeresversuchsanstalt Peenemünde* als technischer Direktor vor (ab 1937). Im gleichen Jahr trat von Braun in die NSDAP ein, ab 1940 war er SS-Offizier. 1942 gelang in Peenemünde der erste Start der unter seiner Regie entwickelten A-4-Rakete. Wenige Monate später war von Braun maßgeblich daran beteiligt, Hitler von der A-4, die bald V 2 („Vergeltungswaffe") heißen sollte, zu überzeugen. Das Forschungsprogramm erhielt höchste Priorität, die V 2 sollte die Kriegswende einleiten. Um die Arbeit voranzutreiben, wurde das *KZ Peenemünde* eingerichtet. Nach Bombenangriffen der Alliierten musste die Produktion 1943 in einen unterirdischen Stollen bei Nordhausen im Harz verlegt werden, wo das berüchtigte *KZ Dora*, später *Mittelbau*, entstand. Um die Massenvernichtungswaffen in Serie herstellen zu können, arbeiteten Tausende von KZ-Häftlingen, Kriegsgefangenen und sonstigen Zwangsarbeitern unter unmenschlichen Bedingungen, viele verloren dabei ihr Leben. Dass von Braun von den barbarischen Praktiken während des Baus seiner Raketen nichts gewusst haben soll, ist nicht nur unglaubhaft, sondern nachweislich falsch. Dass er nicht zur Verantwortung gezogen wurde, verdankte er den Amerikanern.

Nach Kriegsende traten von Braun und ein Großteil der wissenschaftlichen Mannschaft aus Peenemünde in die Dienste der US-Armee, die bereits mehrere V-2-Raketen erbeutet hatte. Nach zwei verlorenen Kriegen, sollte von Braun später sagen, wolle er nun auf der Seite der Sieger stehen. Seine Karriere in Amerika knüpfte nahtlos an seine alte an – bald war er wieder technischer Direktor eines Raketenforschungszentrums. Seinem Traum von der Erforschung des Weltalls hingegen kam er erst mit dem Sputnik-Schock näher. Denn nicht nur die Amerikaner hatten sich in Peenemünde an Mensch und Material bedient, sondern auch die Sowjets, denen es mit einer Weiterentwicklung der V 2 1957 gelungen war, den ersten Satelliten ins All zu schießen. Damit war von Braun wieder im Rennen. Nur wenige Monate später gelang es ihm, den ersten amerikanischen Satelliten, den *Explorer 1,* ins All zu befördern. Im Auftrag der NASA entwickelte er Trägerraketen für das forcierte Weltraumprogramm der USA. Die *Saturn-V-Rakete,* von Brauns größter Triumph, beförderte schließlich das Raumschiff *Apollo 11* in den Weltraum und mit ihm die Astronauten *Neil Armstrong* und *Edwin Aldrin* als erste Menschen auf den Mond. Von Braun hatte eines seiner Lebensziele erreicht. Sein darauf aufbauendes Projekt aber, der bemannte Flug zum Mars, wurde bis heute nicht in Angriff genommen. Am 16. Juni 1977 starb Wernher von Braun in den USA.

Sehenswertes

Historisch-Technisches Informationszentrum (HTI): Nach dem Ende des Krieges, der Demontage durch die Sowjets und der Auflösung des Marine- respektive NVA-Stützpunktes sind von der einstigen Heeresversuchsanstalt heute v. a. noch das Kraftwerk, der Bunker sowie die Ruine der Sauerstofffabrik erhalten. Ein *Rundgang* durch das Informationszentrum beginnt in der Bunkerwarte und führt über ein großes Freigelände, auf dem u. a. auch ein originalgetreues Modell der V 2 zu sehen ist. Im Anbau des Kraftwerks, das selbst ein bedeutendes technisches Denkmal darstellt, ist die gelungene und informative Ausstellung zu sehen. Als leitendes Motiv vorangestellt ist ihr der deutsche Titel von Thomas Pynchons Roman *Gravity's Rainbow* (1973): *Die Enden der Parabel.* Wie in dem großen Roman steht hier die Flugbahn der V 2 symbolisch für die Spannung zwischen sensationellem technologischem Fortschritt und dem Sieg über die Schwerkraft einerseits und dem Absturz in die Barbarei durch die Produktion und den Einsatz der Massenvernichtungswaffen andererseits. Dementsprechend widmet sich die Ausstellung zunächst anhand von Dokumenten, Originalteilen und Infotafeln den Anfängen der Raumfahrt, um dann den Bogen zu schlagen zur rein militärischen Nutzung der Technologie und speziell zur Raketenforschung in Peenemünde. Man hört die Stimmen von Zeitzeugen, die als Zwangsarbeiter in dem Werk litten, sieht Originalaufnahmen der Raketenversuche und bekommt per Installation einen Eindruck von der Wirkung eines Raketeneinschlags. Ein weiterer Ausstellungsabschnitt informiert über die Entwicklung der Raketenforschung nach dem Zweiten Weltkrieg. Kurzum: Das HTI ist unbedingt einen Besuch wert.

April bis Sept. tägl. 10–18 Uhr, Okt. bis März 10–16 Uhr (Nov. bis März Mo geschlossen). Erw. 6 €, erm. 4 €, Familienticket 16 €, Audioguide 2 € (Kombiticket mit Phänomenta 11 €, erm. 8 €). Im Kraftwerk, 17449 Peenemünde, ✆ 038371-5050, 📠 038371-505111, www.peenemuende.de.

Phänomenta: Physik zum Anfassen und Ausprobieren. Anhand diverser Versuchsanordnungen werden physikalische Phänomene anschaulich gemacht. Wie man mit ein wenig Muskelkraft einen Trabi hochheben kann; wie man mit einem Trommelschlag aus zwei Metern Entfernung eine Kerze zum Erlöschen bringt; wie man mit seinen Fingern Blitze schleudern kann und vieles mehr. Insgesamt mehr als 250 Experimente und Ausstellungsstücke erwarten den Besucher.

Mitte März bis Ende Okt. täglich 10–18 Uhr und 20. Dez. bis 4. Jan. 10–16 Uhr. Erw. 7 €, erm. 6 €, Kinder bis 18 Jahre 5 €, (Kombiticket mit dem HTI 11 €, erm. 8 €). Museumsstr. 12, ✆ 038371-26066, www.phaenomenta-peenemuende.de.

Maritim Museum (U 461): Das (nach eigenen Angaben) größte U-Boot-Museum der Welt liegt im Hafen von Peenemünde vor Anker. Das Unterseeboot der Juliett-Klasse war 1962 vom Stapel gelaufen und stand bis 1993 als Teil der 58. U-Boot-Brigade in sowjetischen Diensten. Nur das obere Deck ist zugänglich: Man zwängt sich durch den knapp 86 Meter langen U-Boot-Schlauch und gelangt dabei durch Torpedoraum, Mannschafts- und Offiziersquartiere (luxuriös die Kabine des Kapitäns), Kontrollzentrale und Navigationsraum sowie Kombüse und Maschinenraum.

Ganzjährig täglich geöffnet, Juli bis Mitte Sept. 9–21 Uhr, Mitte Sept. bis Okt. und April bis Juni 10–18 Uhr, Nov. bis März 10–16 Uhr. Erw. 6 €, Familientickets 12–13 €. ✆ 038371-28565, www.u-461.de.

Usedom → Karte S. 288/289

Am Achterwasser

Die Inselmitte

Usedoms Landenge: auf der einen Seite das vom offenen Meer abgeschnittene und teils von einem recht breiten Schilfgürtel flankierte Achterwasser, auf der anderen die Ostsee mit weiten Sandstränden und Dünen und dahinter liegendem Waldstreifen. Die beiden schönsten Orte auf dem schmalen Landstreifen sind das Seebad Koserow mit dem knapp 60 Meter hohen Streckelsberg und die Doppelortschaft Loddin-Kölpinsee mit Hafen am Achterwasser und kleinem Seebad am Meer.

Lüttenort/Damerow

Die Taille Usedoms, von einem schmalen Wasserarm namens Riek so ordentlich eingeschnürt, dass zwischen dem Achterwasser und der Pommerschen Bucht gerade noch 300 Meter flaches Land der Ostsee trotzen. Früher gab es hier ein kleines Fischerdorf namens Damerow, das von der verheerenden Sturmflut 1872 (s. S. 30) nahezu völlig zerstört und von seinen Bewohnern schließlich aufgegeben wurde. Heute erinnert nur noch das hübsch am Waldrand gelegene alte *Forsthaus Damerow* (heute Hotel) an die untergegangene Ansiedlung. Lüttenort hingegen ist keine Ortschaft, sondern war Wohnhaus und Atelier des Malers *Otto Niemeyer-Holstein* (1896–1984). Direkt an der schmalsten Stelle Usedoms gelegen, verdankt das Anwesen seinen Namen dem Segelboot des Künstlers, dem „Lütten", mit dem Niemeyer-Holstein bereits in den 1930er Jahren über das Achterwasser gekreuzt war.

Heute kann man sich im Museum *Atelier Otto Niemeyer-Holstein,* das das ehemalige Wohnhaus und Atelier sowie den Ausstellungsraum Neue Galerie umfasst, einen Einblick in das Leben und das stark von der Küste Usedoms inspirierte Werk des Künstlers verschaffen. Schön ist auch der das Anwesen umgebende Skulpturengarten mit Werken von Freunden und Kollegen Niemeyer-Holsteins.

Öffnungszeiten 15. April bis 15. Okt. tägl. 10–18 Uhr, Eintritt 4 €, Schüler/Stud. 1,50 €, nur Garten 1,50 €. Führungen durch Wohnhaus und Atelier tägl. 11, 12, 14 und 15 Uhr, Dauer ca. 1 Std., max. 15 Pers., Erw. 7 €, Schüler/Stud. 3,50 € (Gartenführung Di 16 Uhr, 5 €). 16. Okt. bis 14. April nur Mi, Do, Sa und So 10–16 Uhr, Führungen um 11, 12 und 14 Uhr. ✆ 038375-20213 oder 22004, www.atelier-otto-niemeyer-holstein.de.

Übernachten/Essen & Trinken **Forsthaus Damerow/Hotel Vineta**, in Alleinlage am Waldrand (direkt bei der Landenge). Hübscher Wintergarten, tagsüber Lobby, abends Cocktailbar, Restaurant im Forsthausstil, mittlere bis gehobene Preisklasse. Wellness-

Otto Niemeyer-Holstein (1896–1984)

Zur Malerei kam der gebürtige Lübecker Otto Niemeyer (den Namenszusatz Holstein legte er sich 1917 auf Anraten eines Künstlerfreundes zu) durch den Krieg, genauer gesagt durch eine schwere Verwundung, die er sich 1915 als Kriegsfreiwilliger im Ersten Weltkrieg zuzog. Bei einem Erholungsaufenthalt in der Schweiz griff er 1917 erstmals zum Pinsel, und bereits 1918 begab sich Niemeyer-Holstein nach Ascona, seinerzeit ein bedeutendes kulturelles Zentrum, wo er nicht nur die Bekanntschaft Alexej von Jawlenskys und Arthur Segals machte, sondern ihm schon 1919 auch eine erste eigene Ausstellung ermöglicht wurde.

Es folgten weitere Reisen – u. a. nach Paris und Florenz – und weitere Ausstellungen. 1925 ließ sich die Familie Niemeyer-Holstein zunächst in Berlin nieder, 1933 dann an der Landenge zwischen Koserow und Zempin, dem *Lüttenort*. Während der Zeit des Nationalsozialismus lebte Otto Niemeyer-Holstein zurückgezogen hier auf der Insel in seinem Lüttenort, wo ab 1942 auch die jüdische Schwiegermutter des Künstlers versteckt gehalten wurde. Die künstlerische Laufbahn Niemeyer-Holsteins war unterdessen durch das NS-Regime unterbrochen, ab 1943 wurde der Maler zum Dienst bei der Reichsbahn auf Usedom verpflichtet.

Nach Kriegsende verlief die Karriere Niemeyer-Holsteins zunächst schleppend. Zwar konnte er seinen Beruf wieder frei ausüben, musste sich aber mit Nebenerwerbstätigkeiten über Wasser halten – u. a. mit Ausflugsfahrten auf seinem Segelschiff *Orion*. Diverse Ausstellungen im In- und Ausland brachten ab Ende der 1950er Jahre endlich ein größeres Renommee. 1961 wurde Niemeyer-Holstein eine große Ausstellung in der Berliner Nationalgalerie ermöglicht, 1964 erkannte man ihm den Professorentitel zu, später wurde er Präsident der Ostsee-Biennale und sammelte in den 1960er Jahren neue Inspirationen bei Reisen u. a. nach China und nach Usbekistan. Der SED-Parteiprominenz war Niemeyer-Holstein allerdings bald ein Dorn im Auge, die Staatssicherheit observierte ihn, und 1969 wurde der Künstler von seiner Position als Biennale-Präsident zum funktionslosen Ehrenpräsidenten weggelobt. Am 20. Februar 1984 starb Otto Niemeyer-Holstein in Lüttenort. Sein Grab befindet sich auf dem Friedhof in Benz.

bereich mit Hallenschwimmbad und Sauna, außerdem Tennisplatz, Kanuverleih am Achterwasser und Fahrradverleih, geführte Touren usw. EZ 75 €, DZ ab 126 €, App. für 2–4 Pers. 156–210 €, jeweils inkl. Frühstück. 17459 Koserow/Damerow, ✆ 038375-560, 📠 038375-56400, www.urlaub-auf-usedom.de.

Koserow

ca. 1700 Einwohner

Das größte Seebad der Inselmitte nimmt fast die gesamte Breite der Landenge ein und liegt am Fuß einer für Usedom beträchtlichen Erhebung. Der fast 60 Meter hohe Streckelsberg mit seinem schönen Mischwald bricht zur Ostsee hin an einer imposanten Steilküste ab.

Nur die B 111 und ein schmaler Streifen Wiese trennen den alten Ortskern Koserows vom Achterwasser, während die Häuser an der Seeseite teils nahe an die Steilküste rücken. Von der Hauptstraße gehen die kleinen Seitenstraßen ab, die sich bis

Usedom → Karte S. 288/289

an den Strand mit Seebrücke und zum Streckelsberg hin erstrecken, um den sich übrigens allerlei Sagenhaftes rankt: Das prächtige Vineta soll hier aufgeblüht und untergegangen sein (s. S. 187), und auch der legendäre Freibeuter Klaus Störtebeker soll sich hier vor seinen hanseatischen Häschern versteckt haben.

1846 kamen die ersten Badegäste nach Koserow, doch trotz langer touristischer Tradition hat sich der Ort bis heute einen stillen Charme bewahrt. Die schönste Ecke befindet sich zweifellos beim Zugang zum Hauptstrand. Hier liegen im lichten Waldstreifen die *Salzhütten* von Koserow, in denen die Fischer einst ihren Fang, vornehmlich Heringe, einlegten und haltbar machten. Bei dem viel besuchten Wahrzeichen des Seebads handelt es sich allerdings um Rekonstruktionen, die Originale aus der Zeit um 1820 fielen der Sturmflut von 1872 zum Opfer. Zweite Sehenswürdigkeit des Ortes ist die aus dem 13. Jh. stammende *Feldsteinkirche* im alten Ortskern (Juni bis Sept. Mo–Fr 10–12 Uhr, Mo/Di/Do 14–18 Uhr, Sa 16–18 Uhr geöffnet), in der im Sommer Konzerte und Theaterstücke aufgeführt werden.

Information **Kurverwaltung Koserow**, Mai bis Sept. Mo–Fr 9–18 Uhr, Sa 9–12 Uhr (Juli/Aug. auch So), April/Okt. Mo–Fr 9–16 Uhr, Sa 9–12 Uhr, Nov.–März nur Mo–Fr 9–12.30 und 13–16 Uhr. Hauptstr. 31, 17459 Koserow, ✆ 038375-20415, 📠 038375-20417, www.seebad-koserow.de.

Kurtaxe April bis Okt. Erw. 2 €, erm. 1,50 €.

Theater/Konzerte **Klassik am Meer**, im Sommer wird die Kirche von Koserow zur Spielstätte für Theaterklassiker und klassische Konzerte, Infos zum Spielplan über die Kurverwaltung oder www.klassik-am-meer.de.

Figurentheater Das **Theater Randfiguren** ist ein Tourneetheater, das seine Heimstatt hier im Nachbarort Zempin hat. Im Repertoire des Figuren- und Puppentheaters von Jana Sonnenberg sind u. a. so berühmte Märchen wie Runges Geschichte *Vom Fischer und seiner Frau* oder *Die kleine Meerjungfrau*. Jana Sonnenberg gibt Gastspiele auf zahlreichen Usedomer Bühnen (z. B. dem Chapeau Rouge in Heringsdorf oder in der Kirche von Liepe), aber auch in Greifswald und Stralsund. Im kleinen *Zempiner Hoftheater* gibt es von Juni bis August immer Di und Do, Sept. und Oktober nur Di jeweils um 10.30 Uhr Aufführungen. Ein Spaß nicht nur für die jüngsten Theaterfans. Rieckstr. 8a, Infos zum Spielplan unter ✆ 0177-8404396, www.theater-randfigur.de.

Essen & Trinken **Koserower Salzhütten**, beliebtes Fischrestaurant, urig und eng, oft bis auf den letzten Platz besetzt. Von Lesern empfohlen („seeehr lecker"). Mit eigener Räucherei und Verkauf. Tägl. 11–21 Uhr geöffnet, Nov.–Jan. geschl. Am Strand bei den Fischern. ✆ 03875-20680, www.koserower-salzhuette.de.

Verbindungen **UBB**, s. S. 287.

Loddin-Kölpinsee

ca. 1050 Einwohner

Drei Gewässer in Loddin-Kölpinsee: die Ostsee auf der einen, das Achterwasser auf der anderen Seite und dazwischen ein bei Touristen und Schwänen beliebter Binnensee. Die kleine zersiedelte Gemeinde besteht außerdem aus dem winzigen Ortsteil *Stubbenfelde* und dem Haupt der Gemeinde, dem am Achterwasser gelegenen Ort *Loddin*. Letzterer befindet sich oberhalb des *Loddiner Höft*, einer Halbinsel, die ins Achterwasser ragt. Ein einladender Spaziergang verspricht hübsche Ausblicke über das Binnengewässer.

Information **Kurverwaltung Loddin**, im Haus des Gastes an der B 111, Ecke Strandstraße. Mai bis Sept. Mo–Fr 9–18 Uhr, Sa 9–12 Uhr, Juli/Aug. auch So 9–12 Uhr, Okt. bis April Mo–Fr 9–16 Uhr (Di 9–18 Uhr). Strandstr. 23, 17459 Loddin, ✆ 038375-22780, 📠 038375-227818 (Zimmervermittlung ✆ 038375-227810), www.seebad-loddin.de.

Baden Herrlicher Sandstrand (am Hauptstrandzugang überwacht), nach Koserow hin unterhalb einer Steilküste, dort auch ein Hundestrand. Ein weiterer Hundestrand befindet sich auf Höhe des Campingplatzes Stubbenfelde.

Bootsverleih **Kikis Bootsverleih**, in herrlicher Lage am Achterwasser, auch netter

Biergarten (s. u.). Ruder-, Paddel- und Tretboote, auch kleine Motorboote, Segelboote auf Anfrage. ✆ 038375-20802.

Fahrradverleih Fam. Hengstler, auch Strandkorbverleih, Strandstr. 34 und am Campingplatz Stubbenfelde, ✆ 038375-21167.

Kurtaxe Mai bis Sept. 2 €, erm. 1,50 €, Okt. bis April 1 €, erm. 0,50 €.

Übernachten/Essen & Trinken **Strandhotel Seerose**, großes, modernes Haus mit 57 Zimmern nahe am Strand. Wellness- und Beauty-Angebot, Badelandschaft mit Hallenbad, Sauna und Dampfbad. Restaurant und Bistro mit nettem Biergarten. EZ 79–127 €, DZ 154–199 €, Suite 209–233 €, jeweils mit Frühstück. Strandstr. 1, 17459 Loddin-Kölpinsee, ✆ 038375-540, 📠 038375-54199, www.strandhotel-seerose.de.

Campingplatz Stubbenfelde, schöner, gut ausgestatteter Platz, z. T. im Wald südöstlich des Kölpinsees gelegen. Kleiner Laden, Restaurant, Saunalandschaft, Fahrradverleih, Geöffnet April bis Okt. Stellplatz (inkl. 2 Pers.) je nach Größe 24–28,50 €, unparzelliert ab 19,50 €, zusätzlich Erw. 5,10 €, Kinder (2–15 Jahre) 2,70 €, Hunde 2,50 €. Auch Ferien- und Blockhäuser (ab 98 €/4 Pers.). Waldstr. 12, 17459 Loddin-Kölpinsee/OT Stubbenfelde, ✆ 038375-20606, 📠 038375-22186, www.stubbenfelde.de.

Kikis, idyllischer Biergarten mit rohrgedeckter Bar und winziger Kneipe beim Bootsanleger am Achterwasser (hier auch Bootsverleih, s. o.). Durchgehend warme Küche, Kaffee und Kuchen, zur Saison täglich ab 10 Uhr geöffnet. Am Rand des Loddiner Höfts gelegen, ✆ 038375-20802.

Verbindungen UBB, s. S. 287.

Ückeritz

ca. 1000 Einwohner

Freundliches, kleines Seebad ohne Ostseeblick auf der meerabgewandten Seite der Landenge. Lediglich ein kleiner Ortsableger samt Restaurants und Campingplatz verfügt über unmittelbare Strandnähe.

Vom langen Sandstrand wird der eigentliche Ort durch einen schmalen Waldstreifen getrennt, in südöstlicher Richtung und zum Kölpinsee hin erstrecken sich weitere Waldgebiete. Zu DDR-Zeiten breitete sich hier der größte Campingplatz Europas aus, eine im Wald verborgene Zeltstadt, die jeden Sommer von Tausenden Urlaubern bevölkert wurde. Noch immer gibt es diesen lang gestreckten Campingplatz hinter den Dünen, nur deutlich verkleinert und modernisiert.

Hübsche, moderne Holzhäuser, in denen Ferienwohnungen, Cafés, Imbissbuden und Souvenirläden untergebracht sind, schmücken den Zugang zum Hauptstrand. Am Strand selbst kann im Sommer reichlich Rummel herrschen. Der Ort Ückeritz

Usedom → Karte S. 288/289

ist dagegen eher langweilig: beidseitig der B 111 gelegen und von nüchternen Neubauten geprägt. Recht hübsch ist der kleine Hafen, bei dem sich eine Surfschule und Cafés befinden.

Information Kurverwaltung Ückeritz, freundlich und hilfsbereit, Mai bis Sept. Mo–Fr 9–18 Uhr, Sa 9–12 Uhr (Juli/Aug. auch So), Okt. bis April Mo–Fr 9–16 Uhr. Bäderstr. 5, 17459 Ückeritz, ☏ 038375-2520, ℻ 038375-25218, www.ueckeritz.de.

Baden Da Ückeritz auf der meerabgewandten Seite der Landenge liegt, muss man auf dem Weg zum herrlichen feinsandigen, flach ins Meer abfallenden Strand erst den Waldstreifen durchqueren. Überwacht auf Höhe des Hauptstrandzugangs, Hundestrand 300 m Richtung Kölpinsee, 200 m weiter FKK-Strand. Außerdem erstrecken sich mehrere ausgewiesene Hundestrand- und FKK-Bereiche entlang des Campingplatzes.

Essen & Trinken Deutsches Haus, im urgemütlichen Gastraum wird pommersche Küche aus regionalen Zutaten serviert, Hauptgerichte um 12 €. Mittags und abends geöffnet, Di Ruhetag. Nebenstr. 1, ☏ 038375-20940, www.deutsches-haus-ueckeritz.de.

Restaurant/Strandcafé Utkiek, dank schöner Lage über dem Strand sehr beliebtes Lokal, große Terrasse mit herrlichem Ausblick, auf der Speisekarte vor allem Fisch, auch Kaffee und Kuchen. Ganzjährig durchgehend geöffnet. Beim Hauptstrandzugang links auf den Dünen. ☏ 038375-20408.

Fahrradverleih Awe, an der Strandpromenade und in der Hauptstraße im Ort. 3-Gang-Rad ab 5,50 €/Tag. Hauptstr. 8, ☏ 038375-20938 oder 0172-5616598.

Kurtaxe April bis Okt. 1,50 €, erm. 1 €.

Übernachten Pension Am Achterwasser, sehr freundlich geführte Pension samt Eiscafé nahe dem Hafen. Nur fünf Zimmer, entsprechend früh reservieren. DZ mit Frühstück 78–88 €. Hauptstr. 35, 17459 Ückeritz, ☏ 038375-20600, ℻ 038375-20643, www.pension-achterwasser.de.

Camping Naturcamping Am Strand, traditionsreicher Zeltplatz, etwa 700 Stellplätze auf einem schmalen Streifen hinter den Dünen von fast 4 km Länge. Fahrradverleih, zwei Läden und eine Gaststätte, neue bzw. renovierte Sanitäreinrichtungen. Geöffnet April bis Okt. Erw. 4,20 €, Kinder (3–13 Jahre) 1,90 €, kleines Zelt 5 €, großes Zelt 6,30 €, Wohnmobil 7,90–8,50 €, Pkw 3,80 €, Hund 3,50 €, auch Bungalows (ab 35 €). Am Strand, 17459 Ückeritz, ☏ 038375-20923 (Rezeption; im Winter über die Kurverwaltung 038375-2520), www.campingplatz-ueckeritz.de.

Verbindungen UBB, s. S. 287.

Wassersport Windsport Usedom, großes Angebot, Segeln, Wind- und Kitesurfen. Außerdem Bootsverleih. Direkt beim Hafen, dazu gehört auch das *Café Knatter*, ein Restaurant mit schöner Terrasse samt Pension (DZ ab 78 €, ☏ 038375-22966). Hauptstr. 36, ☏ 038375-20641, www.windsport-usedom.de.

Südlich von Ückeritz

Forstamt Neu Pudagla und Usedomer Gesteinsgarten: Einsam liegt das Forsthaus *Neu Pudagla* am Waldrand. Im Laden kann man Wildspezialitäten erwerben, im Waldkabinett ist eine kleine naturkundliche Ausstellung zum Lebensraum Wald zu besuchen. Hinter dem Forstamt ist eine gewichtige Ausstellung zu bestaunen. In dem liebevoll angelegten Garten sind etwa 140 massige Findlinge zu einer Gesteinssammlung zusammengetragen worden.

Der Wildmarkt ist werktags 11–17 Uhr geöffnet, das Waldkabinett 7.30–18 Uhr, Eintritt frei, Infos zu Führungen: Forstamt Neu Pudagla, 17459 Ückeritz, ☏ 038375-29110, www.forstamt-neupudagla.m-vp.de.

Kletterwald Usedom: Eine besonders beliebte Attraktion Usedoms ist der schöne Kletterwald unweit des Forsthauses Neu Pudagla. Neben den Einweisungsstrecken warten sechs Kletterparcours unterschiedlicher Schwierigkeitsgrade und Höhen (von einem Meter bis zu 13 Meter) darauf, erklommen und gemeistert zu werden.

Mitte Juni bis Ende Sept. tägl. 9.30–20 Uhr, in der Nebensaison 10–18 Uhr, Nov. bis Febr. geschl. (Ticketverkauf bis 2 Std. vor Schließung). Erw. 16 €, erm. 13 €, Kinder 5–12 Jahre 10 €, auch Familientickets, Nutzungsdauer 2 Std. Am Forstamt Neu Pudagla, 17459 Ückeritz, ☏ 038375-22677 oder 0160-90361641, www.kletterwald-usedom.de.

Heringsdorf – die moderne Seebrücke

Die drei Kaiserbäder

Usedoms Aushängeschild – über zwölf Kilometer erstreckt sich der flach abfallende, schneeweiße Strand entlang der drei Kaiserbäder Ahlbeck, Heringsdorf und Bansin, die durch eine acht Kilometer lange Flanierpromenade miteinander verbunden sind.

Ohnehin sind die ehemaligen Fischerdörfer – einst kaum mehr als ein paar Katen – mittlerweile fast zu einem einzigen Ort zusammengewachsen, was sich in der bisweilen gebrauchten Bezeichnung *Dreikaiserbäder* auch sprachlich niederschlägt. Wer die Promenade entlanggeht, stößt in allen drei Seebädern auf prestigereiche Villen, die dem mondänsten der drei Orte, Heringsdorf, schon früh den Beinamen „Nizza des Ostens" eingebracht haben. Das Markenzeichen „Kaiserbäder" hat sich dagegen erst in wilhelminischer Zeit entwickelt, als der Bädertourismus seinem ersten Höhepunkt entgegensteuerte. Als letzter Beiname sei noch „Badewanne Berlins" erwähnt, eine Bezeichnung, die im letzten Viertel des 19. Jh. entstand, als der Ausbau des Bahnnetzes dafür sorgte, dass Badegäste aus der Hauptstadt nur noch gut drei Stunden brauchten, um die hiesigen Badefreuden genießen zu können, und entsprechend zahlreich anreisten.

Ahlbeck

ca. 3500 Einwohner

Usedom → Karte S. 288/289

Eines der bekanntesten deutschen Ostseebäder und Usedoms Aushängeschild. Ähnlich exklusiv wie das benachbarte Heringsdorf, trumpft Ahlbeck zusätzlich noch mit der vielleicht schönsten Seebrücke der Ostseeküste auf.

Das sorgfältig restaurierte Bauwerk und Wahrzeichen des Ortes ist wohl das meistfotografierte Motiv Usedoms. Feierlich eingeweiht wurde die Seebrücke des Ostseebades bereits 1898, nach der Zerstörung durch die Last gewaltiger Eismassen im

Winter 1940/41 ließ die Rekonstruktion nach historischem Vorbild aber bis 1994 auf sich warten. Das Gebäude auf der Plattform aus den 1930er Jahren blieb allerdings erhalten und diente schon in der DDR als Restaurant. Die schmiedeeiserne Jugendstiluhr vor der Seebrücke wurde 1911 von einem vermögenden Badegast gestiftet.

Um den Seebrückenplatz spielt sich das Leben von Ahlbeck ab, hier und an der endlosen Strandpromenade Richtung Heringsdorf reihen sich die Hotels und Restaurants fast nahtlos aneinander. In zweiter Reihe wird es etwas ruhiger. Zwar sind auch hier am Hügel noch immer viele ansehnliche Villen im Bäderstil zu finden, aber von den touristischen Hauptrouten werden sie kaum berührt. Ein netter Spaziergang führt von der Strandpromenade über die Bismarckstraße hinauf zur villen-

geschmückten Kaiserstraße, an deren Ende sich die Ahlbecker Backsteinkirche im neugotischen Stil aus dem Jahr 1895 befindet. Wichtigste Einkaufsstraße in zweiter Reihe ist die Seestraße. Hier und in den umliegenden kleinen Sträßchen findet man noch am ehesten ein Stück „normales" Ahlbeck ohne aufwändig und kostspielig renovierte Bädervillen, die fast ausnahmslos als Nobelappartements für betuchte Badegäste hergerichtet wurden.

Noch mehr Infos zu den drei Kaiserbädern finden Sie im Reisehandbuch *Usedom* des Michael Müller Verlags. Erlangen 2011, ISBN 3-89953-651-5.

Usedom → Karte S. 288/289

Basis-Infos und Aktivitäten

Information **Touristinformation**, an der Seebrücke. Im Sommer Mo–Fr 9–18 Uhr, Sa/So 10–15 Uhr, im April/Mai und Okt. Mo–Fr 9–17 Uhr und Sa/So 10–13 Uhr (im Mai bis 15 Uhr), im Winter Mo–Fr 9–16 Uhr, Sa/So 10–12 Uhr. Dünenstr. 45, 17419 Ahlbeck, ✆ 038378-499350, ℻ 038378-499352, www.drei-kaiserbaeder.de.

Der Uhrturm vor der Seebrücke

Baden Endloser, feiner Sandstrand, die Wasserqualität mit der **Blauen Flagge** geadelt, Dünen zwischen Promenade und Strand. Rund um die Seebrücke Strandkorbvermietungen und Bootsverleih. Von der Reha-Klinik in Richtung Swinemünde folgen ein unbewachter FKK-Abschnitt und ein Hundestrand.

Fahrradverleih **Oberländer**, am Bahnhof, Tourenrad 6–9 €/Tag, im Sommer tägl. 9–18 Uhr, ✆ 038378-31684.

Kurtaxe Mai bis Sept. Erw. (ab 16 Jahre) 2,50 €, erm. 1,30 €, Okt. bis April Erw. 1,30 €, erm. 0,70 €. Tageskurkarte Auswärtige Mai bis Sept. 3 € (erm. 1,50 €), Okt. bis April 1,50 € (erm. 0,80 €).

Verbindungen **UBB**, s. S. 287.

Bus: Mit der **Linie 201** 8-mal tägl. über Usedom-Stadt nach Anklam, mit **Linie 281** 6-mal tägl. über Heringsdorf, Bansin und Benz nach Usedom-Stadt. Die **Linie 286** fährt 6-mal tägl. (Sa/So 3-mal) nach Bansin und Ückeritz, in Gegenrichtung über Korswandt, Zirchow und Garz nach Kamminke. Die **Europa-Linie (290)** verkehrt zwischen 8.15 und 17.45 Uhr halbstündlich auf der Strecke Bansin–Heringsdorf–Ahlbeck–Swinemünde.

Schiff: Mit den Personenfähren der Adler-Reederei während der Saison tägl. über Heringsdorf, Bansin und Koserow nach Zinnowitz und Swinemünde. Tickets beim Uhrturm an der Seebrücke, Ostern bis Ende Okt., ✆ 038378-47790, www.adler-schiffe.de.

Übernachten

(→ Karte S. 304/305)

***** **Ahlbecker Hof** **13**, traditionsreiches Haus (1890) an der Strandpromenade, sorgfältig ausgewählte Einrichtung, nostalgisch und stilvoll, Kaminzimmer und Bibliothek, Blauer Salon und Gourmet-Restaurant, *Brasserie*, Wellnessbereich. 70 Zimmer und Suiten in historischem Ambiente, DZ mit Frühstück ab ca. 160 €, Wellnessbereich 16 € pro Pers. und Tag. Dünenstr. 47, 17419 Ahlbeck, ✆ 038378-620, ℻ 038378-62100, www.seetel.de.

Pension Carlsburg **17**, Empfehlung in zweiter Reihe: gepflegte, schneeweiße Villa, komfortable Zimmer, außerdem einige Appartements und zwei Ferienwohnungen – alles durchaus bezahlbar. EZ 45–55 €, DZ 70–85 €, Frühstück inkl., App. 70–85 €, Ferienwohnung 70–95 €, Endreinigung 30–45 €. Stresemannstr. 2, 17419 Ahlbeck, ✆ 038378-22570, ℻ 038378-499966, www.pension-carlsburg-usedom.de.

»» **Lesertipp: Villa Seeschlößchen** 20, freundliches, kleines Hotel: „Der Service ist sehr herzlich, die Zimmer sind hell und freundlich, die Lage ist ruhig und doch zentral am autofreien Ende der Promenade. Empfehlenswert sind die Zimmer mit Meerblick." EZ 90 €, 129–149 €, jeweils mit Frühstück. Dünenstr. 17, 17419 Ahlbeck, ✆ 038378-32389, 📠 038378-33139, www.villa-seeschloesschen.de. ««

Essen & Trinken

(→ Karte S. 304/305)

Restaurant-Café Seebrücke 1, in herrlicher Lage, von der schattigen Terrasse bietet sich ein endloser Strandblick bis nach Heringsdorf. Internationale Küche, leicht gehobenes Preisniveau. Freitagabends Livemusik und Tanz, in der nachgebauten „Kogge" werden täglich ab 18 Uhr Aperitifes und Cocktails kredenzt. Restaurant tägl. ab 11 Uhr, ✆ 038378-28320.

La Brasserie 13, viel gelobtes Bistro-Restaurant im Hotel Ahlbecker Hof (separater Eingang). Schöne Terrasse in erhöhter Lage, im Inneren dunkles Holz und offene Küche. Fisch- und Fleischspezialitäten, viel vom Grill, aber auch pommersche Küche, Spezialitätenwochen etc. Mittleres Preisniveau. Ab mittags geöffnet, nachmittags Café. Dünenstr. 47, ✆ 038378-620.

»» **Lesertipp: Weinbar** 12, kleines Café/Restaurant links neben der Kurverwaltung. Neben guten Weinen gibt es auch kleine Speisen wie italienische Antipasti und Quiche sowie Kuchen und Schokoladenspezialitäten zum Kaffee. Sitzplätze auch draußen. Tägl. 10–22 Uhr geöffnet (Nov. bis April ab 12 Uhr). Dünenstr. 45, ✆ 038378-47118. ««

Heringsdorf

ca. 4000 Einwohner

Trotz des klanglosen Namens das größte, mondänste und berühmteste der drei Kaiserbäder. Und dank bestem Klima und Jodsole-Quelle darüber hinaus ein bedeutender Kurort mit entsprechend großem Angebot.

An der Promenade reihen sich die prachtvollen Bädervillen aneinander, alle sorgsam restauriert und von parkähnlichen Gärten umgeben. Noch heute kann man hier als Badegast nobel Quartier beziehen. In zweiter Reihe wird man dann nicht ganz so verwöhnt mit optischen Eindrücken: Den zentralen Platz des Friedens zieren das modern-funktionale *Forum Usedom* und das Doppelhochhaus mit Kurhotel und Kurklinik, dazwischen klemmt sich ein Flachbau mit Bowlingcenter. Auch die moderne Seebrücke aus dem Jahr 1995 weckt nicht unbedingt nostalgische Gefühle, wer darin schwelgen möchte, sollte sich doch lieber in die Gegend um die noble Delbrückstraße mit ihren imposanten Villen begeben. Anfang des 20. Jh. gaben sich hier die prominenten Badegäste aus der nahen Hauptstadt quasi die Klinke in die Hand: Walzerkönig Johann Strauss logierte bereits 1889 in der *Villa Ada*, der Maler Lyonel Feininger machte zwischen 1908 und 1912 mehrfach Urlaub in der *Villa Oppenheim*, Kurt Tucholsky war 1920/21 in Heringsdorf Sommergast und Heinrich Mann quartierte sich nebst Familie 1923 im *Heringsdorfer Strandhotel* ein.

Einem weiteren berühmten Gast des Seebades ist sogar eine Gedenkstätte gewidmet: Maxim Gorki, russischer Schriftsteller und enger Weggefährte Lenins. Von Mai bis September 1922 weilte er zur Kur in Heringsdorf, und es heißt Lenin selbst habe ihm geraten, an die See zu reisen, um dort seine Tuberkulose behandeln zu lassen. Tatsächlich waren es wohl die schon länger schwelenden ideologischen Auseinandersetzungen, die Lenin auf die Idee gebracht hatten, seinen Mitstreiter auf diese elegante Weise loszuwerden. Gewohnt hat Gorki in der neoklassizistischen *Villa Irmgard* aus dem Jahr 1906, in der heute die *Maxim-Gorki-Gedenkstätte* bzw.

Usedom → Karte S. 288/289

das *Maxim-Gorki-Museum* eingerichtet ist. Im Erdgeschoss sind Salon, Arbeits- und Schlafzimmer Gorkis noch im originalgetreuen Stil erhalten, zahlreiche Zeitdokumente runden das Bild ab. Sehenswert ist das *Arabische Zimmer,* der Salon zur Straße hin. In der Villa finden auch Lesungen, Vorträge und andere kulturelle Veranstaltungen statt.

Öffnungszeiten Mai bis Okt. Di–So 10–18 Uhr, Nov. bis April Di–So 10–16 Uhr, Mo geschl. Erw. 4 €, erm. 2 €, Stud. 1 €. Maxim-Gorki-Str. 13, ✆ 038378-22361.

Basis-Infos

Information **Kurverwaltung**, im Rathaus, hier starten auch die Stadtführungen. Juni bis Sept. Mo–Fr 9–18 Uhr, Sa/So 10–15 Uhr, im April/Mai und Okt. Mo–Fr 9–17 Uhr, Sa/So 10–13 Uhr, im Mai bis 15 Uhr), Nov. bis März Mo–Fr 9–16 Uhr und Sa/So 10–12 Uhr. Kulmstr. 33, 17424 Heringsdorf, ✆ 038378-2451, Fax 038378-2454, www.drei-kaiserbaeder.de. **Zimmervermittlung** im Bahnhof, ✆ 01805-583783, Fax 038378-477118.

Kurtaxe Mai bis Sept. Erw. (ab 16 Jahre) 2,50 €, erm. 1,30 €; Okt. bis April Erw. 1,30 €, erm. 0,70 €. Tageskurkarte Auswärtige: Erw. 3 €, erm. 1,50 €, in der Nebensaison 1,50 €, erm. 0,80 €.

Verbindungen **UBB**, s. S. 287.

Bus: Mit der **Linie 201** 8-mal tägl. über Usedom-Stadt nach Anklam, mit **Linie 281** 6-mal tägl. über Bansin und Benz nach Usedom-Stadt. Die **Linie 286** fährt 6-mal tägl. (Sa/So 3-mal) nach Bansin und Ückeritz, in Gegenrichtung über Ahlbeck, Korswandt, Zirchow und Garz nach Kamminke. Die **Europa-Linie (290)** verkehrt zwischen 8.15 und 17.45 Uhr halbstündlich auf der Strecke Bansin–Heringsdorf–Ahlbeck–Swinemünde.

Schiff: Von Ostern bis Ende Okt. ab Seebrücke tägl. morgens über Bansin und Koserow nach Zinnowitz; 4-mal tägl. über Ahlbeck nach Swinemünde; weitere Fahrten zur Insel Wollin. Infos und Tickets an der Seebrücke, ✆ 038378-47790, www.adler-schiffe.de.

Aktivitäten

Baden Langer und feiner Sandstrand mit **Blauer Flagge**, durch Dünen von der belebten Strandpromenade getrennt. Bootsverleih und Kiosk/Café nahe der Seebrücke. Einen FKK-Strand findet man am unbewachten Strandabschnitt zwischen Heringsdorf und Ahlbeck, der nächste Hundestrand liegt an der Strandpromenade Richtung Bansin.

Einkaufen **Lutter & Wegner** **9**, Weine, Feinkost und Restaurant, nicht gerade günstig. Tägl. 11–1Uhr. Kulmstr. 3, ✆ 038378-22125.

Gorki Buchhandlung **19**, vor allem im Bereich Regionalia sehr gut sortierte Buchhandlung, freundliche und kenntnisreiche Beratung, Friedensstr. 14, ✆ 038378-22561.

Korb GmbH, den eigenen Strandkorb und dazugehörige Accessoires bekommen Sie hier im Laden „Heringsdorfer Ambiente“ am Eck zur Brunnenstraße. Ist zwar nicht eben billig, dafür wird deutschlandweit geliefert. Geöffnet Mo–Fr 10–18 Uhr sowie Sa 14–16 Uhr, jeden Do um 10 Uhr bietet die Korb GmbH eine Betriebsführung an (Treffpunkt im Büro am Waldbühnenweg 3, dorthin beim Bahnhof rechts ab). Waldbühnenweg 3, 17424 Heringsdorf, ✆ 038378-465050, ℻ 038378-465059, www.korbgmbh.de. Geschäft: Brunnenstr. 10, ✆ 038378-33559, ℻ 038378-33557, www.heringsdorfer-ambiente.de.

Maison Vogue, in der noblen Villa Oechsler, einem der repräsentativsten Gebäude in Heringsdorf, Mode von Bogner, Escada etc. Tägl. 10.30–18.30 Uhr. Delbrückstr. 5.

Fahrradverleih **Fahrradverleih Oberländer**, im Untergeschoss des Kurhotels (Hochhaus). Tourenrad 6–9 €/Tag. Im Sommer tägl. 9–18 Uhr. ✆ 038378-22240.

Theater **Chapeau Rouge**, Theaterzelt an der Strandpromenade, von Mitte Mai bis Anfang Sept. Buntes Programm, neben der klassischen Theateraufführung auch Kabarett, Kindertheater, Konzerte usw. ✆ 03971-208925, www.chapeau-rouge.de.

Veranstaltungen **Baltic Fashion**, mehrtägiges Modespektakel, immer Ende April und Ende Okt. sowie am ersten Sonntag im Juli. Karten unter ✆ 0800-2452325, www.usedom-baltic-fashion.de.

Usedomer Musikfestival, zwischen ca. 20. Sept. und 15. Okt., die Konzerte finden z. T. im Kursaal statt. Tickets unter ✆ 038378-34647, www.usedomer-musikfestival.de.

Winterlich verpackt: die Seebrücke von Heringsdorf

Übernachten

(→ Karte S. 304/305)

Hotels/Pensionen ****** Strandhotel Ostseeblick 5**, hoch über dem Strand, zentral, aber sehr ruhig gelegen, Terrasse, Spa mit Therme und Pool, viel gelobtes Restaurant, unaufdringliches, stilvolles Ambiente. DZ 170–210 €, EZ die Hälfte, Frühstück inkl., Abendmenü 30–38 € pro Pers. Kulmstr. 28, 17424 Heringsdorf, ✆ 038378-540, ℻ 038378-54299, www.strandhotel-ostseeblick.com.

*** **Pommerscher Hof 15**, 95 Zimmer, zentral am Platz des Friedens gelegen. EZ 87–99 €, DZ 141–153 €, Frühstück inkl. Seestr. 41, 17424 Heringsdorf, ✆ 038378-60400, ℻ 038378-60427, www.seetel.de.

Weißes Schloss 14, geschichtsträchtige Villa auf dem Kulmberg, in der schon Kaiser Wilhelm I. logierte. Herrlicher Blick, schöne Terrasse, auch Restaurant und Café. 18 Zimmer. EZ ab 68 €, DZ ab 106 €, Familienappartement ab 146 €, Frühstück inkl., Halbpension 23 € pro Pers., Hund 10 €/Tag. Rudolf-Breitscheid-Str. 3, 17424 Heringsdorf, ✆ 038378-31984, ℻ 038378-31985, www.urlaub-auf-usedom.de.

Pension Erdmann 16, oben bei der Kirche, Garni-Haus mit Terrasse, zu Fuß ca. 10 Min. zum Strand. 25 Zimmer z. T. mit Balkon/Terrasse. EZ 68,50–78,50 €, DZ 78–88 €, Dreibett-Zimmer 102–117 €, inkl. Frühstück. Rudolf-Breitscheid-Str. 7, 17424 Heringsdorf, ✆ 038378-31678, ℻ 038378-22281, www.pension-erdmann.de.

Jugendherberge **JH Heringsdorf 21**, direkt an der Strandpromenade, großer,

Usedom → Karte S. 288/289

schattiger Garten, die Zimmer z. T. in schönen Fachwerkhäusern. Beliebte Herberge, man sollte frühzeitig buchen. Übernachtung im Mehrbettzimmer 25,20 €, im DZ (mit Bad) 29,20 €, Senioren (über 27 Jahre) 31,30 € bzw. im DZ 36,20 €. Frühstück und Bettwäsche inkl., Halbpension 3,50 €, für Senioren 5 €. Puschkinstr. 7–9, 17424 Heringsdorf, ✆ 038378-22325, 📠 038378-32301, www.jh-heringsdorf.de.

Essen & Trinken

(→ Karte S. 304/305)

Restaurants **Kulm Eck** **10**, geschmackvolles, kleines Lokal weitab vom Bäderschick, gehobenes Preisniveau (Menü ab 35 €). Nur wenige Plätze (im Sommer mit Terrasse), Reservierung dringend empfohlen! Ab 18 Uhr geöffnet, Mo Ruhetag, Okt. bis März So und Mo geschl. Kulmstr. 17, ✆ 038378-22560, www.kulm-eck.de.

Bernstein **5**, Spitzenrestaurant im Strandhotel Ostseeblick, kreative Küche, helle und freundliche Einrichtung, schöner Blick, gehobenes Preisniveau, mittags und abends geöffnet. Kulmstr. 28, ✆ 038378-54240, www.strandhotel-ostseeblick.de.

Lukullus **14**, gehobenes Restaurant im Hotel Weißes Schloss, besonders einladend ist die herrliche Terrasse mit Panoramablick, innen schönes Ambiente. Der Fisch stammt aus den heimischen Gewässern, Hauptgerichte ab 15 €. Ab mittags durchgehend geöffnet. Rudolf-Breitscheid-Str. 3, ✆ 038378-47471.

Usedomer Brauhaus **18**, zentrale Lage, hier gibt es überwiegend Deftiges zu moderaten Preisen, außerdem verschiedene selbst gebraute Biere. Großes Lokal, uriges Ambiente. Ab mittags bis ca. Mitternacht geöffnet (draußen nur bis 22 Uhr). Platz des Friedens, ✆ 038378-61421.

Cafés **Eis-Villa Stein** **11**, bekannt für hervorragendes Eis aus eigener Herstellung, das man auf der wirklich einladenden Terrasse an der Kulmstraße genießt – an schönen Sommertagen meist bis auf den letzten Platz besetzt. Auch Kuchen und andere Süßspeisen. Im Sommer tägl. ab 10 Uhr geöffnet. Kulmstr. 4, ✆ 038378-28452.

Bansin

ca. 2400 Einwohner

Bansin ist die jüngste und die kleinste der drei Seebad-Schwestern. Dabei reicht der Ursprung des heutigen Badeortes, das Dorf Bansin am Gothensee, bis ins Mittelalter zurück.

Flaniert wird natürlich entlang der Strandpromenade, wo prächtige Bädervillen ihre schnörkelreichen Fassaden präsentieren. Am meisten Trubel herrscht zwischen dem Strandzugang an der Seestraße und der Seebrücke. Am Ende der Seestraße befindet sich die flache hölzerne Konzertmuschel aus dem Jahr 1930, die von historischen Badekarren flankiert wird. Von hier sind es knapp 400 Meter bis zur 285 Meter langen, 1994 erbauten Seebrücke. Sie wirft sich ausnahmsweise schnörkellos hinaus in die Ostsee, Aufbauten wie auf den Seebrücken der Nachbarbäder fehlen. Neben der Seebrücke sind in alten Fischerhütten Imbisse und Fischräuchereien eingezogen, zum Teil mit angeschlossenem Biergarten. Die Strandpromenade führt von der Seebrücke aus nur noch ein paar hundert Meter weiter bis zum Ortsrand. Nach Südosten hin reicht die Promenade über Heringsdorf bis hinunter nach Ahlbeck.

Basis-Infos und Aktivitäten

Information **Touristinformation**, Haus des Gastes an der Seebrücke, Juni bis Sept. Mo–Fr 9–18 Uhr, Sa/So 10–15 Uhr, im April/Mai und Okt. Mo–Fr 9–17 Uhr, Sa/So 10–13 Uhr (im Mai bis 15 Uhr), Nov. bis März Mo–Fr 9–16 Uhr, Sa/So 10–12 Uhr. An der Seebrücke, 17429 Bansin, ✆ 038378-47050, 📠 038378-470515, www.drei-kaiserbaeder.de.

Baywatch in Bansin

Baden Auch in Bansin ist die Wasserqualität einwandfrei und seit vielen Jahren mit der **Blauen Flagge** ausgezeichnet. Im Bereich um den Strandzugang bei der Seestraße und der Seebrücke ist der Strand überwacht. Ein Hundestrand liegt etwas südlich des Schloonsees, einen FKK-Strand findet man etwas weiter an einem unbewachten Strandabschnitt Richtung Heringsdorf sowie in entgegengesetzter Richtung jenseits der Strandpromenade.

Fahrradverleih Gegenüber vom Hans-Werner-Richter-Haus in der Waldstr. 33, Fahrrad 5–8 €/Tag. ✆ 038378-33321.

Kurtaxe Mai bis Sept. Erw. (ab 16 Jahre) 2,50 €, erm. 1,30 €; Okt. bis April Erw. 1,30 €, erm. 0,70 €. Tageskurkarte Auswärtige: 3 €, erm. 1,50 €, in der Nebensaison 1,50 €, erm. 0,80 €.

Veranstaltungen Das **Bansiner Seebrückenfest** findet Mitte Juli statt.

Verbindungen **UBB**, s. S. 287.

Bus: Mit der **Linie 281** 6-mal tägl. über Benz nach Usedom-Stadt. Die **Linie 286** fährt 6-mal tägl. (Sa/So 3-mal) nach Ückeritz, in Gegenrichtung über Heringsdorf, Ahlbeck, Korswandt, Zirchow und Garz nach Kamminke. Die **Europa-Linie (290)** verkehrt 8.15–17.45 Uhr halbstündlich auf der Strecke Bansin–Heringsdorf–Ahlbeck–Swinemünde.

Schiff: Von Ostern bis Ende Okt. tägl. morgens über Koserow nach Zinnowitz, 4-mal täglich über Heringsdorf und Ahlbeck nach Swinemünde. Aktuelle Fahrzeiten und weitere Ausflugsfahrten bei der Ticketverkaufsstelle an der Seebrücke, ✆ 038378-47790, www.adler-schiffe.de.

Übernachten

(→ Karte S. 304/305)

**** **Strandhotel Atlantic** **6**, kleine, noble Herberge an der Strandpromenade, edles Restaurant (Menü um 45 €), schöne Terrasse mit Ostseeblick, abends geht man in den Atlantic Pub. EZ 97–107 €, DZ 154 € bzw. 180 € (mit Seeblick), inkl. Frühstück, Wellnessbereich 10 €/Pers., Halbpension 27–37 € pro Pers. Strandpromenade 18, 17429 Bansin, ✆ 038378-605, 📠 038378-60600, www.seetel.de.

*** **Hotel Bansiner Hof** **3**, an der Strandpromenade (nahe der Seebrücke). Zentrale Lage, recht nüchterne Fassade, im Haus das Restaurant *Achterdeck*, außerdem eine Saunalandschaft. Nov. bis ca. Mitte April geschlossen. EZ 100 €, DZ 116–146 €, inkl. Frühstück. Strandpromenade 27, 17429 Bansin, ✆ 038378-550, 📠 038378-55255, www.ti-bansin.de.

Usedom → Karte S. 288/289

Aparthotel an der Seebrücke 2, im oberen Teil der Strandpromenade (Anfahrt über die Bergstraße), Appartements und Garni-Hotel in einem schönen Fachwerkhaus, freundlicher Service. DZ 104–126 €, Appartement 126–140 €, Frühstück inkl., Ferienwohnung 120–155 € (Frühstück extra). Strandpromenade 34, 17429 Bansin, ✆ 038378-3600, ✆ 038378-36037, www.ancon-hotels.de.

Kaiser Wilhelm 4, kleines Hotel in hübscher Bädervilla, gediegenes Restaurant mit Terrasse. EZ 80 €, DZ 110–150 €, inkl. Frühstück. Strandpromenade 26, 17429 Bansin, ✆ 038378-2420, ✆ 038378-24242, www.ancon-hotels.de.

Essen & Trinken

(→ Karte S. 304/305)

Seehof 8, im südlichen Teil der Strandpromenade, nettes Restaurant mit etwas erhöht liegendem, schönem Gastraum und Blick auf Promenade, Strand und Meer; günstige Mittagskarte, insgesamt große Auswahl, auch kleine Gerichte. Hauptgerichte um 12–13 €. Freundlicher Service. Tägl. ab mittags durchgehend geöffnet, Di Ruhetag. Strandpromenade 9, ✆ 038378-499237.

Café Asgard 7, traditionsreiches Café an der Strandpromenade in einer schönen Bädervilla aus dem Jahr 1898. Elegantes Interieur, freundliche Atmosphäre. Herrliche, schattige Terrasse zur Strandpromenade hin. Variantenreiche und köstliche Backwaren aus eigener Konditorei, sehr beliebt und zu Recht berühmt. Di–So 12–18 Uhr, Mo Ruhetag. Strandpromenade 15, ✆ 038378-29488.

Hans-Werner Richter: Nachkriegsliteratur aus Bansin

Der berühmteste Sohn des Seebads ist Hans Werner Richter, einer der bedeutendsten Schriftsteller der deutschen Nachkriegszeit. Richter wurde am 12. November 1908 als Sohn eines Fischers in Bansin geboren. Nach einer Buchhändlerlehre in Swinemünde ging er nach Berlin. 1940 in die Wehrmacht einberufen, geriet Richter, der in der Weimarer Republik der KPD nahe stand, später in amerikanische Kriegsgefangenschaft. Seine Erlebnisse verarbeitete er in dem 1949 erschienenen Roman *Die Geschlagenen*. Richter gehörte zu den Gründern der *Gruppe 47* und war lange Zeit die treibende Kraft dieses bedeutendsten literarischen Zirkels der deutschen Nachkriegszeit.

In seinen autobiografisch geprägten Romanen und Erzählungen beschäftigte er sich immer wieder mit zeitgeschichtlichen Themen. Für literarisch interessierte Usedom-Reisende sind die *Geschichten aus Bansin* unbedingt empfehlenswert. In dem Erzählband zeichnete Richter leicht und augenzwinkernd ein Bild vom Leben der einfachen Leute, zu einer Zeit, als Bansin begann, ein Seebad zu werden. Seinem Vater und gleichermaßen den Menschen aus dem „alten" Bansin setzte Richter mit diesen Erzählungen ein literarisches Denkmal.

Dem 1993 verstorbenen Schriftsteller ist in Bansin die Gemeindebibliothek im *Hans-Werner-Richter-Haus* gewidmet, in der man sich – nicht nur an einem verregneten Tag – in das Werk des Autors einlesen kann. Neben der öffentlichen Bibliothek und einer kleinen Ausstellung zur 2006 verstorbenen Journalistin *Carola Stern* sind das nachgestellte Arbeitszimmer sowie Dokumente aus dem Nachlass Richters zu besichtigen. Regelmäßig finden im Hans-Werner-Richter-Haus Lesungen statt.

Di–So 10–12 und 14–18 Uhr, Mo geschlossen, im Winter eingeschränkt, 3 €/Pers. (mit Kurkarte 2 €). Waldstraße 1, 17429 Seebad Bansin, ✆ 038378-47801. Literaturtipp: Richter, Hans Werner: Geschichten aus Bansin. Berlin 2008 (Wagenbach).

Ländliche Idylle findet sich fast überall in Usedoms Süden, hier bei Benz

Der Süden

Abseits des langen Sandstrandes wird es stiller auf Usedom. Direkt im Rücken der Kaiserbäder beginnt die Usedomer Schweiz: sanfte Hügel mit lichten Wäldern und grünen Wiesen inmitten einer kleinen, reizenden Seenlandschaft um *Schmollensee* und *Gothensee*. Sehr abgeschieden sind die Boddenküstenlinien im Norden mit dem *Lieper Winkel*, einer Halbinsel, die weit in das Achterwasser hineinreicht, und im Süden entlang des *Stettiner Haffs*. Das „Zentrum" ist Usedom, das altehrwürdige Städtchen, das der Insel ihren Namen gab.

Usedomer Schweiz

Wolgastsee: Dieser romantische kleine See drei Kilometer südwestlich von Ahlbeck ist ein beliebtes Ausflugsziel. Seine Ufer sind überwiegend mit Buchen bestanden, nur am Nordwestufer, gegenüber dem Hotel *Idyll am Wolgastsee*, befindet sich ein Stück sandiger Badestrand mit Steg und Bootsverleih. Den knapp einen halben Quadratkilometer großen und maximal ca. 15 Meter tiefen See kann man in einem Spaziergang umrunden (ca. vier Kilometer).

Verbindungen Mit den Bussen Linie 201 und 286 mind. alle 2 Std. nach Ahlbeck, in Gegenrichtung nach Usedom/Stadt und teilweise weiter nach Anklam (Sa/So eingeschränkt).

Bootsverleih Neben der Badestelle, in der Saison 9–21 Uhr geöffnet, ✆ 038378-31860.

Übernachten/Essen & Trinken **Hotel-Restaurant Idyll am Wolgastsee**, der Name des in Korswandt gelegenen Hotels verspricht nicht zu viel, empfehlenswert ist es, ein Zimmer zur Seeseite zu nehmen – nicht nur wegen des schönen Blicks, sondern auch wegen der Hauptstraße, die hinter dem Hotel vorbeiführt. Komfortable, helle Zimmer, Sauna im Haus. Restaurant in hellem Speisesaal, freundlicher Service. Neben Fisch aus Ostsee und Wolgastsee auch diverse Wildgerichte. Auch Café, im Sommer mit Gartenbetrieb. Mittags und abends geöffnet. EZ 70–75 €, DZ 90–125 €, Frühstück inkl., Hund 6,50 €. Hauptstr. 9, 17419 Korswandt, ✆ 038378-22116, 📠 038378-22546, www.idyll-am-wolgastsee.de.

Usedom → Karte S. 288/289

Gothensee: Der größte Binnensee Usedoms (600 Hektar) steht samt seines nicht zugänglichen, schilfreichen Ufers unter Naturschutz. Die nördliche Ausbuchtung des hakenförmigen Sees reicht bis an die Ortsgrenzen der Kaiserbäder Bansin und Heringsdorf heran. Nach Süden hin biegt sich der See in einem weiten Bogen bis zum Rand des Thurbruchs. Viele Vogelarten, darunter Wildgänse, Graureiher, Eisvögel und Milane, finden hier Zuflucht, auch Fischotter. Die einzigen ufernahen Siedlungen sind Bansin-Dorf, Sallenthin und Gothen.

Sellin: Schöner Wohnen auf Usedom: Das abgelegene Sellin ist ein malerisches, altes Fischer- und Bauerndorf aus bildhübschen, reetgedeckten Häuser zwischen Pferdekoppeln, Wiesen und dem schilfbestandenen Ufer des Schmollensees. Hier scheint die Zeit in einem ungemein idyllischen Moment still zu stehen. Etwas außerhalb (Richtung Bansin und Großem Krebssee) stößt man mitten im Wald auf das freundliche und entsprechend beliebte Café Fangel.

Essen & Trinken **Café Fangel**, idyllisches Café in einem ehemaligen Forsthaus, Alleinlage mitten im Wald (nahe dem Großen Krebssee). Köstliche Kuchen, Eis, gemütliche Terrasse, freundlicher Service, sehr beliebt und oft bis auf den letzten Platz gefüllt. *Anfahrt*: Von Bansin aus durch Neu-Sallenthin Richtung Sellin, dann nach ca. 500 m rechts und die letzten 500 m auf einer Waldpiste, beschildert. Mai bis Okt. Di–So 14–18 Uhr, Mo geschlossen. Am Großen Krebssee, 17429 Neu-Sallenthin, ✆ 038378-32253.

Benz: Die ländliche Stille des in sanfte Hügel gebetteten 300-Einwohner-Dorfes wird nur durch die gut befahrene Durchgangsstraße gestört. Mittelpunkt des Ortes ist die sehenswerte Dorfkirche St. Petri, die in ihrem Kern auf das frühe 13. Jh. zurückgeht. Restauriert und umgestaltet wurde St. Petri nach dem Dreißigjährigen Krieg und erneut Mitte des 18. Jh., als der Turm sein heutiges Aussehen erhielt. Das Kircheninnere stammt von Renovierungen um 1836, als anstelle der alten Decke das eigenwillige, hölzerne Tonnengewölbe eingezogen wurde, das mit blauen Kassetten versehen ist. Über dem Ort wacht eine auf einer Hügelkuppe thronende, 16 Meter hohe Holländermühle, eines der letzten noch existierenden Exemplare an der Ostseeküste. Um 1830 erbaut, wurde dort bis 1971 gemahlen. Danach erwarb der Maler *Otto Niemeyer-Holstein* (s. S. 299) die alte Mühle, rettete sie vor dem Verfall und verfügte schließlich testamentarisch ihre Verwendung als Kulturmühle. Neben der Holländermühle gibt es im Backhaus Getränke, Kaffee und hausgemachten Blechkuchen.

Kulturmühle Benz, Mai bis Okt. Di–So 10–17 Uhr, Mo Ruhetag, in der Nebensaison nur nach Voranmeldung, im Winter geschlossen. Eintritt 3 €, Kinder 1,50 €. ✆ 038378-3650.

Verbindungen Der **Bus Linie 281** fährt Mo–Fr 6-mal tägl. ab Bahnhof Ahlbeck über Heringsdorf und Bansin nach Benz und weiter über Morgenitz nach Usedom/Stadt (Sa/So 3-mal).

Veranstaltungen **Kirchensommer Benz**, In der hübschen Benzer Kircher werden Jahr für Jahr von Mitte/Ende Juni bis August Konzerte aufgeführt: Kirchenmusik, Klassik, aber auch Jazz und Klezmer. Das Programm liegt in vielen Touristinformatio-

nen sowie in der Kirche selbst aus, oder unter www.kirche-benz.de.

Golf **Golfpark Balmer See**, zwei 18-Loch-Plätze und ein 9-Loch-Übungsplatz sowie Driving-Range. Außerdem Hotel mit Restaurant, großem Wellnessbereich und 70 Ferienwohnungen. Am Achterwasser im kleinen Weiler Balm gelegen. Drewinscher Weg 1, 17429 Balm, ✆ 038379-280, 📠 038379-28222, www.golfhotel-usedom.de.

Wandertipp: Von Benz nach Bansin

Charakteristik: die vielleicht schönste Wanderung auf Usedom, problemlos zu gehen, meist auf Feld- und Waldwegen, teils sandig. **Länge/Dauer:** etwa 13 km; reine Gehzeit 3,5–4 Stunden. **Start/Verlauf:** Von der Benzer Ortsmitte aus (nicht verpassen: Kulturmühle und Kirche) geht es zunächst wenige Schritte entlang der Straße Richtung Bansin und kurz vor der Pension Schwalbennest links ab (Beschilderung: Sellin; Markierung gelber Balken). Die Wanderung führt ins idyllische Sellin (nun Markierung grünes Quadrat) und weiter zwischen Schmollensee und Großem Krebssee entlang. Der Duft von frisch gebrühtem Kaffee und köstlichen Kuchen legt einen kurzen Abstecher zum Café Fangel (Mo Ruhetag, s. o.) nahe. Schließlich überquert man einen Bahnübergang und die B 111 (hier erhöhte Vorsicht) und gelangt durch den Wald nach Bansin.

Pudagla: Wenige Kilometer von Benz entfernt steht die zweite Usedomer Mühle. Sie ist keine Holländerwindmühle wie die Mühle in Benz, sondern eine sehenswerte *Bockwindmühle.* Im Gegensatz zur Holländerwindmühle ruht die Bockwindmühle nicht auf einem gemauerten Fundament, sondern ist auf ein hölzernes Gestell „aufgebockt". Bereits im frühen 18. Jh. erwähnt, war sie bis in die 1930er Jahre in Betrieb, wurde 1997 sorgsam restauriert und kann heute besichtigt werden.

Die Bockwindmühle liegt südlich von Pudagla oberhalb der Straße (Richtung Neppermin) und ist kaum zu übersehen. Geöffnet Mai bis Okt. Mo–Fr 10–16 Uhr und Sa/So 13–16 Uhr. Im Winter geschlossen. Die Mühle kann auch bestiegen werden: Erw. 1,50 €, Kinder 0,80 €. Infos unter ✆ 038378-34872.

Mellenthin: Bekannt ist das hübsche 200-Seelen-Dorf vor allem für sein Ende des 16. Jh. erbautes und in der zweiten Hälfte des 18. Jh. teilweise umgestaltetes Wasserschloss. Flankiert wird der herrschaftliche Bau von einem gelungen restaurierten barocken Gutshof, in dem ein Hotel mit Restaurant und Café untergebracht sind. Auch das Wasserschloss selbst wird renoviert, bereits fertig sind Restaurant und Café mit Biergarten im Schlosshof. Teile des Schlosses und der Schlosspark sind zu besichtigen.

Ein Päuschen im Wasserschloss

Vom Schloss zieht sich eine schmucke Lindenallee zur Dorfkirche, deren Altarraum aus Feldsteinen bereits um 1330 entstand. Das backsteinerne Langhaus und der Turm stammen aus dem 15. Jh. Sehenswert im Innern sind das Kreuzrippengewölbe, die Anfang des 20. Jh. freigelegten spätmittelalterlichen Freskenreste.

Übernachten/Essen & Trinken **Wasserschloss Mellenthin**, stattliches Schloss, weitgehend saniert, mit Restaurant im Gewölbe und Café, stilvolles Ambiente im restaurierten Erdgeschoss, schöne Terrasse und Biergarten im Schlosshof, gutbürgerliche Küche, auch Wildgerichte, mittleres Preisniveau. Täglich 11–22 Uhr. Die hauseigene Brauerei wird derzeit noch restauriert. Das EZ im Schlosshotel kostet im Sommer ab 83 €, das DZ 110–148 €, inkl. Frühstück, in der Nebensaison deutlich günstiger. Dorfstr. 25, 17429 Mellenthin, ✆ 038379-28780, 📠 038379-2878280, www.wasserschloss-mellenthin.de.

Gutshof Mellenthin, nahe dem Wasserschloss, Hotel, Restaurant, Waffelbäckerei (Vollkornwaffeln) und Gartencafé (bei unserem Besuch leider sehr viele Wespen). 20 im modernen Landhausstil eingerichtete Zimmer. Täglich 12–22 Uhr. EZ 65 €, DZ 119–139 €, inkl. Frühstück. Dorfstr. 24, 17429 Mellenthin, ✆ 038379-20700, 📠 038379-28830, www.gutshof-usedom.de.

Verbindung Mit dem **Bus Linie 281** 2-mal tägl. nach Ahlbeck und Heringsdorf, die Haltestelle befindet sich allerdings an der Abzweigung von der Hauptstraße ein gutes Stück außerhalb. In Gegenrichtung 2-mal tägl. nach Usedom.

Morgenitz: Ein fotogenes 150-Einwohner-Dorf mit holprigen Straßen, reetgedeckten Häusern mit bunten Blumen an den Fenstern und hübsch gestrichenen Fensterläden, umgeben von lauschigen Gärten, in denen man sich sofort in einen Liegestuhl fallen lassen möchte.

Einkaufen **Dannegger**, schöne, hochwertige Keramiken vom idyllischen Hof, nicht ganz billig, ideale Souvenirs. Mo–Sa 12–13 Uhr und 16–17 Uhr geöffnet, sonst nach tel. Voranmeldung. Dorfstraße 8, ✆ 038372-70910, www.keramik-morgenitz.de.

Lieper Winkel

Mittendrin und doch so abgeschieden wie kaum eine andere Gegend auf Usedom. Wie eine Birne ragt die vollkommen flache Halbinsel, auf der es kaum eine Handvoll Weiler gibt, ins Achterwasser hinein. Über eine herrliche Allee erreicht man zunächst *Rankwitz*, den „Hauptort" der Halbinsel – sofern man das angesichts der etwa zwei Dutzend Häuser überhaupt sagen kann – und bald darauf das Dorf, dem der Winkel seinen Namen verdankt. In *Liepe* befindet sich die älteste Kirche Usedoms. Erstmals erwähnt wurde das romanische Gotteshaus im Jahr 1216. Im Inneren findet man Fresken aus dem späten Mittelalter, aber auch barocke Stilelemente wie z. B. beim Chorgestühl und dem Kanzelaltar. Im Norden liegt die winzige Ansiedlung *Grüssow* direkt am Achterwasser: ein Idyll mit reetgedeckten Häuschen, viel Grün und praktisch ohne Autoverkehr. Herrlich abgeschieden liegt auch das hübsche *Reestow* und in *Warthe* schließlich am Nordwestzipfel des Lieper Winkels liegt versteckt das *Blaue Haus*, ein sehr malerisches, reetgedecktes Häuschen mit verwildertem Vorgarten sowie ein empfehlenswertes Restaurant im Gutshof.

Wer auf dem Weg in den Lieper Winkel ist, sollte kurz nach dem Ortsausgang von Suckow einen Blick auf die **Suckower Eiche** werfen: Der überaus eindrucksvolle Baum (direkt an der Straße, nicht zu übersehen) wurde schon im Jahr 1298 als Grenzmarke erwähnt und ist demnach über 700 Jahre alt! Der Stamm hat einen Umfang von über 6 Meter, die Krone umfasst etwa 30 Meter. Ursprünglich soll sich hier eine prähistorische Grabstätte befunden haben.

Essen & Trinken »» Unser Tipp: **Gutshof Warthe**, stilvoll eingerichtetes, kleines Restaurant unter sehr sympathischer Leitung. Eine Karte gibt es nicht, dafür eine feine Auswahl frisch zubereiteter Tagesgerichte, nachmittags *Café*. Im Sommer sitzt man auch schön draußen im Hof. Am Ortseingang von Warthe linker Hand gelegen. April bis Okt. ab 13 Uhr geöffnet. Auch drei Ferienwohnungen (75–85 €/Tag), Hunde willkommen. Dorfstr. 2, 17406 Warthe, ✆ 038372-769906, www.gutshof-warthe.de. ««

»» Lesertipps: Die Halbinsel scheint ein Winkel zum Entdecken, es erreichten uns diverse Leserbriefe mit Tipps, die wir hier gerne weitergeben:

Zum Storchennest, Restaurant mit Biergarten sowie Ferienwohnungen in *Reestow*, mittags und abends geöffnet, Mi Ruhetag (in der Hauptsaison tägl.). Leser schrieben angetan von Gasthaus und Unterkunft: „sehr gut, absolut ruhig und familiär", „leckeres Mittagessen im Biergarten bei der Wanderung". Ballitzer Weg, 17406 Reestow – Lieper Winkel, ✆ 038372-76900. Buchungsadresse für die Ferienwohnungen: Ferd. Middeke, Overhagener Weg 10, 59597 Erwitte, ✆ 02943-3514, 📠 02943-7572, www.middeke-usedom.de.

Rankwitzer Hof, in dem Gasthaus in Rankwitz gibt es laut Leserzuschrift „sehr gute und einfallsreiche Küche zu angemessenen Preisen. Die örtliche Spezialität Steinlachs (Schnäpel) kann man hier genießen." Dorfstr. 15, 17406 Rankwitz, ✆ 038372-70563.

Und noch ein Lesertipp: **Zur Alten Fischräucherei**, Gaststätte, Räucherei und Fischverkauf am Hafen von *Rankwitz*. „Hervorragender Matjes und raffinierter Matjessalat!", „fangfrischer Zander" und angenehme Atmosphäre, „besonders abends, wenn man einige Segelboote beim Einlaufen in den Hafen beobachten kann", urteilten Leser. ««

Veranstaltungen Während der Sommermonate finden in der Lieper Kirche Filmvorführungen, Konzerte, Figurentheater, Lesungen und andere Veranstaltungen statt. Programme hängen aus und sind unter www.dorfkirchen-am-lieper-winkel.de auch im Internet abrufbar.

Verbindungen Mit dem **Bus 283** Mo–Fr 3-mal tägl. von Usedom/Stadt über Morgenitz in den Lieper Winkel bis Warthe, Sa/So keine Verbindung. In Gegenrichtung nach Usedom/Stadt 5-mal tägl., davon jedoch nur 2-mal (frühmorgens) über alle Dörfer, ansonsten nicht über Morgenitz.

Impressionen aus dem Lieper Winkel

Usedom/Stadt

ca. 1400 Einwohner

Namensgebend und geschichtsträchtig, steinalt und doch beschaulich. Die Kirche scheint ein wenig zu wuchtig, das Tor ein wenig zu städtisch, und dennoch passt sich das kleinststädtische Bild idyllisch in die liebliche Landschaft ein.

Wahrscheinlich war die Gegend um den Schlossberg bereits in vorslawischer Zeit besiedelt. Im 12. Jh. stand auf der Anhöhe über dem kleinen Hafen eine slawische Burg, die als Residenz pommerscher Fürsten diente und im Jahr 1128 zum Schauplatz großer Geschichte wurde. In *Uznam*, so der slawische Name Usedoms, trafen sich westpommersche Adlige und bekannten sich in Anwesenheit *Ottos von Bamberg* zum Christentum. Bald entwickelte sich die Ansiedlung zu einem schmucken mittelalterlichen Ort, der rasch der bedeutendste der Insel wurde und 1298 die Stadtrechte erhielt. Nahebei befand sich auch das geistige Zentrum der Insel, das um 1150 gegründete Kloster Grobe. Aus der großen Zeit der Stadt ist kaum etwas erhalten geblieben, da Ende des 15. Jh. ein Brand die meisten Gebäude vernichtet hat, auch die 1337 erstmals erwähnte *Marienkirche*, die aber nach der Brandkatastrophe als dreischiffige spätgotische Hallenkirche wiederaufgebaut wurde (tägl. 10–17 Uhr geöffnet, Turmbesteigung 1 €). Gänzlich verschont vom Stadtbrand blieb das *Anklamer Tor*, ein sehenswerter, klar gegliederter Backsteinbau, der Mitte des 15. Jh. als Teil einer stadtumschließenden Befestigung errichtet worden war. Heute wird der Torbau als *Heimatmuseum* genutzt (zur Saison Mo–Fr 10–15 Uhr geöffnet).

Information Stadtinformation Usedom, etwas außerhalb auf der stadtabgewandten Seite der B 110. Mai bis Sept. Mo–Fr 10–18 Uhr, Sa 10–15 Uhr, Okt. bis April Mo–Fr 10–16 Uhr. Bäderstr. 5, 17406 Usedom, ✆ 038372-70890, www.stadtinfo-usedom.de. Nebenan befindet sich ein Besucherzentrum des Naturparks (gleiche Öffnungszeiten).

Einkaufen/Café »» Unser Tipp: **Antiquitäten und Café**, zum Stöbern, Schlemmen, Plauschen oder Relaxen. Antiquitäten von Möbeln über Porzellan und Schmuck bis Spielzeug, großes Antiquariat, auch alte Postkarten, sowie Feinkost (Konfekt, Kaffee, Wein, Spirituosen etc.) und schließlich Café mit selbst gemachten Kuchen, zur Saison tägl. ab 10 Uhr geöffnet. Swinemünder Str. 68, ✆ 038372-70569. ««

Einkaufen/Außerhalb **Inselkäserei Usedom**, im kleinen Weiler Wenzlin, südöstlich von Usedom können die köstlichen Käsesorten, die auf vielen Speisekarten Usedomer Restaurants zu finden sind, erworben werden. Produziert wird der Käse aus der Milch glücklicher Usedomer Kühe. Für 100 gr muss man etwa 2–3 € rechnen. Geöffnet Mo–Sa 10–18 Uhr, So 13–18 Uhr (im Winter nur bis 17 Uhr). Dorfstr. 30, 17406 Welzin, ✆ 038372-76139, www.inselkaese.de. ■

Übernachten/Außerhalb **Stolperhof**, ökologisch geführter Hof bei Stolpe (östlich von Usedom/Stadt, beschildert). Sehr schönes Anwesen, ein stilles Idyll mit 14 nostalgisch-schlichten Zimmern. Im Hof befindet sich auch eine Gaststube (April bis Okt. 12–17 Uhr), angeschlossen ist auch der *Usedomer Falknerhof* (Flugvorführungen April bis Okt. tägl. 10.30 und 14.30 Uhr, www.falknerhof-usedom.de). EZ 74 €, DZ 116 €, Frühstück inkl., Halbpension 12 €/Pers. Landweg 1 Stolperhof, 17406 Stolpe auf Usedom, ✆ 038372-71081, 📠 038372-71082, www.stolperhof.de.

Veranstaltungen Auf der Hafenbühne finden die **Usedomer Hafenfestspiele** statt. Mitte Juli bis Mitte August inszeniert die *Vorpommersche Landesbühne* vor der Kulisse des Usedomer Sees ein „komödiantisch-ostalgisches" Lustspiel. Eintritt je nach Platz 14–20 €, erm. 11–17 €, Familienticket 30–50 €, Infos und Vorverkauf u. a. bei der Stadtinformation Usedom. Tickets auch unter ✆ 03971-208925, www.hafenfestspiele-usedom.de.

Verbindungen **Bus 201** werktags etwa alle 2 Stunden (Sa/So 2-mal) nach Anklam bzw. zu den Kaiserbädern Ahlbeck und Heringsdorf (auf der B 110). Nach Ahlbeck und zurück (über Benz und Bansin) 2-mal tägl. auch mit der **280** (werktags). Die **283** fährt Mo–Fr 3-mal täglich zum Lieper Winkel.

Was haben Sie entdeckt? Welches Gasthaus hat Ihnen besonders gut gefallen? In welcher Unterkunft haben Sie sich wohlgefühlt? Haben Sie einen schönen Wanderweg oder einen idyllischen Strandabschnitt entdeckt?

Schreiben Sie an: Sven Talaron, Sabine Becht, Stichwort „Ostseeküste Mecklenburg-Vorpommern“ | c/o Michael Müller Verlag GmbH | Gerberei 19, D – 91054 Erlangen | talaron.becht@michael-mueller-verlag.de

Vielen Dank! für Tipps und Hinweise an: Siegfried Albrecht, Michaela Baues u. Reiner Moldan, Thilo Bayer, Gerhard Becker, Walter Bialoncig, Dieter Brinkmann, Monika Börner, Charlotte Kunz Bolt und Kurt Bolt, Rolf Bühl, Koosje Dedden, Christa und Manfred Dietz, K. W. Dreyling, Familie Duschinski, Dieter Franz, Margot Ficht, Martin Schöfthaler, Martina und Gregor Fischer, Cristiana und Ralf Galliazzo, Renate und Günther Eigenbrodt, Rita u. Manni Gothe, Christel Götz, Michael Grimme, **Thomas Hamann,** Almute Heider, Daniel Hermyt, Bärbel Hillmann, Dr. Volkmar Hirth, Susanne Hohmann, Alexandra Imhoff, Marlies und Hayco Jänisch, René Jeanquartier, Ulla Jöckel und Familie, Sabine Kadelke, Susanne & Christoph Kalies, Bernd Kaschta, Sabine Kläsener, Martin Klein, Ulrich Klein, Eberhard Koehler, Dieter Krauß, G. Krauß, Norbert Kueß, Lothar Kurzweg, Lydia Kutschker, Claudia Ladek, S. Lagodny, Karina Lang und Thomas Conrad, Volker Lange, Oliver Lerch, Susanne Linke, Anne Lorenzen, Uwe Nestmann, Andreas Neumann, Manuel Meschkank, Marianne Marburger, Tobias Meyer, Tschuppi Meyer-Wanke und Susa Wanke, O. Metz, Almuth und Jörg Möller, Gerd-Heiner Müller, Ulrike Müller, Thomas Münker, Kornelia Nowak, Sibylle Oser, Heide Plail, Sandra Pixberg, Annette Profitlich, Gisa Rachor, Uta Rauch, Hans Ritter, Katrin Ritter & Christine Plahl, Dirk Riebisch, Hans Ritter, Renate Robitzsch Ingrid Rössl, Ina Rossmann, Marianne und Jürgen Roth, Ralf Schaum, Hans-Jürgen Schmanns, Johannes Schmid, Markus Schmidt, Martin Schöfthaler, Ellen Schreyer und Klaus Krass, Ulrike und Frank Staub, Georg und Ingrid Steinle, Andreas Schwarz, Axel Seliger, Sonja Thielecke und Ina Thielecke, Bernd u. Renate Stefer, Renate Stein, Klaus Straub, Sonja Studtrucker, Klaus u. Beate Sturmer, Manuela Thobor, Ralf und Heike Tottewitz, Jörn Tupay, Hans-Joachim Unglaub, Sandra Unternährer, Peter Völker, Friedrich Wagner, Jutta Wagner, Hildburg und Peter Walter, Bettina Weber, Herbert Wohlstreicher, Karin Wolf.

Herzlichen Dank auch an Katharina Liedtke vom Theater Schwerin, Karina Schulz vom Theater Vorpommern sowie Karsten Peter und Dr. Günter Nowald vom Kranich-Informationszentrum Groß Mohrdorf.

Last but noch least: Besten Dank an Dirk Thomsen für den Textbeitrag zu Georg Adolph Demmler.

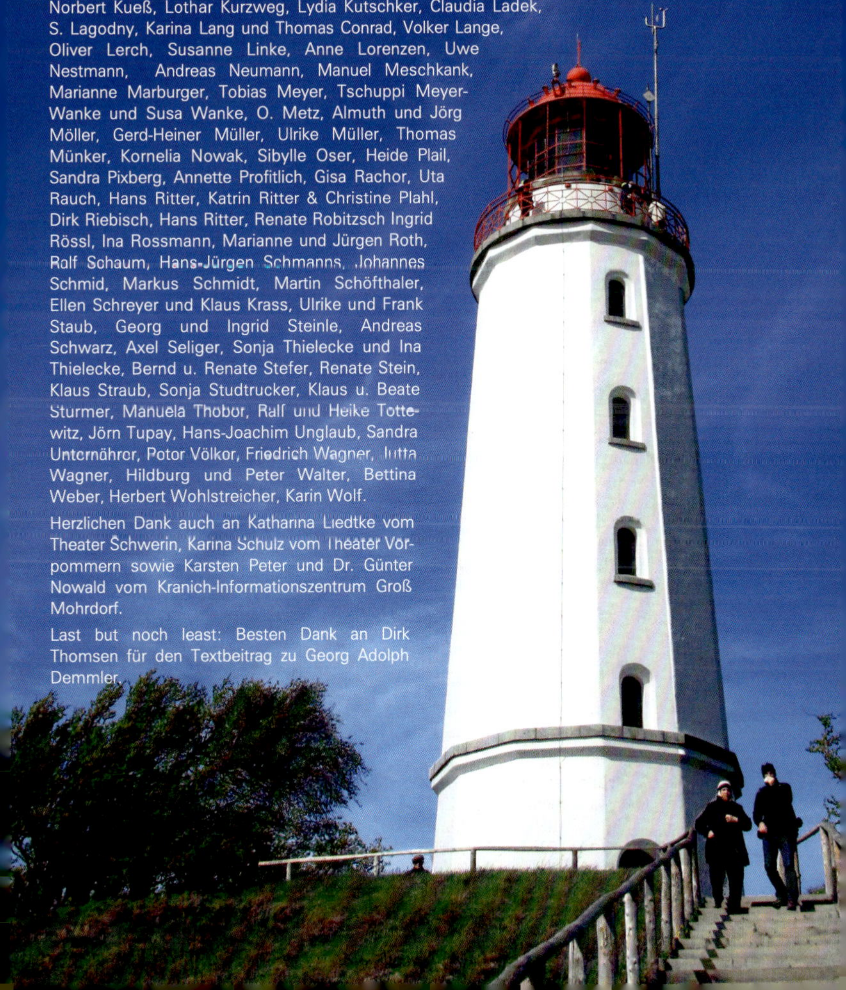

Register

Die (in Klammern gesetzten) Koordinaten verweisen auf die beigefügte Karte.

Fotonachweis

Sabine Becht: S. 12/13, 14, 41, 59, 61, 65, 68, 78, 79, 80, 88, 94, 104, 109, 122, 139, 150/151, 157, 159, 161, 163, 165 (2x) 167, 186, 192, 203, 220, 225, 229, 235, 250, 255, 286, 291, 301, 303, 306, 313, 317 (2x) | **Dieter Damschen** (www.dieterdamschen.de): S. 23, 189 | **Steffen Fietze**: S. 72/73, 83 | **Dr. Günter Nowald** (www.Kraniche.de): S. 190, 191 | **Stadtmarketing Schwerin**: S. 64 | **Tourismuszentrale Rügen**: S. 215, 217, 241, 244 | **Sven Talaron**: S. 10, 10/11, 11, 12, 13, 14, 14/15, 15, 16/17, 18, 19, 20 (3x), 21, 25, 26, 32, 33, 35, 36, 37, 39, 45, 49, 51, 52, 54/55, 56/57, 67, 69, 70, 71, 72, 74, 81, 84, 86, 87, 89, 90, 91, 92, 96/97, 101, 103, 107, 110, 115, 116, 117, 118, 120, 121, 124, 126, 126/127, 128, 129, 130, 135, 136, 137, 141, 145, 146, 148, 149, 154, 165 (2x), 168, 169, 170, 173, 176, 177, 185, 192/193, 194/195, 197, 198, 201, 204, 206, 207, 212, 219, 221, 233, 232, 239, 253, 256, 258, 259, 260, 262, 264, 265, 268, 270, 271, 272, 272/273, 276, 277, 278, 280, 283, 285, 292, 298, 308, 311, 314, 315, 317 (2x) | **Dirk Thomsen**: S. 172, 178, 179, 181, 183 | **Silke Winkler** (Mecklenburgisches Staatstheater): S. 42 | **Usedom Tourismus GmbH**: S. 309 |

Die in diesem Reisebuch enthaltenen Informationen wurden von den Autoren nach bestem Wissen erstellt und von ihm und dem Verlag mit größtmöglicher Sorgfalt überprüft. Dennoch sind, wie wir im Sinne des Produkthaftungsrechts betonen müssen, inhaltliche Fehler nicht mit letzter Gewissheit auszuschließen. Daher erfolgen die Angaben ohne jegliche Verpflichtung oder Garantie der Autoren bzw. des Verlags. Autoren und Verlag übernehmen keinerlei Verantwortung bzw. Haftung für mögliche Unstimmigkeiten. Wir bitten um Verständnis und sind jederzeit für Anregungen und Verbesserungsvorschläge dankbar.

ISBN 978-3-89953-713-0

Alle Angaben ohne Gewähr. Druck: Stürtz, Würzburg.

Aktuelle Infos zu unseren Titeln, Hintergrundgeschichten zu unseren Reisezielen sowie brandneue Tipps erhalten Sie in unserem regelmäßig erscheinenden Newsletter, den Sie im Internet unter **www.michael-mueller-verlag.de** kostenlos abonnieren können.

Mit dem grünen Blatt haben unsere Autoren Betriebe hervorgehoben, die sich bemühen, regionalen und nachhaltig erzeugten Produkten den Vorzug zu geben.